G 23081 (6)

Paris
1822

Dupuis, Charles-François

Origine de tous les cultes, ou Religion universelle

Tome 6

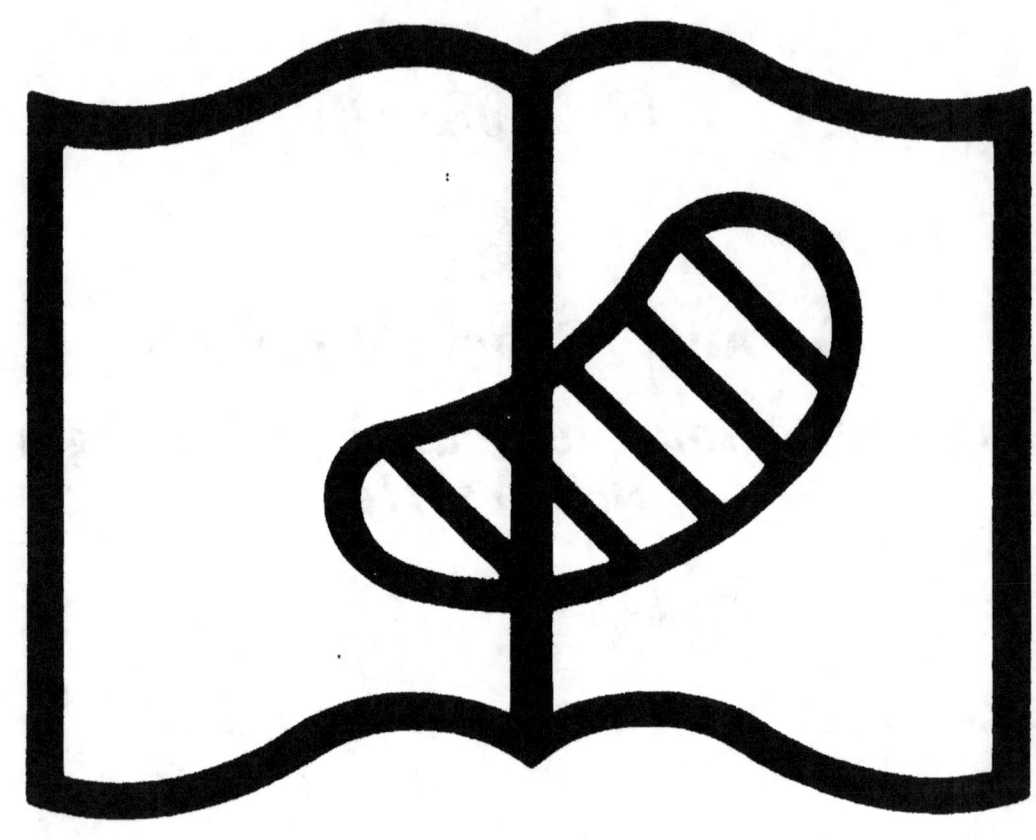

Symbole applicable
pour tout, ou partie
des documents microfilmés

Original illisible

NF Z 43-120-10

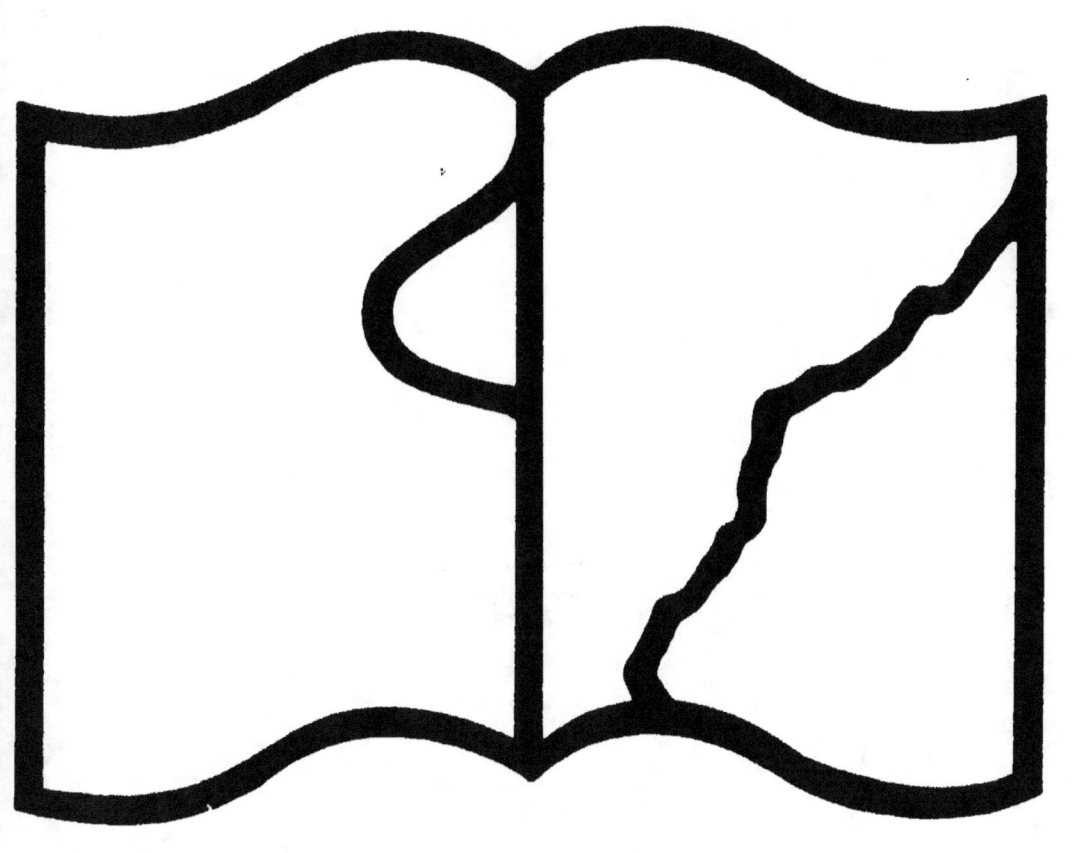

**Symbole applicable
pour tout, ou partie
des documents microfilmés**

Texte détérioré — reliure défectueuse

NF Z 43-120-11

ORIGINE

DE

TOUS LES CULTES,

OU

RELIGION UNIVERSELLE.

DE L'IMPRIMERIE DE PLASSAN,
Rue de Vaugirard, N° 11.

ORIGINE

DE

TOUS LES CULTES,

OU

RELIGION UNIVERSELLE.

PAR DUPUIS,

MEMBRE DE L'INSTITUT DE FRANCE.

NOUVELLE ÉDITION,

Revue et corrigée avec soin, enrichie d'un NOUVEL ATLAS ASTRO-
NOMIQUE composé de 24 planches, gravées d'après des mo-
numens authentiques, par M. Couché fils; et de la GRAVURE DU
ZODIAQUE DE DENDÉRAH.

AVEC UNE NOTICE BIOGRAPHIQUE SUR LA VIE ET LES ÉCRITS
DE DUPUIS,

PAR M. P.-R. AUGUIS,

MEMBRE DE LA SOCIÉTÉ ROYALE DES ANTIQUAIRES DE FRANCE.

TOME SIXIÈME.

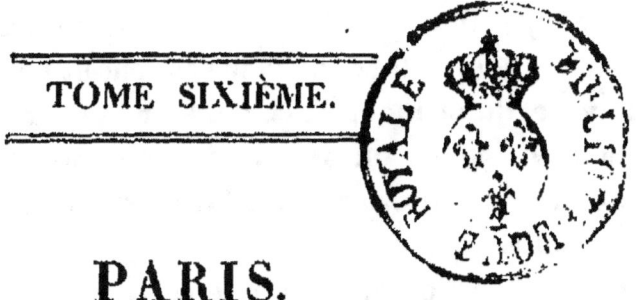

PARIS.

A LA LIBRAIRIE HISTORIQUE D'ÉMILE BABEUF,

RUE SAINT-HONORÉ, N° 123,

OU RUE BAILLEUL, N° 12, HOTEL D'ALIGRE.

1822.

ORIGINE
DE TOUS LES CULTES,
OU
RELIGION UNIVERSELLE;

SUITE

DE L'EXAMEN DE L'APOCALYPSE.

CHAPITRE XV.

Sur l'extrémité d'*aries*, au-dessous des pieds de Persée, sur la division même qui fixe la séparation de l'année ancienne et de la nouvelle, sont les sept pléïades [1], dont la conjonction avec le soleil, et, quelques siècles auparavant, dont le lever héliaque annonçait l'ouverture de l'année et du printemps, ce qui leur fit même donner le nom de *vergiliæ*, ou astres du printemps. Tous les poëtes et les calendriers anciens (a) attestent cette vérité astronomique.

L'auteur de l'Apocalypse ouvre ce chapitre par leur apparition, désignée par celle des sept anges qui paraissent ensemble dans le ciel, et qui avaient en main les sept dernières plaies, par lesquelles la colère de Dieu

---

(a) Hygin. l. 2 et l. 3, c. 20.

allait être consommée. Remarquons que c'est toujours dans le ciel qu'il nous les montre, et conséquemment que c'est là qu'il les faut chercher, à la suite de l'agneau qui est sur la montagne, et de l'homme à la faulx placé sur un nuage blanc.

« Je vis dans le ciel, dit l'auteur de l'Apocalypse (a), un autre prodige grand et admirable. C'était sept anges qui avaient les sept dernières plaies, par lesquelles la colère de Dieu est consommée. »

L'auteur fait sortir du tabernacle du témoignage, qui s'ouvrit dans le ciel, ces sept anges qui portaient les sept plaies (b).

Ce tabernacle, d'où sortent ces sept génies, offre une allusion à la constellation elle-même, appelée chez les Phéniciens et les Hébreux *succoth benoth* (c), nom que l'on traduisait par *tabernaculum filiarum*, comme on peut le voir dans Selden et dans Kirker. C'est cet assemblage d'étoiles, appelées vulgairement poussinières, que l'on voit représenté dans le planisphère égyptien sur le taureau céleste, à la division duquel réellement il appartient.

Ce taureau est un des quatre animaux et des signes fixes dont nous avons parlé plus haut. Aussi l'auteur de l'Apocalypse dit-il (ibid. v. 7) que ce fut un des quatre animaux qui leur donna les sept coupes d'or pleines de la colère de Dieu. C'est-à-dire, que le taureau, sur le dos duquel sont les pléiades, leur communique toute la force qu'il exerce conjointement avec elles sur toute la Nature. Cette force ou cette influence était, suivant les auteurs

---

(a) V. 1. — (b) V. 5. — (c) Hyd. Comm. ad Ulugbeigh., p. 33; Selden. Syntagm. 2, c. 7, p. 309 et 310; Œdipus, t. 1, p. 356, etc.

anciens, terrible pour la terre et pour la mer. Germanicus César, parlant de leur coucher au printemps, les caractérise ainsi : *Sydus vehemens et terrâ marique turbidum.* Aussi allons-nous bientôt voir que les deux premières coupes qu'elles versent portent le ravage sur la terre et sur la mer (a). L'expression même de coupes peut contenir une allusion à ces astres pluvieux, ainsi qu'aux hyades qui les accompagnent, et qu'on représentait comme des nymphes qui versaient de leurs urnes la pluie sur la terre. C'est ainsi qu'elles sont représentées dans Montfaucon, dans un monument où les héliades pleurent la chute de Phaëton leur frère.

L'auteur (b) les voit placées près d'une mer de verre, mêlée de feu, que nous avons déjà vue représenter la partie supérieure du firmament où sont les quatre animaux et les pleïades groupées sur la section du taureau ou d'un de ces quatre animaux (c).

C'est sur cette mer ou au-dessus du firmament, que les initiés vainqueurs de la bête, et les compagnons du Dieu-lumière sont réunis, et chantent le cantique du fameux passage sous *aries*, ou le cantique de l'agneau équinoxial qui se dégage en partie des rayons du soleil. Il annonce le retour du Dieu à l'hémisphère supérieur, lorsqu'après avoir franchi la ligne qui sépare l'empire du mal et des ténèbres de celui du bien et de la lumière, il va rendre à la Nature sa première beauté. En même temps, dit Julien, il attire en haut les ames vertueuses que l'analogie de leur nature attache à ses rayons victorieux. « Et je vis une mer [2], continue l'Apoca-

---

(a) V. 7. — (b) V. 2. — (c) Hygin. l. 2, Germanic. ad Arat., c. 22.

lypse (a), comme du verre mêlé de feu; et ceux qui étaient demeurés victorieux de la bête, de son image et du nombre de son nom, étaient sur cette mer de verre, et avaient des harpes. Ils chantaient le cantique de Moïse et le cantique de l'agneau, et ils le louaient de ce qu'il allait manifester ses jugemens (b). »

Ce fameux cantique de Moïse se chante encore tous les ans au jeudi-saint, au trait de la seconde prophétie. Ce cantique de Moïse et de l'agneau, comme l'ont trèsbien observé les interprètes, est celui que chanta Moïse après la délivrance du peuple soustrait à la tyrannie de l'Égypte, après le fameux passage de la Mer-Rouge, avant d'arriver à la terre heureuse où coulaient le lait et le miel. Ce cantique ne pouvait nulle part trouver mieux sa place que dans une fiction mystique qui est absolument de la même nature, quoique d'une broderie différente, et il devait naturellement être amené au moment où nous sommes. Car c'est ici le temps où l'ame va être affranchie de l'empire du mal et des ténèbres, et passer dans le monde-lumière après la défaite du dragon et la fuite du peuple initié loin de Babylone, qui va être anéantie à l'instant où l'agneau régénérateur associera les ames vertueuses à sa victoire. Dans l'un et l'autre ouvrage, ce sont les douze tribus, soit d'élus, soit de fils d'Israël, qui par le sang de l'agneau vont être soustraites aux fléaux terribles dont le monde, désigné sous les noms, soit d'Égypte, soit de Babylone, va être frappé. C'est absolument la même idée mystique rendue en deux façons. Dans l'une et dans l'autre, le salut arrive par l'agneau ou par *aries*, sous lequel se fait le passage à un

---

(a) V. 2. — (b) V. 3.

meilleur ordre de choses dans le monde, soit physique, soit mystique. C'est alors qu'en Égypte on marquait tout de rouge, dans une cérémonie commémorative de l'embrasement du monde (a).

Nous voilà donc arrivés au moment fatal de la destruction universelle qu'accompagne le grand jugement. Jusqu'à ce moment, personne n'entrera dans le ciel de lumière, qui doit s'élever sur les ruines du monde de ténèbres. Il faut que tout soit consommé dans ce que Daniel appelle l'ancien des jours ; et que la séparation des amis de la lumière d'avec ceux des ténèbres soit faite, afin que ceux-ci restent sous les débris de la matière du monde, avec le prince du chaos et des ténèbres, tandis que les premiers passeront avec Ormusd dans l'empire de la lumière et de la félicité éternelle. Voici le véritable moment de la crise du monde, dont sept grandes plaies vont être les préliminaires.

CHAPITRE XVI.

C'est vraiment dans ce chapitre que vont commencer à se consommer les vengeances du Seigneur. Il sera à propos de le rapprocher du huitième chapitre, dans lequel ces maux sont déjà annoncés, dans le livre des des-

---

(a) Epiph. adv. Hæres., l. 1, c. 18.

tinées ou dans le livre des sept sceaux, par sept anges qui embouchent sept trompettes. Ils sont effectués ici par sept anges qui versent sept coupes de maux sur la terre. Ces deux chapitres marchent parallèlement, comme une prophétie avec son accomplissement, et ou ne doit pas négliger d'en suivre les rapports et la correspondance.

Dans le chapitre 8, v. 7, le premier fléau paraît tomber sur la terre [3]. Dans le chapitre 16, v. 2, c'est aussi la terre qui est frappée d'une plaie dont on ne définit pas la nature, et qu'on appelle, d'une manière générale, *vulnus sævum et pessimum*. Dans le chapitre 8, elle est caractérisée plus particulièrement.

Dans le chapitre 8, v. 8, au moment où l'ange sonne la seconde trompette, c'est sur la mer que tombe le fléau. Dans le chapitre 16, v. 3, la seconde coupe verse aussi sa plaie sur la mer. L'effet y est bien énoncé ; mais la cause ne l'est pas ; elle l'est dans le chapitre 8, et l'effet est le même. Ce sont les eaux changées en sang et les animaux marins détruits.

Dans le chapitre 8, v. 10, ce sont les fleuves qui sont frappés au moment où la troisième trompette sonne.

Dans le chapitre 16, v. 4, c'est aussi sur les fleuves que la troisième coupe est versée, et dans l'une et dans l'autre la nature des eaux fut changée. Mais la cause n'est exprimée que dans la prophétie ou dans le huitième chapitre.

Dans le chapitre 8, v. 12, lorsque le quatrième ange sonne de la trompette, le soleil, la lune et les étoiles sont frappés de ténèbres.

Dans le chapitre 16, v. 8, c'est aussi sur le soleil que le quatrième ange verse sa coupe.

Dans le chapitre 9, v. 2, le cinquième ange ayant sonné de la trompette, il s'ensuit une grande obscurité dans l'air, produite par la fumée qui s'élève de l'abîme.

Dans le chapitre 16, v. 16, le cinquième ange répandit sa coupe sur le trône de la bête (qui habite l'abîme), et son royaume devint ténébreux.

Dans le chapitre 9, v. 14, après que la sixième trompette a sonné, le sixième ange délie quatre anges liés sur le grand fleuve de l'Euphrate, lesquels se trouvent prêts pour le combat qu'ils vont livrer [4].

Dans le chapitre 16, v. 12, le sixième ange verse sa coupe sur le grand fleuve de l'Euphrate dont l'eau fut séchée pour ouvrir le chemin aux rois qui doivent s'assembler au grand jour destiné au combat. Il sort de la gueule du dragon, de la bête et de la bouche du faux prophète, trois esprits impurs sous la figure de grenouilles [5]. Il sort aussi (c. 9, v. 17) de la bouche des chevaux monstrueux que monte cette nombreuse cavalerie, du *feu*, de la *fumée*, et du *soufre*.

Le septième ange (c. 11, v. 15) ayant sonné de la trompette, on entendit de grandes voix dans le ciel, qui disaient : *Le règne de ce monde a passé à notre Seigneur et à son Christ.* Le temple de Dieu s'ouvrit dans le ciel (v. 19) ; il se fit des éclairs, des voix, un tremblement de terre et une grosse grêle.

Pareillement (c. 17, v. 16), le septième ange verse sa coupe dans l'air, et une forte voix se fit entendre du temple, qui dit : *C'en est fait*; aussitôt il se fit des éclairs, des bruits de tonnerres, un grand tremblement de terre ; et une grande grêle, comme du poids d'un talent (v. 21), tomba du ciel ; et au ch. 19, v. 6, il est dit que le Seigneur est entré dans son règne.

On a vu une parfaite correspondance entre les fléaux annoncés par les sept trompettes, et ceux qui ont été versés par les sept coupes. Il est évident que ce n'est point une répétition de l'auteur, ni le simple complément de l'action des sept premiers fléaux qui n'avaient frappé que la troisième partie, soit de la terre, soit de la mer, soit des fleuves, soit de la lumière, etc.; mais que les trompettes ne faisaient que prédire et annoncer à l'Univers les maux que les sept coupes devaient verser.

Après que les sept trompettes ont sonné, on voit dans les chapitres suivans, douze et treize, quatre tableaux qui se suivent, savoir une femme, un dragon, une bête, une autre bête qui fait des prodiges, et qu'on appelle faux prophète; et à la suite (c. 14) est l'apparition de l'agneau sur la montagne.

On voit pareillement, après l'effusion des sept coupes, dans les chapitres suivans 17, 18, 19 et 20, une femme (c. 17, v. 3), une bête et un faux prophète qui, comme dans le c. 13, v. 12, avait fait des prodiges en sa présence (c. 19, v. 20); et enfin le dragon, l'ancien serpent (du c. 12, v. 9); le diable ou Satan, qu'un ange vient enchaîner (c. 20, v. 2).

Et à la fin de ces tableaux, celui de l'agneau et de la ville sainte sur une haute montagne (c. 21, v. 9 et 10), accompagné, comme dans le c. 14, de l'ordre duodécimal des signes, et de ceux qui n'ont commis ni l'iniquité ni le mensonge.

D'après cette suite de rapports et de comparaisons entre les tableaux successifs de l'Apocalyse, on peut dire que, depuis le ch. 8 où se fait l'ouverture du dernier sceau du livre de la fatalité, jusqu'au ch. 16 exclusivement, on voit les figures de ce qui doit arriver, et que tout n'est encore qu'une image ; mais que, depuis le seizième chapitre jusqu'au dernier, tout s'accomplit et paraît mis à exécution. Il n'y a qu'une seule différence, c'est que la femme du ch. 17, qu'on appelle la grande Babylone, ne me parait point être celle du ch. 12.

CHAPITRES XVII et XVIII.

Il nous semble que la grande Babylone, dont il est ici question, est un nom factice qui renferme tout le secret du mystère, comme dit l'auteur (*a*) : « Et sur son front était écrit *Mystère*. » Il nous parait contraster absolument en tout avec Jérusalem. Or, comme celle-ci est le monde lumineux et le séjour originaire des ames, celle-là sera le monde des générations, le monde sublunaire où nos ames sont, jusqu'à la mort, dans une espèce de cachot et de captivité dont la vertu seule peut affranchir l'ame de l'initié.

Ces deux villes, Babylone où les Juifs avaient été captifs, et Jérusalem, étant naturellement ennemies, les hiérophantes juifs les choisirent pour emblèmes du règne des deux principes opposés, qui sont la lumière et les ténèbres, le bien et le mal, Dieu et le diable, Ormusd et Ahrimane. Babylone devint la figure du monde de ténèbres et de corruption, qui va être détruit avec les gé-

---

(*a*) Apoc., c. 17, v. 6.

nies ou anges ténébreux qui le gouvernent ; et Jérusalem figura le monde de lumière, qui doit s'élever sur les ruines du premier avec l'agneau vainqueur du dragon et des ténèbres. Cet agneau traîne à sa suite la foule des initiés à ses mystères, tandis que les ames corrompues des amis du serpent se trouvent ensevelies sous les ruines de Babylone ou du monde ténébreux. C'était là tout le mystère et le but théologique de l'ouvrage dans lequel l'auteur se proposait de préparer aux ames un retour facile vers la lumière sacrée, en les préservant de la corruption de la matière terrestre qui, de sa nature, est ténébreuse, et qui seule communique aux ames, comme le dit Virgile (a), le principe de toutes les passions et une espèce de souillure dont la mort ne les affranchit pas toujours. Le prophète Ézéchiel (b) avait choisi l'emblème de Tyr qui s'était réjouie des maux de Jérusalem, et celui de plusieurs autres peuples, tous ennemis de la ville sainte, qui avaient voulu profiter de ses malheurs dans sa captivité. L'auteur de l'Apocalypse a emprunté les traits d'Oolla et Olyba pour peindre sa grande prostituée, et ceux de Tyr pour représenter la grande désolation de Babylone et la frayeur de ceux qui commerçaient avec elle, comme on peut s'en convaincre en comparant les 17 et 18º ch. de l'Apocalypse avec les ch. 23, 26, 27, 28 d'Ézéchiel.

Ce que l'auteur de l'Apocalypse, v. 1, dit de Babylone, qu'elle est assise sur les grandes eaux, convient encore mieux à la situation de Tyr qu'à celle de Babylone, et annonce assez que l'hiérophante Jean est copiste.

Voici comment commence ce chapitre : « Alors un des

(a Virg. Æneid., l. 6. — b Ezech., c. 26.

sept anges qui avaient les sept coupes, vint me parler et me dit : « Venez, et je vous montrerai la condamnation de la grande prostituée qui est assise au milieu des eaux (a);

» Et avec laquelle les rois de la terre se sont corrompus, et qui a enivré du vin de sa prostitution les rois de la terre. »

Cet ange, qui montre à l'hiérophante la grande Babylone, laquelle va être détruite, et les monstres qui combattent l'ange, est aussi celui qui, au ch. 21, v. 9, lui montrera la sainte Jérusalem qui a l'agneau pour époux. Le contraste des deux cités est trop bien marqué pour qu'on n'y reconnaisse pas celui des deux mondes, l'un ténébreux, l'autre lumineux; le monde d'Ahrimane et le monde d'Ormusd. Il est évident qu'il n'a voulu ici peindre ni une femme, ni une ville. Le mot de *mystère*, qu'elle porte sur le front, indique clairement que ce n'est qu'un emblème qui a trait à la doctrine, qui fait le fond et la base du secret de l'initiation et des mystères de l'agneau.

V. 3. « Et m'ayant transporté en esprit dans le désert, je vis une femme assise sur une bête de couleur d'écarlate, pleine de noms de blasphèmes, qui avait sept têtes et dix cornes. »

L'auteur ne nous dit pas que cette femme, comme celle du ch. 12, parut dans le ciel; ce qui fait que nous n'avons pas cru devoir l'y chercher, quoique celle du ch. 12, qui d'abord avait paru au ciel, se fût sauvée dans le désert. En conséquence, nous avons pensé qu'il ne s'agissait pas de la femme céleste, ni de l'hydre qui

---

(a) V. 2.

l'accompagne, lesquelles, à cette époque du matin, se couchent et disparaissent entièrement. Peut-être pourrait-on l'entendre de la femme qui tient la balance dans les anciennes sphères, et qui s'y trouve unie à Vénus, laquelle a dans ce signe son domicile (*a*), tandis qu'au nord la belle constellation de l'ourse, appelée le chien de Typhon, remarquable par ses sept étoiles, est au point le plus bas et frise la surface des flots. Ces aspects astronomiques auront pu se mêler à la fiction de la destruction de l'ancien monde désigné par Babylone, par opposition au nouveau monde que l'auteur appelle Jérusalem. Quoi qu'il en soit, nous nous sommes déterminés à voir dans Babylone le monde de corruption qu'habitent nos ames ici-bas, exposées aux outrages des principes ténébreux qui le gouvernent, et qui, comme le dit l'Apocalypse, v. 13 et 16, ont tous un même dessein ; car ils donneront à la bête leur force et leur puissance pour combattre l'agneau qui les vaincra, parce qu'il est le seigneur des seigneurs.

L'Univers, visible d'ailleurs, ne pouvait mieux être désigné que par l'emblème de la grande ville qui règne sur les rois de la terre. Les sept couches planétaires qui le composent, et qui avec la huitième forment l'ogdoade mystique du monde, fortifient cette idée. « Quant à la femme que vous avez vue, dit l'auteur, c'est la grande ville qui règne sur les rois de la terre (*b*).

» Les eaux (v. 5) sur lesquelles elle est assise, sont les peuples, les nations et les langues. »

C'est ce monde corrompu que l'auteur de l'Apocalypse (*c*) ordonne aux fidèles de fuir. Alors j'entendis

---

(*a*) Médailles d'Antonin. — (*b*) c. 17, v. 18. — (*c*) c. 18, v. 4.

partir du ciel une voix qui dit : « Sortez de Babylone, mon peuple, de peur que vous n'ayez part à ses péchés, et que vous ne soyez enveloppé dans ses plaies. Car ses péchés sont montés jusqu'au ciel (*a*), et Dieu s'est ressouvenu de ses iniquités. Elle sera brûlée par le feu (*b*), parce que Dieu qui la condamne est puissant, et les marchands qui trafiquaient avec elle se sont écriés en voyant la place de cette ville brûlée [6] : Quelle ville a jamais égalé cette grande ville ! »

Ce tableau de Tyr convient parfaitement à l'Univers, que les traditions sacrées prédisaient devoir être détruit par le feu au jugement dernier.

C'est avec cette grande prostituée que les rois de la terre se sont corrompus et ont vécu dans les délices (*c*), et toutes les nations ont été séduites par ses enchantemens. Elle les avait fait boire dans la coupe de ses abominations.

Tout ceci rentre entièrement dans l'idée théologique développée par Macrobe (*d*) sur la chute des ames dans la matière, à travers les sept sphères dont elles empruntent leurs passions, et s'accorde avec la doctrine des priscillanites sur les sept puissances des sphères, que nous avons exposée plus haut. L'ivresse que communique la matière à nos ames, et l'oubli des choses célestes, s'y trouvent désignés, suivant Macrobe, par la coupe d'or placée sous la vierge et sur l'hydre. C'est ce monde planétaire, composé des sept sphères, où résidaient autant de puissances contraires à l'ame, que l'auteur nous désigne ici sous la figure d'une femme prostituée, assise

---

(*a*) V. 5. — (*b*) V. 8, v. 16. — (*c*) C. 18, v. 9, v. 23; c. 17, v. 2 ; c. 18, v. 6. — (*d*) Macrob. Som. Scip.. l. 1, c. 12, p. 48 et 49.

sur un monstre à sept têtes, enivrant les hommes dans la coupe de ses prostitutions.

On retrouve des traits de cette doctrine dans saint Épiphane (a), à l'occasion des principes théologiques des gnostiques. Au second ciel est le *génie princeps scortationis*, et le prince de ce monde des générations y est représenté sous la forme du dragon qui dévore les ames et qui les précipite dans le monde sublunaire. Le monde, dans les principes de ces gnostiques et des Valentiniens (b), doit être consumé par le feu qui dévorera toute la matière. Telle était la théologie de ces siècles-là; elle était puisée dans les sources anciennes de la philosophie orientale sur la nature de l'ame, sur sa descente dans la matière sublunaire, et sur son retour à la sphère éthérée; ce qui formait la base de toutes les initiations anciennes aux mystères de la lumière, ou d'Ormusd, ennemi et vainqueur du prince des ténèbres, Ahrimane, Typhon, le diable, etc.; d'Ormusd, dont la ville lumineuse aura pour chef *aries* ou l'agneau équinoxial, siége de l'exaltation du soleil, premier des signes, *princeps signorum*, que l'Apocalypse appelle le *seigneur des seigneurs* (c). Jusqu'au moment où le soleil de printemps aura repris son empire sur les ténèbres de l'hiver, le mauvais principe régnera dans la Nature, comme il règne dans le monde matériel, jusqu'à sa destruction, et jusqu'au moment où le monde lumineux seul s'établira sur les ruines de la matière. Ainsi l'auteur, d'après ces principes théologiques, a dû dire : Leur royaume sera donné à la bête jusqu'à ce que les paroles de Dieu soient accomplies (d).

(a) Epiph. contra Hæres., c. 26, 27 et 37. — (b) Ibid. adversus Hæres., c. 31. — (c) Apoc., c. 17, v. 14. — (d) C. 17, v. 17.

On remarquera encore que, comme ici la bête qui porte le monde de ténèbres a sept cornes, l'agneau qui préside au monde de lumière est représenté également avec sept cornes (a). Il paraît que ce nombre sept faisait allusion aux sept sphères, tant à celles que l'on connaît dans le monde matériel et ténébreux, qu'à celles que l'on connaît dans le monde-lumière. Ce sont peut-être les quatorze mondes des Indiens. Il pourrait aussi faire allusion aux sept principales étoiles de la constellation.

Au reste, ces symboles de cornes, expliqués par des rois, sont une fiction empruntée de Daniel, ch. 7, v. 24, qui pourrait bien ici être étrangère à la théorie des sphères, et ne point se lier au reste de l'ouvrage, comme il est assez naturel de le penser d'un morceau étranger, appliqué à une autre fiction. Peut-être aussi y trouverait-on une allusion à des êtres moraux, puisque la Babylone elle-même est un être moral plutôt qu'un être astronomique.

Mais si la femme symbolique, appelée Babylone, que porte la bête, est un être moral, la bête elle-même, qui a tous les caractères de la première bête du chapitre 13, ne l'est pas. Elle ne peut être que la baleine, ce monstre ou dragon marin qui, placé à la tête des signes méridionaux et inférieurs, comme l'agneau à la tête des signes septentrionaux et supérieurs, préside au monde ténébreux avec le dragon et Méduse, de même que l'agneau est censé partout présider au monde lumineux. Peut-être aussi que ce qu'il dit de la femme assise sur les *grandes eaux* (b), contient une allusion à l'élément même où vit le monstre sur lequel la femme est assise, et qui doit monter de

---

(a) Apocalyp., c. 5, v. 6. — (b) C. 17, v. 1 et 15.

l'abîme et périr ensuite. On se rappelle ce que nous avons déjà remarqué, que la baleine, qui se couchait avec l'agneau, le soir, revenait avec lui à l'Orient, le matin, et renaissait; mais qu'elle était absorbée dans les rayons du soleil et comme enchaînée au char brûlant de l'agneau. Aussi est-ce par le feu qu'elle doit périr, ainsi que la femme elle-même (a), puisque c'est le retour du règne du feu qui anéantit les principes de destruction que les ténèbres et l'hiver répandent dans la Nature. Les Indiens adorent le Dieu du feu, monté sur le bélier équinoxial du printemps; et les Égyptiens, sous ce signe, célébraient une fête commémorative de l'embrâsement du monde par le feu céleste qui va détruire les germes du mal et purifier la terre à l'instant où le soleil aura atteint le signe de l'agneau ou le premier signe du zodiaque.

CHAPITRES XIX et XX.

Au moment où le principe de la lumière va reprendre son empire et détruire le monde des ténèbres, il enchaîne toutes les puissances et tous les génies malfaisans qui y exerçaient leur tyrannie, afin que lui seul et ses anges puissent régner librement sur le monde régénéré. Ainsi le dragon séducteur, la première et la seconde bête, qui avaient les attributs du dragon, et les autres génies, qui tous, comme le dit l'Apocalypse (b), avaient un même

---

(a) C. 17, v. 16; c. 18, v. 8; c. 19, v. 20. (b) — C. 17, v. 13.

dessein, celui de combattre l'agneau qui doit les vaincre, vont être successivement détruits dans les deux chapitres suivans, 19 et 20, jusqu'au moment où l'agneau paraîtra avec son épouse, à la tête de la ville sainte où règnent la lumière et le bonheur.

Mais pour bien saisir le caractère théologique de ces deux chapitres, il est nécessaire de développer les élémens de la théorie des deux principes, de leurs guerres et de leurs combats, jusqu'au moment où Ormusd détruit Ahrimane et toutes ses productions. C'est surtout ici qu'ils trouvent leur application. En conséquence, nous allons donner un précis de la théologie des Perses, telle qu'elle est enseignée dans les livres zends, dans Plutarque et Hyde, etc.

Précis de la cosmogonie et de la théologie des Perses.

LE temps sans bornes (a), premier principe, crée la lumière première, Ormusd et Ahrimane, principes secondaires, actifs et producteurs ; le premier, bon par essence et source de tout bien ; le second, corrompu et auteur de tous les maux. Ils se partagent entre eux la durée du temps, qui est de douze mille ans, et que nous trouvons ailleurs (b) distribuée dans les douze signes, dont les six premiers, à partir de l'agneau, appartiennent à Ormusd, et les six autres, à partir de la balance et du serpent, appartiennent à Ahrimane ; ce qui, comme nous l'avons

---

(a) Anquetil Zend. Avest., t. 2, p. 592. (b) Boundesh., p. 420.

TOME VI.

fait voir ailleurs, n'est que la division de l'année en douze parties millésimes, dont la moitié, depuis l'équinoxe du printemps jusqu'à celui d'automne, est du domaine de la lumière et du principe bienfaisant qui couvre la terre de fleurs, de verdure, de moissons et de fruits. L'autre moitié est livrée aux outrages de l'hiver, qui dépouille la Nature de sa première parure, engourdit la force génératrice, et enchaîne l'activité du feu qui, au printemps, anime toute la Nature. Durant le cercle de douze temps appelés énigmatiquement douze mille ans, les deux principes, se livrant des combats, remportent successivement des victoires, jusqu'à ce qu'en dernier lieu Ormusd triomphe absolument de son ennemi et l'enchaîne. Alors se fait la résurrection des corps et le rétablissement général de toute la Nature (*a*). Ahrimane combat Ormusd, ou le principe-lumière, sous la forme d'un dragon ou d'un serpent, comme dans l'Apocalypse (*b*).

Il n'est pas seul, non plus que le dragon de l'Apocalypse. Comme celui-ci est accompagné de la première et de la seconde bête, et des rois ou génies malfaisans, qui donnent à la bête leur force et leur puissance pour combattre l'agneau (*c*), Ahrimane, chez les Perses, pénétrant dans le ciel, sous la forme du serpent, pour combattre Ormusd et pour corrompre la lumière, y paraît aussi accompagné des dews ou des génies malfaisans, qui tiennent de sa nature, et qui concourent à ses opérations. On trouve en effet, dans cette théologie, une distribution de l'Univers dont toutes les parties sont soumises à l'action de bons et de mauvais génies, subordonnés eux-mêmes aux deux premiers principes auxquels ils sont at-

---

(*a*) Boundesh., p. 593. (*b*) P. 351. (*c*) Apocal. c. 17, v. 13.

tachés. Plutarque, dans le passage que nous avons déjà cité plus haut (a), donne à Ormusd vingt-quatre génies familiers, et autant à Ahrimane ; lesquels, en se mêlant, forment le mélange des biens et des maux de la Nature, et, en se contrariant, forment des chocs et des combats qui, après bien des effets variés, se terminent par le triomphe complet d'Ormusd. Comme Ormusd a ses anges ou amchaspands, Ahrimane a ses dews et ses pâris ; et les uns et les autres sont exécuteurs des volontés des deux premiers chefs ou principes ennemis, Dieu et le diable. Ce sont nos anges de lumière et nos anges de ténèbres.

Comme on voit dans l'Apocalypse (b) que l'agneau a ses élus, ses serviteurs qui verront sa face, porteront son nom sur le front, et qui régneront avec lui dans les siècles des siècles, élus que l'auteur de l'Apocalypse appelle le peuple de Dieu, marqué de son sceau, et dont l'agneau, qui est au milieu du trône, est porteur, pareillement Ormusd a aussi son peuple qui sera sans fin au rétablissement des corps (c), pendant le cours perpétuel des êtres, tandis qu'à cette même époque le peuple d'Ahrimane disparaîtra, comme nous voyons dans l'Apocalypse que (d) ceux qui ont adoré la bête et porté son caractère sont jetés dans l'étang de feu et de soufre. Ce sont absolument les mêmes idées théologiques, communes aux adorateurs de Mithra et de Christ; ces derniers, ainsi que les Juifs, ayant presque tout emprunté des mages. En conséquence, nous suivrons les principes théologiques de Zoroastre, comme étant les seuls qui puissent jeter de la lumière sur une matière aussi obscure.

(a) De Isid., p. 370. — (b) C. 12, v. 3, 4 et 5; c. 21, v. 3; c. 14, v. 4; c. 7, v. 27. — (c) Zend. Avest., t. 2, p. 345. — (d) C. 20, v. 15, et 21.

Le Zend Avesta (a) nous apprend que l'être a été donné à Ormusd et à Pétiaré Ahrimane. Ormusd, élevé au-dessus de tout, qui sait tout, et qui est pur, était dans la lumière du monde. Ce trône de lumière, ce lieu habité par Ormusd, est la lumière première. Ormusd a été dans le temps; il est et *il sera toujours*. C'est le caractère d'existence perpétuelle que prend le Dieu lumineux de l'Apocalypse. Il est celui qui était, *qui est et qui sera* (b), l'*alpha* et l'*oméga*, le commencement et la fin; celui qui est vivant dans les siècles des siècles, dont le visage était aussi brillant que le soleil dans sa force, et qui est semblable à Ormusd au milieu des sept amchaspands.

Ahrimane, existant aussi par le temps (c), était dans les ténèbres premières. Il était seul au milieu d'elles, lui qui est appelé le méchant; il a toujours été mauvais. Ces deux principes, cachés dans l'excès du bien et du mal, et sans bornes, parurent et se mêlèrent ensemble. Les lieux qu'ils habitaient étaient aussi sans bornes, savoir celui du grand Ormusd, qui est appelé *lumière première*; et celui du méchant, qui se nomme *ténèbres premières*.

Nous voyons pareillement dans l'Apocalypse (d) que le Dieu vainqueur qu'accompagne l'agneau, habite une ville qu'il remplit de sa clarté, tandis que son ennemi habite l'abîme, d'où sort l'épaisse fumée qui obscurcit le soleil, et un royaume tout ténébreux. L'un est le Dieu de lumière, et l'autre le prince des ténèbres, dans la théologie des Chrétiens.

Chacun de ces principes (e) a donné ce qui existe;

(a) Zend. Avest., t. 2, p. 343. — (b) C. 1, v. 8 et v. 18. — (c) Zend Avest., t. 2, p. 343. — (d) C. 21, v. 11 et 23; c. 20, v. 3; c. 9, v. 2; c. 16, v. 10. — (e) Zend Avest., p. 345.

c'est-à-dire la masse des biens et des maux de la Nature, qui forment cette totalité, laquelle ne peut partir d'une seule source, comme le pensaient les Perses. Suivant leurs docteurs (a), le bien et le mal, le vice et la vertu sont sortis du mélange de la lumière avec les ténèbres, sans lequel le monde actuel n'aurait jamais existé. Ce mélange doit subsister jusqu'à ce que le bien et le mal retournent à leurs principes en rentrant dans leur monde. Albuféda ajoute que le bien et le mal (b), la justice et l'injustice sont nés de ce mélange de la lumière et des ténèbres ; et que ce mélange subsistera jusqu'à ce que la lumière ait vaincu les ténèbres, après quoi elle rentrera toute pure et toute entière dans son monde, et les ténèbres retourneront de même dans le leur. C'est ce que nous voyons ici dans l'Apocalypse. Après que l'agneau a triomphé, aidé du génie lumineux qui monte le cheval blanc, une ville nouvelle, brillante de clarté reçoit dans son sein les amis de la lumière, tandis que les chefs des ténèbres, le dragon et la bête sont précipités dans l'abîme obscur qu'ils habitaient primitivement. Les anciens en général, et les Chrétiens même, aussi bien que les Juifs, distinguaient, comme nous le faisons encore aujourd'hui quand nous parlons comme le vulgaire, entre les régions supérieures et les régions inférieures de l'Univers, et plaçaient la divinité au plus haut étage du monde, au sein de la lumière éthérée. Là, tout était censé pur, spirituel et tranquille ; tout était bien et lumière. La matière, au contraire, comme la lie de la substance universelle, est entraînée par son poids au fond de l'espace. C'est là qu'était située la terre profonde des ténèbres.

(a) Hyd., p. 153. — (b) Apud Pock, p. 143.

qu'on pouvait appeler chaos et Tartare dans le style des poëtes, et l'abîme dans celui de l'Écriture (a). On distinguait donc une terre de lumière et une terre des ténèbres, habitées par chacun des principes opposés et par les génies et les ames qui s'attachent à ces principes. Dans les fables grecques, les Titans et les géans qui ont attaqué le Dieu de la lumière, Jupiter, Junon ou le soleil peint avec les attributs de l'agneau, sont précipités dans l'abîme et dans les antres les plus profonds de la terre, dont les flancs ténébreux les avaient enfantés. Les ténèbres et la matière qui avaient été leur berceau, devenaient aussi leur tombeau, et Jupiter vainqueur les enchaînait dans les gouffres du Tartare. Chacun des rivaux, après la victoire, était rendu à sa terre et à son monde; Jupiter à la lumière, et les géans aux ténèbres. Ces idées, comme l'observe Plutarque (b), étaient la base de toutes les fables sacrées débitées dans les mystères. Dieu, dit Lactance (c), voulant former le monde, qui devait être composé de choses tout-à-fait contraires, commença par former deux sources de ces mêmes choses, lesquelles sont dans une opposition et dans une guerre continuelle; savoir, deux esprits, l'un bon, l'autre méchant, dont le premier était comme la main droite de Dieu, et le second comme sa gauche. Ces deux esprits sont *le fils de Dieu* et *Satan*. Ces deux principes contraires sont évidemment ceux de Zoroastre, la lumière et les ténèbres, au premier desquels la droite était affectée, tandis que la gauche l'était au second (d) : c'est l'Ormusd et l'Ahrimane des Perses. Ce sont là ces deux

---

(a) Beausobr., t. 1, p. 508. — (b) De Isid. p. 369. — (c) Lact. Instit., l. v, c. 9. — (d) Plutarq. Isid., p. 369.

principes dont les deux chapitres que nous expliquons vont nous représenter les combats. L'un s'appelle *le Verbe*, et l'autre *Satan*. Ormusd (*a*), par sa science universelle, connaissait ce que machinait Ahrimane. Il forma *le peuple céleste*, et fut trois mille ans à le former. Ahrimane, toujours opposé au bien, ignorait ce que savait Ormusd.

Ormusd, éclatant de lumière, était pur et faisant le bien; il pouvait faire tout ce qui est pur. Regardant ensuite au-dessous de lui, il aperçut Ahrimane qui était noir, et qui faisait le mal. Lorsqu'Ormusd vit cet ennemi, il pensa en lui-même et dit : Il faut que je fasse disparaître cet ennemi du milieu des êtres. Nous voyons effectivement dans l'Apocalypse que tel est l'effet de la victoire de l'agneau (*b*). Il n'y aura plus, dit l'auteur, de malédiction; il n'y aura plus de nuit, il n'y aura plus ni pleurs, ni cris, ni affliction; la mort ne sera plus.

Le génie lumineux (*c*), monté sur le cheval blanc qui va combattre la bête, ne se propose d'autre but que la destruction des génies compagnons du mauvais principe ou du dragon, qui va lui-même être enchaîné dans l'abîme.

Lorsqu'Ormusd (*d*) eut produit tout ce qu'il y a de bien et de pur dans le monde, son ouvrage fut gâté par son ennemi, qui, s'étant levé et approché de la lumière, avait couru dans le monde pour en corrompre l'éclat. Mais, effrayé de sa clarté, il était retourné dans les ténèbres épaisses qu'il habitait, et avait fait un grand

---

(*a*) Zend Avest., p. 345. — (*b*) C. 22, v. 3, v. 5; c. 21, v. 4. — (*c*) C. 19, v. 11, etc. — (*d*) Zend Avest., p. 346.

nombre de dews ou de mauvais génies qui devaient tourmenter le monde.

Nous voyons dans l'Apocalypse (a) ces mêmes génies sous le nom de rois et de compagnons de la bête, qui se sont assemblés pour faire la guerre à celui qui est sur le cheval blanc, et à son armée montée pareillement sur des chevaux blancs, et vêtue d'un lin blanc et pur. C'est ce génie que l'auteur appelle *le Verbe de Dieu* ou le logos, cette lumière qui éclaire tout homme venant au monde. Cette armée est véritablement ce que le Zend Avesta appelle *le peuple céleste d'Ormusd*, que va combattre Ahrimane avec les dews ou avec les génies malfaisans qu'il a formés au sein des épaisses ténèbres, et qui doivent être précipités avec lui dans l'abîme après sa défaite.

Ormusd (b), par sa science souveraine, savait que dans le cours de neuf mille ans, lui, Ormusd, devait marcher seul pendant trois mille ans; que pendant trois mille autres ses opérations seraient mêlées à celles d'Ahrimane; mais qu'à la fin Ahrimane serait sans forces, et l'*auteur du mal éloigné des créatures*. Ormusd savait qu'à la fin il serait victorieux; qu'Ahrimane et les dews sans force disparaîtraient; et qu'à la résurrection des morts et au rétablissement des corps, le monde serait délivré de Petiaré ou d'Ahrimane pendant la durée des siècles.

Cette opinion philosophique fait exactement la base ou la matière du vingtième chapitre qui nous retrace la captivité, la délivrance, les combats d'Ahrimane et de son peuple pendant mille ans: les résurrections et la

---

(a) C. 20, v. 19 et 20. — b. Zend. Avest., t. 2, p. 346.

défaite entière d'Ahrimane et des siens, ou du diable et de ses complices, qui sont jetés dans l'étang de feu et de soufre, pour y être tourmentés dans les siècles des siècles.

L'auteur de l'Apocalypse (a), au commencement du ch. 20, nous présente le tableau d'un ange ou d'un Dieu ministre d'Ormusd, qui enchaîne Ahrimane ou le dragon, l'ancien serpent, pour mille ans; après quoi il doit être délié et sortir de sa prison, et rassembler ceux qu'il a séduits, et les mener à un dernier combat qui doit achever sa défaite. De même, la théologie des Perses suppose qu'Ahrimane est lié pendant trois mille ans; et ensuite que, devenu libre, il s'unit aux dews ou aux mauvais génies pour faire la guerre à Ormusd ou au Dieu-lumière qui en triomphe à la fin (b).

Il est dit dans le Boundesh, ou dans la cosmogonie des Perses, qu'Ahrimane, qui était sans force, et que tous les dews virent l'homme pur, et qu'ils en furent abattus; qu'Ahrimane fut lié, non pas simplement mille ans, comme dit l'Apocalypse; mais, ce qui est plus conforme à l'esprit de cette théologie et à la division des douze mille ans pendant trois mille ans, que pendant qu'il était lié, chacun des dews lui dit : Levez-vous avec moi, je vais faire la guerre à Ormusd ou au Dieu-lumière; avec les dews je corromprai la lumière. Ahrimane pénétra dans le ciel sous la forme d'un dragon; il sauta du ciel sur la terre dans le mois Farvardin, le jour Ormusd; il courut du côté du midi.

Les dews ou mauvais génies firent la guerre aux étoiles fixes (c), et Ahrimane forma le dessein de détruire le

---

(a) C. 20, v. 1-2-3-7. — (b) Zend. Avest., t. 2, p. 350, 1. — (c) P. 355.

monde entier. On voit que dans ces combats il s'agit souvent d'étoiles et de constellations, et que ce n'est pas sans raison que nous expliquons ici, par des aspects de constellations, les combats et les victoires des agens des deux principes Ormusd et Ahrimane. Dans les combats de Typhon contre Jupiter, décrits par Nonnus (*a*), on voit aussi celui-ci attaquer le ciel des fixes, et livrer des combats contre différentes constellations, soit du zodiaque, telles que le bélier; soit hors du zodiaque, telles qu'Orion, Sirius, etc. Il n'est donc pas étonnant ici de voir la baleine, Méduse, le dragon, agens des ténèbres, s'unir contre l'agneau de la lumière qui va triompher du mauvais principe et préparer la régénération de la Nature au printemps. Dans la fiction théologique des mages sur les deux principes Ormusd et Ahrimane, et sur les vingt-quatre génies attachés à chacun d'eux (*b*), on voit qu'Ormusd établit Sirius chef des astres ou des intelligences qui y résident: en sorte que l'astronomie se trouve essentiellement liée à cette théorie sur les combats et les victoires des deux principes, et conséquemment ils doivent être mis en scène.

Non-seulement le ciel, mais la terre est le théâtre de ces combats, et, comme le Typhon de Nonnus, Satan attaque toute la Nature. « Alors, dit l'Apocalypse, Satan sera délié; il sortira de sa prison, séduira les nations qui sont aux quatre coins du monde, et il les assemblera pour combattre. Leur nombre égalera celui du sable de la mer. Je les vis se répandre sur la surface de la terre, environner le camp des saints et la sainte cité. »

(*a*) Dionys., l. 1, v. 178, etc., jusqu'à 255. — (*b*) De Isid., p. 37.

La théologie des Perses suppose pareillement qu'Ahrimane et son armée infestent toute la Nature, le ciel, la terre et tous les élémens. Ahrimane, disent-ils (a), alla sur le feu et en fit sortir une fumée ténébreuse ; il se mêla aux planètes et se mesura avec le ciel des astres, avec les étoiles fixes et avec tout ce qui avait été formé par Ormusd. Aussitôt la fumée s'éleva dans les divers lieux où il y avait du feu. Le peuple céleste, pendant quatre-vingt-dix jours ou trois mois (l'allégorie des trois mille ans n'est plus ici employée, et l'auteur parle sans figure), combattit dans le monde contre Ahrimane et contre les dews ; il les délia et les précipita dans l'enfer. C'est ce combat et cette défaite qui sont décrits ici (b) dans ces deux chapitres. Nous y voyons la bête, le faux prophète, le dragon et leurs compagnons vaincus, jetés dans l'étang de soufre et de feu. Est-il une plus grande ressemblance ?

Dans les combats contre le peuple céleste (c), le ciel secourt le peuple céleste de manière qu'Arhimane ne peut plus se mêler avec lui. Le ciel voulut, comme un soldat qui a endossé la cuirasse, se présenter devant Arhimane pour lui faire la guerre. Ormusd, du ciel ferme qu'il habite, secourut le ciel qui tourne. Les férouërs des guerriers, tenant en main la lance et la massue, se préparèrent en cet état à secourir le ciel qui tourne, et le secoururent. Arhimane prit la fuite (d).

Ahrimane précipité alla sur la terre, courut dedans et bouleversa tout ce qui était dans le monde. Cet ennemi du bien se mêla partout, chercha à faire du mal

---

(a) Boundesh., ibid. 355. — (b) C. 19, v. 20; et c. 20, v. 9. — (c) Zend. Avest., p. 355, 358 — (d) P. 355.

dessus et dessous ; il mit une eau brûlante sur les arbres et les fit sécher sur-le-champ (*a*).

Mais Ahrimane (*b*) sut que les dews ou les mauvais génies, ses compagnons, disparaîtraient, et qu'il serait lui-même absolument sans forces, parce qu'à la fin, la victoire était réservée à Ormusd. Lors de la résurrection (*c*) et pendant la durée des êtres, les hommes seront rendus à la vie par ce qui viendra du taureau. On sait que cet animal occupait l'équinoxe avant l'agneau; mais c'est toujours la même idée cosmogonique : il en résulte seulement que cette théologie des Perses, d'où est dérivée celle des Juifs et des Chrétiens, est très-ancienne; et qu'on appliqua autrefois au taureau équinoxial les idées de régénération, qui furent transportées ensuite à l'agneau qui le remplaça à l'équinoxe par l'effet de la marche lente de la rétrogradation des nœuds équinoxiaux. Car les initiations aux mystères de Bacchus et d'Osiris aux cornes de bœuf, sont plus anciennes que celles d'Ammon aux cornes de bélier ou de l'agneau des Chrétiens.

Le taureau, dans cette ancienne théologie, fait donc la même fonction que fait ici l'agneau aux noces duquel sont appelés les initiés ; et cela au moment de la résurrection et du grand jugement (*d*).

En effet, on voit aussi, à ce même instant de la défaite d'Ahrimane et de la victoire d'Ormusd, dans la théologie des Perses, Sosioch, placé sur un lieu élevé, donner à tous les hommes ressuscités une récompense proportionnée à leurs œuvres. Les morts ressusciteront ;

(*a*) Zend. Avest., 351. — (*b*) P. 358. — (*c*) P. 387 et 415. — (*d*) C. 19, v. 9; c. 20, v. 5 et 12.

l'homme reparaîtra sur la terre (a), disent les Perses.

C'est après cette défaite dernière du mauvais principe, que les mages font passer les hommes à cet état de félicité dont ils doivent jouir dans l'empire d'Ormusd (b), où, revêtus de corps lumineux, ils ne connaîtront plus de ténèbres, ni aucune espèce de besoins [7]; comme ici les élus, après la défaite du dragon, et après la résurrection et le jugement, vont passer dans la cité sainte, dans la nouvelle Jérusalem brillante de clarté. Ne semble-t-il pas, en voyant ce Sosioch (c) qui doit à la fin du monde, dans les derniers mille ans, se placer sur un trône élevé pour donner à tous les hommes ressuscités une récompense proportionnée à leurs œuvres, voir le même tableau que nous présente l'Apocalyse (d), après l'intervalle des derniers mille ans, dans ces deux versets du ch. 20 ? « Alors je vis un grand trône blanc, et quelqu'un qui était assis dessus, devant la face duquel la terre et le ciel s'enfuirent, et il n'en resta pas même la place. Je vis ensuite les morts, grands et petits, qui comparurent devant le trône ; et les morts furent jugés selon leurs œuvres. »

Les idées de résurrection et de jugement qui sont exprimées dans l'Apocalypse faisaient partie des opinions religieuses de la Perse, comme on peut le voir dans M. Hyde (e) qui expose la doctrine des mages.

Ils pensaient qu'après la résurrection, ils mèneraient une vie tranquille et délicieuse sur une terre purifiée par le feu (f). Quant à la doctrine des deux principes et à celle de leurs combats qui devaient précéder cette époque,

---

(a) Zend. Avest., t. 2, p. 387 et 415. — (b) De Isid, p. 370. — (c) Zend. Avest. t. 1, p. 46. — (d) C. 20, v. 11 et 12. — (e) Hyde de vet. Pers. Rel., p. 293 et 537. — (f) Beausobre t. 1, p. 205.

il est incontestable qu'elle leur appartient, et qu'elle fut ensuite adoptée par les Manichéens dont la théologie a tant d'affinité avec celle des Perses.

On voit donc, dans ce précis de la théologie des anciens Perses, le fond des idées théologiques employées dans l'Apocalypse, et spécialement dans ces derniers chapitres, et souvent on y retrouve les mêmes tableaux. On y remarque le choc violent des deux principes lumière et ténèbres dans la dernière crise qui va affranchir l'Univers de l'empire du mal. On y voit le grand dragon qui avait amené l'hiver, le froid et les ténèbres, ou l'astre-serpent, avec les dews ou génies malfaisans qui forment son cortége, et qui vont sous ses enseignes combattre le peuple céleste et Ormusd ou le Dieu-lumière qui en est le chef. Tout se termine par le triomphe de ce dernier, qui conduit ses sectateurs dans une région lumineuse où il habite au sein de la félicité éternelle, tandis que le mauvais principe, Ahrimane ou le grand serpent, est précipité, enchaîné et réduit à ne pouvoir nuire au peuple céleste. On a dû surtout remarquer cette captivité du mauvais principe, pris, lâché ensuite et vaincu, comme dans le chapitre 20 de l'Apocalypse, où Satan, enchaîné pendant mille ans, est lâché, et livre un combat où il éprouve une dernière défaite qui achève sa ruine et celle de ses amis.

En reprenant donc l'examen de ces deux chapitres, aussitôt après la condamnation du monde d'Ahrimane, de ce monde ténébreux où nos ames sont détenues dans une espèce de captivité, et livrées aux assauts du mauvais principe, nous voyons que la troupe des compagnons d'Ormusd ou du Dieu de la lumière applaudit à sa destruction.

« Après cela, dit l'auteur (a), j'entendis comme la voix d'une nombreuse troupe qui était dans le ciel ; qui disait *alleluia*, salut, gloire, puissance à notre Dieu, parce que ses jugemens sont véritables et justes, et qu'il a condamné la grande prostituée qui a corrompu la terre. »

Louez Dieu, dit-on, parce que le Seigneur notre Dieu [8], le Tout-Puissant, est entré dans son règne (b).

Quel est ce Dieu ? Le soleil. Quel est son règne ? L'hémisphère supérieur où règne la lumière, ou l'hémisphère boréal dont les six premiers signes, à compter du point équinoxial, sont censés former les 6000 ans du règne de Dieu, et en portaient le nom. Les mille de Dieu, disent-ils (c), parurent avec l'agneau, le taureau, les gémeaux, le cancer, le lion et l'épi ou la vierge. Après les mille de Dieu, la balance vint ; Ahrimane entra dans le monde sous la forme du serpent. Là commencèrent les mille du diable. Donc, le règne de Dieu commençait à l'agneau, et là finissait celui de son ennemi. C'est donc par l'agneau que le grand Dieu-lumière va entrer dans son règne. Voilà pourquoi l'Apocalypse (d), immédiatement après avoir dit que le Tout-Puissant entre dans son règne, ajoute : « Réjouissons-nous ; faisons éclater notre joie et rendons-lui gloire, parce que les noces de l'agneau sont venues, et que son épouse y est préparée. Heureux ceux qui ont été appelés au souper des noces de l'agneau. Son épouse est revêtue d'un fin lin d'une blancheur éclatante. »

Ces applaudissemens, ce cri de joie (a) *alleluia*, que

(a) C. 19. v. 1, et 2. — (b) V. 6 et 7. — (c) Zend. Avest., t. 2, p. 420. — (d) C. 19, 7 et 9. — (e) C. v. 1, 3 et 4.

les génies célestes répètent à ce moment des noces de l'agneau, et qui est affecté au chant pascal, conviennent parfaitement à l'époque où nous sommes du triomphe de la lumière du jour sur la durée des nuits, que célébraient les Romains au 25 de mars sous le nom d'*hilaria*, à cause qu'en ce jour le soleil, arrivé au bélier (a), rendait au jour, dit Macrobe, son empire sur les nuits. L'astre du jour, après être sorti du séjour étroit et ténébreux dans lequel il était resserré durant l'hiver, augmente la durée des jours et s'avance vers l'hémisphère d'été ou boréal, où il rentre dans son règne : *Tunc ad regnum suum jam pervenisse creditur.* C'était alors que l'on coupait l'arbre mystique au pied duquel était un bélier dans les mystères d'Atys, et que l'on célébrait les *hilaries* de l'Atys phrygien. (Julien, Orat. 5. p. 316.)

Ce que dit ici l'hiérophante Jean, que les noces de l'agneau sont venues, et que son épouse y est préparée, confirme l'opinion que nous nous sommes formée de l'Apocalypse, que nous regardons comme une exhortation à la célébration des mystères du soleil pascal, et une préparation à la fête de la théophanie ou à l'apparition du grand juge que dans les premiers siècles on attendait à cette époque, comme nous l'avons dit au commencement de cet ouvrage.

On donne pour parure à l'épouse de l'agneau les attributs de la lumière, le vêtement blanc qui caractérise le peuple lumineux qui forme le cortége d'Ormusd, et que nos prêtres prennent à la cérémonie pascale où ils ne sont revêtus que de l'aube. Le blanc était affecté au principe-lumière, comme le noir au principe-ténèbres.

(a) Macrob. Sat., l. 1, c. 21, p. 260.

Le peuple d'Ahrimane était noir, suivant le Boundesh (a). Les réprouvés, suivant les Manichéens, avaient une tache noire sur le front. L'épouse est la société des initiés à qui on promet la communication avec la divinité dans l'autopsie, et l'apparition prochaine de la cité lumineuse dans laquelle ils seront transportés à la mort.

On promet aussi l'esprit de prophétie (b) comme un témoignage de la protection de Jésus. Nous voyons que c'était aussi un des avantages que se promettaient les initiés assemblés à Pepuzza avec leurs prophétesses, qui trompaient le peuple en feignant d'être inspirées par la divinité, suivant saint Épiphane (c).

Aussitôt après que l'ange a annoncé le festin ou les noces de l'agneau, l'hiérophante voit le ciel (d) qui s'ouvre; il voit la lumière, le *loros*, ou le verbe divin émané du sein du père, qui, s'élançant des portes de l'orient, annonce avec l'aurore le soleil monté sur l'agneau équinoxial, lequel va entrer dans sa gloire par la défaite entière des génies de l'hiver et des ténèbres, dont les derniers efforts vont être confondus.

« Je vis ensuite, dit-il, le ciel ouvert, et il parut un *cheval blanc*, et celui qui était dessus s'appelait le fidèle et le véritable, qui juge et combat justement.

» Ses yeux (e) étaient comme une flamme de feu; il avait sur sa tête plusieurs diadèmes, et il portait écrit un nom que nul autre que lui ne connaît.

» Il était vêtu (f) d'une robe pleine de sang, et il s'appelait le verbe de Dieu.

(a) Zend. Avest., t. 2, p. 345. — (b) C. 19, v. — (c) Epiph., c. 49. (d) C. 19, v. 11. — (e) V. 12. — (f) v. 13.

» Les armées qui sont dans le ciel le suivaient sur des chevaux blancs vêtus d'un lin blanc et pur.

» Et il sortait de sa bouche (a) une épée à deux tranchans pour frapper les nations ; car il les gouvernera avec une verge de fer, et c'est lui qui foule la cuve du vin de la fureur du Dieu tout-puissant. »

Et il porte écrit sur son vêtement et sur sa cuisse : « Le roi des rois et le seigneur des seigneurs (b). »

Le ciel qui s'ouvre ici, c'est l'aurore qui blanchit l'horizon. Elle ouvre les portes du jour qui chasse devant lui les ténèbres de la nuit, laquelle désormais va succomber et céder l'empire au Dieu de la lumière qui entre dans son règne. Le cheval blanc caractérise bien la monture du Dieu dont le char était attelé de chevaux blancs, et la lumière orientale qui s'échappe du séjour d'Ormusd.

La milice céleste qui marche à sa suite monte également des chevaux blancs, et porte des habits de la même couleur ; c'est-à-dire, les livrées du bon principe et du Dieu de la lumière.

C'est contre cette armée que le mauvais principe et ses génies familiers marchent dans le dernier combat où se couronne leur défaite.

« Et je vis la bête (c) et les rois de la terre, et leurs chefs assemblés, faire la guerre à celui qui était sur le cheval blanc et à son armée.

» Mais la bête fut prise, et avec elle le faux prophète qui avait fait des prodiges en sa présence, par lesquels il avait séduit ceux qui avaient reçu le caractère de la bête, et qui avaient adoré son image, et tous deux furent jetés vivans dans l'étang de feu et de soufre (d).

(a) C. 19, v. 15. — (b) V. 16. — (c) V. 19. (d) V. 20.

» Le reste fut tué par l'épée qui sortait de la bouche de celui qui était sur le cheval ; et tous les oiseaux du ciel se soûlèrent de leur chair (a). »

Mais quel est ce génie armé de l'épée qui triomphe de la première et de la seconde bête ? Il est évident que, si ces deux monstres sont, comme nous l'avons fait voir plus haut, la Méduse et la baleine, le génie lumineux est nécessairement Persée leur vainqueur, qui se trouve à l'orient aux portes du jour ; Persée, armé de son arpé ou poignard ; Persée, le seigneur et le Dieu des Perses, Persée, que nous avons vu plus haut avec une couronne d'or, et peint comme ici avec les traits du fils de l'homme (b).

Il est placé, comme le Mithra des Perses, qui, suivant Porphyre, avait son siége dans l'antre représentatif du monde sur la division du bélier et du taureau, et qui portait, continue Porphyre (c), l'épée du Dieu Mars, qui a son domaine dans *aries*, de Mithra, qui était le demiourgos ou le maître souverain de la force génératrice.

Mithra, confondu souvent avec le soleil, était l'intelligence qui présidait au mouvement de cet astre, et le Dieu tutélaire de la lumière qu'Ormusd répand par le soleil. Il était, pour les Perses, ce que le Verbe, le *logos*, était pour les Chrétiens.

Les livres zends nous représentent Mithra comme un génie intimement lié avec le soleil, et presque toujours confondu avec le soleil même. Il a, comme ici, les attributs de la planète de Mars, qui préside au signe et au mois pendant lequel le soleil atteint l'équi-

---

(a) C. 19, v. 21. — (b) C. 14, v. 14. — (c) Porphyr. de ant. Nymph., p. 124.

noxe, et qui lui donne son influence avec ses symboles caractéristiques. On le peint un poignard à la main, tel qu'il est dans nos monumens mithriatiques où ce Dieu, muni d'ailes, ressemble fort au Persée de nos sphères ou à la figure symbolique du soleil de printemps, qui a été peinte dans nos constellations, et que l'on connaît sous le nom persique de *Persé* ou *Pharsé*, le cavalier ; *eques*, *ippotés*, comme l'appellent les livres astronomiques. C'est l'homme qui monte le cheval blanc. Hésiode, dans le Bouclier d'Hercule, v. 216, donne à Persée l'épithète d'*ippotés*.

Ainsi, regardant l'effigie de nos constellations, qu'on nomme Persée, comme celle de l'intelligence solaire ou du soleil équinoxial d'*aries*, et regardant cette intelligence solaire elle-même ou le Dieu-soleil d'*aries*, comme l'Ammon des Égyptiens et le Mithra des Perses, nous chercherons à rassembler quelques traits de Mithra, épars dans les livres zends, et qui le rapprocheront du génie de l'Apocalypse, que nous voyons ici combattre, armé de l'épée, et monté sur le cheval blanc.

On lit dans ces livres (*a*) : « Lorsque l'aube du jour va paraître, que l'éclatant Mithra s'élève dans les montagnes brillantes. Le soleil, disent-ils ailleurs, comme un coursier vigoureux, s'élance du haut de l'Albordi et donne la lumière au monde. »

Dans les prières qu'on adresse à Mithra, on le prie de venir avec la lumière.

On lui dit de venir avec le bonheur et la joie, apportant la santé (*b*).

On l'appelle *le soldat élevé* qui monte un coursier vi-

(*a*) Zend. Avest., t. 1, pars 2, p. 419 — (*b*) T. 2, p. 2, p. 205.

goureux. Ceci ressemble assez au génie monté sur le cheval blanc (a), qui va combattre avec l'épée.

Il est, dit-on, le premier des izeds célestes (b), comme Persée, qui marche à la tête des constellations placées hors du zodiaque, puisqu'il monte le premier avec le premier signe.

Il est cet ized céleste (c), ce fort Mithra qui donne la grande lumière, et le grand roi à tous les kesvards de la terre, au nombre de sept.

Il est le sublime des sublimes (d), comme le génie de l'Apocalypse est le seigneur des seigneurs.

Il a le bras levé (e); c'est un guerrier qui frappe les dews ou les mauvais génies, compagnons d'Ahrimane, que nous avons vus représentés par les deux bêtes et par les autres rois malfaisans.

Il les frappe de son épée (f), comme dans l'Apocalypse, c. 19, v. 11. Ce génie lumineux a une épée tranchante des deux côtés pour frapper les nations, et avec laquelle il défait, v. 21, le reste de ses ennemis.

C'est Mithra (g), cet immortel coursier vigoureux, qui garde bien la partie d'Ormusd, et qui le premier a habité la haute montagne d'or. Lorsque la couleuvre (h) (ou le dragon de l'Apocalypse) désole le monde d'Ormusd, c'est ce pur Mithra qui le frappe, ainsi que les dews (i). C'est lui qui anéantit le mal, quelque abondant qu'il soit; il le frappe. Il est pur et élevé, comme l'astre taschter, et tout son corps brille de lumière (j).

Nous nous bornerons à ce petit nombre de traits, par

(a) C. 19, v. 11 et 15. — (b) Zend. Avest., 206. — (c) P. 207. — (d) P. 215. — (e) P. 209. — (f) P. 211. — (g) P. 206. — (h) P. 204. — (i) P. 223. — (j) P. 251.

lesquels les livres théologiques des Perses caractérisent leur Mithra. Ils suffisent pour faire voir qu'il ressemble fort au génie tutélaire du jour, au moment où le soleil du printemps vient terrasser le germe du mal que le principe des ténèbres avait répandu dans la Nature. Il s'unit à cet astre dans son triomphe équinoxial, comme Persée qui, sur l'agneau, ouvre en ce moment les portes du jour.

Une nouvelle raison qui nous fait rapprocher du soleil, dans ses rapports astrologiques et théologiques, le génie lumineux de l'Apocalypse, c'est que son prochain triomphe est annoncé par un ange qui est dans le soleil.

A peine l'auteur de l'Apocalypse nous a-t-il peint le Dieu-soleil équinoxial ou son génie avant-coureur, Persée, image du soleil, qu'il ajoute au verset suivant : « Alors (*a*) je vis un ange debout dans le soleil, qui cria d'une voix forte, en disant à tous les oiseaux qui volaient par le milieu des airs : Volez et assemblez-vous pour être au grand souper de Dieu (*b*) ; pour manger la chair des rois, la chair des officiers de guerre, la chair des puissans, la chair de tous les hommes libres et esclaves, petits et grands ; et tous les oiseaux du ciel se soûlèrent de leur chair (*c*). »

On remarquera encore une circonstance qui nous force de reconnaître le génie des mages et des Perses dans cet ouvrage ; c'est qu'en effet, chez eux on ne donnait point aux morts de sépulture ; mais on les exposait aux oiseaux qui se nourrissaient de leur chair. L'auteur fait donc allusion à un usage particulier à ce pays.

Les épithètes (*d*) de *fidèle* et de *véritable* que l'Apo-

(*a*) C. 19, v. 17. — (*b*) V. 18. — (*c*) V. 21. — (*d*) C. 19 v. 11.

calypse donne à ce génie, conviennent à un génie qui combat et qui juge, et rentrent dans les idées de *vérité* et de *justice*, deux des six attributs que les Perses donnaient, suivant Plutarque (*a*), à Ormusd ou au génie chef de la lumière.

Le titre pompeux de *roi des rois*, de *seigneur des seigneurs*, que l'Apocalypse lui donne ici (*b*), est celui qui plus haut est donné à l'agneau que la bête et les rois qui l'accompagnent doivent combattre, et par qui ils seront vaincus. C'est donc le même génie qui est appelé plus haut l'agneau (*c*) qu'ici on appelle le Verbe, le fidèle et le vrai, monté sur le cheval blanc, puisque c'est lui qui attaque la bête et qui en triomphe. C'est donc un nouvel emblème du soleil équinoxial qui a le siége de son exaltation au bélier, l'Ammon des Égyptiens, le Mithra des Perses, etc.; car ces deux noms font partie de la foule de ceux qu'a eus le soleil, et dont Martianus Capella fait l'énumération dans son hymne au soleil (*d*).

Te Serapim Nilus, Memphim veneratur Osirim
Dissona sacra *Mithram*....
Ammon et arentis Libyes, et Biblus Adonis.

Le nom de Verbe, que le même auteur de l'Apocalypse donne à ce génie vainqueur de la bête, est un des noms de la lumière première et intellectuelle.

Jean, dans son Évangile, définit le Verbe, la lumière, source de toute lumière et de nos intelligences. Martianus Capella donne le même caractère au Dieu-soleil,

---

(*a*) Plut. de Isid., p. 370. — (*b*) C. 19, v. 16. — (*c*) 17, v. 14. — (*d*) Martian. Cap. de Nupt. Philol., t. 2, c. 2.

mentis fons, lucis origo. Il l'appelle force sublime du père inconnu, son premier né, le roi de la Nature, l'éclat brillant de l'Olympe : lui seul voit son père placé hors des limites du monde, et contemple le grand Dieu qui échappe à nos regards [9] : caractères que les docteurs chrétiens donnent au Verbe, au fils de Dieu, dont la naissance était célébrée le 15 décembre, c'est-à-dire le même jour où les Perses fixaient la naissance de leur Mithra, du soleil invincible qui devait à l'équinoxe reprendre sous le taureau anciennement, et ensuite sous l'agneau, son empire sur toute la Nature. Ce guerrier qui combat et qui juge nous semble donc être le *Dieu-soleil de l'agneau*.

C'est ce soleil que Platon appelle le fils unique de Dieu, et dont le nom, suivant Philon (a), est celui du Verbe divin, archétype de l'astre visible qui achève son cours dans le ciel. C'est lui dont nous croyons que l'image symbolique fut figurée dans les étoiles même qui sont au-dessus de l'agneau, et auxquelles le soleil s'unit au moment de l'équinoxe. C'est pourquoi nous avons cru voir dans Persée et dans ce génie des traits communs, en regardant Persée lui-même comme l'ange solaire et comme l'expression symbolique du soleil équinoxial. Son union avec l'agneau est marquée par les sphères anciennes, qui, au troisième décan, comme nous l'avons déjà dit, les unissent ensemble dans leur ascension simultanée (b); *Perseus corpus arietis*. C'est cette union qui a donné l'idée de grouper ces deux constellations, et d'en faire un seul génie, ou un homme dont la tête est coiffée des cornes du bélier, et qui est, dans la division de l'agneau ou d'*aries*, appelée *porta Deorum* et *regnum Ammonis* [10],

---

(a) Philo. de Somniis, p. 449. — (b) Scalig. nov. ad Manil, p. 337.

comme on peut le voir dans le planisphère égyptien de Kirker (*a*). La sphère persique, au lieu de nommer Persée, met *juvenis in solio sedens*. Et celle des Indiens peint un homme qui se dispose au combat, et dont le vêtement rouge ressemble assez à celui du guerrier de l'Apocalypse. Ces attributs me semblent être analogues au caractère de Mars qui préside à cette planète. C'était l'ange du mois *adar* (*b*), qui répondait à Mars, et qui avait tous les caractères du feu. C'était à l'entrée du soleil dans ce signe et dans le domaine de Mars qu'on célébrait des fêtes de joie à l'occasion de la fin de l'hiver. Entre autres cérémonies, on faisait monter à cheval un jeune homme sans barbe, qui portait un éventail pour désigner le retour de la chaleur, tandis que le peuple lui jetait de la glace. Cette cérémonie était destinée à peindre le dernier combat des deux principes, et la victoire prochaine du Dieu source de lumière et de chaleur, la destruction des productions d'Ahrimane, sa défaite et celle de ses génies, et le triomphe d'Ormusd qui allait renouveler toute la Nature au Neuroux, ou à la fête du nouvel an équinoxial, à l'entrée du soleil dans l'agneau, comme l'a traduit M. Hyde (*c*).

CHAPITRE XX.

Jusqu'ici le triomphe de l'agneau ou du soleil de l'agneau n'est pas encore complet, il reste un dernier ennemi, le plus redoutable de tous et le chef de tous les

---

(*a*) OEdip., t. 3, pars 2, p. 201 ci-dess., t. 1. — (*b*) Hyde de vet. Pers., p. 64 et § 19, et p. 249, 250, 251. — (*c*) P. 237.

mauvais génies; c'est le dragon ou serpent dont Ahrimane lui-même avait pris la forme pour introduire l'hiver, le désordre et le mal dans le monde. C'est dans ce chapitre vingtième que s'achèvera sa défaite, qui doit assurer à jamais le triomphe d'Ormusd et la félicité du peuple de lumière, dont la séparation va se faire d'avec le peuple des ténèbres.

Le premier tableau qui s'offre à nos regards, c'est un génie ou un ange qui, descendant du ciel, enchaîne un serpent qu'il va jeter dans l'abîme.

« Je vis descendre du ciel (a) un ange qui avait la clef de l'abîme et une grande chaîne à la main. Il prit le dragon, l'ancien serpent, qui est le diable et Satan, et l'enchaîna pour mille ans, et l'ayant jeté dans l'abîme, il le ferma sur lui et le scella, afin qu'il ne séduisît plus les nations, jusqu'à ce que ces mille ans soient accomplis; après quoi il doit être délié pour un peu de temps (b). »

Si, dans le même moment où Persée et l'agneau avec le jour paraissent aux portes de l'orient, nous portons nos regards à l'occident, vers cette partie du ciel où les astres et leurs intelligences descendent au couchant, pour se perdre dans l'abîme des mers et sous l'horizon, la plus grande constellation, comme la plus voisine du couchant, que nous apercevions, c'est le génie céleste qui tient le grand serpent qu'il a vaincu, autrement le serpentaire et le serpent qu'il presse dans ses mains. C'est ce même serpent que les Perses, encore aujourd'hui, appellent le serpent d'Ève : cet Ahrimane qui, en automne, a introduit le froid et le mal dans le monde. Ce monstre qu'avait vaincu le soleil sous le nom d'Hercule, que

---

(a) C. 20, v. 1. — (b) V. 2 et 3.

portait le serpentaire dans la Lydie (a), pays voisin du lieu où fut écrite l'Apocalypse, était monté avec la balance au moment où finirent les six mille de Dieu, qui se comptent depuis l'agneau et se terminent à la balance avec laquelle commencent les mille du diable. Le serpentaire a son pied appuyé sur le bord occidental, et semble descendre des cieux pour cacher son serpent sous l'horizon inférieur et dans le séjour des ténèbres, dont l'occident forme l'entrée; car là sont les portes de la nuit. Cependant il n'est pas encore couché, et sa disparition ne s'effectuera que durant les trois mille de l'agneau, du taureau et des gémeaux, lorsque le soleil aura atteint le solstice; mais il n'a déjà plus de force.

Nous sommes persuadés que c'est cet aspect astronomique du couchant, qui se lie avec les aspects de l'orient au moment où la Nature va être régénérée, que l'hiérophante astrologue a chanté dans la défaite du dragon qu'un génie, ami d'Ormusd, vient d'enchaîner. Nous remarquons que ce même serpentaire, appelé aussi Cadmus en astronomie, est le même génie qui, dans le poëme de Nonnus, aide Jupiter à remporter sur Typhon le fameux triomphe qui amène la fin de l'hiver au moment où le soleil va s'unir au taureau, comme on peut le voir dans Nonnus, liv. 1 et 2.

Quant aux idées théologiques sur la durée du temps où Ahrimane, qui a pris la forme de ce monstre, reste enchaîné, nous avons vu plus haut qu'elles avaient été empruntées, par Jean, de la théologie des Perses qui supposent qu'Ahrimane vaincu est ensuite lâché, et qu'il livre un dernier combat qui achève sa défaite. Tout ceci

---

(a) Théon., p. 117. Hygin, l. 2.

entrait dans le système de combats, de défaites et de victoires successives entre les deux principes, dont on représentait les chocs durant l'espace de douze mille ans, ou durant la révolution annuelle, jusqu'au moment où le feu éther consumerait l'ancien monde avec les productions d'Ahrimane, et renouvellerait la Nature sous le signe fameux de l'agneau équinoxial.

Mais il y a ici une nouvelle théorie qui ouvre un champ à nos réflexions ; c'est celle de la double résurrection ou plutôt de la double mort dont parle l'auteur de l'Apocalypse. Pour bien l'entendre, il faut consulter Platon (a) et Plutarque (b): le premier, dans le dixième livre de sa République ; le second, dans la dissertation sur la face qu'on aperçoit dans la lune. Ces deux auteurs y ont développé les principes de la philosophie barbare ou orientale, qui fait la base de cet ouvrage.

On voit dans Platon (c) qu'après la mort, les ames se rendaient dans un certain lieu placé entre la terre et la cité lumineuse ou le ciel éthéré, et qu'elles mettaient *mille ans* à y arriver ; en sorte que le jugement définitif qui décidait de leur sort, ne s'accomplissait que mille ans après leur mort. C'est ici la même chose. En effet, on nous montre, au c. 4, des trônes, des personnes qui s'asseoient dessus pour juger ; et près de là les ames de ceux qui ont souffert le martyre pour la parole de Dieu, et qui n'ont point adoré la bête ni son image, ni reçu son caractère. Ceux-là vivent et règnent avec J. C. pendant mille ans. Mais les autres morts ne sont point encore rentrés dans la vie, jusqu'à ce que ces mille ans

---

(a) Plat. de Rep., l. 10, p. 615. — (b) Plut. de facie in orbe lunæ, p. 443, etc. — (c) Plat. de Republ., l. 10, p. 614.

soient accomplis. Après quoi, il y aura une seconde mort et une seconde résurrection, lorsque ce jugement s'accomplira, comme on voit qu'il s'exécute dans le dernier verset de ce chapitre, à compter du verset 11. Tous ceux qui, dans ce jugement, ne se trouveront pas écrits sur le livre de l'initiation de l'agneau, et qui n'auront pas mené une vie vertueuse, subiront une condamnation qu'on peut regarder comme une seconde mort. Voilà, en dernière analyse, le résultat de ce chapitre. Ce dernier jugement est précédé d'un dernier effort du mauvais principe contre le bon principe, combat qui n'est pas de longue durée, et dans lequel celui-ci succombe avec ses amis et toute son armée, comme on peut le voir dans les versets 7, 8, 9 et 10.

Il paraît par Platon (a) que les ames pures et d'une vertu rare se rendaient en ce lieu avec grande facilité, puisque Er et plusieurs autres y arrivent au bout de peu de jours. En effet, il ne s'écoule que douze jours entre la mort du *Pamphylien Er* et sa résurrection. Nous voyons pareillement dans l'Apocalypse (b) les élus qui n'ont point adoré la bête, réunis avec Christ pendant mille ans, en attendant que les autres morts viennent comparaître devant le grand juge, après avoir soutenu les assauts des monstres agens du mauvais principe.

On voit également dans Platon que les morts qui sont obligés de mettre mille ans pour arriver dans cette prairie où sont dressés les siéges des juges des morts, éprouvent une grande résistance au moment d'y arriver; qu'à l'extrémité du chemin, se trouvent des monstres affreux qui les combattent et même qui repoussent dans l'abîme

---

(a) Plat. de Repl. 10; p. 614. — (b) C. 20, v. 4, 5, 6.

les grands coupables ou ceux dont les fautes n'ont pas été suffisamment expiées (a). C'est, sans doute, ce qu'a voulu dire l'auteur de l'Apocalypse, qui, après avoir enchaîné le mauvais principe, le fait reparaître au bout de mille ans, et assemble ses armées pour combattre près des limites de la ville bien-aimée et du camp des saints, jusqu'au moment où le grand juge vient s'asseoir sur un trône blanc (b).

Si on rapproche de cette théorie celle de Plutarque, on verra que ce lieu du dépôt des ames, où elles se rendaient avant d'avoir subi le grand jugement qui décidait de leur sort, était dans la lune (c); que c'est là qu'aboutissaient les routes dont parle Platon, et dont les unes conduisaient les ames vers la partie supérieure de l'éther, et les autres vers la terre.

C'est donc cet intervalle de chemin qu'elles mettaient mille ans à franchir, pour peu qu'elles fussent surchargées de matière grossière et terrestre dont elles avaient contracté la souillure par un trop grand attachement au corps. Cet intervalle de temps se partageait, suivant Proclus (d), en cinq parties de deux cents ans chacune, et qui correspondaient à chacune des six autres planètes dont l'ame traversait les couches, sans doute en remontant d'aquarius, affecté, dit Macrobe, à la mort, jusqu'au cancer et au lion, signe ou domaine du soleil, dans lequel passaient les ames.

Mais avant ce passage l'ame éprouvait dans la lune une seconde mort; il se faisait une seconde séparation qui ne laissait que sa partie intelligente la plus épurée.

(a) P. 614. — (b) C. 20; et 7, 8, et 9. 10, 11. — (c) Plutarch. de facie in orbe lunæ, p. 944. — (d) Proculus in Tim., l. 1, p. 45.

Les champs élysées (a), suivant ces anciens philosophes, étaient placés hors du cône d'ombre que projette la terre opposée au soleil, et que traverse la lune dans les éclipses. C'était là le terme de la terre ou de l'obscurité qu'engendre la matière opaque qui la compose. La lune était, en conséquence, sur les confins du mortel et de l'immortel, de la lumière et des ténèbres, dont elle se revêtait successivement. Au-dessus d'elle étaient les champs lumineux dans lesquels se rendaient les ames vertueuses. On n'y admettait qui que ce soit qui fût méchant ou souillé ; mais seulement les hommes vertueux qui, après la mort, s'y rendaient. Ils y menaient une vie aisée et facile ; mais ils ne jouissaient pas encore de la vie divine et parfaitement heureuse, dans laquelle ils ne passaient qu'après la seconde mort.

Plutarque explique ce qu'on entendait par cette seconde mort ou par cette nouvelle séparation qui épurait assez l'ame pour qu'elle pût être rendue à sa pureté primitive, et passer dans l'astre lumineux dont elle tirait son origine (b), dans le soleil où les Manichéens plaçaient leur Christ. Toute ame séparée du corps errait pendant un temps dans l'espace qui sépare la terre de la lune ; les unes plus long-temps, les autres moins.

Ce voyage ressemble assez au voyage souterrain de Platon ; car on regardait comme souterrain ce qui était plutôt sublunaire. Mais comme l'obscurité de la matière terrestre s'étendait jusqu'à la lune, le Pamphylien de Platon l'appelle souterrain et obscur. Les morts ordinairement mettaient cent ans à le parcourir, cet espace (c),

---

(a) Plut., p. 942. — (b) P. 943. —(c) Plato., l. 10 de Repub., p. 614 et 615.

jusqu'à ce qu'ils arrivassent dans la prairie où siégeaient les juges qui devaient porter le dernier arrêt sur le sort de ceux qui avaient des mœurs ordinaires. Car les grands coupables ne passaient jamais l'ouverture qui sans cesse les repoussait vers le Tartare et les livrait aux furies, qui s'en saisissaient, comme on le voit par l'exemple d'Aridée de Pamphylie et d'autres tyrans, et d'une foule de particuliers souillés des plus noirs forfaits. Mais pour les ames vertueuses, cet intervalle de temps qui s'écoule entre la première mort et la seconde, ou la dernière séparation de l'ame et de son intelligence, était un temps assez heureux (*a*); quoique ce bonheur n'égalât pas celui dont elles devaient jouir après la seconde mort (*b*), qui ne devait pas avoir de pouvoir sur elles, comme l'observe très-bien l'auteur de l'Apocalypse [11], puisque, après un repos de quelque temps dans la prairie, les ames se retiraient et passaient dans la colonne de lumière, comme on le voit dans Platon (*c*) qui se sert même du mot *anastantés*, lequel signifie chez nous résurrection [12]. Cet intervalle de temps, qui s'écoulait entre la première et la seconde mort, était une espèce de purification et de lustration préparatoire pour les ames vertueuses (*d*) qui se purgeaient des plus petites souillures qu'elles avaient pu contracter dans un commerce trop étroit avec le corps, et essuyaient les taches du mauvais principe.

C'était dans la partie de l'enfer dont a parlé plus haut Platon, qu'elles passaient cet intervalle de temps (*e*) qui précédait la seconde mort ou la séparation d'une partie d'elles-mêmes. Elles y restaient un certain temps déter-

---

(*a*) Plutar. de fac. in orb. lunæ, p. 942. — (*b*) C. 20, v. 6. — (*c*) Plato de Republic., p. 616. — (*d*) Plut., p. 943. — (*e*) Plut. de facie, p. 943.

miné, dit Plutarque, dans un champ situé dans la partie la plus épurée de l'air; conséquemment vers le voisinage de la lune. Là, comme de retour d'un long exil, elles éprouvaient une joie mêlée d'espérance et de crainte, semblable à celle qu'éprouvait l'initié. Cette crainte venait de ce que souvent elles étaient repoussées loin de la lune, qui refusait de recevoir les unes, et qui souvent rejetait les autres dans des gouffres profonds. Les ames privilégiées, au contraire, s'élevaient jusqu'à la lune, franchissaient tout obstacle et s'y établissaient fortement.

Cette idée ressemble assez à celle de Platon, qui fait voyager les ames jusqu'à la prairie dans laquelle toutes n'entrent pas, et d'où un certain nombre sont repoussées vers les profonds abîmes.

Arrivées dans la lune, là, il se fait un second dépouillement. Le premier s'était fait sur la terre, où l'ame s'était séparée du corps, et où elle avait laissé ses dépouilles purement matérielles. C'est dans la lune qu'elle se dépouille de la partie animale qu'elle avait reçue de la lune, et qu'elle ne conserve que l'intelligence pure qu'elle tient du soleil (a). La lune a fourni l'élément animal de l'ame, et c'est dans son sein que se résout cette partie, comme c'est dans la terre que se résout le cadavre ou le corps purement matériel. C'est là ce qu'on appelle la seconde mort; et le passage vers le soleil la seconde résurrection, qui arrive lorsque l'ame ainsi dégagée, dit Plutarque (b), acquiert une parfaite ressemblance avec la nature du rayon solaire. Toute cette théorie est fondée sur cette opinion de la philosophie

---

(a) Plut. de facie, p. 943. — (b) p. 945.

TOME VI.

barbare (*a*), que l'homme est un composé d'esprit, d'ame et de corps. L'union de l'esprit avec l'ame fait l'homme raisonnable, et l'union de l'ame avec le corps produit les passions. Le corps tire son origine de la terre, l'ame de la lune et l'esprit du soleil. Ces trois parties s'unissent par la génération, et se séparent par deux sortes de mort. La première mort sépare l'ame et l'esprit d'avec le corps. Cette première séparation, suivant Plutarque (*b*), se fait d'une manière prompte et violente. La seconde, d'une manière douce et plus longue. Chacune de ces parties retourne à son principe. Le corps rentre dans la terre; l'ame, si elle est juste, retourne à la lune; mais après avoir resté quelque temps dans l'air pour s'y purifier. Si elle est vicieuse, elle est tourmentée dans les airs, et ensuite renvoyée dans un autre corps pour sa punition. Les ames justes restent dans la lune, où elles sont dans un état agréable, mais non parfaitement heureux. C'est cet état, sans doute, que l'auteur de l'Apocalypse appelle un repos, un règne de mille ans placé entre la mort et le dernier jugement, ou celui qui définitivement décide du sort de l'homme, lequel se rend dans la fameuse prairie (*c*) ou vallée de Josaphat, après un long voyage. Mais cette épreuve de mille ans n'était pas nécessaire pour les justes, d'une vertu épurée, qui passaient sur-le-champ dans le lieu où se faisait la deuxième séparation, et qui y attendaient, dans un état assez heureux, l'arrivée des autres ames qui devaient être jugées. La séparation de l'ame animale d'avec l'esprit s'opérait promptement, dit Plutarque (*d*), pour les ames chastes

---

(*a*) Beausobre, t. 2, l. 7, c. 6, p. 509, sect. 9. — (*b*) Plut., p. 943. — (*c*) De Republ. 10. 616. — (*d*) Plut., p. 945.

et vertueuses qui avaient embrassé un genre de vie tout-à-fait philosophique, et qui ne s'étaient point mêlées au tourbillon du monde. L'ombre qui enveloppait l'esprit s'évanouissait bientôt, et il ne restait plus que l'esprit, semblable au rayon solaire.

La séparation était beaucoup plus lente pour les ames ambitieuses qui avaient été occupées du soin des affaires et des intrigues du monde, que la colère ou l'amour avaient trop fortement agitées pendant la vie, et qui avaient donné au corps trop d'empire sur elles. Le souvenir des jouissances d'ici-bas les rappelait souvent vers la terre; l'inconstance et la mobilité des passions les entraînaient souvent loin de la lune, pour les rendre à une nouvelle génération ; tandis que l'esprit les rappelait vers la lune, et adoucissait ce que l'ame avait encore de rebelle. Ce sont là, sans doute, ces derniers combats que livre à l'ame le principe-ténèbres (a), comme on le voit dans l'Apocalypse, principe qui reprend sa force pour un moment, et veut séduire encore les ames avant qu'elles s'établissent dans le lieu où doit se faire la dernière séparation qui les épure assez pour qu'elles soient reçues dans le soleil (b).

Cette séparation se fait par l'amour et par le désir de jouir de l'image du soleil, en laquelle et par laquelle resplendit la beauté divine, véritable et heureuse, vers laquelle toute la Nature tend, et qu'elle désire, mais diversement, l'une en une sorte, l'autre en une autre. Car la lune elle-même tourne continuellement pour s'unir au soleil, comme à la source de toute fertilité. Ainsi, la nature de l'ame reste dans la lune, retenant quelques

---

(a) C. 20, v. 7 et 8. — (b) Plutarch., p. 944.

vestiges et quelques songes de la vie. Ce que dit un poëte, que l'ame s'envole comme un songe, n'est pas vrai de l'ame aussitôt qu'elle a quitté le corps, mais bien lorsqu'elle a été abandonnée par l'esprit et qu'elle est réduite à elle-même. C'est l'esprit pur qui retourne au soleil ; et l'ame, séparée de l'esprit, est ce qu'on appelle l'ombre. Elle conserve quelque temps une figure très-légère du corps qu'elle a animé, et dont elle a pris la conformation, comme l'eau prend la forme du vase qui la contient, mais peu à peu elle rentre dans la lune, de la substance de laquelle elle a été prise.

« La lune est l'élément des ames. » Or, c'est dans la lune, suivant Plutarque, que les ames rendent compte de leur vie passée. C'est dans la plus grande de ses cavités, ou dans l'immense vallée qui s'offre à nos regards, que se rendaient ces terribles arrêts. Platon les fait arriver, comme nous l'avons déjà dit, dans une immense prairie où se rendent les morts après un voyage de mille ans. Il place dans ce lieu des siéges (a) où sont assis des juges, près de deux ouvertures d'où partent deux chemins, comme dans Plutarque, l'un en haut vers le ciel, et l'autre en bas vers la terre. Ne voyons-nous pas à peu près la même chose dans l'Apocalypse (b)? Au moment où le dragon est enchaîné dans l'abîme, Jean voit des trônes et des personnes assises dessus à qui la puissance de juger fut donnée. Ne semble-t-il pas voir le trône de Minos, d'Eaque et de Radhamante, dont parle Platon dans son Gorgias (c), ainsi que dans le traité d'Axiochus, qu'on lui attribue ? C'est aussi après l'espace de mille

---

(b) Platon. Rep. l. 20, p. 614. — (b) C. 20, v. 4. — (c) Gorg. 524. Axioch.. 371.

ans, avant le dernier combat que livre aux ames le mauvais principe, qui veut encore les séduire, qu'arrive le dernier jugement, le jugement universel de tous les morts, et dans lequel se fait la dernière séparation, et où s'opère la seconde résurrection qui fait passer les élus dans l'empire de la lumière dont leur esprit a toute la pureté. Car il n'y doit entrer rien de souillé, dit l'auteur de l'Apocalypse (*a*). Mais les ames, bien purifiées, alors ont acquis la parfaite ressemblance avec le rayon solaire, et conséquemment avec la lumière d'Ormusd dont le soleil est le foyer.

Cette séparation qui les épure leur donne une nouvelle légèreté qui leur permet de s'élever jusqu'à l'astre qui les attire, comme dit Julien, par l'activité de ses rayons. Elles ont alors recouvré, dit Virgile, *la simplicité* du feu-principe, *donec auræ simplicis ignem*, etc. Les autres, au contraire, surchargées de matière, sont entraînées vers l'abîme ; et la séparation ne pouvant avoir lieu, elles retournent dans la matière et les ténèbres, ce qui est pour eux une seconde mort, non pas dans le sens de séparation, mais de destruction et de dégradation, ou de chute dans l'abîme ténébreux. Car leur marche se fait en sens contraire de celles des ames vertueuses qui, à chaque séparation, se purifient et se perfectionnent, tandis que le sort des autres se détériore. Après ce jugement, dit Plutarque, les ames s'en vont, les unes par la route qui conduit à la partie de la lune qui regarde le ciel, et dans laquelle on place l'élysée ; les autres, au contraire, descendent dans la partie qui regarde la terre, et tombent dans ses gouffres.

(*a*) C. 21, v. 17.

En résumant donc ce que nous avons dit d'après les principes de la philosophie barbare, consignée dans Plutarque et dans Platon, il résulte que ces philosophes mettaient entre la mort et le jugement, et l'arrivée dans le lieu où se faisait ce jugement, un intervalle de mille ans; qu'alors il se faisait un jugement solennel, après lequel les ames pures passaient dans la lumière, et les autres, au contraire, étaient rejetées dans l'abime. On donnait au résultat de ce jugement définitif le nom de seconde mort; ce qui était pour les ames vertueuses une seconde résurrection ; car on ne doit pas oublier que les anciens appelaient renaitre, cesser de vivre ou se dégager de la matière du corps à la mort. C'était donc renaitre une seconde fois pour l'esprit que de se dégager de l'enveloppe de l'ame qui n'avait pas sa pureté, et qui tenait encore à la matière. Il retournait à son principe par deux degrés, dont l'un était la séparation qui se fait du corps d'avec l'ame et l'esprit ; et le second celle qui se fait de l'ame d'avec l'esprit. C'est cette dernière qui rend à l'esprit ou à notre intelligence toute sa perfection et la pureté de son essence lumineuse. Pour les hommes coupables, la condamnation était une seconde mort, puisqu'elle les rendait encore plus malheureux que n'avait fait la première, et qu'elle les unissait, non pas à la matière organisée du corps, qu'on appelait mystiquement la mort, mais qu'elle les enchainait à la matière ténébreuse la plus désordonnée, et l'ensevelissait sous les débris de la matière livrée aux principes destructeurs qu'elle renferme dans son sein. Si on applique à l'Apocalypse cette théorie et ces dogmes de la philosophie ancienne sur l'ame et sur son union au corps, ou sur sa séparation d'avec le corps, on verra qu'elle fait la base du chapitre que nous expliquons. Il y a d'abord une condamnation et une espèce de proscription prononcée contre le monde sublunaire où s'opèrent les générations, et que l'auteur désigne sous le nom de Babylone. Il y a une condamnation de tous les mauvais principes ou des génies qui y président. Il y a enfin une condamnation des hommes qui se sont laissé subjuguer par ces principes, et qui est la suite d'un jugement prononcé après les mille ans qui se sont écoulés depuis leur mort, pendant lequel temps ils ne sont point rentrés dans la vie (*a*). Car les plus parfaits sont déjà entrés ou retournés au champ où doit siéger le grand juge, et auquel les autres n'arrivent qu'au bout d'un voyage de mille ans. Les premiers ne craignent point le scrutin épuratoire, et la seconde mort n'aura point d'empire sur eux. Les martyrs et tous ceux qui n'ont point donné sur eux prise à l'action de la matière du corps (*b*) et au mauvais principe, jouissent de la félicité préliminaire d'une vie à laquelle les autres ne sont admis qu'au bout de mille ans (*c*). Cette félicité n'est pas, comme dit Plutarque, la vie divine à laquelle ils sont élevés après le jugement ou à l'époque de la seconde mort : c'est une aisance momentanée. Aussi l'auteur de l'Apocalypse ne donne-t-il ici à ce règne momentané qu'une durée de mille ans, tandis que, dans le chapitre XXII, lorsqu'ils ont subi le jugement après la seconde résurrection, et lorsqu'ils sont établis dans la cité sainte, dans le monde lumineux, il dit d'eux qu'ils règneront dans les siècles des siècles. Il y a donc deux états pour l'âme vertueuse, bien distingués : le premier, celui qui suit la mort et qui est un état d'aisance, pen-

---

(*a*) C. 20, v. 5. — (*b*) V. G. — (*c*) Plut. de facie, p. 942.

dant les mille ans qui précèdent le jugement universel ; le second est la vie divine et parfaitement heureuse qui n'a plus de bornes dans sa durée. Ce sont là les deux dogmes que l'auteur de l'Apocalypse a voulu enseigner aux initiés dans ce chapitre ; et ces deux dogmes, nous les retrouvons aussi dans Plutarque et dans Platon qui tous deux les empruntèrent de la philosophie barbare ; car cet Er qui parle dans Platon était Pamphylien, et, suivant Clément d'Alexandrie (a), c'était le même homme que Zoroastre dont la doctrine avait la même base que celle du livre de l'Apocalypse, savoir le système des deux principes, la fin du monde, le grand jugement et la résurrection ; dogmes que les sectes chrétiennes ont empruntés des mages et des Perses (b).

M. Hyde a très-judicieusement remarqué que la doctrine commune à l'Apocalypse et aux mages était établie fort anciennement chez les disciples de Zoroastre, bien avant que l'Apocalypse fût composé ; que c'était l'ancienne doctrine de l'Orient, que l'Apocalypse a conservée, et que son auteur a transmise à la postérité. Effectivement, on trouve cette doctrine consacrée dans les livres zends, les plus anciens monumens de la religion de Zoroastre. On y lit cette profession de foi (c) : Je crois, sans avoir aucun doute, à l'excellente et à la pure loi ; je crois au juste *juge* Ormusd ; je crois que la *résurrection des corps* arrivera, *que les corps* reparaîtront.

C'est la même idée théologique qu'exprime l'auteur de l'Apocalypse lorsqu'il nous peint le grand juge tel qu'Ormusd, assis sur un trône blanc ; et les morts, grands et pe-

---

(a) Clement d'Alex., l. 5, p. 599. — (b) Hyde, p. 293 et 537. — (c) Zend. Avest., t. 2, p. 39.

tits, qui comparaissent devant le trône ; la mer, la mort et l'enfer qui rendent les morts qu'ils recèlent, et qui vont subir le jugement qui doit décider à jamais de leur sort.

Les Manichéens (a) faisaient précéder l'embrasement du monde et le jugement, de l'apparition d'un génie qu'ils appellent l'*ancien*. Lorsque l'*ancien*, disaient-ils, fera voir son image, lorsque le simulacre apparaîtra. Beausobre convient qu'il ignore quel est cet ancien dont l'apparition doit précéder la destruction du monde par le feu, dans les principes des Manichéens. Cet ancien, c'est le *novissimus dies*, le dernier des jours. Cette expression était consacrée dans la mysticité orientale d'où Manès a emprunté sa théorie, comme Daniel. Celui-ci l'appelle *l'ancien des jours* (Daniel, C. 7. V. 9. 10. etc.), né dans la vieillesse des temps.

Voici comme s'exprime Daniel (b) : J'étais attentif à ce que je voyais jusqu'à ce que des trônes fussent placés et que *l'ancien des jours s'assît*. Son vêtement était blanc comme la neige, et les cheveux de sa tête étaient comme la neige la plus blanche et la plus pure. Son trône était de flammes ardentes, et les roues de ce trône étaient un feu brûlant; *un fleuve* de feu très-rapide sortait de devant sa face. Un million d'anges le servaient, et mille millions assistaient devant lui. Le jugement se tint et les livres furent ouverts. En suivant l'examen de ce chapitre de Daniel, on verra qu'il a fourni beaucoup de traits à l'auteur de l'Apocalypse (c). Comme l'Apocalypse nous peint le dragon et deux autres bêtes tuées et consumées par le feu avant ce jugement terrible, de même

---

(a) Beausobre, t. 2, p. 576. — (b) Daniel, c. 9. v. 9. — (c) C. 20, v. 9, 10.

Daniel (*a*) voit la bête qui avait été tuée, dont le corps avait été détruit par le feu, et qui avait été livré au feu pour être brûlé. Il voit aussi que la puissance des autres bêtes leur avait été ôtée; que la durée de leur vie avait été marquée à un temps et un temps. Je considérais ces choses, dit-il, comme dans une *vision de nuit*, et je vis (*b*), comme le fils de l'homme, qui venait avec les nuées du ciel, et qui s'avança jusqu'à l'ancien des jours. Il se présente devant lui; et il lui donne la puissance, l'honneur, et le royaume, etc. On y voit ensuite (*c*) v. 19, la quatrième bête, celle que nous avons dit plus haut répondre au dragon, faire ici, comme dans l'Apocalypse, la guerre aux saints et même avoir l'avantage sur eux jusqu'à ce que l'ancien des jours parût. (C'est l'homme au trône blanc, Apocal. C. 20, v. 11.) Alors il donna aux saints du Très-Haut la puissance de juger: et *le temps étant accompli, les saints entreront en possession de ce royaume.* N'est-ce pas ce qui arrive aussi dans l'Apocalypse, lorsqu'après le jugement qui s'opère à la fin du chapitre 10, on voit au chapitre 21 les élus passer dans la sainte Jérusalem? On peut appliquer ici le proverbe: *Non ovum ovo similius.* On voit, dans la fiction mystagogique de Daniel sur Nabuchodonosor, dégradé pendant sept ans et réduit, comme Apulée, à l'état de bête, une image de l'ame ici-bas et de son retour à son principe, lorsque, après son passage à travers les sept sphères, elle retourne à son domaine et sa véritable patrie. Cette idée mystagogique a été exprimée sous une infinité de formes dans les allégories orientales.

(*a*) Daniel, c. 7, v. 11, etc. — (*b*) V. 13. — (*c*) C. 20, v. 8. Daniel, c. 7, p. 21.

Tantôt c'est l'image d'une captivité qui sert à peindre l'état des hommes ici-bas, auquel succède une délivrance long-temps attendue; tantôt c'est une mort que suit une résurrection, etc. Ce dogme de la résurrection, comme le reconnaît Tertullien (a), faisait aussi partie de la doctrine des sectateurs de Mithra, qui probablement en donnaient la représentation dans leur antre mystique, figuratif des mondes et des épreuves qu'y subissaient les ames dans leurs révolutions à travers les sphères, et dans les différentes organisations des corps. Les fidèles et les élus initiés à ces mystères étaient, comme ceux de l'Apocalypse, distingués par une marque au front; *et signati in frontibus*, comme les douze mille élus de chaque tribu (b).

C'était le taureau mithriaque, auquel s'unissait la lune, qui a son exaltation dans ce signe, par qui se faisait le passage au monde-lumière et s'opérait la résurrection. Ce taureau, comme l'agneau, était mort et ressuscité. Ahrimane d'abord l'avait fait périr (c).

Les hommes seront rendus à la vie, disent les Perses, par ce qui viendra du taureau. Sosioch sera izesehné avec les morts ressuscités. Ensuite, placé sur un lieu élevé, il donnera à tous les hommes une récompense proportionnée à leurs actions.

Substituez l'agneau qui remplaça le taureau dans la suite à l'équinoxe, et vous aurez la doctrine de l'Apocalypse mot pour mot.

Le dragon enchaîné sera Ahrimane; ses combats en-

(a) Tertull. de Presc. adv. Haeres., p. 247. — (b) Tertull. ibid. Apoc. C. 7, v. 3; c. 14, v. 1 et 4; c. 22, v. 4. —(c) Boundesh., p. 356, 363; p. 387, p. 45.

suite contre le Dieu de lumière et contre ses amis, seront ceux d'Ahrimane contre le peuple d'Ormusd. Sa défaite et sa punition sera celle d'Ahrimane, et le vainqueur sera Ormusd monté sur l'agneau du printemps, lieu de l'exaltation du soleil, au lieu du taureau qui anciennement occupait sa place.

Les compagnons du vainqueur seront le peuple d'Ormusd, les amis de la vertu, du bien et de la lumière, qui par leur courage et leur constance ont triomphé des passions et des atteintes du mauvais principe durant cette vie, et qui, pour me servir des expressions de Plutarque et de Platon (*a*), sont comme autant de vainqueurs qui reçoivent la couronne de la fermeté et de l'inébranlable constance.

C'est cette couronne de vie que le Dieu lumineux de l'Apocalypse promet à ceux qui seront fermes dans la vertu, et qui met l'homme fidèle jusqu'à la mort à l'abri des atteintes de la seconde mort, comme on le peut voir dans l'adresse qu'il fait à l'ange de Smyrne (*b*).

Plutarque regarde cette couronne de constance comme le prix du courage qu'ils ont montré pendant la vie, en forçant la patrie brute et rebelle de l'ame à obéir à la raison. L'initié était un véritable soldat qui combattait sans cesse sous les auspices du Dieu-lumière contre les assauts du génie des ténèbres et contre les efforts de la matière terrestre, siége de toutes les passions du corps. Aussi les initiés aux mystères de Mithra s'appelaient-ils soldats; et on essayait sur leur tête la couronne du vainqueur, qu'ils repoussaient en disant que Mithra serait leur couronne (*c*).

(*a*) Plut. de facie, p. 943; Plat. de Rep. l. 10, p. 621. — (*b*) C. 2, v. 10 et 11. — (*c*) Tertull. de Coron., p. 131.

Quant au dernier assaut momentané qu'éprouvent encore les ames peu de temps avant le dernier jugement qui va faire disparaître à jamais le mal et les ténèbres du monde que vont habiter les justes, Plutarque semble nous l'expliquer en disant que les ames même vertueuses, transportées à la lune, éprouvent un instant de contrariété dans la petite tranche (a) du cône d'ombre qu'occupe la lune, laquelle, par un mouvement rapide, se hâte de la traverser, parce que les ames vertueuses souffrent de cette obscurité et crient, fâchées de ne plus entendre l'harmonie des cieux [13]. C'est donc encore un dernier effort que fait contre elles Ahrimane, chef des ténèbres; mais elles en vont bientôt être délivrées en s'élevant plus haut à la région du soleil et dans le palais d'Ormusd, au sein de la lumière première où l'on ne connaît plus ni la nuit, ni le mal, ni la mort. Tout ce qui tenait au monde visible, la terre et le ciel matériel, vont disparaître pour eux à l'aspect du grand-juge, et faire place à un autre monde (b).

CHAPITRE XXI.

Nous voilà enfin arrivés au moment de l'autopsie [14], où l'esprit, ayant franchi tout ce qui est matériel et mortel, qui s'évanouit avec les ténèbres et les principes du mal dont l'origine est dans la matière, ne voit plus que la lumière divine, et ce monde intellectuel archétype qui était de toute éternité dans Dieu, et absorbé au sein

---

(a) Plut. de facie, in orb. p. 944. — (b) C. 20, v. 11.

de l'océan lumineux dont nos esprits sont sortis pour s'unir d'abord à l'ame, et ensuite au corps mortel. C'est dans ce lieu intellectuel, dit Proclus (a), qu'est le véritable ciel et le véritable règne de Saturne, de Jupiter, de Mars, etc. C'est donc là qu'on éprouve la véritable théophanie, ou, pour me servir des expressions de l'Apocalypse, que les élus ou initiés *voient la face de Dieu* (b) qui sera au milieu d'eux. Voilà cette cité sainte dans laquelle seront transportées les ames après la mort et après le jugement universel ; cité dont, par avance, on se procurait la vue intuitive dans l'initiation de Pepuzza, où tous les ans le prophète rassemblait les initiés pour y attendre l'apparition de la céleste Jérusalem. L'ame des initiés, effrayée par les tableaux affreux qu'on lui avait présentés dans les livres précédens pour l'intimider et lui faire redouter l'examen du juge terrible des actions des mortels, va enfin se reposer agréablement dans le séjour de la lumière et de la félicité, dont le prophète leur présente la délicieuse image, afin de piquer le désir par l'espérance et par la vue des nombreux biens qui sont réservés aux initiés fidèles aux devoirs qu'impose la sévère loi de l'initiation.

On lui donne le nom mystérieux de Jérusalem, qui, en langue d'initiation, signifie *vision de la paix*, suivant saint Augustin [15]. C'est ainsi que Babylone était le séjour des guerres et des désordres du principe de corruption, Ahrimane.

C'est au Dieu-soleil qui, sous le signe équinoxial de l'agneau, attire à lui les ames en divisant la matière grossière qui s'attache à elles, que les initiés doivent le

---

(a) Procl. Comment. in Tim. l. 2, p. 93. — (b) C. 2, v. 4; c. 21, v. 3.

bonheur de s'élever déjà en esprit jusqu'au séjour heureux de la lumière, dans lequel ils seront un jour établis d'une manière inébranlable. Ce sont les mystères de l'agneau, qui, célébrés avec une ame pure et un cœur chaste, leur procureront cette jouissance préliminaire de la vue de la cité sainte qui les recevra un jour dans son sein, et leur prépareront après la mort un retour facile vers la divinité. Tout ce qui est fragile et mortel a disparu; l'Être réel et éternel seul subsistera sur les débris du monde écroulé. Tel est le sort qui attend les enfans de lumière, les amis d'Ormusd, enfin les initiés qui ont rempli leurs engagemens, et dont les noms n'ont point été effacés du livre de l'initiation. Ils seront les seuls citoyens du nouveau monde où l'on est absorbé au sein du bonheur et de la lumière.

« Après cela, dit Jean (*a*), je vis un ciel nouveau et une terre nouvelle. Car le premier ciel et la première terre avaient disparu, et la mer n'était plus.

» Et moi Jean (*b*), je vis la ville sainte, la nouvelle Jérusalem, qui, venant de Dieu, descendait du ciel, parée comme une épouse qui se pare pour son époux. » Et j'entendis (*c*) une grande voix qui venait du trône, et qui disait : « Voici le tabernacle du Dieu avec les hommes, et il demeurera avec eux, ils seront son peuple, et Dieu, demeurant lui-même au milieu d'eux, sera leur Dieu.

» Dieu essuiera toutes les larmes de leurs yeux, et la mort ne sera plus. Il n'y aura plus ni pleurs, ni cris, ni afflictions, parce que le premier état sera passé. Je vais faire toutes choses nouvelles, dit celui qui est assis sur le trône (*d*). »

(*a*· C. 21, v. 1. — *b*) V. 2. — (*c*) V. 3. — (*d*) V. 4.

Voilà donc l'homme établi dans un nouvel ordre de choses, différent du premier durant lequel il avait été soumis à l'empire des ténèbres et du mal, qui n'auront plus lieu dans ce monde, où règne le seul Ormusd, principe de lumière et de bien. Cette opinion philosophique est absolument celle des mages, si on en croit Théopompe, cité par Plutarque (a), dont nous avons plus haut rapporté le passage.

Nous avons vu que les mages, après avoir fait la description des combats et des victoires alternatives d'Ormusd et d'Ahrimane, terminés par la défaite entière de ce dernier, supposent qu'Ormusd vainqueur établira les hommes dans un état de félicité éternelle ; qu'Ahrimane, après avoir fait beaucoup de ravage dans le monde, sera entièrement détruit et disparaîtra pour toujours ; que la terre changera de face ; qu'elle ne présentera plus aucunes inégalités, et qu'elle sera habitée par une génération d'hommes parfaitement heureux, qui ne formeront qu'un même peuple, qu'une seule ville, et qui parleront une seule langue ; qu'ils ne connaîtront aucun besoin, et que leurs corps, tout lumière, ne projetteront aucune ombre. Ce sont bien là les tableaux que nous a présentés l'Apocalypse dans les chapitres précédens, et que l'auteur achève de nous offrir dans ces deux derniers, à la suite de la description de ces combats, et de la défaite du mauvais principe, et de la victoire du Dieu lumineux qui a terrassé son redoutable rival, l'ancien serpent, et qui a pris place sur le grand trône blanc, devant qui la terre ancienne et le ciel s'enfuirent.

(a) De Isid., p. 370.

On retrouve la même opinion philosophique consacrée dans un poëme mistagogique des habitans du Nord, connu sous le nom de Voluspa, et qui, plus qu'aucun autre ouvrage, ressemble à l'Apocalypse par son obscurité et la monstruosité de ses tableaux. C'est une prophétesse qui parle, et qui, jetant un coup-d'œil sur les sphères (*a*), lesquelles roulent autour d'un profond centre, nous peint le débrouillement du chaos, le choc des deux principes, leurs combats, leurs victoires et la défaite du mauvais, qui combat aussi sous la forme de l'horrible serpent que le *Dieu Thor*, à tête de bœuf, défait enfin. Après quoi l'ancien monde est détruit, et fait place à un nouveau monde, peuplé d'habitans heureux, absorbés au sein de la lumière.

A la suite de plusieurs combats, dont nous ne donnerons point ici le détail, et dans lesquels il est aisé de reconnaître les combats d'Ahrimane et de ses génies contre Ormusd, désigné sous le nom d'Odin dans cette cosmogonie, on lit au verset 51, ces mots : « Alors le Dieu *Thor*, fils d'Odin, attaque et tue l'énorme serpent ; et l'Univers est vide de combattans et de héros (*b*).

» Le soleil s'éteint (*c*), la terre se dissout dans la mer. Les étoiles perdent leur éclat. La flamme dévorante atteint toutes les bornes de la création, et s'élance vers le ciel.

« Mais du sein des flots, (*d*) dit la prophétesse, je vois sortir une nouvelle terre habillée de verdure.

» Les ases [16] s'assemblent sur l'Ida (*e*). Ils parlent de la destruction des forteresses célestes. Ils parlent de grandes choses dont Odin parlait autrefois. »

(*a*) Volusp., v. 1 et 25. — (*b*) V. 51. — (*c*) V. 52. — (*d*) V. 53. — (*e*) V. 54.

Là dans l'herbe on trouve éparses ses tablettes d'or (a). Elles appartenaient au père des Dieux et à sa postérité.

Ici on voit des moissons (b) mûres, qu'on n'avait pas semées. Le mal disparaît dans le cirque d'Odin.

A Gimlé (au ciel) je vois une demeure couverte d'or (c) et plus brillante que le soleil ; là habitent des peuples vertueux, et leur bonheur n'aura jamais de fin.

Voilà bien encore la doctrine des mages et celle de l'Apocalypse, que nous retrouvons chez les Scandinaves. La même succession de l'ancien et du nouvel ordre des choses y est bien marquée. Le mauvais principe y prend également la forme du serpent. Chez les Perses, c'est Mithra monté sur un taureau ; chez les Scandinaves, c'est Thor, dont le char est attelé de bœufs, et qui porte la massue à la tête de bœuf, qui triomphe du mauvais principe, du serpent Ahrimane. Dans l'Apocalypse, le vainqueur triomphe sous le symbole de l'agneau ; ce qui prouve que les deux premières cosmogonies appartiennent à des temps plus anciens ; mais toutes nous ramènent aux contrées septentrionales de l'Asie, dans l'Asie mineure, l'Arménie et la Perse, où le culte mithriaque et la théologie des deux principes furent la religion dominante. Il paraît même que ces idées n'ont pu naître que dans le Nord, et que c'est de-là qu'elles ont été portées en Égypte où on les retrouve dans la guerre des deux principes Osiris et Typhon, qui, comme Ormusd et Ahrimane, à qui ils répondent, sont vainqueurs et vaincus successivement, jusqu'à ce qu'enfin Typhon soit enchaîné. Ils devaient en conséquence faire la base des mystères d'Isis, et pareillement

---

(a) Volusp., v. 55. — (b) V. 56. — (c) V. 58.

aussi de ceux de Cérès, en Grèce, qui en furent une copie. Aussi le serpent figurait-il dans les mystères de Cérès et dans ceux de Bacchus, qui n'est que l'Osiris des Égyptiens, comme Hérodote et les Grecs l'ont reconnu eux-mêmes. Et dans ces deux initiations, le grand vœu des initiés, comme nous l'avons dit plus haut, était d'être affranchis du cercle de la génération (a), et de passer dans le lieu de repos qui les mettait hors des atteintes du mal, et les rendait à la vie bienheureuse. Ces idées furent de toutes les théologies, et remontaient, comme dit Plutarque, à la plus haute antiquité ; on n'en connaissait point l'auteur. Elles faisaient la base des mystères et des sacrifices, tant des Grecs que des Barbares, et se liaient au dogme de la Providence, que les législateurs et les prêtres avaient cherché à établir (b). Elles étaient des dogmes de foi, sur lesquels on ne se permettait aucun doute, et qu'il eût été difficile d'effacer, dit Plutarque, de l'esprit des hommes. Il n'est donc pas étonnant que nous les retrouvions partout ; car c'était le seul moyen de contenir les hommes, que de bien établir le dogme de la vie future et la croyance des peines et des récompenses, qu'un Dieu juste réservait aux actions des mortels. Tout l'ouvrage que nous commentons ici se réduit là en dernière analyse.

Les actions des hommes sont supposées écrites dans un grand livre (c) où l'on en tient registre, et les morts sont jugés sur ce qui est écrit dans ce livre, selon leurs œuvres. Tous ceux qui y sont mal notés, et dont le nom n'est pas écrit sur le second livre, ap-

---

(a) Procl. in Tim. l. 5, p. 380. — (b) Plut. de Isid., p. 369. — (c) C. 20, v. 12.

pelé *Livre de vie*, sont jetés dans l'étang de feu avec l'enfer, la mort, le dragon et la bête et le faux prophète. Là seront ensevelis tous les lâches (*a*), les incrédules, les exécrables, les homicides, les fornicateurs, les empoisonneurs, les idolâtres, les menteurs, dont le partage sera dans l'étang de feu et de soufre ; ce qui est la seconde mort. La ville sainte, dit-on ailleurs, n'est point pour les cyniques (*b*), pour les empoisonneurs, les impudiques, les idolâtres, et pour quiconque aime et fait le mensonge. Il n'y entrera rien de souillé, ni aucun de ceux qui commettent l'abomination ou le mensonge (*c*).

Qui sont donc ceux qui y entreront? Les vrais amis de la lumière, les initiés aux mystères de l'agneau qui porte le soleil sur son dos, dans son triomphe sur les ténèbres [17] ; enfin, ceux-là seulement, dit l'Apocalypse, qui sont inscrits (*d*) sur *le Livre de vie* de l'agneau. Heureux ceux, dit-on, qui lavent leurs vêtemens dans le sang de l'agneau (*e*), afin qu'ils aient droit à l'arbre de vie et qu'ils entrent dans la ville par les portes! Enfin les habitans de la nouvelle ville seront ceux qui auront remporté la victoire sur le monde, sur leurs passions, et mérité, comme dit Plutarque (*f*), la couronne de la constance par l'empire qu'ils ont, durant la vie, assuré à leur raison sur la partie brute de l'ame, en réglant ses mouvemens désordonnés. C'est ce que promettait la philosophie, et ce que l'initiation exigeait des initiés, comme nous le faisons voir dans notre Traité sur

---

(*a*) C. 21, v. 8. — (*b*) C. 22, v. 15. — (*c*) C. 21, v. 17. — (*d*) C. 21, v. 27. — (*e*) C. 22, v. 14 ; c. 21, v. 7. — (*f*) Plutarch. de facie in orbe lunæ, 943.

les mystères en général. Nous avons vu également dans Platon (a) que les *dicaious* ou justes seuls, après avoir subi le jugement qui approuve leur conduite passée, prennent la droite du juge, entrent dans la route qui conduit en haut vers le ciel, et qu'après un repos de sept jours dans la plaine, leurs ames entrent le huitième jour dans un lieu élevé, où elles voient une immense lumière qui s'étend sur tout le ciel et sur toute la terre, formant une espèce de colonne lumineuse, assez semblable, par ses couleurs, à l'iris, mais d'une lumière beaucoup plus éclatante et plus pure. Cette lumière est comme le lien de toutes les parties du ciel, et se déploie dans toute sa circonférence qu'elle enveloppe. C'est de-là que partent les ames lorsqu'elles viennent animer des corps; c'est donc là qu'elles retournent lorsqu'elles ont recouvré la pureté du feu simple qui fait leur substance. C'est l'éther libre ou cette lumière éthérée des pythagoriciens (b), dans laquelle ils supposent que les ames vertueuses, dégagées de toutes les souillures de la matière, passaient après la mort. C'était là le but de tous les travaux de la philosophie, et le plus grand fruit qu'on se promettait de l'art télestique ou des initiations. C'était là que les athlètes de la philosophie recevaient leur couronne, et que l'ame, rendue à son premier état, était associée à la divinité dont elle partageait la nature autant qu'il était en elle. Le monde actuel était pour l'homme un antre profond et ténébreux dans lequel il était livré aux maux de toute espèce; c'était en quelque sorte la Babylone de l'Apocalypse. Le but de la philoso-

---

(a) De Republ. l. 10, p. 614 et 616. — (b) Hierocles in aurea, v. 70, p. 311.

phie et de l'initiation était de l'en arracher, de l'affranchir de ses maux, de le rendre au séjour des véritables biens et de la splendeur éthérée où étaient les îles fortunées et le champ de vérité, où, pour me servir des termes d'Hiéroclès, l'ame tout entière voit la divinité (a), et acquiert une ressemblance avec elle. Le but unique de la doctrine platonicienne était d'épurer l'ame, de l'alléger du poids de la matière, afin qu'elle pût s'envoler vers les biens divins, et s'élancer à la mort vers son séjour primitif, aux champs de la lumière (b).

Ce lieu sublime dont nos ames, suivant Cicéron (c), sont émanées, et où elles doivent retourner, est placé au-dessus des sphères, dans un endroit brillant de la plus éclatante lumière. Là était un lieu marqué dans le ciel, où les citoyens généreux qui avaient sauvé leur patrie devaient vivre éternellement heureux. La justice et la piété seules pouvaient conduire au ciel, et nous associer aux ames vertueuses qui habitent ce séjour brillant du plus vif éclat, et qui est près de la voie lactée. C'était là cette patrie céleste qu'il fallait sans cesse fixer de ses regards, en méprisant tout ce qui est humain et mortel. C'est là cette demeure éternelle que l'on propose à Scipion d'envisager, et à laquelle la vertu seule peut le conduire en lui donnant la véritable gloire. La meilleure manière d'y arriver, c'est de se détacher déjà ici-bas des affections du corps, de sortir en esprit de cette prison, et de porter ses regards au-delà de ce monde et de la matière, afin qu'à la mort rien n'arrête l'essor de l'ame vers les régions éthérées. Cicéron avait puisé cette doctrine chez les py-

---

(a) Hierocles in aureo, v. 70, p. 300. — (b) P. 310. — (c) Som Scip. c. 2-3-4-6.

thagoriciens et les platoniciens. Les images ou les emblèmes qu'on a pris pour nous représenter ce séjour lumineux ont varié. Cicéron le place dans la voie brillante qu'on appelle la voie de lait ou route des ames, composée de très-petites étoiles fort élevées au-dessus des autres astres, et des sept sphères, et qu'on ne peut apercevoir d'ici-bas, dit cet auteur (a).

Platon le met dans le huitième ciel ou au-delà des sept sphères, ce qui revient au même; dans une colonne de lumière, semblable à l'arc-en-ciel, et qui s'étend ensuite dans les sept sphères représentées par les sept couches concentriques du fuseau des parques, dont le sommet est au huitième ciel (b).

Clément d'Alexandrie (c) a également regardé cette prairie, dans laquelle les ames reposent avant d'entrer dans la lumière, comme figurant le ciel des fixes, lieu où régnent le calme et le bonheur, et digne d'être le séjour des ames vertueuses. Il entend par les sept jours le mouvement des sept sphères à travers lesquelles l'ame s'empresse d'arriver au lieu du repos. Leur réunion à la huitième formait l'ogdoade fameuse par laquelle on représentait le monde dans la théologie des valentiniens et des gnostiques (d). Ils l'appelaient aussi du nom mystique de *mère*, *de terre sacrée* et *de Jérusalem*; ce dernier nom est celui par lequel l'auteur de l'Apocalypse désigne aussi le nouveau monde-lumière. Il paraît que les gnostiques et l'auteur de l'Apocalypse avaient pris cette dénomination allégorique dans les mêmes livres mystiques. Celui-ci n'a pas choisi le même nombre sym-

---

(a) Som. Scip., c. 3. — (b) Plat. de Republ., l. 10, p. 616. — (c) Strom., l. 5, p. 600. — (d) Epiph., l. 2, c. 31, p. 83.

bolique ou l'ogdoade, nombre qui fait allusion aux sphères; mais le nombre douze ou la dodécade, qui, suivant Timée, représente également le monde, et qui fait allusion à la fameuse division en douze parties relatives aux signes, au huitième ciel et au zodiaque, par où passaient les ames pour retourner à la vie ou à leur origine, comme on le voit dans Clément d'Alexandrie (*a*). On en aura la preuve dans l'examen que nous allons faire de la nouvelle Jérusalem et de ses rapports avec la sphère des fixes, et surtout avec le zodiaque et avec ses douze signes par lesquels passaient les ames, soit pour descendre, comme le disent Clément d'Alexandrie et Macrobe (*b*), soit pour remonter à leur principe, comme l'assure Clément au même endroit où il explique les travaux d'Hercule. C'était d'ailleurs, suivant Macrobe (*c*), dans la sphère aplane ou des fixes, et conséquemment où est le zodiaque, que l'antiquité avait assigné aux ames pures leur demeure. On ne sera donc point surpris que nous comparions la nouvelle Jérusalem avec le zodiaque et ses divisions, et cela même dans un monde intellectuel, puisqu'il était l'archétype du monde visible, et qu'il avait intellectuellement tout ce que celui-ci avait matériellement. Suivons ces rapports que nous croyons exister entre les dimensions de la ville sainte, et avec le monde archétype lumineux sur qui fut formé celui-ci. Car c'est dans le monde *Noëtos*, dit Proclus, qu'est le véritable ciel, et que sont les véritables Dieux planétaires.

« Venez, dit l'ange au prophète, et je vous montrerai l'épouse qui a l'agneau pour époux (*d*).

(*a*) Clem. Alex. Stromat., l. 5, p. 599. — (*b*) Som. Scip., l. 1, c. 12, p. 47. — (*c*) C. 11, p. 46. — (*d*) C. 21, v. 9, etc.

» Et il me transporte en esprit (*a*) sur une grande et haute montagne, et il me montre la ville sainte, la sainte Jérusalem, qui descendait du ciel, venant de Dieu, illuminée de la clarté de Dieu (*b*) ; et la lumière qui l'éclairait était semblable à une pierre précieuse, à une pierre de jaspe transparente comme le cristal. »

Cette ville (*c*) n'a pas besoin d'être éclairée par le soleil ou par la lune, parce que c'est la lumière de Dieu qui l'éclaire, et que l'agneau en est la lampe. Les nations marcheront à la face de sa lumière (*d*), et les rois de la terre y porteront leur gloire et leur honneur. Il n'y aura (*e*) point de nuit. On y apportera la gloire et l'honneur des nations (*f*).

Rappelons-nous ce que dit Scipion, lorsqu'il montre à son petit-fils le séjour des ames, le lieu où les grands hommes et les chefs des peuples, couverts de gloire, doivent un jour retourner. C'est dans un lieu élevé et tout éclatant de lumière, qu'il lui montre le séjour des ames, où ces grands hommes, ces chefs des peuples doivent vivre éternellement heureux : *In excelso, pleno stellarum, illustri et claro loco.* Ce sont ces étoiles que nous verrons bientôt représentées par des pierres d'une couleur analogue. C'est la colonne de Platon, brillante de toutes les couleurs de l'iris. C'est dans un lieu élevé que Daniel (*g*), dans une vision divine, se trouve placé lorsqu'on lui fait voir la nouvelle Jérusalem et le nouveau temple qui vont être rebâtis ; fiction absolument semblable à celle de l'auteur de l'Apocalypse, qui l'a copiée et l'a placée également à la suite de la défaite de Gog et de Magog.

(*a*) C. 21, v. 10. — (*b*) V. 11. — (*c*) V. 23. — (*d*) V. 24. — (*e*) V. 25. — (*f*) V. 26. — (*g*) Daniel, c. 40, v. 2.

C'est pareillement dans le lieu le plus élevé de la terre, au-dessus de nos régions élémentaires, que Platon (a) met son élysée, la terre des bienheureux, terre pure, placée dans un ciel pur où sont les astres ; dans cette région, dit Platon, qu'on appelle *æther*, c'est-à-dire, dans la même région où nous avons vu que Pythagore et Cicéron plaçaient le séjour des ames vertueuses. Le véritable ciel n'est pas celui que nous voyons à travers les couches épaisses de l'air. C'est dans cette région sublime, à laquelle notre nature ne nous permet pas d'élever notre vue, qu'est *le véritable ciel, la véritable lumière et la véritable terre*, dont toutes les parties élémentaires ont une perfection incomparablement supérieure à celle de la terre ténébreuse que nous habitons, dans laquelle reflue, comme dans un profond gouffre, tout le sédiment de la matière, l'eau, l'air et les ténèbres. Ce serait, dans le style de l'Apocalypse, la grande Babylone qu'habite au milieu des eaux, et dans laquelle on ne trouve que corruption, tandis que la première terre, cette terre sublime que couvre le véritable ciel, est la terre céleste, le séjour des bienheureux, la sainte Jérusalem, notre véritable patrie, d'où nous sommes exilés, et dans laquelle la vertu seule peut nous ramener. C'est un langage de franc-maçonnerie religieuse ou d'initiation, où tout est allégorique. Dans la terre que nous habitons, dit Platon (b), tout est altéré, vermoulu, dégradé. Il n'y nait rien qui ait quelque valeur ; on n'y trouve, comme dans la mer, que du limon et du sable. Il n'y a rien qui puisse être mis en parallèle avec les beautés qu'étale la surface de la terre. Mais, dans le même rapport, celles-ci sont

---

(a) Plat. Phæd., p. 109. — (b) P. 110.

infiniment inférieures à celles des productions de cette partie supérieure placée dans la région sublime de l'éther. Les couleurs y sont d'un éclat plus pur et plus vif que celles qu'emploient nos peintres, lesquelles n'en sont qu'une faible image (a). Ces différentes couleurs forment différentes nuances sur la surface de cette terre, et y répandent une agréable variété. On pourrait comparer cette terre aux sphéroïdes ou balles à douze faces, distinguées chacune par une couleur différente; mais ces couleurs sont infiniment plus éclatantes que celles de cette boule. Une face présente l'éclat vif de la pourpre; une autre celui de l'or; celle-là un blanc éblouissant; ainsi des autres couleurs qui en varient la surface. Ces douze couleurs du sphéroïde auront bientôt leur application aux douze pierres qui nuancent les douze faces de la ville sainte de l'Apocalypse. Toutes les productions de cette terre heureuse, continue Platon, ont un degré de perfection qui les rend infiniment supérieures aux nôtres, dans la même proportion. Les pierres précieuses y sont infiniment plus belles; les sardoines, les émeraudes, les jaspes et toutes les autres pierreries y brillent d'un éclat infiniment plus pur, et sont d'une transparence beaucoup plus lumineuse. Toute cette terre en est ornée; elles mêlent leur éclat à celui de l'or et de l'argent. La réunion de ces beautés forme un des plus beaux spectacles dont jouissent les bienheureux (b). Les habitans de cette terre fortunée ne connaissent point les maladies; leurs organes ont une perfection infiniment supérieure aux nôtres. Les Dieux habitent véritablement

---

(a Plat. Phæd. p 110. — (b) P. 111.

parmi eux. Ils vivent et conversent avec eux, et ils jouissent de toute espèce de félicité.

C'est dans cette région supérieure (a), dans cette habitation pure, que, délivrés de cette terre inférieure où nous sommes pendant la vie comme dans une prison, passent ceux dont le grand juge a approuvé la sainteté de la conduite. De ce nombre sont ceux que la philosophie a suffisamment purifiés ; ceux qui ont paré leur ame de ses véritables ornemens, qui sont la tempérance, la justice, la force, la liberté et la vérité. Nous ne suivrons pas plus loin la description que fait Platon de la terre des bienheureux et de ses habitans vertueux qui ont leur séjour dans la région la plus élevée du monde, et dans les champs lumineux de l'éther où est le véritable ciel et la véritable terre. Nous allons maintenant mettre en comparaison la description de la cité sainte, de la Jérusalem qu'habitent les hommes vertueux, dans une terre nouvelle et sous un ciel nouveau. On verra que Platon et l'auteur de l'Apocalypse ont puisé aux mêmes sources, dans les livres de la mysticité orientale.

« L'ange me transporta en esprit, dit le prophète Jean (b), sur une haute montagne, et il me montra la ville, la sainte Jérusalem, qui descendait du ciel, venant de Dieu,

» Illuminée de la clarté de Dieu (c) ; et la lumière qui l'éclairait était semblable à une pierre précieuse, à une pierre de jaspe transparente comme du cristal. » C'est le firmament de cristal que nous avons vu plus haut (c. 4), ou l'éther de Platon.

Elle avait une grande et haute muraille (d) où il y

(a) Plat. Phæd., p. 114. — (b) C. 21, v. 10. — (c) V. 11. — (d) V. 12.

avait douze portes et douze anges, un à chaque porte, où il y avait aussi des noms écrits qui étaient les noms des douze tribus des enfans d'Israël. C'est le sphéroïde à douze faces colorées, *dôdecascutos sphaïra* de Platon, auquel il compare la terre des bienheureux placée dans les sublimes régions de l'éther.

« Cette ville avait trois portes (*a*) à l'orient, trois portes au septentrion, trois portes au midi, et trois portes à l'occident. »

Et la muraille avait douze fondemens (*b*) où sont les douze apôtres de l'*agneau*.

La ville est bâtie en carré (*c*), aussi longue que large et que haute, ou de deux mille stades en tout sens.

C'est-à-dire qu'elle forme une masse cubique, dont la division duodécimale est la dimension.

La muraille (*d*) est de cent quarante coudées. C'est le carré de cette même dimension, ou douze fois douze.

Cette muraille était bâtie de jaspe (*e*), et la ville d'un *or* pur semblable à un verre très-clair.

Et les fondemens de la muraille (*f*) de la ville étaient ornés de toutes sortes de pierres précieuses.

C'est la terre sublime de Platon, qui est ornée de jaspes, d'émeraudes, de sardoines et autres pierreries qui mêlent leur éclat à celui de l'or, comme nous avons vu ci-dessus.

Le premier fondement (*g*), continue Jean, était de jaspe.

Le second était de saphir.

Le troisième de calcédoine.

(*a*) C. 21, v. 13. — (*b*) V. 14 — (*c*) V. 16. — (*d*) V. 17. — (*e*) V. 18. — (*f*) v. 19. — (*g*) V. 19.

Le quatrième était d'émeraude.
Le cinquième était (*a*) de sardonix.
Le sixième était de sardoine.
Le septième était de chrysolite.
Le huitième était de berylle.
Le neuvième était de topaze.
Le dixième était de chrysoprase.
L'onzième était d'hyacinthe.
Le douzième d'améthyste.

« Or, les douze (*b*) portes étaient douze perles, et chaque porte était faite de l'une de ces perles, et la place de la ville était d'un or pur comme du verre transparent. »

Le Seigneur Dieu tout-puissant et l'agneau habitent cette ville et en sont le temple (*c*). « Elle n'a pas besoin d'être éclairée par le soleil ni par la lune, parce que c'est la lumière de Dieu qui l'éclaire, et que l'agneau en est la lampe (*d*). » Ses portes ne ferment point chaque jour, parce qu'il n'y a point de nuit (*e*).

Examinons maintenant la configuration de cette ville, sa distribution et ses rapports avec l'archétype lumineux du monde visible, qui a été calqué sur le modèle éternel, placé au sein de la lumière des êtres réels, dont les êtres apparens ou le monde visible ne sont qu'une image obscure.

D'abord la division duodécimale se remarque dans toutes les dimensions de la nouvelle cité, et cette division est celle du ciel et des douze signes.

Elle était tellement représentative du monde, que les anciens pythagoriciens, qui représentaient tout par des

---

(*a*) C. 21, v. 20. — (*b*) V. 21. — (*c*) V. 22. — (*d*) V. 23. — (*e*) V. 25.

nombres et des figures, avaient choisi le dodécaèdre ou solide à douze faces pour représenter le monde, comme on peut le voir dans Timée de Locres. « Le dodécaèdre, dit-il, est l'image de l'Univers (a). »

L'astrologie l'avait retracée partout. Les anciens astrologues, dit Hygin, ont rappelé presque tout au nombre douze (b), soit pour le nombre des mois, soit pour celui des heures, soit pour l'étendue des signes. Ils ont voulu que les signes d'où ils tiraient des pronostics de tout, fussent au nombre de douze.

On divisait en douze parties la largeur comme la longueur du zodiaque ; ce qui forme la dimension de cent quarante-quatre de la grande muraille de l'Apocalypse.

On avait divisé également la circonférence du ciel en douze parties, appelées douze lieux ou demeures, qui étaient la base des spéculations astrologiques. L'horoscope était le premier de ces lieux (c).

On avait aussi une autre division par douze (d), qu'on appelait duodécatémories.

On peignait même de différentes couleurs (e) ces différens lieux astrologiques, à peu près comme la boule ou balle marquetée de Platon. L'horoscope et le septième lieu après l'horoscope étaient blancs, le second et le douzième verds, etc.

Il y avait aussi ce qu'on appelait des douzièmes (f), qui étaient la douzième partie de chaque signe, et conséquemment qui donnaient cent quarante-quatre douzièmes pour tout le zodiaque ou le carré de douze.

(a) Platon, t. 3, p. 93. — (b) Hygin, l. 4, c. 6. — (c) Firmic., l. 2, c. 18, etc., p. 51. — (d) L. 2, c. 15. — (e) Salmasius, ann. Climat., p. 67. — (f) Tetrabibl. Ptolem., l. 1, c. 22.

Le cercle de l'horizon (*a*) était également divisé en douze vents, sur lesquels influaient les douze signes, ainsi que le monde en douze termes ou régions. Les vents, trois par trois, répondaient à l'intervalle des quatre divisions, orient, nord, occident, midi.

Il y a, dit un astrologue, douze vents, à cause des douze portes du soleil, par lesquelles sortent ces vents et que cet astre fait naître. Ces portes sont sans doute les douze signes, les douze portes du ciel.

Simon Joachitès (*b*), d'après les principes de l'ancienne cabale, confirme notre opinion sur le sens de cette expression mystique de l'Univers ou du monde.

Au milieu des sept triades d'intelligences, dont quatre répondent aux points orient, occident, midi et nord, on place un temple saint, auguste, qui soutient tout. Il y a douze portes, sur chacune desquelles est un signe du zodiaque qui y est sculpté et formé, et distribué suivant une ancienne combinaison. Le premier est *aries*, c'est-à-dire, l'agneau fameux, chef des douze signes du zodiaque des Perses, et ici chef de la ville sainte à douze portes. Ce sont là aussi, continue l'auteur, les douze chefs ou modérateurs qui ont été rangés suivant le plan de distribution d'une ville et d'un camp (*c*). Ce sont les douze anges qui président à l'année, et une de leurs fonctions est aussi de présider aux douze termes ou divisions du monde, continue toujours Simon Joachitès.

C'est cette ville mystique, distribuée suivant le plan que nous offre le camp des Hébreux, que nous avons vu

---

(*a*) Aulugelle, l. 2, c. 22. Compil. astrol. Leopold. Austriæ ducis, p 44. Venetiæ 1520. (*b*) Kirker. OEdip., t. 3, p. 109 et 116. — (*c*) P. 116.

plus haut, que nous présentent ici l'Apocalypse et Simon Joachités. C'est l'Univers lui-même, le tabernacle ou la tente de la divinité. C'est ce que nous annonce l'Apocalypse par ces mots : « Voyez le tabernacle de Dieu avec les hommes (a). »

La division de ce camp, dont le tabernacle occupe le centre, outre les sept planètes, contient encore, comme nous l'avons vu, douze cases distribuées chacune sous un signe du zodiaque, qui porte inscrit le nom d'une tribu, comme ici chaque porte de la ville sainte a pour inscription le nom d'une tribu (b). Les douze tribus et les douze signes y sont rangés sur les quatre faces d'un quadrilatère, comme ici les portes de la ville sainte; et ces faces, composées de trois cases ou signes, regardent les quatre coins du monde, et les quatre vents dont l'intervalle est rempli par deux autres ; ce qui fait trois pour chaque face.

Psellus, dans son livre des Génies ou des Anges qui président à l'ordre du monde, les groupe aussi trois par trois, faisant face aux quatre coins du monde.

Mais on sait que, d'après les principes de l'astrologie, chaque signe du zodiaque présidait à une région de la terre ; et nous avons dans le poëme astrologique de Manilius (c) un exemple de cette distribution de la terre en douze parties, soumises chacune à l'aspect d'un signe.

La division duodécimale du ciel astrologique imprima son caractère à tout, comme nous l'avons fait voir au premier livre de notre ouvrage, et principalement aux distributions politiques. Marsilius Ficin observe, avec

---

(a) C. 21, v. 3. — (b) V. 12. — (c) Manil., l. 4, v. 710.

TOME VI.

raison (*a*), que Platon, dans la distribution de sa ville, admet le nombre duodénaire comme fondamental, à cause qu'il y a douze sphères, douze signes, etc. Ces douze sphères sont les quatre élémens et les huit sphères supérieures.

Effectivement, Platon divise tout le terrain de sa République (*b*) en douze portions égales. Il donne à chaque tribu une de ces portions ; chacune a son stratège ou chef militaire, ce qui fournit les douze stratèges (*c*). Ces douze stratèges représentent les douze modérateurs ou chefs dont parle Joachités ci-dessus ; les douze anges tutélaires de la sainte cité de l'Apocalypse, etc.

Platon veut que chacune de ces divisions soit sous la tutèle d'un des douze grands Dieux, comme chaque fondement de la ville de l'Apocalypse est consacré aux douze apôtres, et chacune de ces portes gardée par un ange ; ce qui fait douze anges. Chaque tribu prend le nom de la divinité tutélaire qui la préside, comme dans le camp des Hébreux. Les Dieux que nomme Platon, tels que Vesta, Jupiter, Minerve, étaient au nombre de ces douze grandes divinités que les anciens avaient établies sur chaque figure du zodiaque comme divinités tutélaires (*d*). La priorité fut donnée aux trois premières divinités qui présidaient aux trois principaux signes de la révolution solaire, à Vesta qui présidait le capricorne ou le signe du solstice d'hiver, d'où partait l'année du temps de Platon ; à *aries* ou à l'agneau équinoxial présidé par Minerve, et au lion de la tribu de Juda, ou

---

(*a*) Kirker, OEdip., t. 3, p. 217. — (*b*) Euseb. præp. Ev. l. 12, c. 47, p. 616. — (*c*) Plato de Leg. l. 5, p. 746. — (*d*) Manil., l. 2, v. 437.

au signe qui était le domicile du Dieu-soleil, et que Jupiter ou le premier Dieu présidait.

Platon (a) veut que chaque tribu nomme douze jeunes gens qui aient leur poste chaque mois dans une de ces portions, de manière à les parcourir circulairement pendant un an ou pendant une révolution solaire, en commençant d'abord leur marche vers la droite, et il appelle la droite l'orient.

Platon (b) fait voir les rapports de sa distribution avec les besoins de la religion et avec l'ordre de la Nature. De même, dit-il, que nous avons divisé toute notre ville en douze parties ou tribus, de même nous sous-divisons chaque tribu en douze autres parties. Nous avons vu plus haut que l'astrologie admet cette seconde division des signes qu'elle appelle *douzièmes* (c) : ce qui donne une seconde division du zodiaque en douzièmes ou cent quarante-quatre parties, comme ici on a douze douzièmes de tribus : nombre consacré aussi dans l'Apocalypse, c. 21, v. 17. La muraille y a cent quarante-quatre coudées.

Nous devons donc, ajoute Platon, regarder ces parties (d), (*moïras*, c'est aussi le nom qu'on leur donne en astronomie) comme un don sacré de la divinité, puisqu'il suit la division de la révolution du ciel et des mois. Ainsi la ville est sanctifiée par cette correspondance établie entre le ciel et elle ; et cette sympathie naturelle la conduit au même ordre. Platon veut également qu'il y ait des fêtes instituées et des sacrifices faits, chaque mois, aux Dieux ou aux fils de Dieux, qui sont tuté-

---

(a) Plato de Leg. l. 6, p. 760. — (b) L. 6, p. 771. — (c) Ptolom. Tetrabibl., l. 1, c. 22. — (d) P. 771.

laires de la grande division et de la sous-division duodécimale.

Au commencement du livre huit de ce même ouvrage (a), il porte une loi qui établit trois cent soixante-cinq sacrifices en honneur des Dieux ou des génies, nombre égal à celui des jours des mois ; et de plus, une autre loi qui ordonne *douze grandes fêtes* pour les douze grands Dieux qui ont donné leur nom à chaque tribu, afin que chacun d'eux ait une solennité, des danses et des chœurs dans un des mois de l'année, aux temps qui leur sont spécialement consacrés ou qui leur sont convenables.

On voit, par ce dernier passage, combien les Chrétiens ont emprunté de Platon pour la distribution des douze fêtes de leurs douze apôtres.

Je me suis étendu sur cet endroit de Platon pour faire sentir au lecteur combien les divisions astrologiques du monde ont influé sur les distributions, soit réelles, soit fictives et mystiques des anciennes cités. Aussi Proclus (b) nous dit-il expressément, et nous en avons fait voir la vérité ailleurs, que les plus grands législateurs ont toujours cherché à mettre une grande ressemblance entre les distributions politiques et l'ordre du monde.

Ces idées naquirent en Égypte et en Orient où l'on donnait au ciel une si grande influence sur la terre, influence qu'elle n'était capable de recevoir qu'autant qu'elle avait elle-même des rapports analogiques avec la Nature et avec la distribution des cieux.

Il n'est donc pas étonnant que l'auteur oriental qui nous a donné le plan de la *cité sainte*, de la Jérusalem céleste, dans laquelle les ames vertueuses devaient pas-

---

(*) Ptolom. Tetrabil., p. 828. — (b) Proclus, comm. in Tim., p. 4.

ser, n'ait été guidé par le même génie astrologique dans la distribution de la cité qu'il fait éclore de son imagination, et qui d'ailleurs était dans le monde archétype, sur lequel celui-ci fut modelé. Si Platon nous eût donné dans son Phædon (a) une description détaillée de la ville des bienheureux dans sa terre céleste, il n'est pas douteux qu'il n'eût suivi le plan idéal qu'il a tracé dans son livre des Lois. Mais il convient lui-même qu'il abrège la description de ces habitations, et que ce n'est pas là le lieu de la faire.

Lucien, qui est entré dans plus de détails que Platon sur la ville des bienheureux et sur les délices et les riches productions de l'élysée, a construit sa ville sur l'ordre du monde, et a pris pour modèle de sa division celle des sept sphères, que nous avons dit plus haut, en parlant de l'Ogdoade, la Jérusalem des gnostiques, être aussi une expression du monde. Sa ville d'ailleurs ressemble assez à celle de l'Apocalypse, si ce n'est qu'il a pris la distribution des sept sphères plutôt que celle des douze signes pour modèle. Voici ce que dit Lucien (b): Nous arrivons dans une prairie située dans une île qu'on appelle l'île des bienheureux, où régnait Radamanthe. Les gardiens du lieu nous enchaînent de fleurs et nous conduisent à son tribunal. Ils nous demandent pourquoi, vivant encore, nous étions venus dans ce lieu sacré. Nous lui contâmes notre aventure. Il fut décidé qu'un jour, après notre mort, nous serions punis de notre curiosité; que pour le moment, nous pourrions rester et converser dans cette prairie avec les héros; mais pas

---

(a) Plato Phæd., p. 114. — (b) Lucian. Hist. veræ, l. 2, t. 1, p. 75, etc.

plus de sept mois. On se rappelle que le repos d'Er le Pamphylien est de sept jours dans la prairie ; après quoi, les ames ont ordre de partir pour se rendre dans les champs de la lumière.

C'est l'échelle mystique aux sept portes, dont parle Celse dans Origène (l. 6), à travers lesquelles passaient les ames, jusqu'à ce qu'arrivées au sommet elles trouvassent la huitième qui les introduisait dans le paradis d'Ormusd ; ce qui signifie simplement que les ames des justes pénètrent les sphères des planètes, et vont jouir d'un repos éternel dans la huitième sphère, qui est le ciel suprême.

Les sept mois écoulés, continue Lucien (*a*), nos liens de fleurs tombent d'eux-mêmes, et nous passons de la ville au festin des bienheureux. C'est, dans l'Apocalypse, aux noces de l'agneau (*b*).

Lucien nous fait la description de cette cité bienheureuse. Elle est toute d'or comme celle de Jean (*c*), qui nous dit que Jérusalem est d'un or transparent.

L'enceinte de la muraille était de pierre d'émeraude. Celle de Jean était de jaspe. Ce n'est pas la même pierre, mais la même idée.

Elle a sept portes, nombre égal à celui des planètes (*d*). Celle de Jean en a douze, nombre égal à celui des signes. C'est une expression différente de la même idée. Cette ville à sept portes ressemble à celle que Cadmus, se mariant avec Harmonie (*e*) après la défaite de Typhon par Jupiter, bâtit sous le nom de Thèbes sacrée, et à qui il donne sept portes ; chacune desquelles est con-

---

(*a*) Lucian., t. 11, p. 55t. — (*b*) C. 19, v. 9. — (*c*) C. 21, v. 18. — (*d*) Lucian., p. 752. — (*e*) Nonn. Dionys., l. 5, v. 54.

sacrée à une planète, à commencer par la lune et à finir par Saturne.

Cadmus, dit Nonnus (a), chercha à imiter la construction du ciel avec ses sept sphères; il voulut avoir sur la terre une image de l'Olympe. L'auteur lui donne l'épithète de la *ville sainte*, *iéron astu*, que Jean donne aussi à la sainte Jérusalem (b). Mais elle est bâtie sur le lieu où se couche la vache ou le bœuf, dans le lieu où périt Orion piqué par le scorpion, parce que cette fiction est d'une époque ancienne, où le taureau était le premier des signes.

La ville sainte des bienheureux de Lucien est la même chose; il est même avantageux pour nous que Lucien ne se rencontre pas avec Jean pour la distribution; ce qui prouve qu'il ne l'a pas copié. Il a pris un autre emblème de la même idée, et c'est une double preuve de la solidité de notre explication.

Dans la ville de Lucien (c), le sol et le pavé sont d'ivoire. Les portes sont d'une seule pièce et de bois précieux de cinnamome.

La pierre berylle et l'améthyste, dont parle l'Apocalypse, entrent dans la construction des autels et du temple. L'auteur y a étalé tout le luxe des fictions orientales et des romans persans et arabes. Ce luxe se reconnait aussi dans l'Apocalypse et dans la ville sainte que créa l'imagination de l'hiérophante Jean. Nous allons en revenir à celui-ci et décomposer sa magnifique construction.

Les fondemens de la muraille de cette ville étaient ornés de toutes sortes de pierres précieuses. Le premier fondement était de jaspe, etc. (d).

(a) Nonn. Dionys., v. 64. — (b) V. 85. — (c) Lucian., p. 762. — (d) C. 21, v. 19.

Nous avons déjà remarqué que cette muraille jaspée avait les mêmes divisions que le zodiaque, cent quarante-quatre parties ou cent quarante-quatre coudées allégoriquement. Nous avons déjà aussi pareillement vu le zodiaque, ou les mois qui y répondent, désignés par des pierres précieuses rangées trois par trois dans la superbe couronne de Junon, dont nous avons indiqué plus haut la description dans un passage de Martianus Capella. Les pierres y sont, comme ici, disposées trois par trois, à raison de la division des saisons : elles ne sont pas toutes précisément les mêmes qu'ici; mais il y en a plusieurs qui sont les mêmes, telles que *le jaspe, l'émeraude, l'hyacinthe*, etc., etc. L'une, dit l'auteur, était tirée de la tête du cancer ; l'autre, des yeux du lion, celle-ci du front des gémeaux, etc., allusion manifeste aux signes du zodiaque. La teinte de couleur de chacune était analogue, ajoute encore l'auteur, à celle de la terre dans les différentes saisons, tantôt couverte de verdure, tantôt jaune de moissons, tantôt blanche de neige, etc. Ainsi l'hiver, saison des eaux, fut représenté par trois pierres, d'une eau pure non colorée, telles que l'hyatide, le diamant et le cristal. Nous ne pouvons guère douter que le même génie mystique qui créa la couronne aux douze pierres précieuses qui parent le front de Junon, et qui les groupa trois par trois comme les signes des saisons, n'ait aussi orné les fondemens de la ville sainte, dont les quatre faces sont percées de douze portes, trois par trois pour chaque face. Ce n'est pas au reste seulement une conséquence à laquelle nous conduit le génie connu de ces siècles ; car Martianus Capella écrivait dans les premiers siècles de l'Église : nous avons quelque chose de plus précis encore. Ces pierres sont presque toutes les mêmes que celles du rational du grand-prêtre des Juifs (a), qui, comme la ville sainte, formait un quadrilatère sur lequel elles étaient rangées trois par trois. Sur chacune de ces pierres était gravé le nom d'une des douze tribus.

Dans l'Apocalypse (b) ce n'est point sur les pierres précieuses que sont gravés les noms des douze tribus, mais sur chacune des portes. Sur les pierres qui forment les douze fondemens, étaient gravés les noms des douze apôtres d'*aries* ou de l'agneau ; ce qui revient au même.

Tous ceux qui nous ont donné le sens mystique de ces douze pierres et la raison de cette distribution trois par trois, y ont vu un emblème des douze signes du zodiaque et des saisons, comme dans la fameuse couronne dont nous avons parlé plus haut. C'est le sens symbolique qu'y attachent Clément d'Alexandrie, Josèphe et Philon, c'est-à-dire, les auteurs les plus instruits des antiquités judaïques, et qui connaissaient mieux le génie mystique des Orientaux.

Le savant Clément d'Alexandrie (c), expliquant les emblèmes dont les Égyptiens ses compatriotes et les Juifs, à leur imitation, s'étaient servis pour peindre la Nature et ses agens, nous dit que l'habit du grand-prêtre figurait le monde sensible ; que cinq pierres précieuses étaient destinées à représenter cinq planètes, et deux escarboucles, la *lune* et *Saturne* ; que les trois cent soixante-cinq sonnettes suspendues au bas de sa robe tout autour, désignaient l'*année*. Les deux émeraudes de l'éphod représentaient *le soleil* et *la lune*, les deux principaux agens

---

(a) Exod. c. 28, v. 17; c. 39, v. 10 et 11. — (b) C. 21, v. 12, 14. — — (c) Stromat., l. 5, p. 564 et 565.

de la nature génératrice. Quant au rational appliqué sur la poitrine du grand-prêtre, ajoute Clément, il est *une image du ciel* (*a*); et les douze pierres qui y sont placées et rangées trois par trois sur un quadrilatère, désignent *le zodiaque et les quatre saisons de trois en trois mois*. On ne peut rien dire de plus précis et qui justifie mieux l'explication que nous avons donnée des pierres qui forment les fondemens de la ville à quatre faces et aux douze portes, rangées trois par trois comme celles du rational, et comme les signes du quadrilatère représentatif des douze enseignes des douze fils de Jacob, dont nous avons parlé plus haut.

Au témoignage de Clément d'Alexandrie (*b*) se joint celui du juif Josèphe, dans ses Antiquités judaïques. Ce savant auteur, voulant prouver, comme Clément d'Alexandrie, que le temple de Jérusalem, dans sa distribution et ses ornemens, ainsi que les habits du pontife, représentaient la Nature et toutes ses parties, et qu'ainsi le législateur des Juifs était un homme divin, puisque tout le cérémonial et l'appareil du culte qu'il avait établi représentait en quelque sorte *tout le monde*, explique le sens mystique des différentes parties du tabernacle.

Après avoir dit que les douze pains de proposition, rangés six par six ou sur deux colonnes, l'une à droite et l'autre à gauche, représentaient les douze mois de l'année; que le chandelier à sept branches, composé de septante parties, représentait les douze signes à travers lesquels les planètes font leur cours; que les sept lampes désignent les sept planètes; après l'explication du voile de quatre couleurs destiné à désigner les quatre élémens,

---

(*a*) Stromat., 565. — *b* Josèphe, Antiq. judaïq. l. 3, c. 7 et c. 8.

de la tunique du grand sacrificateur et de l'éphod, il s'explique le sens mystique que renferme le rational et les pierres précieuses qui l'ornent, et dont il nous a donné la description dans le chapitre précédent.

Le rational (a), dit Josèphe, appelé essen par les Hébreux, et logios ou oracle par les Grecs, est une pièce d'étoffe semblable à celle de l'éphod, c'est-à-dire, un tissu teint de différentes couleurs et mélangé d'or, pour imiter les couleurs de la Nature, et surtout celle de la lumière dont l'or est le symbole. Sur cette pièce d'étoffe nommée rational ou oracle, étaient attachées douze pierres précieuses d'une si grande beauté, qu'elles n'avaient point de prix. Elles étaient placées sur quatre rangs de trois chacun, séparées par de petites couronnes d'or. Dans le premier rang était la *sardoine*, la *topaze* et l'*émeraude*; deuxième rang, *rubis*, *jaspe*, *saphir*; troisième rang, *lincure*, *améthyste*, *agathe*; quatrième rang, *chrysolite*, *onyx*, *berylle*.

Ces pierres, comme on le voit, sont presque toutes les mêmes que celles de l'Apocalypse. S'il y a quelque différence dans deux pierres du troisième rang, c'est peut-être une dénomination différente de la même espèce de pierres.

Sur chacune de ces pierres, continue Josèphe, était gravé le nom d'un des douze fils de Jacob, chefs des tribus, et ces noms étaient écrits selon l'ordre de leur naissance.

Ces douze pierres précieuses, ajoute plus loin Josèphe, désignent *les mois ou les douze signes*, figurés par ce cercle que les Grecs nomment *zodiaque*.

(a) Josèphe, Antiq. judaïq., l. 3, c. 8.

Les deux sardoines qui servent d'agrafes pour fermer l'éphod, et sur chacune desquelles sont gravés, en langue hébraïque, les noms des douze fils de Jacob, six sur chacune d'elles, marquent le soleil et la lune.

Voilà encore un témoignage bien précis pour justifier notre explication. Joignons-y celui de Philon, Juif très-instruit, et qui avait étudié la théologie mystique de son pays (a). Il parle en plusieurs endroits de ce rational qu'il appelle une imitation et une image des astres lumineux qui sont dans le ciel, ou, comme Clément d'Alexandrie, *une image du ciel*.

Philon, dans la vie de Moïse (b), après avoir parlé des deux émeraudes où étaient gravés les noms des douze chefs des tribus, six sur chacune, et qu'il regarde comme deux symboles, soit des deux hémisphères, soit du soleil et de la lune, explique ensuite l'ornement pectoral ou le quadrilatère sur lequel étaient rangées, trois par trois, les douze pierres précieuses. Il prétend que c'était une représentation des douze astres ou signes du zodiaque ; et que cette distribution, faite trois par trois, indiquait visiblement les saisons, le printemps, l'été, l'automne et l'hiver, qui sont chacune de trois mois qui répondent à trois signes du zodiaque, et le partagent en quatre parties de trois signes chacune, dans les quatre conversions de soleil, suivant une marche ou rapport constant et divin. La variété même des couleurs des pierres, dont aucune ne ressemble à l'autre, sert à exprimer la différente nature et les propriétés variées des signes. Car le zodiaque, dit Philon, imprime aux élé-

---

(a) Philon, de Somn., p. 463. — (b) Vita Mosis, l. 3, p. 518 et 519-520.

mens, à l'air, à l'eau et à la terre, à leurs qualités ou modifications variées, aux animaux et aux plantes, une couleur analogue à la nature de chaque signe. Nous avons vu dans Martianus Capella une opinion à peu près semblable sur la raison des teintes des différentes pierres, qui, groupées trois par trois, composent la couronne de Junon, et qui, par leur nature, expriment le caractère des saisons et les teintes différentes que prend la nature élémentaire durant une révolution solaire. C'est une opinion fort ancienne que celle des influences du zodiaque sur les élémens et sur leurs qualités. « Le principe actif des générations est tout ce qui est au-dessus de la lune, dit Ocellus Lucanus (a), et surtout le soleil qui, par ses allées et ses retours, change continuellement l'air en raison du froid et du chaud; d'où résultent les changemens de la terre et de tout ce qui tient à la terre.

» L'obliquité du zodiaque, qui influe sur le mouvement du soleil, favorise encore ces changemens. C'est encore une cause de génération (b). »

De-là est née l'opinion générale, que toute la nature sublunaire est soumise à l'action des douze signes, et qu'il n'y a pas, comme disent les rabbins astrologues, de plante sur la terre qui n'ait sa constellation et son astre qui lui crie : *Croissez.* C'est d'après cette croyance où l'on était de l'action impérieuse des douze signes et des intelligences qui étaient censées y présider, sur les plantes, sur les pierres, sur les métaux, sur les couleurs, sur les animaux, sur les qualités élémentaires, sur l'homme, sur les parties de son corps, que les anciens

---

(a) Ocel. Lucan., c. 2. — (b) Ibid., § 17.

dressèrent des tables astrologiques qui contiennent tous ces rapports de la nature sublunaire avec le ciel, et surtout avec le cercle de vie ou vivifiant, appelé zodiaque. Nous avons tracé ici à côté une de ces tables, d'autant plus curieuse, que les douze pierres précieuses qui correspondent à chacun des signes, sont précisément les mêmes que celles de l'Apocalypse, et qu'elles se suivent dans le même ordre, sans aucune transposition quelconque. D'où il sera aisé de conclure que l'auteur de l'Apocalypse, en construisant sa ville sainte appuyée sur le ciel des fixes et sur le zodiaque, a consulté un de ces livres de l'astrologie orientale, dont les Arabes firent tant de cas, et dont ils ont, ainsi que les cabalistes, conservé les principes fondamentaux. Afin que cette comparaison puisse se faire plus facilement, je vais tracer cette table que l'on trouve dans l'OEdipe de Kirker.

En comparant ce tableau et celui de l'Apocalypse, et les séries des pierres qu'ils renferment, on verra que ce sont absolument les mêmes pierres rangées dans le même ordre successif, et qu'il n'y a de différence que dans la manière de compter la série [18]. L'Apocalypse commence par le jaspe, et finit par l'améthyste; au lieu que c'est par l'améthyste que commencent les Arabes, et que c'est par le jaspe qu'ils finissent. Du reste l'ordre est le même: l'un compte en montant, et l'autre en descendant; l'un suit l'ordre des signes, qui est celui des planètes ou du mouvement *autre*, comme l'appelle Platon (*a*); et l'autre, celui du ciel des fixes et du firmament où est le zodiaque, ou du mouvement *un et toujours* le même. C'est celui du ciel ou du monde dont l'Apocalypse donne ici la des-

---

(*a*. Plato in Tim.

cription. En comptant un où l'un des deux tableaux marque douze, on est sûr de trouver les mêmes pierres, dans le même ordre absolument, sans aucune espèce de transposition. Il n'en résulte d'ailleurs, pour le fond de l'allégorie, aucune différence ; et le rapport des pierres de l'Apocalypse avec les divisions astrologiques et avec les douze signes, dont l'intelligence première ou le chef est Ammun chez les Arabes, et l'agneau, premier des signes dans l'Apocalypse, me paraît prouvé sans réplique.

Nous ne verrons donc point avec Augustin (*a*), dans les douze pierres, les différentes vertus des saints caractérisées par ces pierres ; mais les vertus et les qualités que l'astrologie attribuait aux douze signes, et par lesquelles elle caractérisait leur influence sur la nature sublunaire, pendant les douze mois de l'année.

Kirker (*b*), de qui nous tirons cette table astrologique, cite un passage d'Abnephius, auteur arabe, qui vient à l'appui de ce que nous venons de dire sur cette théorie des influences, qui faisait la grande science des Orientaux, et qui a imprimé son caractère aux ouvrages mystiques venus de ces pays.

« Les Égyptiens, dit cet auteur arabe, ont divisé le cercle du zodiaque en douze forts ou citadelles, dont le premier est occupé par *aries*. (C'est l'agneau chez les Perses.) Le génie bienfaisant qui y préside est *Ammon*, chargé de l'administration de toutes les choses qui lui sont soumises, telles que les élémens, les animaux, leurs propriétés et leurs opérations, etc. » C'est cette table que donne ici Kirker, qui contient la chaîne de correspondance des choses terrestres avec les douze signes, et

---

(*a*) Augustin, t. 6, p. 301. — (*b*) OEdip., t. 2, pars 2, p. 178.

qu'il nous donne, dit-il, d'après le génie des anciens Égyptiens et les monumens arabes d'où il l'a tirée.

Nous sommes d'autant plus en droit de chercher dans le zodiaque l'explication des douze fondemens de la ville sainte, dans laquelle passent les ames lorsqu'elles retournent à leur principe, à la lumière incréée d'où elles étaient sorties, que nous avons déjà vu le passage de Clément d'Alexandrie (a), qui nous dit que c'était par ces signes et en les parcourant tous douze, que l'ame vertueuse retournait à son origine; et que par ces douze demeures se faisait l'*analepse* ou retour des ames. Ce que dit Clément est justifié par la doctrine des Manichéens sur le retour des ames vers le ciel ou vers la demeure lumineuse qui doit les recevoir.

« Le *père vivant*, dit Tirbon (b) à Archélaüs, voyant que l'ame était affligée dans le corps, en eut pitié et envoya son cher fils pour la sauver. Ce fils vint; il prit la figure d'un homme, quoiqu'il ne fût pas homme en effet, et que le vulgaire crût qu'il était né. Dès qu'il fut arrivé, il construisit une machine pour le salut des ames. Cette machine est une roue à laquelle sont attachés douze vases. La sphère fait tourner cette roue, laquelle enlève dans ses vases les ames des morts. Le grand astre, qui est le soleil, les attire par ses rayons, les purifie et les remet à la lune, jusqu'à ce qu'elle en soit toute pleine. La lune, remplie d'ames, s'en décharge dans le soleil; puis elle en reçoit aussitôt d'autres, par le moyen des vases qui descendent et qui montent sans cesse. Et lorsqu'elle a remis ces ames aux Æons (aux intelligences) du père, elles demeu-

---

(a) Clem. Alex. Strom., l. 5, p. 599. — (b) Beausobre, Hist. Manich., t. 2, l. 7, c. 6, p. 500.

rent dans la *colonne de la gloire*, qui est appelée l'*air parfait*. Cet *air parfait est une colonne de lumière*, parce qu'il est tout rempli d'ames purifiées. »

Cette colonne de lumière (a), cet air parfait dont parle ici l'auteur manichéen, est évidemment cette colonne lumineuse, semblable à l'Iris ou à l'arc-en-ciel, dans lequel Platon fait passer les ames vertueuses après le jugement et après un repos de sept jours dans la prairie, comme nous l'avons vu plus haut. C'est aussi l'*éther libre* ou la *lumière éthérée* de Pythagore, dans laquelle il place l'élysée ou le séjour des bienheureux (b).

Enfin c'est bien là cette cité sainte, la Jérusalem céleste, illuminée de la clarté de Dieu, telle que la représente l'Apocalypse (c).

Ce sont différentes expressions, divers emblèmes du séjour lumineux qui reçoit les ames qui ont bien vécu, et qui ont été suffisamment purifiées.

L'auteur de l'Apocalypse, ayant adopté dans son ouvrage les principaux dogmes des Manichéens qui étaient ceux des mages, et entre autres le système des deux principes, et tracé l'image de leurs combats et de leurs victoires successives, il n'est pas étonnant qu'il en ait aussi conservé les allusions astrologiques. Car il est évident que la roue à douze vases, qui enlève avec elle les ames des morts et qui les fait passer dans la colonne de gloire et de lumière, après qu'elles ont été épurées dans la lune et dans le soleil, que cette grande roue est le zodiaque par lequel se faisait cette *analepse* ou retour des ames, le zodiaque appelé

(a) Plato, de Republ., l. 10, p. 616. — (b) Hierocles aurea Carm., v. 70, p. 311. — (c) c. 21, v. 11 et 23.

chez les Hébreux la grande roue des signes, *rota signorum* (a).

L'auteur de l'Apocalypse (b) désigne sa ville céleste par le nom de tabernacle, lorsqu'en montrant la ville sainte, il dit : « Voici le tabernacle de Dieu avec les hommes où il demeurera avec eux. » Or, ce mot est le même par lequel l'auteur du Pimander, ouvrage attribué à l'Égyptien Hermès, nomme le zodiaque. *Tabernaculum istud*, dit-il, *zodiaco circulo constitutum, qui ex duodenario constat* (c).

Les Orientaux, observe judicieusement Beausobre (d), sont, en général, fort mystiques. Ils se servent d'emblèmes et de figures pour représenter leurs pensées. Prendre ces emblèmes à la lettre, c'est prendre l'ombre pour la réalité.

Les Manichéens (e) avaient leurs figures, et celle de la roue à douze vases et à douze seaux présente une idée simple du zodiaque et de ses douze signes. La sphère qui fait tourner la roue est la sphère suprême qui passait par le premier mobile. C'est une ancienne idée des philosophes, que le ciel gouverne la terre, et que les anges des planètes et des étoiles, dispensant tout ce qui arrive ici-bas, président sur la naissance et la mort des animaux et sur les événemens qui ne dépendent pas de la liberté des créatures intelligentes. Le gouvernement céleste est ce qu'ils appelaient destin ; et comme le mouvement du ciel, dont il dépend, est circulaire, les anciens l'ont comparé à une *roue*.

(a) Hyd. Comm. ad Ulughbeig, p. 29 et 30. Riccioli, t. 1, 402. — (b) C. 21, p. 3. — (c) Hermes in Pœmandro. — (d) Beausobre, t. 2, p. 501. — (e) P. 503.

Clément d'Alexandrie (a) remarque qu'il y avait dans les temples égyptiens une roue qu'on faisait tourner, et que cet hiéroglyphe était une image du destin et des révolutions qu'il cause dans notre monde; idée simple dans la supposition presque généralement reçue que les intelligences célestes qui résident dans les astres gouvernent le monde inférieur. J'ajouterai à ces réflexions du savant Beausobre une autre considération fondée sur l'analogie : c'est que, si Platon a divisé son instrument de fatalité, qui descendait du sommet de la lumière éthérée jusqu'à terre, en sept couches concentriques d'un fuseau que tiennent les parques au-dessus des cieux, les Manichéens ont pu prendre le zodiaque au lieu des planètes, et figurer la fatalité qui en dépend par une roue à douze vases, comme Platon par un fuseau à sept cercles, celle qui dépend des sept planètes. Enfin, comme Platon fait passer les ames vertueuses dans la colonne de lumière où roule le fuseau, les Manichéens y ont pu faire circuler le sommet de leur roue à douze vases, et Jean y établir les fondemens de sa ville à douze portes, dans laquelle se rendent les ames purifiées.

Les douze vases dans lesquels sont enlevées les ames vers le ciel, et qui les versent dans le soleil, et de-là dans la colonne de lumière, répondent aux douze portes de la ville sainte (b), par lesquelles les ames vertueuses de l'Apocalypse entrent dans la cité lumineuse de l'agneau. Les douze apôtres qui y président, et qui ont leurs noms écrits sur les fondemens de la muraille, répondent aux *éons* des Manichéens qui comptent aussi douze de ces *éons* ou

---

(a) Strom., p. 538. — (b) C. 21, v. 11 et 12, v. 14.

intelligences, qu'ils appellent les douze gouverneurs (*a*). Ce sont les douze grands Dieux des Égyptiens, des Grecs et des Romains, dont le premier, Jupiter Ammon, emprunte les attributs d'*aries*. Car nous croyons que les douze grands Dieux de l'antiquité, les douze apôtres de l'agneau, les douze fils de Jacob, les douze autels de Janus, les douze pains de proposition, la couronne de Junon aux douze étoiles, les douze rayons de la couronne d'Apollon sont autant d'emblèmes relatifs aux douze signes et aux douze intelligences qui y président. Ces douze gouverneurs ou éons des Manichéens, qui font passer les ames purifiées dans la colonne de gloire et de lumière, sont aussi les douze modérateurs de la ville sainte, par laquelle les cabalistes représentaient le monde, et dont nous avons parlé plus haut, en citant le passage de Simon Joachitès. Les cabalistes et les rabbins avaient adopté les principes de l'astrologie orientale (*b*). « Toutes les étoiles servent aux planètes, disaient-ils, et les sept planètes aux douzes signes du zodiaque. » Aussi avons-nous vu ces deux nombres sept et douze, ou ceux des planètes et des signes combinés avec les constellations extra-zodiacales, entrer à chaque page dans la composition de cet ouvrage.

Tous les signes du zodiaque, ajoutent-ils encore (*c*), servent à la nouvelle lune et à la génération des hommes, et c'est par eux que le monde subsiste. C'est là certainement l'origine de la fiction de la roue et des douze vases qui versent les ames dans la lune et dans le soleil. Cet astre, en parcourant les douze signes, préside

---

(*a*) Beausobre, c. 2, p. 504. — (*b*) Pirke Eliez, c. 6, p. 9. — (*c*) P. 14.

sur toutes les révolutions. C'est lui qui, rassemblant ici les particules des ames, et là les séparant, fait tourner la roue (a) qui produit les révolutions des ames, et en général celles de toute la Nature. Il est en cela secondé par les intelligences qui forment son cortége et qui président aux douze signes auxquels il s'unit, appelés tantôt Dieux, tantôt apôtres, tantôt éons, etc. On trouve à la fin des œuvres de Clément d'Alexandrie des traces de cette opinion sur le rapport des signes et de leurs intelligences avec les apôtres; et on peut regarder comme une identité ce que l'auteur semble n'avoir pris que comme objet de comparaison. Le Valentinien Théodote (b) y dit : « Que les douze apôtres tiennent dans l'Église la place que les douze signes du zodiaque tiennent dans la Nature ; et que ceux-ci sont les ministres de la génération, comme les premiers le sont de la régénération. » Effectivement, c'est par les douze signes, comme nous l'avons déjà dit plusieurs fois d'après Clément, que se fait la régénération des ames ou leur retour au principe lumineux dont elles émanent. On faisait dire aux Manichéens, dans la formule d'abjuration (c) : « Que Dieu qui est assis dans le ciel retire les ames de ce bas monde par le moyen du soleil et de la lune. » Alexandre de Lycople ajoute que ces deux planètes font cette opération par la génération et la dissolution continuelle des corps. Par-là elles séparent sans cesse les parties de la vertu divine d'avec la matière, et le soleil les attire et les élève par la force de ses rayons (d).

Dès que l'on avait conçu les ames comme des parties

(a) Beausobre, t. 2, p. 504. — (b) Eclog. Theod. c. 26. — (c) Beausobr., t. 2, p. 505. — (d) S. Epiph., ad Hæres., c. 66, p. 277.

de lumière et des parties très-subtiles qui sont engagées ici-bas dans une matière grossière, il a été facile d'imaginer que le soleil les sépare de cette matière par le mouvement qu'il y excite, qu'il les élève, et qu'en les élevant, il en détache les parties grossières et pesantes qui s'y étaient attachées. C'était surtout au soleil équinoxial de printemps que l'on attribuait cette vertu attractive, lorsque le Dieu-soleil s'unissait à *aries* ou à l'agneau, suivant Julien que nous avons cité plus haut; et cette doctrine faisait la base des mystères du Dieu aux sept rayons. C'était par le point de l'horizon où le soleil se lève le jour de l'équinoxe, point auquel nous avons déjà placé le trône de l'agneau, que les Manichéens faisaient passer les ames (*a*) pour être remises aux douze éons qui les faisaient entrer dans la colonne de gloire et de lumière. L'allusion à l'équinoxe par où se fait la régénération, ou à l'agneau équinoxial, avait été conservée dans leurs fictions.

L'allusion à ces douze éons, à ces douze vases, à ces douze signes, etc., avait été aussi conservée dans les mystères de la Grèce, où l'on faisait revêtir douze robes à l'initié, recouvertes du manteau olympique (*b*) chamarré de diverses couleurs, et où étaient peintes des figures d'animaux, tels que des dragons, etc., image symbolique du ciel étoilé et du zodiaque, autrement de l'Olympe. Le nouvel adepte qui le portait tenait de la main droite un grand flambeau, et avait une couronne de palmier, dont les feuilles faisaient autour de sa tête *une espèce de gloire* ou de disque orné de rayons. C'était, sans doute, les rayons de la lumière incréée, éternelle ;

(*a*) Epiph., c. 66, p. 277. — (*b*) Apulée. Metam., l. 11, p. 292.

de cette lumière que l'on divisait en douze parties, suivant Manès (a); division qui, dans les cérémonies mystiques, et dans les ornemens religieux des adorateurs de la lumière, fut retracée par toutes sortes d'emblèmes.

Les moines, en Orient, portent une ceinture à douze nœuds (b).

Le philosophe cynique *Menedeme* (c), dont parle Diogène Laërce, qui se vantait d'avoir une vocation divine pour reformer le monde, portait un chapeau d'une grandeur prodigieuse, sur lequel étaient figurés les douze signes, et dans cet équipage il courait parmi le peuple en criant qu'il venait des champs élysées; tant il y avait de liaison entre l'élysée et le zodiaque qui occupe le huitième ciel, et par lequel passaient les ames pour retourner à l'éther libre et aux champs lumineux de l'élysée. Nous n'insisterons pas davantage sur ces rapports, et surtout sur ceux de la ville sainte dont les foundemens sont les mêmes pierres que l'astrologie affectait à chacun des douze signes du zodiaque, rangées dans le même ordre et distribuées comme les saisons et les signes. Nous croyons avoir prouvé jusqu'à la démonstration cette correspondance du ciel visible et du ciel archétype, dont le premier est l'image, avec la cité sainte et lumineuse dont douze portes forment l'entrée, qui retrace partout la division duodécimale, et dans laquelle les ames vont jouir du repos éternel, réunies à leur principe. En conséquence, nous passerons au vingt-deuxième et dernier chapitre.

---

a) Apud. August. Cont. Epis. Fundan. c. 12. — *b)* De vet. Pers. Rel. Hyde, p. 371. — *c)* Laërtius, l. 6.

CHAPITRE XXII.

Le premier tableau que nous offre ce chapitre, qui est aussi le dernier tableau de tout cet ouvrage mystique (*a*), « est celui d'un fleuve d'eau vive, claire comme du cristal, qui coule du trône de Dieu et de l'agneau.

» Au milieu de la place de la ville (*b*), des deux côtés de ce fleuve, était l'arbre de vie qui porte douze fruits, et qui donne son fruit chaque mois; et les feuilles de cet arbre sont pour guérir les nations. »

Cette fiction se retrouve tout entière dans Ézéchiel (*c*). Après nous avoir donné la description de la nouvelle Jérusalem, qui va être rebâtie, et dont il distribue les chambres comme le sont les portes de la ville sainte dans l'Apocalypse, le prophète Ézéchiel fait aussi couler un fleuve de la porte qui est vers l'orient, et qui prend ensuite son cours vers le midi (*d*).

Il nous peint quantité d'arbres fruitiers (*e*) qui s'élèvent sur les deux bords du fleuve. Leurs feuilles, dit-il, ne tomberont point, et ils ne manqueront jamais de fruits. Ils en porteront de nouveaux tous les mois. Leurs fruits serviront pour nourrir les peuples, et leurs feuilles pour les guérir [19].

Ézéchiel et Jean ne parlent-ils pas ici absolument le même langage, et n'ont-ils pas adopté la même fiction dans les mêmes termes? D'où il résulte que l'un a copié

(*a*) C. 22, v. 1. — (*b*) V. 2. — (*c*) Ézechiel, c. 40, v. 10, etc. — (*d*) C. 47, v. 1. — (*e*) V. 12.

ici l'autre, ou qu'ils ont puisé dans les mêmes sources ; savoir, dans les cosmogonies orientales des mages et des Chaldéens.

En effet, les Perses dans le Boundesh, ou dans leur ancienne cosmogonie, disent que le Dieu-lumière, Ormusd, par l'amour qu'il a pour les hommes, fait couler des eaux auprès de son trône. (Boundesh, p. 361.)

Ce qui me confirme dans cette opinion, c'est que Lucien, qui était de Samosate en Syrie, près de la Mésopotamie, c'est-à-dire, du pays même où régnait cette théologie, et où les Chaldéens et les mages enseignaient la doctrine qui fait la base de l'Apocalypse et d'Ézéchiel, et qui conséquemment avait conservé des idées justes de ces cosmogonies qu'il avait puisées dans des sources que nous n'avons plus ; Lucien se rencontre encore ici avec nos deux auteurs, dans la peinture du fleuve qui arrose la ville sainte.

A la suite de la description du repas et de la ville des bienheureux, que l'or et les pierres précieuses embellissent de toutes parts (a), cet auteur, continuant ses riches descriptions, parle du fleuve qui environne la ville et des trois cent soixante-cinq fontaines qui arrosent ses prairies. Il place près de-là *des vignes* qui produisent des raisins douze fois par an, une vendange chaque mois : ce qui ressemble assez aux arbres d'Ézéchiel et de l'Apocalypse, qui rapportent douze fois du fruit par an, un chaque mois, et dont les feuilles ont la vertu de guérir.

Le fleuve d'eau vive qui coule du trône de l'agneau dans l'Apocalypse, et de l'orient dans Ézéchiel, c'est le fleuve d'Orion, l'Éridan céleste qui est placé immédia-

---

(a) Lucian. Hist. veræ, l. 2, t. 1, p. 752 et 753.

tement au-dessous des degrés d'*aries* ou de l'agneau, et qui monte immédiatement à la suite de ce signe, qui semble le faire naître à l'orient, d'où il jaillit pour couler au midi, comme nous le représente Ézéchiel (*a*). Les eaux sortaient, dit-il, de dessous la porte à l'orient, et descendaient vers le midi. C'est absolument ce que fait l'Éridan, comme l'inspection d'une sphère peut en convaincre. Ce phénomène astronomique de l'apparition de l'eau de l'Éridan, à la suite du lever de l'agneau ou d'*aries*, a fait donner à ce bélier l'épithète de *dux immortalis aquæ* par les anciens; fonction qu'il fait dans l'Apocalypse, puisque c'est du trône de l'agneau que coule ce fleuve, et c'est ce qui a fait imaginer la fable suivante, rapportée par Hygin et par Germanicus : « On dit que Bacchus (*b*), conduisant son armée en Afrique, éprouva la plus grande disette d'eau; qu'aussitôt un bélier sortit des sables brûlans, et conduisit Bacchus et son armée à une source d'eau divine. » En reconnaissance de ce service, Bacchus donna à ce bélier le titre de Jupiter Ammon, et lui éleva un temple magnifique dans le lieu où il avait trouvé cette eau miraculeuse. De plus ce bélier, guide et chef de cette eau immortelle, fut placé dans les cieux où l'on voit son image et où il préside, comme premier chef, aux signes du zodiaque. Quant au fleuve, son union au bélier est aisée à prouver par l'inspection d'une sphère; et elle a été reconnue par Hipparque qui, dans son Calendrier, place ce fleuve avec *aries*, avec lequel il se couche toujours, et à la suite duquel il se lève immédiatement. Les sphères bar-

---

(*a*) Ezech. c. 47, v. 1. — (*b*) Germanic. in Ariete, c. 18.

bares, élevées (a) un peu plus au nord, ne le placent qu'avec le taureau, mais toujours à la suite d'*aries* immédiatement.

Nous avons été d'autant plus volontiers déterminés à voir l'Éridan céleste dans le fleuve qui arrose la ville des bienheureux ou l'élysée des Orientaux, dont Jean, Ézéchiel et Lucien ont donné la description, que dans l'élysée de Virgile, qui a aussi recueilli les fictions théologiques qu'Homère et Platon avaient empruntées de l'Orient, on retrouve aussi un fleuve, et que ce fleuve est appelé par Virgile *Éridan* (b). Il y coule à travers une forêt odoriférante de lauriers. Le plus docte des commentateurs de Virgile, Servius, remarque que Virgile a pu faire allusion à la constellation de l'Éridan, placée à côté de la baleine, et conséquemment sous *aries* ou l'agneau, qui, par sa position, est sur la tête de la baleine, laquelle de son côté a sous sa tête et sous sa mâchoire, l'*Éridan*. C'est cette liaison de l'Éridan avec la fable des enfers qui fit dire aux uns que l'Éridan d'Italie sortait des enfers; à d'autres, qu'il y portait ses eaux.

Cet Éridan était supposé être un fils du soleil, qui, après l'incendie de l'Univers, avait été placé aux cieux. Aëtes, possesseur du bélier qui est au-dessus de l'Éridan, ainsi que le cocher placé au-dessus du bélier, et qui monte avec l'Éridan, étaient aussi des fils du soleil. On entend ce que signifient toutes ces fictions faites sur les astres voisins de l'équinoxe de printemps, où était le lieu de l'exaltation du soleil et le commencement de sa course dans le cercle des douze signes, par lequel se répandait la vie dans le monde sublunaire soumis à l'action du zodiaque et du soleil.

(a) Not. ad Manil. Scaliger, p. 137. — (b) Æneid., l. 6, v. 659.

Les Égyptiens plaçaient leur élysée (a) près des torrens de l'Océan, près de la pierre blanche et des portes du soleil. Par-là les ames entraient dans la fameuse prairie où les ombres habitaient.

L'orient et l'occident sont vraisemblablement désignés ici par les portes du soleil. C'est ainsi qu'Isidore de Séville les appelle (b).

Quant à l'Océan, ce nom, suivant Diodore de Sicile, qui nous donne la croyance des Égyptiens sur le sort des ames et sur la situation de l'élysée; ce nom, ajoute Diodore, désigne le Nil que les Égyptiens appelaient aussi l'Océan, dans leur langue. Or, je remarque moi, que si les Égyptiens ont prétendu désigner le Nil, appelé autrefois Océan, par le fleuve auprès duquel ils placent l'élysée, c'est donc l'Éridan céleste qu'on peut encore voir dans cette fiction, puisque cette constellation, qui s'appelle Éridan par les Grecs, était appelée le *Nil* par les Égyptiens. Hygin, parlant de cette constellation, nous dit (c) : « Les uns l'ont appelée le *Nil*, les autres l'Océan. » Ératosthène (d) dit qu'Aratus appelle Éridan le fleuve d'Orion ; mais que d'autres, avec plus de raison, l'appellent le Nil. Théon assure pareillement que les Égyptiens l'appelaient le Nil (e).

Il résulte donc deux choses : 1° que le fleuve qui coule au-dessous de l'agneau ou d'*aries*, et qui se lève à sa suite vers le midi, s'appelle Océan, Nil, Éridan ; 2° que c'est près du Nil ou de l'Océan que les Égyptiens plaçaient leur élysée ; et que c'est l'Éridan que Virgile fait couler dans l'élysée. D'où nous conclurons que c'est

---

(a) Odyss. 6, v. 11.—(b) Isid. Orig., l. 3, c. 5 de Astrol.—(c) Hygin, l. 2, c. 33. — (d) Eratosth., c. 37. — (e) Théon, p. 155.

par ce même fleuve que l'auteur de l'Apocalypse a fait aussi arroser son élysée, et que ce fleuve est celui qui coule de l'orient vers le midi, et qui jaillit du trône de l'agneau.

Nous avons dit ailleurs (a) que par ce fleuve l'auteur avait voulu désigner mystiquement l'année solaire, le temps qui coule d'*aries*, et le zodiaque lui-même divisé en douze signes, d'où coule la vie sur la Nature; mais les rapports multipliés qui se présentent entre ce fleuve et le fleuve céleste nous ont fait préférer la dernière explication.

Il ne nous reste plus maintenant aucun tableau mystique à expliquer; et les derniers versets de ce chapitre ne contiennent qu'une espèce de récapitulation abrégée des principes et du but de cet ouvrage (b). On y trouve une répétition des promesses du chapitre précédent, et une courte description du bonheur dont jouiront les ames vertueuses lorsqu'elles seront rendues aux sources de la vie, ou au lieu de leur origine, dans lequel l'ame a une véritable vie; c'est là ce qu'on doit entendre par *arbre de vie* et *source des eaux vivantes*; expressions dont se sert l'auteur pour exprimer le retour à la vie, c'est-à-dire au ciel (c). On se rappelle ce que nous avons dit plus haut sur cette vie et cette mort, prises dans le sens mystique. Ceux-là vivent véritablement, dit Scipion-l'Africain dans Cicéron (d), dont l'ame, dégagée des liens du corps, comme d'une prison, a pris son essor vers les régions élevées, au lieu que ce qu'on appelle vie sur la terre est une véritable mort. Tous ceux qui ont

---

(a) Ci-dessus, p. 30. — (b) C. 21, v. 3 et 4; c. 22, v. 3, 4. — (c) C. 22, v. 2 et v. 14, v. 17; c. 8, v. 17. — (d) Som. Scip., c. 3.

adopté les principes, d'abord de Pythagore, et ensuite de Platon, dit Macrobe (a), distinguent deux morts ; l'une est celle de l'animal, et l'autre celle de l'ame. L'animal meurt quand l'ame se sépare du corps ; mais l'ame meurt lorsqu'elle s'écarte de la source simple et indivisible de la matière, pour se distribuer dans les membres du corps. S'écarter de cette source originale de l'ame, c'est perdre la vie, suivant Macrobe ; retourner à cette source, c'est retourner aux sources de la vie.

Par la première mort, continue le même auteur, l'ame se dégage de sa captivité, et va jouir des véritables richesses de la Nature et de la liberté qui lui est propre ; par l'autre, au contraire, qui s'appelle communément la vie, l'ame est privée de la lumière de son immortalité, et précipitée dans les ténèbres d'une espèce de mort. Cette opinion était aussi celle des philosophes indiens (b), suivant Strabon. « La mort, disaient ces sages, est le retour vers la *véritable vie* et vers la félicité, pour les vrais philosophes. »

D'après ces dogmes philosophiques, il résulte que l'ame vertueuse qui retourne à son principe va rejoindre les sources de la vie, jouir des véritables biens, de sa liberté naturelle et de l'éclat lumineux de son immortalité dont elle était privée ici-bas : ce qui s'accorde parfaitement avec ce que nous dit Jean, que les ames vertueuses et chastes vont s'abreuver aux sources d'eaux vivantes, manger des fruits de l'arbre de vie, et habiter une ville où il n'y a plus de nuit et qu'éclaire la lumière divine [20]. Cette lumière divine s'appelait souvent

---

(a) Macrob. Som. Scip. l. 1, chap. 9 et 10. — (b) Strabon, l. 17, p. 490.

du nom de *l'époux* dans les anciens mystères de Mithra (a). Je vous salue, *bel époux, lumière nouvelle*, disait l'initié. Firmicus, qui nous rapporte cette formule, lui oppose celle de l'Apocalypse, où l'ange dit : « Venez, je vous montrerai l'épouse qui a l'agneau pour époux. » Et il lui montre la sainte Jérusalem, toute illuminée de la clarté de Dieu. Firmicus aurait dû voir que Jean avait conservé une expression mystique des mithriaques, dans le titre d'*époux* donné à la *lumière sacrée* de l'autopsie, à la lumière d'Ormusd ou du monde lumineux dans lequel les ames des initiés doivent un jour passer. Mais Firmicus aime mieux avoir recours à la rivalité du diable pour expliquer ces ressemblances, lequel, dit-il, a toujours voulu dans ses œuvres copier les ouvrages des enfans de la lumière. Pitoyable raison !

C'est de cette lumière incréée que parle Grégoire de Nazianze (b), lorsqu'il suppose que Dieu qui créa le soleil pour éclairer le monde ne créa point la lumière pour le monde des esprits, parce que ce monde, toujours éclairé de la plus grande lumière, n'a aucun besoin de la lumière seconde. C'est ce que nous voyons ici dans l'Apocalypse, dans le verset où l'auteur dit (c) : « Il n'y aura plus là de nuit ; ils n'auront point besoin de lampe ni de la lumière du soleil, parce que c'est le seigneur Dieu qui les éclairera. » On voit que dans cette lumière première étaient les sources de la lumière et de la vie. C'est cette lumière pure qui n'a point été mêlée à la matière que les Priscillianites, ou les sectaires assemblés à Pepuzza pour y voir la céleste Jérusalem, appelaient *la lu-*

(a) Firmicus de Profess. Relig., p. 38. Apoc. c. 21, v. 10. — (b) Orat. 48, p. 698. — (c) C. 22, v. 5.

mière vierge (a), laquelle n'a point été corrompue ni souillée, et qui, par conséquent, a toute sa beauté naturelle. Nous avons le système de Priscillien et des Priscillianites dans un Mémoire qu'Orose envoya d'Espagne à Augustin. Il n'y a qu'à le lire, dit Beausobre (b), pour y voir les dogmes du manichéisme ; et conséquemment ceux des mages et de l'Apocalypse où tout roule sur le combat des deux principes, terminé par la victoire d'Ormusd, chef de la lumière première. Ils parlaient des ténèbres comme les Manichéens, ils croyaient qu'elles étaient éternelles, et que le prince du monde en tirait son origine. Ils en décrivaient les combats contre la lumière (c) sous l'emblème de princes qui se faisaient la guerre, et qui faisaient des irruptions dans l'empire l'un de l'autre. Les Manichéens supposaient (d) que le père, sachant que les ténèbres s'étaient avancées jusqu'à ses terres, fit sortir de lui une vertu qu'ils appellent *mère de la vie*, laquelle produisit le premier homme qui alla combattre les ténèbres. Cette *mère de la vie*, dit Beausobre (e), n'est autre chose que la source et le principe de l'ame raisonnable et intellectuelle. Cette explication confirme ce que nous disons de l'*arbre de vie*, qui n'est autre chose que le lieu ou la source d'où sont émanées les ames, et où elles retournent à la mort, quand la vertu les a dégagées de la matière hétérogène et ténébreuse.

On remarque que cet *arbre de vie* n'est pas celui qui renferme la connaissance du bien et du mal ; celui-là est

---

(a) Oros. Com. ad Augustin. Opera Augustin, t. 7, edit. Benedic. Col 432. — (b) Beausobre, t. 2, l. 6, c. 8, § 13, p. 395. — (c) P. 298. — (d) P. 511. — (e) P. 312.

planté dans le monde sublunaire où règnent ces deux principes et où ils se combattent. Ici c'est l'arbre de vie simplement, lequel ne peut être planté qu'en un lieu où il n'y a plus de malédiction (a), de nuit ni de ténèbres. Le premier croît dans le paradis terrestre ; le second ne croît que dans la Jérusalem céleste où est ce paradis, dans lequel croissent des arbres intellectuels, doués d'intelligence et de raison. Dans le premier lieu, on connaît le bien et le mal par la génération qui lie l'ame à la matière et au corps ; dans le second, on ne connaît que la félicité.

Ce séjour est tout entier consacré au bonheur et à la jouissance des bienfaits du bon principe dont rien n'altérera ni ne pourra corrompre la pureté. C'est alors que les initiés le verront face à face dans le séjour lumineux où il a fixé sa demeure, et qu'ils auront la véritable vue intuitive dont l'autopsie des mystères n'est qu'un aperçu et un faible échantillon (b). « Ils verront sa face, et les nations marcheront à sa lumière. » Ce sera une théophanie éternelle ; car ils règneront avec lui dans les siècles des siècles ; ou plutôt ce sera une théocratie, pour me servir des termes des Platoniciens modernes. Ces philosophes croyaient que la contemplation de Dieu pouvait être portée si loin pendant cette vie même (c), que l'ame non-seulement s'unissait à Dieu, mais qu'elle se mêlait et se confondait avec lui.

Plotin prétendait avoir joui de cette vue intuitive quatre fois, suivant Porphyre qui prétend lui-même avoir été honoré d'une pareille vision à soixante-huit

---

(a) C. 22, v. 3 et 5. — (b) C. 21, v. 24 ; c. 22, et v. 4 et 5. — (c) Acad. Inscrip. t. 31, p. 319.

ans. A cet âge, il est permis de commencer à avoir des visions. C'étaient là ces visions qu'on cherchait à se procurer à Pepuzza, et que les imposteurs, tels que l'hiérophante Jean, ne manquent jamais d'avoir. C'était là le grand secret des prophètes et des prophétesses, qui éprouvaient des extases et qui tombaient dans le délire d'un illuminé.

Le reste du chapitre (a) est une attestation de la vérité de la révélation du prophète, qui prend à témoin de la certitude de ses paroles le Dieu qui inspire les prophètes ou qui donne l'esprit prophétique. C'est ainsi que dans Virgile (b) la harpie atteste Apollon pour justifier la vérité de ses oracles menaçans.

Les prêtresses de Pepuzza (c) n'épargnaient rien pour persuader aux peuples qu'elles étaient saisies de l'enthousiasme prophétique. La sibylle de Cumes en fait autant lorsqu'elle révèle à Énée sa destinée, et qu'elle l'initie à la doctrine des enfers et de l'élysée (d). Personne ne prend plus à témoin la vérité que celui qui ment.

L'auteur répète ensuite ce qu'il avait dit dès le premier chapitre, que les choses (e) qu'il vient de prédire vont incessamment arriver; que le temps est proche; que le grand juge viendra bientôt, et qu'il rendra à chacun selon ses œuvres. Il ne cesse de répéter que le grand juge va paraître. C'était la grande idée qu'on voulait surtout inculquer aux initiés, que le jugement redoutable ne tarderait pas long-temps à s'exercer sur l'Univers, et conséquemment qu'on ne pouvait prendre

---

(a) C. 22, v. 6. — (b) Æneid. 3, v. 251. — (c) Epiph., c. 49. — (d) Æneid. 6, v. 78, etc. — (e) C. 22, v. 6; v. 10, v. 7, v. 12, v. 20.

trop de soins, comme dit Platon, pour se disposer à paraître devant le redoutable tribunal. C'était en dernière analyse le grand but de cette initiation pepuzzienne, où l'on s'affligeait sur les maux de la vie, et où l'on attendait la résurrection et l'apparition de la Jérusalem céleste (a).

Ce but lui-même n'était qu'un moyen pour arriver à un autre but plus grand encore, à fortifier les initiés dans l'amour et la pratique des vertus qui devaient les faire jouir de cette félicité qu'on leur montrait toujours prochaine, afin de soutenir leur courage dans le sentier pénible des vertus, au milieu des assauts du mauvais principe et des contradictions de cette vie. On leur annonce ici que chacun sera traité selon ses œuvres (b); qu'heureux seront ceux qui seront fidèles à la doctrine consignée dans cet ouvrage, et dont l'ame n'aura reçu aucune souillure des vices et des grands crimes, tels que l'homicide et l'empoisonnement; que les grands coupables, que les débauchés et les imposteurs seront exclus des promesses de l'initiation, auxquelles ne peuvent prétendre que ceux qui auront conservé à leur ame ou au vêtement de l'esprit (*noüs*) toute sa blancheur, et qui partagèrent la pureté de la lumière de l'agneau, auquel l'initiation les a consacrés. Ceux-là (c) seuls rentreront dans la vie et dans la sainte cité aux douze portes dont l'entrée est interdite aux grands criminels et aux profanes, c'est-à-dire à ceux dont les noms ne sont point écrits sur le livre de la confrérie de l'agneau.

Cette proscription, prononcée contre ceux qui ne se-

(a) Epiph., c. 49. — (b) C. 22, v. 12, v. 7, v. 14, 15. — (c) C. 21, v. 27.

raient point sur le livre de vie de l'agneau, ni marqués de son sceau, c'est-à-dire, contre les non-initiés, n'était pas particulière à la secte des initiés aux mystères de la lumière de l'agneau, et aux différentes sectes chrétiennes. Elle était commune aux anciennes initiations qui condamnaient à ramper dans le bourbier au milieu des ténèbres, non-seulement les homicides, les imposteurs, les impies, les scélérats, tous ceux qui niaient la Providence, ou qui étaient d'une secte qui ne reconnaissait pas les Dieux du pays (*a*), mais encore en général tous les profanes; et par profanes on entendait tous ceux qui avaient négligé de se faire initier, et que leur association à la sainte confrérie n'avait point sanctifiés. Cette sorte d'exclusion était donc une formule usitée dans toutes les associations religieuses; et l'auteur de l'Apocalypse n'a dit ici que ce que disaient tous les autres hiérophantes aux initiés pour les associer à leur corporation et à la pratique des vertus dont on s'imposait le devoir.

Tout était sacré dans ces formules et dans ces dogmes: voilà pourquoi l'auteur menace des mêmes peines quiconque oserait en altérer la pureté, y ajouter ou en retrancher quelque chose (*b*). La doctrine des mystères devait être crue et pratiquée dans son entier.

Le chapitre est terminé par un souhait de l'hiérophante (*c*), pour que la prophétie s'accomplisse au plus tôt, et que l'initié jouisse après sa mort de la vue intuitive de la divinité dont l'autopsie est une image ici-bas.

(*a*) Meursius in Eleusin., c. 18 et 19. — (*b*) C. 22, v. 18 et 19. — (*c*) V. 20 et 21.

« Venez, dit-il ; venez, Seigneur Jésus. » Et se tournant vers les initiés, l'hiérophante ajoute : « Que la grâce de Notre Seigneur Jésus-Christ soit avec vous tous. *Amen.* »

Ainsi finit le grand sermon de la veille de pâque, jour où le chef de l'initiation aux mystères de la lumière équinoxiale, sous le signe royal de l'agneau, premier des douze signes, inculquait tous les ans aux initiés les dogmes importans de la destinée des ames précipitées ici-bas dans le séjour des ténèbres et du mal, et appelées à jouir d'un état plus heureux un jour, lorsque le grand Dieu, principe de la lumière et du bien, les aurait attirées à lui et les aurait rendues à leur première origine. Le sort des ames y est lié à celui de l'Univers et du monde, dans lequel elles sont descendues par la génération qui les a attachées aux corps et à la matière qui renferme en elle tout le mal et toutes les ténèbres existantes par l'action d'un second principe inhérent à la matière ténébreuse, et opposé en tout à la substance lumineuse dont la nature de l'ame est composée.

Les dogmes de la théologie des Perses et les principes de leur cosmogonie sur ces deux êtres *lumière* et *ténèbres*, et sur les génies produits par chacun d'eux, et qui suivent leur destinée, sont développés dans cet ouvrage. On y voit quel doit être, suivant les mages, le sort du monde et des ames qui l'habitent, lorsqu'après plusieurs combats entre les deux principes opposés, après bien des fléaux répandus dans le monde par l'action du mauvais principe, ce génie destructeur sera enfin enchaîné, et par sa défaite aura assuré à son rival un empire éternel sur les ames qui se seront attachées à la lumière, et qui n'auront point oublié leur origine, cette lumière pure d'où elles sont émanées, et où elles doivent toujours tenter de retourner promptement.

C'est une prophétie, c'est-à-dire, le sermon d'un prophète qui développe les grands principes de la cosmogonie, et, comme le dit Sanchoniaton en parlant de l'auteur de la cosmogonie phénicienne (a), qui emprunte l'appareil imposant du merveilleux et les fictions cosmiques et physiques, pour étonner davantage la multitude.

Tel était le génie des hiérophantes de l'Orient. C'était surtout à l'époque annuelle du triomphe périodique du principe-lumière sur celui des ténèbres, du jour sur la nuit, qui avait lieu tous les ans lorsque le soleil, foyer de la lumière divine, arrivait à l'agneau ou au signe de son exaltation, qu'on leur rappelait le grand triomphe qui devait avoir lieu à la fin des siècles, lorsque le mauvais principe et le monde qu'il habite, étant détruits, feraient place au monde d'Ormusd, qui seul devait s'élever sur les ruines de l'ancien monde. C'est à ce grand passage au séjour de la lumière éthérée que l'on préparait les ames durant toute la vie, et surtout à pâque, par la célébration de ce triomphe momentané, faible image de l'autre, et dans lequel déjà le Dieu-soleil, par la force active de ses rayons, attirait à lui les ames épurées de la matière. Alors, il leur procurait une élévation assez grande pour pouvoir apercevoir déjà, d'avance, un échantillon de la demeure lumineuse où elles seraient transportées un jour par l'efficacité de sa lumière, à laquelle les fidèles avaient été initiés, et dont les mystères augustes avaient consacré leur vertu. Tel est en dernière analyse le résultat de la doctrine consignée dans cet ouvrage, que

---

(a) Euseb. Præp. Ev. l. 1, c. 9.

nous regardons comme l'unique monument de la science sacrée des Orientaux, et comme un sermon de la fête pascale de l'agneau.

Aussi apprend-on par un concile d'Espagne, qu'on avait coutume de lire en public l'Apocalypse pendant tout le temps que le soleil parcourait le signe d'*aries* ou le premier signe, autrement depuis pâque jusqu'à la pentecôte.

Le premier concile de Tolède, tenu l'an 633, c'est-à-dire, le premier concile qui se soit tenu en Europe pour réprimer la négligence de certains prêtres qui, au grand scandale des bonnes ames, méprisaient ce livre, et ne voulaient point le lire en public, crut devoir rédiger le canon suivant : « L'autorité de plusieurs conciles, dit ce canon, et les décrets synodaux des saints évêques de Rome, portant que l'Apocalypse est de Jean l'évangéliste, et qu'il faut le recevoir parmi les livres divins, si quelqu'un à l'avenir refuse de le recevoir ou de le prêcher dans l'église au temps des messes, depuis pâque jusqu'à la pentecôte, il encourra la sentence d'excommunication. »

Pourquoi recommander cette lecture précisément à cette époque pascale? Ce que nous avons dit en commençant cet ouvrage, et ce que nous avons répété plusieurs fois dans le cours de nos explications sur son objet, en marque évidemment la cause, et confirme nos conjectures sur ce sermon mystique fait aux initiés à la lumière solaire sous l'agneau, premier des signes. Ce n'est pas par hasard que les églises qui avaient reçu cet ouvrage mystique en firent usage à la seule époque de l'année pour laquelle il fut primitivement imaginé. C'était alors qu'était censé se faire le renouvellement de toutes choses. « Aussi le Dieu-soleil, ou le Dieu assis sur le trône de l'agneau, s'écrie-t-il : Je m'en vais faire toutes choses nouvelles (a). » Ce qui rentre absolument dans l'idée des mythologues anciens qui ont parlé du premier signe ou d'*aries*, autrement de l'agneau, signe de l'exaltation du soleil. Jupiter, dit Hygin, plaça ce bélier dans les cieux, afin que, lorsque le soleil serait dans ce signe, tout ce qui naît se renouvelât dans la Nature par une génération nouvelle ; ce qui arrive au printemps. De-là sans doute l'opinion théologique sur l'origine du monde ancien et sur celle du nouveau qu'on attendait, opinion qui enseignait que le printemps en avait été et en serait encore l'époque. L'agneau fut donc le signe de la régénération dans le système mystique, comme il l'était dans le système physique ; et ceux qui s'attendaient à être régénérés se préparaient à cette époque à subir la grande métamorphose et la nouvelle palingénésie, dont la végétation leur offrait tous les ans l'image à l'époque équinoxiale du printemps.

(a) C. 21. v. 15.

MÉMOIRE

SUR

L'ORIGINE DES CONSTELLATIONS.

Dans toutes les explications que nous avons données jusqu'ici des fables anciennes et des monumens religieux des premiers peuples, nous avons supposé les constellations déjà inventées par les astronomes pour les besoins de l'agriculture et de la navigation, avant que les prêtres les fissent entrer dans les chants sacrés et dans les images de la Nature et de ses principaux agens. Le succès qu'a eu notre méthode prouve assez cette existence antérieure, puisque nous n'aurions pu expliquer ainsi ces fables et ces monumens par les images célestes, si ces mêmes images n'en eussent été le sujet et comme les élémens employés dans leur composition. En un mot, c'est par ces images que les monumens de l'antiquité religieuse s'expliquent avec un accord étonnant. Donc c'est sur ces images déjà existantes qu'ils ont été composés.

Quoique nous puissions rigoureusement en rester là, sans remonter plus loin et jusqu'à l'origine allégorique des images elles-mêmes, cependant il reste quelque chose à désirer encore ; c'est de savoir quelles sont les raisons qui ont déterminé les inventeurs de l'astronomie à grouper tel ou tel amas d'étoiles sous telle ou telle image, et à créer les élémens de la science astronomique, qui ont passé ensuite dans la science sacrée. Cet examen peut être regardé comme une suite de la dissertation du tome précédent, sur l'origine du culte des animaux et des autres emblèmes consacrés dans les temples, comme autant d'expressions allégoriques des opérations variées de la Nature dans les diverses époques de son action annuelle et de la période solaire. Les caractères astronomiques sont censés faire partie de l'écriture hiéroglyphique qui précéda de beaucoup de siècles l'écriture alphabétique.

On a soupçonné de tout temps que les noms des signes du zodiaque étaient relatifs aux travaux de l'agriculture et aux variétés des saisons ; mais on n'a pu le démontrer faute de remonter par la précession des équinoxes à une époque assez éloignée.

L'origine de l'astrologie se perd dans l'obscurité des siècles, et tous les monumens qui nous restent de l'antiquité la plus reculée supposent cette science déjà existante. Les livres d'Homère, d'Hésiode et de Job [21] contiennent les noms de plusieurs constellations, et les caractères astronomiques se trouvent gravés sur ces obélisques fameux que l'Égypte élevait long-temps avant que l'Europe fût sortie des ténèbres de la barbarie ; de manière qu'il est aussi difficile d'assigner un temps où cette science n'existât pas, que de fixer l'époque de sa naissance.

Sénèque prétend (a) que l'astronomie des Grecs précédait tout au plus de quinze cents ans le siècle où il vivait ; mais Sénèque ne devait pas ignorer que la Grèce moderne ne fut jamais le berceau de cette science, et que les premiers astronomes grecs [22] avaient puisé en

---

(a) Seneca. quæst. nat., l. 7, c. 25.

Égypte, en Phénicie et en Chaldée [23] le peu de connaissances astronomiques qu'ils avaient. L'aurore des sciences dans la Grèce, au siècle d'Hésiode, était en Orient le déclin d'un beau jour. Les derniers Grecs et les Romains, de qui nous tenons les lettres et les sciences, étaient peu astronomes; et sans s'occuper à remonter jusqu'à l'origine de l'astronomie, ils ont fixé ses commencemens à l'époque où ils l'ont reçue de nouveau des maîtres du monde savant, semblables à peu près à celui qui, placé au centre d'une vaste plaine, fixerait les limites de l'Univers à son horizon, qu'un homme plus instruit ne regarde que comme le terme de sa vue.

Pour nous qui sommes persuadés que l'astronomie est née du besoin de l'homme, et qu'elle est liée aux travaux des nations agricoles, nous la ferons suivre de près l'invention des autres arts ; et nous croyons que, dès qu'on suppose des peuples instruits et des empires florissans, tels que l'ont été, dès la plus haute antiquité, les Chinois, les Indiens, les Perses, les Mèdes, les Assyriens, les Babyloniens et les Égyptiens, on doit conclure que la nécessité de partager et de régler le temps a dû donner naissance de bonne heure au calendrier et à la distribution des cieux chez quelques-unes de ces nations savantes.

On se demande d'abord si chacun de ces peuples a eu une astronomie distinguée de celle des autres ; et on verra dans la suite qu'ils l'ont tous reçue d'une source commune. Il s'agit donc de savoir quel fut le peuple inventeur, et quel était l'état du ciel lorsqu'on en fit la première distribution, ou du moins celle qui est parvenue jusqu'à nous.

Plusieurs peuples semblent prétendre à la gloire de

l'invention : les Chaldéens et les Égyptiens ont paru dans l'antiquité y avoir le plus de titres. On a voulu aussi leur associer les Indiens et même les Chinois ; effectivement, on trouve chez ces derniers peuples des traces d'une astronomie au moins aussi ancienne que celle des Chaldéens et des Égyptiens. Pour nous, qui ne croyons pas que ce que les historiens rapportent sur l'antiquité de l'astronomie de ces différens peuples, soit suffisant pour fixer nos idées sur l'époque précise de son invention, nous chercherons dans les constellations elles-mêmes un moyen de fixer nos incertitudes à ce sujet, et l'on verra que c'est à l'Égypte que l'on doit l'origine des constellations que nous avons aujourd'hui.

Nous partirons pour cela d'une supposition fort naturelle : c'est que les figures qui désignent les constellations ont dû, dans l'origine, signifier quelque chose chez des peuples et dans des siècles où l'écriture savante était toute hiéroglyphique [24]. Les noms qu'on leur donna ont dû être relatifs aux phénomènes qu'elles peignaient. Si les astérismes ou les assemblages d'étoiles, désignés par des figures d'hommes et d'animaux, avaient seulement une ressemblance éloignée avec les figures qu'on y a tracées, il serait assez simple de croire qu'on n'aurait cherché par-là qu'à distinguer les constellations et à classer les différens groupes d'étoiles. Mais comme il est absolument impossible d'y trouver aucun trait de ressemblance [25], on est naturellement porté à leur prêter un sens énigmatique et à y reconnaître du dessein, d'autant plus qu'il paraîtrait étrange que parmi cette foule de monumens, souvent bizarres, qui nous viennent de cette haute antiquité, et que l'on convient être tous symboliques, les caractères astronomiques fussent les seuls qui ne signifiassent rien. Cette conséquence toute naturelle qui résulte de la connaissance que nous avons du génie de ces peuples, reçoit encore un nouveau degré de force du témoignage d'un des plus savans hommes de l'antiquité. Macrobe (a), dans l'explication qu'il nous donne des douze signes du zodiaque, suppose que chacune de ces figures est un symbole de la marche et des effets du soleil ; ses explications, il est vrai, ne sont pas toujours heureuses ; mais il y en a au moins deux où le génie symbolique paraît à découvert. « Voici, nous dit-il, les motifs qui ont fait donner aux deux signes que nous appelons les portes du soleil, les noms de chèvre sauvage et d'écrevisse. L'écrevisse est un animal qui marche à reculons et obliquement ; de même le soleil, parvenu dans ce signe, commence à rétrograder et à descendre obliquement. Quant à la chèvre, sa méthode de paître est de monter toujours et de gagner les hauteurs en broutant ; de même le soleil, arrivé au capricorne, commence à quitter le point le plus bas de sa course pour revenir au plus élevé. »

L'écrevisse, suivant Macrobe, n'est donc point une de ces figures arbitraires tracées au hasard dans le zodiaque ; elle est le symbole naturel d'un mouvement rétrograde. Le capricorne l'est également d'un mouvement ascendant ou de l'élévation ; car c'est l'idée que nous présente cet animal, qui se plaît à paître sur la cime des rochers. La position respective de ces deux symboles, qui, dans le zodiaque, sont tellement disposés, que l'un étant à un solstice, le second a dû nécessairement oc-

---

(a) Macrob. Satur., l. 1, c. 17 et c. 21. Manil. Astr. l. 4, v. 311 et 517.

cuper l'autre, ajoute encore un nouveau degré de vraisemblance à l'idée que chacun de ces signes présente séparément, et la probabilité devient très-forte par la réunion des vraisemblances.

Le raisonnement que nous avons fait sur les deux emblèmes naturels des termes de la course du soleil, nous le ferons sur un signe intermédiaire qui partage en deux également la course de l'astre du jour. Entre ces deux limites, qui fixent le terme des plus longs jours et des jours les plus courts, il doit naturellement s'en trouver un qui détermine un point important, celui de l'égalité des jours et des nuits, qui a lieu dans tous les pays, et qui a été remarquée chez tous les peuples du monde. Effectivement, dans le zodiaque, la division qui répond à ce point intermédiaire est marquée par une balance, symbole le plus expressif et le plus simple de l'égalité. Manilius en fait le caractère de la justice (a). Cette idée se présente si naturellement, qu'elle n'a point échappé aux anciens; et Virgile, en parlant de l'équinoxe où répondait de son temps ce symbole astronomique, y fait allusion. *Libra die somnique pares ubi fecerit horas* (b). Manilius l'appelle (c) *œquantem tempora libram* [26]. Mais quand ces auteurs n'en auraient pas fait l'application, le symbole est parlant, et l'on ne peut guère supposer d'autre sens à cet emblème et d'autre dessein aux inventeurs. Joignez à cela que la distance de quatre-vingt-dix degrés ou de trois signes, dont la balance est éloignée du cancer et du capricorne, prouve bien que ce n'est pas par hasard qu'elle occupe

---

(a) Manil. Astr., l. 3, v. 311 et 457. — (b) Virg. Georg., l. 1, v. 208. — (c) Manil., l. 2, v. 242.

cette place, et que sa position dans le zodiaque se trouve nécessairement déterminée par les deux symboles des solstices; ce qui ajoute encore un troisième degré d'évidence à l'interprétation que nous donnons de chacun de ces emblêmes, envisagés seuls et indépendamment de leur position respective.

On doit imaginer que l'état du ciel, considéré relativement à la marche du soleil dans le cercle de sa révolution annuelle, n'a pas dû être le seul objet qui ait occupé les premiers agriculteurs astronomes. Le zodiaque, comme l'a bien observé Hyde (a), devait être autant un calendrier rural qu'un calendrier astronomique; et quand une fois on eut désigné le point équinoxial et les points solsticiaux, les autres divisions durent renfermer des images relatives à l'état de la terre dans chaque saison, ou même dans chaque mois, de manière que le cultivateur pût y voir l'annonce périodique de ses travaux et de ses récoltes. Aussi beaucoup de calendriers anciens ont cette forme, et chez presque tous les peuples du monde (b) les dénominations de plusieurs mois ont été empruntées de l'état de la végétation et des opérations agricoles [27]. Le temps du labourage et celui des moissons sont les deux époques les plus importantes de l'année rurale; elles durent être désignées chacune par un hiéroglyphe particulier, et dont le sens se présentât naturellement aux yeux du spectateur le plus grossier. Le bœuf était le symbole le plus simple du labourage; et il paraît que cet animal a été choisi effectivement chez les Égyptiens, pour être le symbole des travaux du laboureur, suivant le témoignage

---

(a) Hyde de vet. Pers. Relig. p. 390. — (b) Court. Gebl., t. 4, p. 88.

d'Horus-Apollon (a) : *Une corne de bœuf peinte désigne les travaux.* On ne pouvait effectivement mieux désigner l'ouverture de l'année rurale, que par l'image du bœuf agriculteur, compagnon des travaux de l'homme [28]. Un faisceau d'épis, ou une jeune moissonneuse tenant un épi, peignit assez bien le mois des récoltes ; et nous retrouvons également dans le zodiaque ces deux symboles. Il paraît donc que ce qui a dû se trouver dans le calendrier hiéroglyphique d'un peuple astronome et agriculteur, se trouve dans notre zodiaque ; que l'état du ciel et de la terre, dans leurs époques les plus intéressantes, y a été peint d'une manière assez sensible pour qu'on ne puisse le méconnaître ; et que vraisemblablement les autres caractères symboliques du zodiaque ont aussi un sens relatif à l'état de la Nature, dans le climat du peuple inventeur, quel qu'il soit. Une partie de ces signes annonce évidemment du dessein ; donc les autres en renferment aussi ; mais il ne paraît pas aussi marqué jusqu'à ce qu'on sache à qui ce calendrier appartient [29].

Mais comment trouverons-nous ce peuple primitif qui traça dans le ciel ce calendrier symbolique, écrit en caractère de feu, et où chacun put voir chaque année l'état de la Nature et l'ordre successif de ses travaux ?

Nous procéderons ici de la manière la plus simple. L'inventeur sera celui à qui le calendrier conviendra tellement que, dans aucun siècle, il n'ait jamais pu convenir complétement à aucun autre. Il ne suffira pas que quelqu'un puisse s'en appliquer une partie ; il faut que tout lui convienne, et que l'état du ciel et celui de la

---

(a) Hor. Apoll., l. 2, c. 17.

terre s'accordent ensemble à l'époque d'où l'on voudra partir.

Cette règle de critique étant une fois établie, comparons le zodiaque, d'abord avec le climat de l'Égypte, dans le siècle où les sciences astronomiques ont été transmises aux Grecs. Nous trouvons, il est vrai, à un équinoxe et aux deux solstices, les emblèmes que nous avons cru être les plus propres à désigner les points cardinaux de la route du soleil. Mais cet accord ne prouve rien en faveur d'aucun peuple en particulier, puisqu'il exprime en général l'état du ciel et une position commune à toute la terre. Si nous jetons un coup-d'œil sur les deux autres symboles relatifs à l'agriculture, et qui ne peuvent point être communs à tous les climats, nous verrons bientôt que ces symboles ne peuvent point convenir à l'astronomie rurale des Égyptiens, ni fixer la saison du labourage et des récoltes en Égypte, dans les siècles que nous examinons. En effet, le labourage se fait dans l'Égypte en novembre, et c'était en mai que le soleil parcourait le taureau. C'est en mars que la moisson commence en Égypte, et ce n'était que vers la fin d'août que le soleil entrait alors dans la vierge, ou qu'il commençait à parcourir la division marquée par le signe des moissons. Mais l'Égypte alors est couverte des eaux du Nil, et presque ensevelie sous les flots. Le ciel exprime donc ici un ordre tout différent de celui de la terre; et si ces symboles ont pu dans quelque âge s'accorder avec l'agriculture égyptienne, il faut nécessairement supposer un tout autre état des cieux, et déplacer tous les autres signes.

Avant de remonter à une époque aussi éloignée, voyons si l'agriculture des autres peuples ne s'accordera pas mieux avec les deux symboles de l'astronomie rurale. Le bœuf répondait au mois de mai, et il était l'emblème du labourage. Mais nous ne voyons aucun peuple qui ait placé dans cette saison le commencement de ses labours et le travail des bœufs. Les Grecs et les Romains, au contraire, attendaient la fin des récoltes pour préparer la terre à recevoir une nouvelle semence, et regardaient l'automne comme la saison du labourage. Virgile, il est vrai, parle d'un premier labour au printemps; mais il dit ailleurs que c'est en automne qu'il faut fatiguer le taureau à tracer les sillons (a).

> Libra die somnique pares ubi fecerit horas,
> Et medium luci atque umbris jum dividet orbem :
> Exercete, viri, tauros, etc.

Hésiode également, dans le second chant de son poëme sur l'agriculture, fixe au coucher du matin des pléiades, c'est-à-dire au premier jour de novembre, le commencement du labourage, et à leur lever héliaque celui des moissons; il en fait même une règle universelle pour ceux qui habitent les bords de la mer, comme pour ceux qui cultivent l'intérieur des terres (b). Il en est de même des autres auteurs, Aratus, Théon, etc. (c).

Plutarque (d) dit aussi que c'est au coucher des pléiades qu'on ensemence la terre et qu'on récolte après leur lever, c'est-à-dire, qu'il place en mai, ou sous le taureau, non le labourage, mais les récoltes, ou au moins qu'il les place peu de temps après. Donc le taureau cé-

---

(a) Virg. Georg., l. 1, v. 208. — (b) Hesiod. Oper. et dies, l. 2, v. 2 et 234. — (c) Aratus, v. 267. Theon, p. 134-135. Fest. Avien. — — (d) Plut. de amore prolis, p. 146.

leste n'a pu être regardé comme le symbole du labourage chez les Grecs, ni chez aucun des peuples qui, comme eux, commençaient les labours en automne; ce qui fut néanmoins l'usage reçu universellement.

Le même passage de Plutarque nous prouve également que la vierge, ou la moissonneuse de nos sphères, n'a pu être le symbole des moissons, ni chez les Grecs, ni chez les peuples qui, comme eux, ont moissonné peu de temps après le lever des pléiades [30], ou même au solstice d'été. En effet, lorsque les pléiades commencent à paraître, au sortir des rayons du soleil, et qu'elles se lèvent héliaquement, le soleil parcourt le taureau [31]. Supposons même que ce ne fût pas précisément au lever des pléiades, mais plus de quinze jours après, que commençassent les moissons, et que le soleil fût déjà aux gémeaux; il restera toujours encore au soleil près de trois signes à parcourir, avant d'arriver au signe de la moissonneuse. Conséquemment le symbole astronomique qui représentait, soit un faisceau d'épis, soit une fille qui porte un épi jaunissant, n'a pu correspondre aux moissons des Grecs ni à celles des Orientaux, qui, n'ayant pas plus de latitude qu'eux, sont censés n'avoir pas dû moissonner beaucoup plus tard.

Au temps d'Hésiode, c'est-à-dire, dans l'hypothèse la plus favorable aux peuples de cette latitude, le soleil n'entrait au signe de la vierge que près de cinquante jours après le solstice d'été. Or, certainement il y avait long-temps alors que les récoltes de blés devaient être faites. Ainsi, dans l'époque où nous considérons le zodiaque comme calendrier, nous ne voyons aucun des peuples à qui l'on pourrait faire honneur de cette invention, Perses, Indiens, Assyriens ou Phéniciens, dont le climat est au moins aussi chaud que celui de la Grèce, et conséquemment les moissons aussi précoces, chez qui l'on puisse accorder ce calendrier symbolique avec l'ordre de son agriculture [32].

Nous sommes donc obligés de remonter à une époque antérieure qui, rapprochant le signe des moissons du solstice d'été, le fasse coïncider avec le temps des récoltes des régions tempérées. Mais alors, si les symboles de l'agriculture s'accordent en partie avec la terre, les symboles astronomiques, tels que la balance, l'écrevisse et le capricorne, sont bien loin de s'accorder avec le ciel, et cependant ce n'est qu'à cet accord parfait que nous pouvons reconnaître les inventeurs et l'époque de l'invention. La vierge ne peut se rapprocher du solstice que le cancer n'en soit éloigné; la balance n'occupe donc plus un équinoxe. Cependant ces deux emblèmes ont dû y être originairement, comme nous l'avons fait voir, et nous ne pouvons imaginer aucune hypothèse qui place ailleurs qu'aux solstices et à un équinoxe, nos trois premiers symboles. Ce qui nous reste à faire, c'est de les y placer, mais dans un ordre inverse et opposé à celui où ils étaient à l'époque où nous avons fait notre premier essai, c'est-à-dire, de mettre à l'équinoxe du printemps ou à celui des deux équinoxes qui a fixé de préférence l'attention de tous les peuples, l'image naturelle de l'égalité des jours et des nuits, la balance, et de la regarder comme le symbole primordial de l'équinoxe de printemps. Alors le cancer se trouvera au point où le soleil, après avoir paru quitter nos régions, revient sur ses pas, et le capricorne ou le symbole de l'élévation (*a*) occupera le point le plus haut de la course

---

(*a*) Tzétès ad Lycophr., v. 17.

du soleil. Il semblerait que cette position primitive de la balance à l'équinoxe de printemps, dans les siècles où fut inventé le zodiaque, et où fut faite la première division des cieux, s'était perpétuée chez les Égyptiens, comme paraîtrait l'annoncer cette ancienne tradition que nous ont conservée leurs astrologues. *Æsculapius* (a), dit Scaliger, *ægyptius vetustissimus scriptor in suâ Miriogenesi scripserat, in posterioribus libræ partibus tôn astérôn suncrasin factam, eamque esse natalem mundi.* Scaliger cite pour garant Firmicus. Au reste, comme on peut lui donner un autre sens, nous n'y attachons pas grande importance.

Cette nouvelle position de la sphère, en renversant tout, remet tout à sa place; le zodiaque devient le calendrier le plus frappant du climat de l'Égypte, et convient à ce pays exclusivement à tout autre. Les cinq premiers symboles dont le sens se présentait naturellement, et qui semblaient fixer d'une manière claire les points principaux du calendrier rustique et astronomique, s'accordent parfaitement entre eux et avec l'état du ciel et de la terre. Ils vont nous mettre en état d'apercevoir le sens des autres symboles qui ne s'était pas manifesté d'abord aussi clairement; c'est ce que nous allons voir par l'explication détaillée des douze signes du zodiaque, considérés à cette époque.

Les trois premiers signes, à compter du solstice d'été, sont évidemment symboles de l'eau. Le premier est le capricorne, mais un capricorne amphibie, à queue de poisson ou uni au corps d'un poisson. Manilius l'appelle *ambiguum sidus terræque marisque* (b). Le second est

---

(a) Scalig. not. ad Manil., l. 1, v. 125. — (b, Manil., l. 4, v. 791.

une urne ou un homme penché sur une urne, de laquelle s'écoule un fleuve; le troisième offre deux poissons enchaînés, ou, suivant quelques sphères, un seul poisson. Ces trois symboles aquatiques, qui ne signifient rien dans cette saison pour les autres climats, peignent de la manière la plus claire l'état de l'Égypte dans les trois mois qui suivent le solstice d'été (*a*). Tous les voyageurs anciens et modernes conviennent que, peu de jours après le solstice, le Nil inonde toute l'Égypte pendant trois mois (*b*), et ne rentre dans son lit qu'après l'équinoxe d'automne : *In totum autem revocatur intrà ripas in librâ, centesimo die* (*c*). Cet intervalle de trois mois, durée de l'inondation, ne pouvait donc être désigné d'une manière plus naturelle, que par les emblèmes aquatiques tracés dans les constellations que le soleil parcourait durant tout ce temps. Le capricorne occupe, dans notre hypothèse, un des solstices; mais c'est le solstice d'été, et le point le plus élevé de la course du soleil fut assigné à l'animal qui, comme le remarque Macrobe, broute sur les rochers les plus escarpés, et se plaît à vivre de préférence sur la cime des montagnes, *pendent in rupe capellæ*, dit Virgile. Le chef des troupeaux le devint aussi des animaux qui sont peints dans le zodiaque; et le quadrupède qui gravit où les autres ne peuvent atteindre, se trouva naturellement mieux placé au zénith des habitans de Thèbes et de Syène [33], et au terme le plus élevé du mouvement ascendant du

---

(*a*) Diod. Sic., l. 1, c. 36, p. 44. — (*b*) Plin., l. 5, c. 9.
(*c*) Nilusque tumescens
In cancrum, et tellus Ægypti jussa natare. (Manil., l. 4, v. 748.)
Le cancer était alors signe solsticial.

soleil, qu'au point le plus bas de sa course annuelle. Macrobe, dans son explication, n'a pas fait attention que le caper a été choisi pour symbole, non pas précisément parce qu'il monte en broutant, qualité qui lui est commune avec plusieurs autres animaux ; mais parce que c'est sur la cime des rochers les plus élevés qu'il se plait à paraître, et qu'il n'est point de quadrupède qui prenne un essor aussi hardi. Dira-t-on que c'est simplement la marche ascendante du soleil depuis le solstice d'hiver, qu'on a voulu peindre sous cet emblème ? On sait que cette marche ascendante ne se manifeste nulle part moins qu'aux environs du solstice ; et, d'ailleurs, ce qui est un argument sans réplique, nous prouvons que l'astronomie était déjà inventée bien avant le temps où le capricorne a pu occuper le point solsticial d'hiver. Ainsi, l'origine que lui supposerait Macrobe ne peut avoir lieu, puisqu'il eût été inventé pour être symbole d'un mouvement ascendant que le soleil ne pouvait encore avoir lorsqu'il parcourait ce signe, avant l'époque trop récente de Macrobe, et même des astronomes grecs. En effet, comme remarque très-bien M. de la Nauze en attaquant l'opinion sur l'antiquité du zodiaque : « Il n'y a que trois mille six cent quarante ans que l'équinoxe a commencé à entamer la constellation appelée aujourd'hui le bélier : il ne l'avait donc pas encore entamée il y a quatre mille ans. Dans ce temps-là le taureau ouvrait le printemps. Ainsi, qu'on ne dise pas que le bélier était dès-lors signe printanier. Car enfin, il n'est pas possible d'imaginer que les auteurs du zodiaque aient jamais prétendu placer les constellations hors de leurs propres signes. » Ces réflexions de M. de la Nauze tombent également sur le cancer et sur le capricorne, mais ne prouvent pas ce qu'il veut établir, que le zodiaque soit d'invention moderne ; mais au contraire elles prouvent qu'il est de la plus haute antiquité, si une fois il est constant, par d'autres preuves, que l'astronomie et la division des cieux remontent au moins au temps où les astérismes du taureau répondaient à l'équinoxe de printemps. Or, c'est ce qu'ont prouvé nos explications des poëmes mythologiques.

M. Fréret, dans sa défense de la Chronologie, entreprend de prouver que chez les Egyptiens, deux mille sept cent quatre-vingt-deux ans avant Jésus-Christ, et conséquemment lorsque le taureau répondait à l'équinoxe de printemps, la période sothiaque était déjà inventée et employée. Mais une pareille période suppose déjà une astronomie très-perfectionnée, et, en conséquence, une division du ciel et du zodiaque; ce qui fut comme le premier pas des inventeurs de l'astronomie.

Nous trouvons dans notre nouvelle hypothèse un second avantage, celui de pouvoir expliquer pourquoi, dans toutes les sphères anciennes, le capricorne est représenté par un poisson, ou uni à un poisson, ou terminé par un poisson (a). Ce capricorne demi-poisson annonçait le débordement du Nil, qui commençait sous ce signe. La réunion du corps du capricorne à celui du poisson n'est que des siècles postérieurs, et nous vient des calendriers sacrés ou des calendriers des génies dans lesquels ces réunions monstrueuses étaient familières; mais dans le calendrier rural ou primitif, on peignit un double symbole, un capricorne et un poisson (b). C'est

---

(a) Theon., p. 136. Hygin., l. 2, c. 19. German., c. 16.—(b) Bayer, Tab. 48.

sous cette forme qu'on le trouve dans un planisphère indien, imprimé dans les Transactions philosophiques de 1772, planisphère qui paraît remonter à la plus haute antiquité. L'idée du débordement si intéressant pour le peuple égyptien, et conséquemment celle du poisson symbolique, semble même avoir fait oublier le capricorne ou l'emblème solsticial; de manière que les Indiens, en recevant cette astronomie, ont conservé la dénomination de poisson à l'astérisme du capricorne; ils l'appellent macaram, nom d'une espèce de poisson. Le Gentil (*a*) croit apercevoir ici une différence entre le zodiaque indien et l'égyptien. Je n'ai, dit-il, remarqué de différence bien réelle entre leur zodiaque et celui des Égyptiens que dans le capricorne que les Brames n'ont point. Le mot macaram de la langue brame, qui répond au capricorne, signifie poisson; et effectivement, le Gentil, en nous donnant les noms des douze signes dans la langue des Brames, traduit macaram par espèce de poisson; mais dans le zodiaque indien l'on trouve le capricorne aussi bien que le poisson. Cette différence n'est donc qu'apparente; et, comme nous avons retenu le nom du capricorne et oublié le poisson, les Brames ont retenu le nom du poisson et oublié le capricorne, quoique ces deux emblèmes eussent été inséparablement unis dans l'origine, et placés dans la division où nos sphères peignent le capricorne amphibie. Souvent même les Perses l'appellent, comme nous, capricorne, en pelhvi *Nahi*, suivant Anquetil). D'autres l'ont point amphibie: *Capricornus est difués et dimofron. Nam pars caper est, pars piscis* (*Scaliger in apotelesm. Manilii, in lib.* 4, *v.* 254.)

(*a*) Gent., voy. t. 1, p. 247.

Je dis plus, le nom de macaram n'est point un nom de la langue brame ; c'est un nom grec altéré par les brames ; en voici la preuve. Le poisson qui est uni au capricorne, est celui que les Égyptiens honoraient sous le nom d'oxyrinque ou le poisson, comme dit Plutarque, *acuto rostro*. C'est lui qui, en Égypte, était regardé comme le génie précurseur des eaux et la cause du débordement, comme on peut le voir plus haut (*a*).

Or, cette espèce de poisson est celle que les latins appelaient *gladiolus* (*b*), et les Grecs *macaira* ou *épée*; c'est le theut dont parle Plutarque. Cet auteur (*c*) compare les habitans d'Érétrie à ce poisson qui a une épée, et qui n'a pas de cœur. Telle est précisément la forme du poisson peint avec le capricorne dans le zodiaque indien des Transactions philosophiques ; l'inspection seule de ce monument prouve la vérité de mon étymologie. Ce n'est pas le seul mot de la langue brame que j'aie reconnu pour une altération manifeste de noms grecs et latins, ou plutôt d'une langue primitive d'où ces deux langues ont été formées. Ainsi, l'union du poisson au capricorne n'a rien de bizarre. Elle a dû être conséquemment à nos principes et à l'origine primordiale que nous supposons à la sphère.

Pendant le second mois, ou lorsque le soleil parcourt le signe qui suit immédiatement le signe solsticial, l'inondation augmente et arrive à son plus haut degré d'intumescence. Le débordement du Nil fut représenté dans les cieux par un génie à figure humaine, tel qu'on peignait les dieux des fleuves, appuyé sur une urne d'où

(*a*) Ci-dessus, t. 2, p. 228. — (*b*) Oppian Alieut., l. 1, v. 462.— (*c*) Apophteg., p. 185.

sort un fleuve (*a*), et qui était censé faire sortir le fleuve de son lit suivant Théon (*b*).

> Ille quoque inflexâ fontem qui projicit urnâ.
> (Manil., l. 4, v. 256.)

C'est ainsi que dans nos sphères on peint le verseau ; et le caractère abrégé de ce signe fut un courant d'eau, et eut cette forme ≈≈. Dans d'autres planisphères, tels que le planisphère égyptien conservé dans l'OEdipe de Kirker, on voit, au lieu de l'homme ou du verseau, une urne percée de mille trous, et d'où l'eau s'échappe abondamment de toutes parts [34] : image assez naturelle d'un débordement. Aussi, dans la distribution qui fut faite de la terre par aspects célestes, le signe solsticial, ou le cancer sous lequel le Nil commençait à se déborder dans les derniers âges, fut affecté à l'Égypte, comme nous l'avons vu plus haut; *Nilusque tumescens in cancrum :* mais on lui attribua aussi le verseau comme génie tutélaire.

> Sed juvenis nudos formatus mollior Artus
> Ægyptum ad.... vicina et Aquarius arva recedit.
> (Manil., l. 4, v. 793.)

On place même le Nil dans la division du verseau avec le poisson oxyrinque (*c*).

Dans le zodiaque indien des Transactions philosophiques, on voit simplement une urne. Ce symbole revient au même. En effet, un vase destiné à contenir l'eau peut être très-bien pris pour le symbole de l'eau; et il a été

(*a*) Manil., l. 1, v. 276-434. — (*b*) Theon., p. 136. — (*c*) Kirk. Œdip., t. 2, pars 2, p. 201.

effectivement le symbole du débordement chez les Égyptiens, suivant le témoignage d'Horus-Apollon : *Nilum exundantem Ægyptii pingentes pingunt tres hydrias* (a). Le même auteur dit qu'on le peignait aussi sous l'emblème d'un lion, à cause que l'inondation arrivait sous ce signe ; et Plutarque (b) dit que les Égyptiens adoraient le lion et peignaient sa figure sur les portes de leurs temples, parce que le débordement du Nil arrivait sous le signe du lion (c). Il est évident que ce dernier emblème est celui des âges postérieurs, ou du temps auquel le lion se trouvait près du solstice d'été. Mais si la constellation du lion, signe que parcourait le soleil lors du débordement, fut prise pour symbole de ce même débordement, l'astrologie égyptienne fut donc liée avec l'état de la terre et du Nil en Égypte. Lorsque dans l'origine on établit ces rapports entre le ciel et la terre, il n'est pas étonnant qu'on ait dessiné un homme qui verse un fleuve, une urne percée et dont l'eau se répand, ou même simplement ce qu'ils appelaient *vas aquarium*, pour désigner la division du zodiaque où était le soleil pendant le fort de l'inondation. Les Grecs l'appellent *calpé*, *l'urne*; les latins *amphora* et *urna*; les Indiens *coumbum*, *cruche*; et en pelhvi *del* ou *dol*, le *seau*; c'est le *délu* des Arabes, le *dolium* des Latins, etc. Les trois vases dont parle ici Horus-Apollon sont ceux des trois décans du signe :

> Quas partes decimas dixere decania gentes.
> (Manil., l. 4, v. 294.)

C'est ainsi que sur les obélisques qui sont à Rome, le

(a) Hor. Apoll. l. 1, c. 21. — (b) Plut. de Isid., p. 366. — (c) Theon, p. 123.

taureau équinoxial se trouve répété souvent trois fois aussi bien que le vautour céleste, génie du printemps et symbole du soleil. On mettait trois épis dans le signe de la vierge, et on peignait trois béliers dans la case ou dans le signe du bélier; c'est ce qu'on voit en Égypte dans une grotte qui représente les sacrifices de l'équinoxe sous le bélier. Les sacrificateurs sont placés vis-à-vis d'un bûcher composé de trois piles de bois. Il y a dix morceaux à chacune, nombre égal à celui des degrés de chaque signe, et sur chaque pile est un petit bélier. Les prêtres touchent du bout du doigt l'extrémité des rayons solaires, et reçoivent le feu sacré (a). Ainsi, cette triple répétition du même symbole ou du *vas aquarium*, prouve encore que c'est ici un emblème astronomique relatif à un des signes du zodiaque, divisé en trois parties. C'est aussi ce qui fait dire aux Perses, dans leur cosmogonie ou Boundesh, qu'il y a des astres à trois corps, tels que Taschter; et la mythologie grecque admet également des génies ou étoiles à trois corps, tels que Géryon.

Pendant le troisième mois (b) le cultivateur oisif, forcé de se retrancher sur ses digues, vit au milieu des eaux, et l'Égypte présente alors l'image d'une vaste mer au milieu de laquelle s'élèvent des villes qui semblent flotter au sein des ondes, ou, pour me servir des termes de Diodore, *qu'on prendrait pour les îles Cyclades*. Les Égyptiens comparèrent naturellement l'état d'inaction de cette vie aquatique à celui des poissons, et peignirent dans le ciel un poisson ou même deux poissons enchaî-

---

(a) Montfaucon, 2 vol. suppl. après pl. 51. — (b) Diod. Sic., l. 1, c. 38, p. 43-47.

nés, tels que nous les voyons dans nos sphères. Le signe céleste que parcourait tous les ans le soleil à cette époque, était l'emblème simple et naturel de leur situation [35].

Vers l'équinoxe d'automne, le Nil se retire et rentre peu de temps après entièrement dans son lit; mais les eaux qu'il a laissées dans les endroits bas séjournent dans plusieurs lieux, et le sol nouvellement découvert ne présente qu'un limon gras qui n'a point encore assez de consistance pour qu'on y imprime le soc de la charrue. Aussi laissait-on la terre s'affermir après la retraite des eaux, suivant Diodore; et pendant ce temps l'Égyptien voyait croître l'herbe verte, et les troupeaux pouvaient déjà y trouver une abondante pâture (a). On lâchait donc les troupeaux, et leur entrée aux pâturages fut marquée dans les cieux par l'image d'un bélier ou du chef du troupeau.

Ce n'est que dans le cinquième mois, c'est-à-dire en novembre, que commencent le labourage et les premiers travaux du peuple agriculteur. Diodore nous dit qu'on jette en novembre le blé sur le limon que le Nil a laissé dans les plaines, et qu'on le couvre en y traçant un sillon sans profondeur avec une charrue très-légère. Pline confirme également ce témoignage (b) en réfutant l'opinion de ceux qui assuraient qu'on se bornait à faire remuer le limon humide par des pourceaux [36]. Cela, dit-il, a pu être autrefois; mais aujourd'hui, *inarari certum est abjecta priùs semina in limo digressi amnis: hoc est novembri mense incipiente.* A l'époque où nous considérons la sphère, le soleil en novembre parcourait

---

(a) Diod., l. 1, p. 32. — (b) Plin. l. 18, c. 47.

le taureau céleste, et cet emblème ne fut placé dans les cieux que comme le symbole du commencement des travaux d'un peuple agricole. Non-seulement c'est l'idée que fait naître l'image du bœuf agriculteur ; mais il est certain, par le témoignage d'Horus-Apollon rapporté ci-dessus, que le bœuf fut choisi en Égypte pour être le symbole des travaux : *Bovis masculi cornu depictum opus designat.* Manilius (*a*) regarde aussi le taureau céleste comme le signe hiéroglyphique des travaux rustiques.

> Submittit aratris
> Colla, jugumque suis poscit cervicibus ipse ;
> Ille suis Phœbi portat cum cornibus orbem,
> Militiam indicit terris, et segnia rura
> In veteres revocat cultus, *Dux ipse laboris.*

Les Égyptiens, qui dans la suite abrégèrent ces symboles, au lieu de peindre un bœuf en totalité, en peignirent seulement la corne qui suffisait pour leur rappeler l'idée totale.

La végétation (*b*) en Égypte est extrêmement prompte, suivant le témoignage de Diodore et de tous les voyageurs modernes. La terre, un mois après être ensemencée, ouvre son sein, et montre au laboureur l'espérance de ses récoltes. Les productions nouvelles et l'état d'enfance de la Nature ne pouvaient être mieux peints que par l'emblème de deux enfans naissans, ou même, suivant les sphères orientales, par deux jeunes chevreaux qu'une mère vient de mettre bas (*c*).

Le soleil, après avoir parcouru ce signe, arrivait au

(*a*) Manil., l. 4, v. 142.—(*b*) Adrian. Jun., t. 8. Antiq. Græc. coll. p. Columell., l. 3, c. 8. — (*c*) Hyd. de rel. Pers. Rel. p. 390.

terme de son plus grand éloignement. Il avait paru au mois de juin sur la tête du peuple égyptien; mais ensuite il n'avait cessé de s'en éloigner, comme s'il eût voulu fuir ce climat et menacer la terre d'une nuit éternelle. Arrivé enfin au solstice d'hiver, il cesse de s'abaisser, il revient sur ses pas pour regagner le point d'où il est parti par un retour vers nos climats, qui le ramène au commencement de sa carrière annuelle. Ce phénomène dut frapper singulièrement les premiers observateurs, et mérita d'être exprimé par un symbole imitatif. L'écrevisse fut l'emblème le plus naturel de cette marche rétrograde (a), et son image fut tracée dans la division du zodiaque, où le soleil entrait, lorsqu'il cessait de fuir, et qu'il rapportait la lumière et la vie en parcourant, en sens contraire, les mêmes degrés de hauteur qu'il avait parcourus d'abord en descendant du haut des cieux.

Cette époque du mouvement annuel du soleil fut la plus observée en Égypte, et le retour de cet astre vers le trône céleste, y donna même naissance à des fêtes. Achille Tatius nous dit que les Égyptiens autrefois, voyant le soleil quitter le solstice d'été, descendre jusqu'au solstice d'hiver, et par sa retraite diminuer la longueur des jours, avaient craint que le flambeau du monde ne les abandonnât pour toujours. Ils se livraient en conséquence à la douleur et aux larmes; mais aussitôt qu'ils le voyaient s'arrêter dans sa fuite pour remonter vers eux, et leur accorder plus long-temps le bienfait de la lumière, ils célébraient son retour en prenant les habits de fête, et ils se couronnaient de fleurs (b). Il

---

(a) Isidor. Orig. l. 3, c. 47. — (b) Achill. Tat., c. 23.

n'est donc pas étonnant que ce retour, qui formait l'objet de leur impatience, ait été spécialement désigné dans les cieux; et ils ne pouvaient même choisir de symbole plus sensible que celui qu'ils y ont mis. Il est vrai que Macrobe, dans son explication, supposait que c'était au solstice d'été que l'écrevisse avait été originairement placée. Mais cette supposition tombe d'elle-même, quand l'on prouve que le lion a occupé le solstice d'été avant l'écrevisse; et il est certain que, lors de l'invention du zodiaque, le cancer ne fut pas destiné à peindre ce solstice, puisqu'alors il n'y répondait pas.

Mais outre que nos explications mythologiques ont déjà prouvé cette existence du zodiaque, antérieure au temps où l'écrevisse occupait le solstice d'été, nous ferons quelques réflexions qui prouvent l'erreur de Macrobe. Il savait, par les traditions anciennes, que l'écrevisse avait été originairement destinée à peindre la marche rétrograde du soleil; et comme, au temps de Macrobe, ce signe était près du solstice d'été, il imagina que c'était pour peindre ce solstice où il était alors. Cette erreur était d'autant plus naturelle à un Romain, que l'année des Romains commençant au solstice d'hiver, ils pouvaient regarder ce point comme le commencement de la carrière du soleil, et le solstice d'été comme l'époque de son retour. Mais Macrobe devait considérer que le mot rétrograde est une expression relative dont le sens dépend du point de départ; de manière qu'un corps ne peut jamais être censé rétrograder, à l'instant où l'on suppose qu'il commence à se mouvoir. Or, pour les anciens Égyptiens, qui commençaient leur année et leur grande période au solstice d'été, au lever de Sirius (*a*), le point de départ du soleil dut être le même que celui de l'année, mesuré par sa révolution. Il était censé rétrograder lorsqu'après avoir parcouru la moitié du ciel par son mouvement en déclinaison, il revenait sur ses pas et parcourait une seconde fois le même espace, mais en sens contraire.

Il paraît d'ailleurs qu'on a dû placer originairement le commencement des signes, ou la première maison du soleil, au solstice d'été, avant de la fixer à l'équinoxe. La méthode qu'on a dû suivre dans la première division des cieux, semble favoriser cette conjecture. Les observations des ombres solsticiales et celles des amplitudes ont été vraisemblablement les premières qu'on ait faites, parce qu'elles étaient les limites naturelles du mouvement en déclinaison, et qu'il a été plus simple de commencer à diviser par une des extrémités de ce mouvement, que par le point du milieu : c'est l'opinion de M. Goguet (*b*). Olaüs Rudbeck, dans son Atlantide (*c*), nous apprend que c'était suivant cette méthode que les anciens Suédois réglaient leur année. Enfin *Simplicius* (*d*) atteste que ce fut par des observations sur ces apparences du coucher et du lever du soleil que les premiers hommes reconnurent son mouvement.

Cette conjecture, née de la nature même des choses, se trouve confirmée par l'ordre que mettent plusieurs auteurs anciens dans l'énumération qu'ils font des douze signes (*e*). C'est presque toujours du solstice d'été qu'ils commencent à compter. Plutarque nous donne une divi-

---

(*a*) Porphyre de Ant. Nymph., p. 264 — (*b*) Goguet, t. 1, p. 223.
— (*c*) Olaüs-Rudbeck, t. 1, c. 5. — (*d*) Simpl. de cœlo, l. 2, c. 46. —
(*e*) Aratus Hygin, l. 4, c. 5.

sion du zodiaque, dans laquelle il met le cancer à la tête des autres signes, ensuite le lion (a), etc. Le calendrier de Géminus, qui est une description du mouvement annuel du soleil dans le zodiaque, déterminé par des levers et des couchers d'étoiles, fixe pareillement le point de départ du soleil au solstice d'été (b). Le calendrier de Ptolémée part également du mois *Thot* (c) qui répondait originairement au solstice d'été où commençait l'année égyptienne au lever de Sirius. Hipparque (d) commence aussi sa distribution du zodiaque par le cancer, le lion, etc.; c'est-à-dire, qu'il la fait partir du solstice d'été. Le commentaire sur Aratus, attribué à Ératosthène, fixe aussi au solstice d'été le premier signe du zodiaque (e). Le premier des travaux d'Hercule était sa victoire sur le lion solsticial. Enfin, Achille Tatius dit positivement que c'est au solstice d'été que commence le zodiaque (f). En voilà assez pour prouver que le solstice d'été a dû être originairement le point de départ du soleil et le commencement du zodiaque [37], et que conséquemment on n'a pas pu dire que le soleil, qui commençait là sa carrière, eût rétrogradé ou revînt sur ses pas. Nous avons insisté sur la détermination du lieu où le soleil a été censé commencer à rétrograder, afin de faire voir que la place que nous assignons au cancer est celle qui lui convenait le plus naturellement. De tous les emblèmes astronomiques, c'est celui dont le sens se présente le plus à découvert, et où l'équi-

---

(a) Plut. de Placit. Phil., l. 1, c. 6. Theon. ad Arat. Phœnom., p. 164. — (b) Gemin., c. 16. Uranol. Petav., p. 36. — (c) Ptolem. Uranol., p. 403, Petav. — (d) Hipparch. Uranol. Petav., p. 120. — (e) Eratosth. Uranol. Petav., p. 142. — (f) Achill. Tat. Uranol. Petav., p. 96.

voque est moins à craindre. Il était donc important de bien fixer sa place, puisqu'elle seule, bien déterminée, règle nécessairement celle des autres.

Un mois après que le soleil a quitté le solstice d'hiver, et qu'il commence à se rapprocher du peuple égyptien, il reprend alors la force qu'il avait perdue; les productions de la terre acquièrent cette vigueur qui précède la maturité; déjà les campagnes jaunissantes attendent la faulx du moissonneur. On peignit dans les cieux un lion (a), soit comme le symbole de la force que la végétation a déjà acquise, soit parce que la couleur de cet animal est celle des moissons dorées: *fulvi leones*, *flavæ aristæ* [38].

Il ne s'écoule tout au plus que quatre mois en Égypte entre les semailles et les moissons; c'est ce qu'attestent Diodore (b) et tous les autres voyageurs. Les blés sont fermés dans la haute Égypte dès le mois de mars ou au commencement d'avril. Dans notre système, le signe de la vierge répondait alors à la plus grande partie du mois de mars, et les moissons commençaient tous les ans sous ce signe, éloigné précisément de quatre signes du commencement de l'année rurale ou du temps des semailles. On ne crut pouvoir mieux déterminer cette époque intéressante de l'agriculture égyptienne qu'en peignant dans le ciel trois épis, nombre égal à celui des décans, ou en y dessinant une jeune moissonneuse qui tient à sa main un épi [39]. Voilà donc encore un des emblèmes les plus sensibles des opérations agricoles, qui trouve ici sa place naturelle. Le défaut d'accord de la moissonneuse avec l'état de l'Égypte dans les derniers âges, avait

---

(a) Diod., l. 1. — (b) Ibid.

fait refuser à ce peuple l'honneur de l'invention du zodiaque et de l'astronomie, quoique la voix presque unanime de toute l'antiquité lui en eût attribué la gloire, et qu'il ait, plus qu'aucun autre peuple, laissé des monumens de sa grandeur et de ses connaissances astronomiques. Dans notre nouvelle hypothèse, chaque signe reprend sa place, et le peuple égyptien trouve la justification de ses droits dans les titres même qu'on lui opposait.

Le signe de la balance, qui suit la vierge, annonce une époque aussi importante dans l'année astronomique que les épis symboliques dans l'année rurale; et il s'accorde encore de la manière la plus heureuse avec l'état du ciel dans l'époque que nous assignons à l'origine du zodiaque. L'égalité des jours et des nuits, la division égale de la lumière et des ténèbres, ne put être désignée par un symbole plus naturel et plus simple que par celui d'une balance (*a*). On plaça donc cet emblème dans la division du zodiaque, qui répondait à l'équinoxe de printemps, celui des deux équinoxes qui, dans tous les siècles, a semblé fixer de préférence l'attention de tous les peuples. La place que nous lui assignons ici lui convient donc au moins autant que celle où l'on avait supposé qu'il fut mis originairement; supposition qui devient chimérique quand on fait attention que l'astronomie était inventée long-temps avant que les astérismes de la balance pussent répondre à l'équinoxe d'automne.

Quelques personnes ont cru que la figure de la balance était une invention moderne et l'ouvrage des flatteurs d'Auguste; mais la balance se trouve dans les mo-

---

(*a*) Hyde de vet. Pers. Rel., p. 391. Isidor. Origin. l. 3, c. 57.

numens égyptiens et indiens qui précèdent de bien des siècles l'âge d'Auguste ; on la voit sur le zodiaque indien qui se trouve dans les Transactions philosophiques. Tous ceux qui ont donné les noms des douze signes du zodiaque chez ces peuples, y nomment la balance. *Tolam*, dit le Gentil, désigne une balance romaine (*a*) ; la même constellation s'appelle en pehlvi *tarazou*, qui signifie aussi balance suivant Anquetil. C'est au lever de la balance que la cosmogonie des Perses fixe l'introduction du mal ou l'approche de la mort de la Nature (*b*). Ce signe portait ce nom, même chez les Romains avant Auguste. Varron, le plus savant des Romains, dit formellement que les signes du zodiaque étaient des symboles significatifs, et qu'entre autres la balance avait été placée dans les cieux pour désigner l'équinoxe (*c*). Cicéron, qui traduisit à dix-huit ans le poëme d'Aratus, l'appelle *jugum*, traduction de *dzugos*, balance, nom qu'elle portait chez les Grecs et dans Geminus (*d*), qui écrivait du temps de Sylla, suivant le père Petau ; cet auteur emploie aussi le mot de *chélaï*, comme Ptolémée ; il paraît qu'on disait l'un et l'autre. La raison de cette double dénomination vient de ce que les étoiles du scorpion s'étendent jusque dans la division qui appartient à la balance, et que souvent on a mis cette balance dans les pinces de cet animal. De-là le nom de *chélaï* ou serres donné au signe de la balance ; mais originairement la balance y était placée entre les mains d'une femme semblable à celle qui occupe le signe de la vierge. C'est ainsi

---

(*a*) Gentil, Voyage aux Indes, t. 1, p. 247. — (*b*) Zend. Avest., t. 2, p. 420. — (*c*) Varro, de ling. latin., l. 6. — (*d*) Genin. Petav. Uranol., p. 1 et p. 12, 17.

qu'on la trouve dans une foule de monumens anciens : *Humana est facies libræ*, dit Manilius, liv. 2, v. 527. *Libripens enim*, ajoute Scaliger, *in Astrothesiis figurabatur : alii tamen a virgine gestari volunt* (a). Aussi quelquefois la balance fut peinte seule et séparée des serres du scorpion. Achille Tatius dit positivement que le nom de balance était celui que les Égyptiens donnaient à ce signe (b). *Chelæ*, dit-il, *ab Ægyptiis vocatæ jugum*. Ce symbole appartenait donc à la sphère égyptienne, de beaucoup antérieure au siècle d'Auguste. Hipparque, qui vivait plus d'un siècle avant ce prince, l'appelle aussi *dzugos* (c). Il est donc incontestable que la balance est un symbole astronomique aussi ancien que tous les autres ; et que, s'il a été inconnu à quelques peuples, ce ne fut certainement pas au peuple égyptien à qui nous rapportons ces emblèmes astronomiques. Il était important de bien constater l'antiquité de ce symbole, parce qu'il est un des plus expressifs. L'image d'une balance mise précisément à trois signes de l'écrevisse, est un des argumens les plus forts de notre système sur la position primitive des douze signes du zodiaque.

Le signe qui suit la balance est le scorpion ; il répondait alors au mois d'avril et au commencement de mai, ou du second mois qui suivait l'équinoxe de printemps. L'idée que présente naturellement cet emblème est celle du venin ou de quelque maladie ; et il est assez vraisemblable que les anciens, dont tous les calendriers étaient météorologiques, après avoir peint dans les cieux

---

(a) Theon ad Arat. Phæn., p. 117. — (b) Achill. Tat. Uranol. Petav., p. 96. — (c) Hipp. Uranol. Petav., l. 3, p. 134.

les principales époques de l'année astronomique et rurale, auront aussi tracé les phénomènes périodiques de leur climat. Les calendriers de Geminus et de Ptolémée, réglés sur des levers d'étoiles, ne contiennent que les annonces de la pluie, du vent, et en général de toutes les variations de l'air qui semblent se renouveler tous les ans. Comparons donc le scorpion symbolique avec l'état de l'air en Égypte dans ce mois-là, pour trouver le sens de cet emblème. Pluche, dans son Histoire du ciel (*a*), appuyé de l'autorité de Drapper, de Maillet et de Wansleb, nous dit que presque tous les ans il souffle en avril un vent d'Éthiopie, furieux et pestilentiel, qui porte partout le ravage. Il semble assez simple de regarder le scorpion, reptile malfaisant, comme l'emblème naturel de ces vents chargés de vapeurs dangereuses.

Il ne nous reste plus qu'à chercher le sens du dernier signe, celui du sagittaire, dans lequel on avait peint seulement un arc et un trait prêt à être lancé, comme il paraît par le zodiaque indien et par le nom que les Perses donnent à ce signe, qu'ils appellent l'arc (*b*); les Indiens le nomment la flèche ou *vimasp* (*c*), ou dhanousson. Il me semble que la rapidité du trait fut l'image la plus naturelle de celle des vents, et qu'on voulut par-là désigner le retour des vents étésiens qui commencent à souffler dans le mois qui précède le solstice d'été et le débordement du Nil, dont on les croyait la cause. Le débordement, dit Pluche (*d*), était toujours précédé par

---

(*a*) Pluche, Histoire du ciel, t. 1, p. 37. — (*b*) Zend. Avest. t. 2, p. 349. — (*c*) Le Gentil, Voy. aux Indes, t. 1, p. 247. — (*d*) Pluch. Hist. du ciel, t. 1, p. 40.

un vent étésien qui, soufflant du nord au sud vers le temps du passage du soleil sous les étoiles de l'écrevisse, pressait les vapeurs vers le midi, et les amassait au cœur du pays d'où venait le Nil; ce qui y causait des pluies abondantes, grossissait l'eau du fleuve, et portait ensuite l'inondation dans toute l'Égypte. Pluche n'a fait ici que traduire Plutarque (*a*) et le fragment d'un ancien auteur, imprimé à la suite d'Hérodote (p. 607).

Mais on pourrait donner encore un autre sens à ce symbole. Chez un peuple guerrier, tel que fut le peuple égyptien, et qui, après ses récoltes, n'avait plus rien à faire, parce que le Nil allait inonder tout le pays, n'est-il pas vraisemblable qu'il aura pu destiner à porter la guerre chez l'étranger un temps pendant lequel la nature même de son climat l'eût réduit à l'inaction? C'est l'idée que pourrait faire naître un arc et un trait, symbole usité chez ce peuple pour désigner la guerre: *Armatus homo sagittam jaculans*, dit Horus-Apollon (*b*), *tumultum significat*. D'autres, en effet, y peignaient un faisceau de traits ou un carquois. Cette dernière interprétation s'accorde assez avec ce que nous dit Manilius (l. 3, v. 625 et suiv.) sur les travaux de l'homme aux approches du solstice d'été [40].

> Cancer ad æstivæ fulget fastigia zonæ....
> Tunc et bella fero tractantur Marte cruenta,
> Nec Scythiam defendit hiems. Germanica sicca
> Jam tellure fugit, Nilusque tumescit in arva.
> Hic rerum status est, cancri cum sidere Phœbus.
> Solstitium facit, et summo versatur olympo.

(*a*) Plut. de Isid., p. 366. — (*a*) Hor. Apoll., l. 2, c. 8.

Ces idées sur le sagittaire ont été adoptées par les astrologues, et sous ce signe naissaient les guerriers.

> Necnon Arcitenens primâ cùm veste resurgit,
> Pectora clara dabit bello, magnisque triumphis
> Conspicuum patrias victorem ducet ad arces.
> (Manilius, l. 4, v. 559.)

Quoi qu'il en soit, quand même nous ne saisirions pas toujours au juste l'idée qu'on a voulu présenter par ces douze emblèmes, il suffit qu'il s'en trouve plusieurs dont le sens soit si naturel, qu'il ne puisse souffrir d'équivoque; car, comme nous l'avons fait observer, la place d'un seul, bien déterminée, fixe nécessairement celle de tous les autres. Tout ce qu'on pourrait conclure de l'insuffisance de l'explication de quelques-uns de ces signes, c'est que l'intelligence du sens qu'ils renferment dépend de l'histoire naturelle de ce pays, des occupations de ces peuples et du préjugé qui leur faisait attribuer certaines qualités à tels ou tels animaux. Mais il est plusieurs de ces emblèmes dont le sens est très-clair et l'application très-naturelle; telle est la balance placée à un équinoxe, l'écrevisse ou l'animal rétrograde à un solstice, le bœuf à l'ouverture des travaux rustiques, une fille qui porte un épi, placée au mois des moissons; trois figures aquatiques répondant aux trois mois du débordement; en voilà beaucoup plus qu'il n'en faut pour déterminer la position primitive des astérismes ou constellations du zodiaque, considéré comme le calendrier astronomique et rural d'un peuple savant et agricole tout ensemble. Ce qu'il y avait de plus essentiel à prouver, c'est qu'il s'accorde parfaitement avec l'agriculture de l'Égypte, tandis qu'il est aussi d'accord avec la position des points solsticiaux et équinoxiaux dans le ciel à une certaine époque. Il résulte de-là que non-seulement il convient à l'Égypte, mais encore qu'il ne convient qu'à elle seule, par la raison que les opérations agricoles de ce pays suivent presque l'ordre inverse de celui qui a lieu dans les autres climats; de manière qu'il est difficile qu'un calendrier rural qui convient au peuple égyptien puisse convenir à quelque autre peuple que ce soit. Nous conclurons donc que c'est avec raison que les anciens écrivains firent honneur à l'Égypte de l'invention des sciences astronomiques.

En vain nous objecterait-on ici qu'on peut supposer une autre position de sphère où les signes des moissons et du labourage s'accordent également avec l'agriculture des autres climats. On ne doit pas oublier qu'il ne suffit pas que cet accord ait lieu pour la terre; qu'il doit encore avoir lieu pour l'état du ciel, et qu'il n'y a pas ici une foule de combinaisons à essayer; il n'y en a que deux. Si on ne met pas avec nous l'écrevisse au solstice d'hiver et la balance à l'équinoxe de printemps, on sera obligé de mettre le premier de ces deux emblèmes au solstice d'été, et le second à l'équinoxe d'automne; et alors la sphère aura la position qu'elle avait environ trois cents ans avant l'ère chrétienne. Mais nous avons fait voir qu'une pareille position du zodiaque ne s'accorde ni avec l'agriculture des Égyptiens, ni avec celle des Grecs, ni avec celle des Assyriens, Phéniciens, Mèdes, Perses, Indiens, ni avec celle en général d'aucun peuple qui moissonne avant le cinquantième jour qui suit le solstice d'été, ni avec celle qui place les labours en automne.

La seule objection qui paraisse de quelque importance

contre cette explication à ceux qui croient à un monde créé, c'est la haute antiquité que nous supposons à l'invention du zodiaque; mais elle pourrait être bien moindre si, ce que je ne crois pas, il était arrivé quelque grande inégalité dans la précession des équinoxes. D'ailleurs, nous avons supposé que c'est le signe dans lequel entrait le soleil, qu'on a désigné par un caractère hiéroglyphique représentatif de l'état du ciel ou de la terre dans chaque mois. Mais on pourrait dire que les inventeurs avaient placé ces symboles, non pas dans le lieu qu'occupait le soleil, mais dans la partie du ciel opposée; de manière que la succession des levers du soir de chaque signe eût réglé le calendrier et eût exprimé la marche des nuits, comme le disent Aratus et Macrobe (a). L'invention de l'astronomie appartiendrait encore incontestablement à l'Égypte, mais ne remonterait pas plus loin que l'époque où le taureau était le signe équinoxial de printemps, deux ou trois mille ans avant l'ère vulgaire. Ainsi, dans cette hypothèse, lorsque le soleil, en conjonction avec le taureau, arrivait le soir à l'horizon, le premier signe qui se trouvait alors à l'Orient au-dessus de l'horizon, et qui finissait de se lever, eût été la balance; et l'ascension de cette constellation eût aussi désigné l'équinoxe de printemps. De même, l'entrée du soleil au lion eût été marquée le soir par le lever total et acronyque du capricorne : l'entrée au verseau ou au solstice d'hiver par l'ascension du cancer; l'entrée au bélier répondant aux moissons par le lever du soir de l'épi, ainsi des autres; et tous les emblèmes recevraient le même sens [41].

(a) Macrob. Som. Scip. l. 1, c. 21.

Quoi qu'il en soit, ce sera toujours à l'Égypte que ces dénominations appartiendront. Il y a encore un argument que nous avons plusieurs fois indiqué, et qui détruit tout accord qu'on pourrait imaginer avec l'agriculture de quelque peuple que ce soit dans l'hypothèse qui placerait la sphère telle qu'elle était trois cents ans environ avant l'ère chrétienne ; c'est l'antiquité qu'on est forcé de donner à l'astronomie, indépendamment de notre système. Si l'astronomie remonte au moins au temps où le lion céleste occupait le solstice d'été, on ne peut pas regarder comme position primordiale du zodiaque, celle qui place à ce solstice l'écrevisse ou le premier degré de ce signe, qui n'a dû y arriver que deux mille cent soixante ans après cette époque. Or, nous ne pouvons nous empêcher de donner au moins cette antiquité au zodiaque. Bailly, dans son Histoire de l'astronomie ancienne, tome I, a prouvé que non-seulement le lion, mais la vierge même avait dû occuper autrefois le solstice d'été. Nous n'ajouterons rien aux preuves par lesquelles il établit son opinion, preuves tirées des observations anciennes des constellations qui autrefois servaient à déterminer les équinoxes, et qui supposaient le point équinoxial dans les astérismes du taureau. Les autorités qu'il rapporte et les inductions qu'il en tire nous ont paru si concluantes, que nous ne croyons pouvoir mieux faire que d'y renvoyer le lecteur. Le travail que nous avons nous-mêmes fait sur la mythologie que nous avons expliquée par l'astronomie, suppose toujours le lion au solstice d'été et le taureau à l'équinoxe de printemps ; et les solutions des fables auxquelles nous avons appliqué cette nouvelle clef nous ont constamment donné le même résultat, ainsi que tous les monumens.

Hercule se repose sur la peau du lion, et les Égyptiens mettaient le trône d'Horus sur le lion *(a)*. Les Chaldéens avaient une longue suite d'observations qui remontaient à plus de deux mille ans avant notre ère. Aussi ont-ils appelé Régulus ou le cœur du lion, par où passait le colure, le chef des mouvemens célestes *(b)*.

Cette antiquité de l'astronomie une fois établie, voici le raisonnement que nous faisons. La balance et l'écrevisse ont été dans l'origine destinées à peindre, l'une un équinoxe, l'autre un solstice. C'est le sens le plus naturel que nous puissions donner à ces emblèmes, et c'est celui qu'on leur a toujours donné jusqu'ici. Leur distance respective, ou l'intervalle de quatre-vingt-dix degrés qui les sépare, confirme encore cette conjecture. Ils ont donc occupé cette place originairement. La question se réduit à savoir à quel équinoxe ou à quel solstice ils ont été d'abord placés. Ce n'est point, comme nous venons de le voir, à l'équinoxe d'automne ni au solstice d'été, qu'ils ont été primitivement, puisque l'astronomie et l'invention du zodiaque sont antérieurs au temps où ces emblèmes ont occupé ce point. C'est donc à l'équinoxe de printemps et au solstice d'hiver qu'ils ont été placés à l'époque de l'invention du zodiaque. Ils sont tous deux symboles parlans, l'un de l'égalité des jours et des nuits, l'autre du mouvement rétrograde du soleil ; et cependant il fut un temps où ils ne pouvaient s'accorder avec ce double phénomène. Donc, s'ils s'y étaient accordés autrefois, ce n'est qu'en remontant fort loin qu'on parviendra à voir ce qu'ils ont dû nécessairement signifier dans l'origine. Or, en les rétablissant dans la place que

---

(a) Hor-Apollo, l. 1, c. 17. — *(b)* Théon. p. 122.

la précession leur a fait quitter, le zodiaque entier devient un calendrier de l'Égypte, et la peinture naturelle de l'état du ciel et de la terre dans ce pays. Donc il a été inventé chez ce peuple, et dans l'époque unique où il convient à ce climat.

On voit qu'en partant de la supposition la plus simple, c'est-à-dire, qu'en imaginant que les figures d'animaux, tracées dans le zodiaque, ne sont pas des peintures bizarres, ni des figures dessinées au hasard et sans but, nous sommes arrivés à une époque où le zodiaque est l'emblème le plus naturel du ciel et de la terre chez le peuple égyptien. Cette supposition n'a rien que de vraisemblable, puisqu'on sait que, si ce peuple n'est pas l'inventeur de l'écriture hiéroglyphique, au moins il en a fait usage plus qu'aucun autre peuple, l'a conservé plus long-temps, et nous a transmis plus de monumens de ces savans emblèmes. Nous le répétons encore; il serait bien étonnant que chez les Égyptiens tout fût hiéroglyphique, et que les emblèmes des constellations qui se trouvent tracées sur presque tous leurs monumens, et qu'ils appelaient les caractères de leur écriture sacrée, fussent les seules figures dans lesquelles il n'entrât aucun dessein. Macrobe nous assure qu'elles avaient un sens; et la connaissance que nous avons du génie égyptien, plus encore que le témoignage de Macrobe, nous en est un sûr garant; de manière que j'aimerais mieux reconnaître que je n'ai pu en deviner le sens que de supposer qu'ils n'y en attachèrent aucun. Les symboles tracés dans le zodiaque se sont conservés pendant trop de siècles sans altération, et se retrouvent chez trop de peuples, avec les mêmes traits, pour croire qu'ils fussent des signes arbitraires. Aussi Court de Gébelin pense-t-il, comme moi, que les noms que portent les signes du zodiaque ne furent certainement pas inventés au hasard (*a*). On ne saurait nier qu'il n'y ait le plus grand rapport entre ces noms et les phénomènes qu'offre le cours de l'année ; et en conséquence ils doivent remonter à une antiquité très-reculée.

Bailly (*b*) observe que les sphères des Chaldéens et des Perses renfermaient des figures d'hommes sans nom. Je pense comme lui ; mais voici la conclusion que j'en tire : 1° ce ne sont point des hommes, ou des héros apothéosés qu'on y avait placés, puisque sur-le-champ la figure eût eu un nom, celui du héros apothéosé ; 2° les figures primitives étaient allégoriques et purement hiéroglyphiques, des figures parlantes, soit par leurs attitudes, soit par leurs attributs ; 3° enfin, les noms qu'on leur a donnés dans les poëmes allégoriques où on les personnifiait, exprimaient leur fonction ou leur position, tels que l'épithète de Phaéton ou Brillant, donnée au cocher ; le nom de Cadmus ou l'Oriental, donné au serpentaire ; celui de seigneur et de roi donné à d'autres génies en langue orientale, et que ce sont ces noms mal interprétés qu'on a pris pour des noms d'hommes. Tels sont les noms de Callisto et de Mégisto, ou de très-belle et très-grande donnés à la grande ourse, dont on a fait la nymphe Callisto, et Megisto, fille de Cetée.

Si quelques peuples ont fait un changement dans les noms des constellations, ce n'a été que dans le même esprit, pour y substituer un emblème évidemment relatif à leur siècle et à leur climat. Nous voyons, par exemple, que les Chaldéens ont supprimé un des deux

---

(*a*) Monde primitif, t. 4, p. 60. — (*b*) Hist. de l'Astr., t. 1, p. 184.

poissons, celui qui est sous le corps d'Andromède (*a*). Mais à la place, ils y ont substitué une hirondelle, emblème naturel du retour du printemps, que le lever de cette constellation semblait ramener. On sait que le retour de cet oiseau de passage est encore observé par les habitans de nos campagnes, comme une époque de l'année rurale, et comme le signe avant-coureur du printemps :

Fallimur, an veris prænuntia venit hirundo.
(Ovide, Fast. l. 2, v. 853.)

Ce poëte fixe ce retour sous les poissons, ou à la fin de février.

C'est ce que nous retrouvons dans le calendrier de Geminus (*b*). Voici comment commence le mois qui répond aux poissons : *Pisces sol percurrit diebus triginta; die secundâ, tempus est hirundinem apparere.* Le calendrier de Ptolémée fixe au 25 de mechir ou de février le lever de la tête d'Andromède, et aux 28, 29 et 30 le retour de l'hirondelle : *hirundini advenire tempus est* (*c*). C'est précisément l'intervalle de jours qu'il y a entre le lever de la tête d'Andromède et celui du poisson boréal, qui est sous Andromède, et à la place duquel nous avons dit que les Chaldéens peignirent une hirondelle. Le sens de ces emblèmes se présente sans équivoque, et c'est ici le lieu de dire comme Virgile : *Ab uno disce omnes.* On donnait même le nom de vents de l'hirondelle aux vents qui soufflaient dans cette saison. Dans la traduction latine d'un autre calendrier de Ptolémée, on lit ce qui suit,

---

(*a*) Theon ad Arat. Phen., p. 131. — (*b*) Gemin. Uranol. Veter., p. 38. — (*c*) Ptolem., p. 47.

au dixième jour avant les calendes de mars : *Die decimâ antè cal. leo occidit. Aquilones chelidonii appellati incipiunt, et per quatriduum flant. Hirundines apparent.* On retrouve la même chose dans le calendrier romain tiré d'Ovide, de Columelle et de Pline, donné par le père Petau (*a*).

La peinture hiéroglyphique d'une hirondelle, dans cette partie du ciel, est un symbole si naturel et si intelligible que le sens de cet emblème a déjà été aperçu par Scaliger *in ejus morphoseï*, dit ce savant en parlant du poisson boréal : *Caput hirundinum ei affingunt Chaldei. Sed ego puto ab eo, quod cùm sol est in extremo pisce, hirundo incipit videri quæ veri præludit* (*Scaliger in Manil.*, l. 1, v. 432).

En voilà plus qu'il n'en faut pour montrer l'origine de la substitution faite d'une hirondelle à la place d'un poisson, substitution qui est toujours une suite du génie allégorique [42], qui le prouve clairement, et qui démontre que les figures tracées dans le zodiaque et dans les autres constellations n'y ont pas été mises au hasard; qu'elles sont comme le calendrier hiéroglyphique des anciens peuples; qu'elles sont liées à leurs besoins et à leur climat, et qu'elles ont dû toutes signifier quelque chose dans l'origine, quoiqu'il nous soit difficile aujourd'hui de pénétrer le sens de tous ces symboles.

Il se présente ici naturellement une objection ; c'est que, si le zodiaque et les constellations ont été originairement un calendrier fait pour le climat d'Égypte, le déplacement nécessaire que ces symboles ont dû éprou-

---

(*a*) Uranol. Petav., p. 61.

ver par une suite de la précession, a dû, tous les deux mille ans, faire changer ces emblèmes, pour leur en faire substituer d'autres qui fussent d'accord avec la Nature dans ces époques différentes, et conséquemment les symboles qui nous restent sont ceux des derniers âges, et non point ceux du temps de l'institution primitive. Je réponds à cela que sûrement il y a dû avoir des changemens faits dans les emblèmes astronomiques, et nous trouvons souvent des différences qui prouvent qu'il y en a eu. Mais ces différences ne se trouvent pas dans le zodiaque, et n'ont pas dû s'y trouver : ou bien elles sont si légères qu'elles n'attaquent point l'allégorie primitive, ou n'en sont qu'une expression différente. Deux chevreaux naissans, par exemple, à la place de deux enfans nouveaux-nés ; une urne percée de trous à la place d'un homme penché sur une urne d'où sort un fleuve ; une femme à queue de poisson à la place d'un poisson. Ces différences légères ne nuisent en rien à l'explication allégorique que nous avons donnée des figures tracées dans le zodiaque.

Les Grecs, peu astronomes, et à qui les Égyptiens ne donnèrent pas la clef de leur écriture sacrée, trompés par quelques traits d'une différence apparente, ont cru que la sphère égyptienne différait beaucoup de la leur. Mais les différences dont ils nous parlent ne regardent pas le zodiaque ; elles concernent seulement quelques constellations boréales. Macrobe établit très-positivement l'identité du zodiaque égyptien avec celui que les Grecs et les Romains nous ont transmis. Les mêmes dénominations se retrouvent chez les Perses et chez les Indiens.

Un accord aussi parfait sur les noms des douze signes

du zodiaque chez tous ces peuples, prouve qu'ils ont une origine commune, et qu'ils n'ont pas changé; j'ajoute qu'ils n'ont pas dû changer. En effet, les Égyptiens regardèrent leur zodiaque, non-seulement comme un calendrier rural et météorologique, mais comme la base de toute leur religion et de leur astronomie. Ils avaient des périodes sothiaques de mille quatre cent soixante ans, liées elles-mêmes à des périodes plus longues encore; ils avaient une longue suite d'observations faites par leurs prêtres, auxquelles ils étaient eux-mêmes obligés de comparer celles qu'ils faisaient habituellement. Ils avaient l'idée d'une période qui ramenait les fixes et toute la sphère à un certain point d'où tout était parti (a); car nous avons vu plus haut qu'ils fixaient l'origine des choses à la balance, qui, dans notre système, était le premier signe de l'équinoxe de printemps, à l'époque où nous fixons l'invention primitive de la sphère.

Supposé qu'ils connussent par tradition le point d'où partait la grande révolution des fixes, c'est-à-dire ici l'époque de l'invention de leur zodiaque, ils devaient nécessairement conserver ce zodiaque dans son état primitif, pour entendre les observateurs qui les avaient précédés, et pour être entendus eux-mêmes des âges suivans; pour connaître quand la période serait achevée, et rectifier les périodes particulières liées à la grande. Créateurs de l'astronomie et dépositaires de la clef de ces symboles, ils les ont souvent chargés de nouveaux caractères, suivant le besoin et le génie des différens âges; mais sans altérer le sens primitif, et de manière que les caractères

---

(a) Euseb. Præp. Ev., l. 6, c. 11, p. 294.

du premier zodiaque fissent toujours la base principale des nouveaux emblèmes. Il n'en a pas été de même de ceux à qui ils ont transmis leur astronomie sans leur communiquer leur génie. Ceux-ci ont gardé le zodiaque dans l'état qu'ils l'ont reçu, sans y rien changer. Ainsi, nous avons nous-mêmes conservé encore aujourd'hui aux signes les anciennes dénominations; ce qui a donné lieu à deux espèces de zodiaques, l'un par signes, l'autre par constellations; car l'on distingue le signe du bélier de la constellation du bélier, qui autrefois n'était qu'une même chose. Nous disons donc, le soleil entre au signe du bélier quoiqu'il ne soit qu'aux premiers degrés de la constellation des poissons. On sent parfaitement que si nous avions reçu notre astronomie lorsque l'équinoxe était au taureau, nous dirions encore, le jour de l'équinoxe, le soleil entre au taureau.

Les Perses, qui autrefois se servaient des lettres de l'alphabet pour caractères numériques (a), marquent encore aujourd'hui par la lettre A ou par ɩ le signe du taureau; par B ou par 2 celui des gémeaux, etc. De même que les Égyptiens faisaient commencer l'Univers à la balance, et faisaient partir de ce point toutes les sphères, les Perses fixaient la création de toutes choses et le départ des sphères au taureau. Cette dernière création est d'une époque beaucoup plus récente; la plus ancienne de toutes paraît être celle de l'Égypte; c'est celle de la sphère primitive. Le scholiaste de Ptolémée lui-même distingue plusieurs créations, et entre autres la primitive, celle qu'Esculape disait avoir eu lieu sous la balance (b). On appelait, comme nous l'avons vu ail-

---

(a) Chardin, t. 5, p. 84. — (b) Scalig. not. ad Manil., l. 1, v. 125. Scholiast. Tetrabibl. Ptolem.

leurs, création le renouvellement de la Nature au point équinoxial. La plus ancienne qu'on eût chantée était celle qui s'était faite lorsque la balance était à l'équinoxe de printemps, occupé bien des siècles après par le taureau, génie créateur des anciennes théogonies de la Perse, du Japon, etc.; l'Apis des Égyptiens, le Bacchus des Grecs, le Dieu des Accitains, le taureau sacré des Cimbres.

Les Chinois, qui ont reçu leur astronomie vraisemblablement au temps où le solstice d'hiver répondait au milieu du verseau, fixent encore à ce point le commencement de leur zodiaque. Enfin, dans le zodiaque indien des Transactions philosophiques, il paraîtrait que la vierge occupait le solstice d'été. Quoique tous ces peuples sussent bien que les points solsticiaux et équinoxiaux ne répondaient plus aux mêmes astérismes auxquels ils répondaient quand ils reçurent leur astronomie, néanmoins ils ont toujours conservé des monumens qui leur remettaient sous les yeux l'état du ciel à cette époque. Les Égyptiens, comme inventeurs, ont conservé des traces du zodiaque primitif ou de celui qui faisait partir leur année solsticiale du capricorne lorsqu'il coïncidait avec le solstice d'été, et nous avons d'eux un zodiaque imprimé dans le père Kirker et dans cet ouvrage, où le capricorne est effectivement appelé le premier signe, et c'est par lui que commence la division des douze maisons du soleil (a).

On a vu que la division du zodiaque dut partir originairement d'un solstice plutôt que d'un équinoxe; et que ce solstice fut celui d'été, comme nous l'avons prouvé

(a) Œdip., t. 2, part. 2, p. 206.

par l'ordre des calendriers anciens de Géminus, de Ptolemée, etc., ainsi que par les témoignages de Plutarque et d'Hipparque, l'un dans son ouvrage *de placitis philosophorum*, l'autre dans ses Commentaires sur Aratus. On a vu également que les anciens, dans les poëmes qu'ils firent sur l'année et sur le voyage du génie solaire ou d'Hercule dans les douze signes, plaçaient son triomphe sur le lion solsticial à la tête de tous ses travaux. Il est naturel de supposer que les Egyptiens commencèrent à ce point leur division en douze signes, puisqu'on sait qu'ils y commençaient leur année et leur grande période. Voilà donc un zodiaque égyptien fait dans un temps auquel le cancer occupait le solstice d'été, et cependant on y fixe le commencement de la division au capricorne; n'est-il pas évident que c'est l'époque primordiale qu'on a voulu perpétuer? Ce planisphère remonte donc plus haut que le zodiaque indien, qui place la vierge au solstice d'été; et cela a dû être ainsi. Le zodiaque qui rappelle la position de la sphère la plus ancienne a dû se trouver chez le peuple inventeur. Les douze figures tracées dans les douze divisions de ce zodiaque n'ont pas la même simplicité que le zodiaque grec et que le zodiaque indien; elles sont chargées de nouveaux caractères pris des paranatellons qui s'y liaient dans l'âge où il était en usage. Mais on y retrouve toujours les anciens symboles qui font la base principale des nouveaux. Il en résulte seulement des unions monstrueuses dont les prêtres astronomes pénétraient le sens; et la forme même composée de ces emblèmes prouve assez que le peuple inventeur fut celui qui savait les modifier suivant ses besoins, et en faire son écriture sacrée.

La méthode suivant laquelle je viens d'établir mon

hypothèse, n'est pas celle qui m'avait conduit à reconnaître l'accord qui se trouve entre ces symboles et l'état de la terre et du ciel en Égypte, à l'époque de cette invention. Un hasard heureux a tout arrangé; et la place d'un de ces emblèmes bien déterminée a produit l'accord de tous les autres sans que je l'aie cherché. Je ne me proposais rien moins d'abord que de donner un traité sur l'astronomie; j'ai été conduit à ce travail par la suite de mes recherches sur un objet étranger à celui qui m'occupe aujourd'hui. L'incertitude qui règne sur le rapport précis de nos mois avec ceux des Athéniens me faisait chercher l'origine des dénominations données à ces mois. J'avais imaginé qu'elles pouvaient naître ou des signes que le soleil parcourait pendant ces mois ou des étoiles dont le lever fixait le passage du soleil dans chacun des signes.

En effet, j'ai reconnu depuis que le mois marqué par le lever du serpent avait pris le nom d'éthanim chez les Hébreux; que celui qui était fixé par le lever du soir des pléiades, *Ahoraiœ*, et du taureau, portait le nom d'Athur chez les Égyptiens. Je savais que les Athéniens étaient une ancienne colonie d'Égypte, et que c'était en Égypte que tous les philosophes grecs avaient puisé leurs connaissances astronomiques. Je conclus que c'était en Égypte qu'il était naturel de chercher la raison de ces dénominations et l'origine de leur liaison avec les signes. Persuadé depuis long-temps, par le témoignage de toute l'antiquité, que les Égyptiens avaient été les premiers inventeurs de la distribution de l'année et de l'astronomie; et imaginant que les figures des astérismes avaient dû être symboliques chez un peuple qui aimait tant les hiéroglyphes, je commençai par chercher la raison des symboles, afin de mieux apercevoir celles du nom des mois. Parmi ces symboles, il en est un qui présente naturellement l'idée de l'eau, c'est celui du verseau. Supposant, comme les anciens, que l'astronomie était d'origine égyptienne, je ne pouvais regarder ce symbole comme l'emblème des pluies dans un pays où il ne pleut point. Un homme penché sur une urne me parut fort bien représenter le Dieu du Nil et le génie des eaux ou du débordement du fleuve. C'est de cette seule supposition que tout le reste du système est éclos. Quelques étymologies qui semblaient favoriser cette opinion m'engagèrent à placer le verseau et le mois qui y répondait au temps de l'année où le Nil épanche ses eaux avec le plus d'abondance sur les terres de l'Égypte. Aussitôt que j'eus fait ce déplacement dans la position actuelle de nos signes, je fus surpris de voir que le reste des signes s'arrangeait fort bien, et comme de soi-même, sans que j'y eusse encore pensé, avec le climat d'Égypte. Les emblèmes dont le sens était clair, tels que l'écrevisse pour désigner un solstice, et la balance pour signifier un équinoxe, se trouvaient occuper la place qui leur appartient naturellement. Le bœuf agriculteur répondait au commencement des travaux agricoles de l'Égypte, et le soleil parcourait la vierge ou le signe de la moissonneuse en mars, temps où commencent les moissons égyptiennes. Cet accord parfait, et que je n'avais pas cherché, des points cardinaux de la sphère et des deux époques les plus intéressantes de l'année rurale, me frappa et me parut ne pouvoir être l'effet du hasard. Les trois signes qui se trouvaient alors être les premiers à partir du solstice d'été, et qui répondaient aux trois mois du débordement, tous trois symboles naturels de l'eau, ne me parurent pas non plus placés là sans dessein : et j'y vis clairement un sens que je n'y avais pas encore soupçonné. Cet accord avec la Nature, et surtout le hasard qui m'avait conduit à l'apercevoir, m'ont engagé à faire des recherches et des réflexions suivant une autre méthode, et telles que je les ai proposées ci-dessus. C'est le résultat de ce travail que je présente aujourd'hui comme un système sur l'origine du zodiaque, auquel, d'ailleurs, je n'attache pas la même importance qu'à mon travail sur les religions, attendu qu'ici ce ne sont que des conjectures, et que mon travail, au contraire, sur la mythologie a pour base la vérité.

Cette position du zodiaque une fois déterminée, je voulus voir le changement qui en résulterait, soit dans les étoiles polaires, soit dans les astres qui annonçaient les saisons par leur lever et leur coucher. Je savais que les Égyptiens, dès la plus haute antiquité, avaient commencé leur grande période au solstice d'été, au lever de Sirius, et que c'était là comme le point de départ de toutes les périodes : *hoc tempus natale mundi sacerdotes judicant*, dit Solin (*a*). Porphyre en dit autant (*b*). Il est vrai que Porphyre la fait commencer au cancer; mais c'était pour désigner le solstice d'été de son temps, puisqu'il y a eu un renouvellement de cette période, sous le signe du lion ou lorsque le lion occupait ce solstice, comme le prouve bien Fréret qui place le commencement d'une de ces périodes l'an 2782 avant Jésus-Christ; temps où le lion était au solstice (*défense de la Chronologie*). Aussi voyons-nous que les anciens poètes, dans leurs chants, unissent toujours le lion à Sirius pour

---

(*a*) Solin, c. 31. — (*b*) Porphyr. de antro Nymph., p. 264.

désigner les chaleurs solsticiales. La liaison de cet astre avec le capricorne m'était absolument inconnue ; et quoique la position que je supposais avoir été la position primitive de ce signe me parût donner aux autres emblêmes un sens raisonnable et mettre tout à sa place, je craignis que l'ancienne tradition, qui fixait le départ de la sphère et des périodes au lever de Sirius, ne fût un argument contre mon système si cette condition n'était remplie. Le bouleversement que je faisais dans la sphère où tous les signes se trouvaient placés, relativement aux points équinoxiaux et solsticiaux dans un ordre absolument inverse de celui qu'ils avaient environ trois cents ans avant l'ère chrétienne, changeait tous les aspects célestes, et pouvait même donner à Sirius une déclinaison australe si prodigieuse qu'il fût invisible dans la Basse-Égypte, ou que, s'il y était visible, il n'eût aucun lever qui pût annoncer le solstice d'été et fixer le départ d'une période qui commençait au capricorne.

Mais pour voir si mon hypothèse réunissait encore ce nouveau caractère de vérité, je pris un globe que je perçai, et que je traversai d'un axe à l'endroit où les cercles polaires sont coupés par le cercle de latitude qui passe par les premières étoiles du capricorne. Je montai mon globe dans cet état à la latitude de vingt-trois degrés, ou de la Haute-Égypte qui confine à l'Éthiopie, qui fut la première habitée, et où l'astronomie a dû naître ; et je fis descendre le capricorne sous l'horizon occidental, de manière à faire commencer la nuit. Alors je vis que Sirius était la première et la plus belle étoile qui parût à l'horizon oriental, et qu'il avait pu conséquemment, par son lever acronyque, fixer le départ de l'année solsticiale et de la période.

On ne doit pas s'étonner que nous fassions commencer le soir une année et une période (*a*), puisqu'il est vrai que les anciens peuples commencèrent à compter par nuits avant de compter par jours. Les Égyptiens entre autres furent dans cet usage, comme il paraît par Isidore (*b*). Cette manière de compter leur fut commune avec les Athéniens (*c*), avec les Lacédémoniens, avec plusieurs peuples d'Italie, avec les Gaulois, les Germains et tous les peuples du nord. Jules César dit en particulier des Gaulois qu'ils comptent par nuits, et qu'ils marquent *le jour de leur naissance, le commencement des mois et des années*, comme si le jour suivait la nuit. Moïse compte également par le soir les jours de la création. En voilà plus qu'il n'en faut pour justifier notre supposition, et prouver l'antiquité et l'universalité de cet usage.

Sirius se levait donc le soir, presque au midi de l'Égypte, ayant soixante-quinze degrés environ d'amplitude, avec un arc semi-diurne d'environ une heure et demie; et après une courte apparition, il se replongeait sous l'horizon. C'était donc l'étoile du fleuve, puisqu'elle semblait ne paraître que pour annoncer le débordement, et que sa fonction une fois remplie, elle disparaissait peu d'heures après, à cause de la grande déclinaison qu'elle avait alors. Elle venait à l'approche de la nuit avertir le peuple égyptien de se tenir sur ses gardes : c'était le fidèle moniteur qui, tous les ans à la même époque, renouvelait ses avertissemens.

La ressemblance de ses fonctions avec les services que

(*a*) Hyde de vet. Pers. Relig., p. 213. — (*b*) Isid. Orig. l. 5, c. 10. — (*c*) Macrob. Sat., l. 1, c. 3, p. 171.

rend à l'homme le chien fidèle qui veille à sa garde, put la faire comparer à cet animal; on l'appela donc l'*astre-chien* ou *astrokuône* (*a*), nom qu'elle conserve encore aujourd'hui, et l'on peignit dans les étoiles de cette constellation l'image symbolique du chien. Les Égyptiens en firent leur Mercure Anubis, ou leur génie à tête de chien. Plutarque, parlant de ce Mercure, appuie l'interprétation que nous donnons à ce symbole, et l'origine allégorique que nous lui supposons (*b*). Sirius, dans notre système, dut donc être la première constellation extrazodiacale observée, et tenir la première place parmi les étoiles-génies. Plutarque, dans le même ouvrage, confirme encore cette conséquence lorsqu'il nous dit : « Qu'Oromase parsema le ciel d'étoiles, et qu'il leur donna Sirius pour chef (*c*). Nous voyons pareillement, dans le planisphère des marbres de Farnèse, Sirius, dont la tête est ornée de plusieurs rayons lumineux qui semblent caractériser le roi des constellations. Les Éthiopiens, au rapport de Plutarque, rendaient au chien tous les honneurs qu'on rend à un roi, et lui en donnaient le titre (*d*). Le chien à qui on rendait ce culte religieux, est le même sans doute qu'on adorait en Égypte comme le symbole vivant du chien céleste; et le titre de roi qu'on lui donnait ici lui appartenait comme au génie qui était censé avoir présidé au commencement de la grande période et donné l'impulsion à toute la sphère.

(*a*) Hor. Apollo, c. 3. Germ. Cæs., c. 31. — (*b*) Plut. de Isid., p. 355. — (*c*) P. 370. — (*d*) Ce passage de Plutarque pourrait aussi se rapporter au temps où Sirius fixait, soit l'équinoxe de printemps par son coucher, soit le solstice d'été par son lever héliaque.

On ne doit pas être étonné que nous empruntions ici de l'Éthiopie des argumens en faveur de l'astronomie égyptienne ; car nous sommes persuadés que c'est de l'Éthiopie que sont sortis les inventeurs de l'astronomie établis en Égypte. La latitude de vingt-trois degrés, que nous avons supposée pour le lever de Sirius, le jour du solstice d'été, lorsque le capricorne occupait ce point, répond aux limites de l'Égypte et de l'Éthiopie. Nous devrions peut-être attribuer plutôt à l'Éthiopie qu'à l'Égypte l'invention des sciences astronomiques ; mais nous avons nommé les Égyptiens parce qu'ils sont plus connus, et qu'ils ont laissé le plus de monumens dans les derniers âges. Mais, quand il est question de fixer l'époque de l'invention du zodiaque, on doit toujours entendre par l'Égypte la partie qui est au-dessus de Thèbes, laquelle était proprement l'ancienne Égypte (a). Car c'était vers Syenne qu'était véritablement la primitive Égypte (b); les provinces inférieures, ainsi que la Basse-Égypte, étaient moins anciennes. Les Égyptiens eux-mêmes appelaient celle-ci un don du Nil (c).

Quoi qu'il en soit, nous supposons que l'astronomie est née sur les rives du Nil, à vingt-trois degrés environ de latitude ; et quelque dénomination qu'on donne aux habitans de ce climat, il n'en résulte aucune différence pour les preuves physiques qui entrent dans notre système. Lucien fait naître les sciences astronomiques en Éthiopie (d), et de là descendre en Égypte [43]. Cette opinion de Lucien s'accorde parfaitement avec la latitude que nous supposons au lieu qui fut le berceau de l'astronomie, et

---

(a) Plut. adv. Stoic., p. 1064 — (b) Arist. Meteor., l. 1, c. 14.— (c) Herod., l. 2, c. 5. — (d) Lucian de Astrol., p. 985.

que détermine le lever de Sirius à l'époque de l'invention du zodiaque. Cet auteur pensait aussi que les signes étaient hiéroglyphiques. Le nom même de signes, *sémeïa*, qu'on leur a toujours donné, annonce assez des symboles, des affiches ou des annonces.

On trouve Sirius réuni avec le capricorne dans d'anciens monumens; nouvel argument qui semble indiquer la priorité de Sirius, sa qualité de génie qui présida au commencement de l'année astrale, produite par la précession, et établir la liaison de cette constellation avec le capricorne qui occupait le solstice d'été à l'époque de l'invention du zodiaque. Peut-être, au reste, aussi est-ce comme paranatellon qu'il figure.

Après la première ébauche de mon système, je sentis que l'étude des antiquités égyptiennes, qui jusque-là n'était point entrée dans le plan de mes travaux, me devenait nécessaire. Le premier ouvrage que je consultai fut l'OEdipe du savant père Kirker, où l'astronomie se trouve jointe à une profonde érudition. Quelle fut ma surprise quand je trouvai dans cet ouvrage (*a*) un planisphère égyptien qui plaçait à la tête de la division du zodiaque le même signe que celui que j'avais imaginé avoir dû originairement occuper cette place ? J'y retrouvai non-seulement le capricorne, mais encore le génie *Sirius*, *Seth* ou *Sothi*; le Mercure à tête de chien, dont le lever fixait l'entrée du soleil au signe solsticial d'été, et le point de départ des cieux, comme nous l'avons vu plus haut. La case ou la division céleste qui réunit ces deux symboles est désignée par le nom de *regnum sothiacum* ou d'empire de Sothi ; dénomination de Sirius, et de laquelle même la période

---

(*a*) Œdip. Ægypt., l. 2, pars 2, p. 206.

sothiaque ou le cycle caniculaire a pris son nom. Le capricorne y a la queue de poisson comme celui de nos sphères, et ces deux symboles, le *caper* et le chien, le signe du zodiaque et l'astre paranatellon qui fixait l'entrée du soleil dans ce signe, s'y trouvent unis. On voit même le Mercure cynocéphale ou à tête de chien, qui conduit en laisse ce capricorne amphibie. Au premier coup-d'œil, je crus voir dans ce monument une démonstration complète de mon système; un examen plus réfléchi m'a fait réduire cette preuve à sa juste valeur. Ce planisphère représente l'état du ciel dans les derniers âges, et ne remonte pas à deux mille ans avant l'ère chrétienne, temps où le capricorne occupait le solstice d'hiver, et où le lever acronyque de Sirius marquait aussi le passage du soleil dans ce signe. L'union de cet astre et du capricorne, qui eut lieu à l'époque primitive, avait lieu encore, et c'est vraisemblablement cette dernière qui est ici tracée : mais ce qu'il y a de favorable à mon hypothèse, c'est qu'on y fixe là le commencement de la division du zodiaque et l'empire du génie de la période sothiaque; quoique la période sothiaque ne partît point de ce solstice, non plus que la division des douze signes, mais du solstice d'été, dont le capricorne alors était bien loin, et que cette période d'ailleurs ait commencé avant que le capricorne fût au solstice d'hiver, comme le prouve Fréret qui place un de ses renouvellemens dans le temps où le verseau était au solstice d'hiver (a).

Manethon donne lieu de croire, dit Bailly, que la période sothiaque remontait à deux mille sept cent quatre-

---

(a) Défense de la Chron., part 3.

vingt-deux ans avant J. C. Conséquemment, le lion occupait alors le solstice d'été.

La preuve que nous tirons de ce monument, considérée seule et indépendamment de sa liaison avec toutes celles que nous avons déjà apportées du départ d'une période astrale, au lever de Sirius, lorsque le capricorne était au solstice d'été, ne serait pas sans doute décisive; mais elle le devient par sa réunion avec tous les autres, surtout si l'on fait les réflexions suivantes. Le capricorne fut uni à Sirius, au solstice d'été, à l'époque primitive; mais bien des siècles après, il le fut avec le même Sirius au solstice d'hiver. La liaison établie dans le monument est-elle de la première époque ou de la seconde? Nous convenons qu'effectivement ce planisphère est de la seconde; mais nous ajoutons que cette seconde union, non-seulement ne détruit pas la première qui, dans notre système, a existé; mais que le nom de premier des signes, donné au capricorne chez un peuple qui commençait son année et ses périodes au solstice d'été, semble annoncer qu'on eut aussi en vue de perpétuer l'époque primitive.

Cette conjecture reçoit encore un nouveau degré de force par la comparaison que nous pouvons faire de l'union établie entre ces deux symboles dans ce monument avec une cérémonie singulière qui se faisait tous les ans en Égypte, au solstice d'été. Plutarque (a) nous dit qu'aux environs du solstice d'été, ou lorsque Sirius se levait avec le soleil, on obligeait toutes les chèvres de l'Égypte de se tourner vers Sirius, et que cette cérémonie était en mémoire de la période et conforme aux tables astrono-

---

(a) Plut. de Solert. animal., p. 674.

mîques : *Esseque*, dit-il, *id firmissimum documentum tês periodou, maximè tabulis astronomicis consentiens*. Cette cérémonie bizarre établie chez un peuple sage ne semble avoir aucun but dans tout autre système que le nôtre. Dans notre hypothèse, elle a un fondement, et la liaison des symboles est si naturelle, que nous-mêmes, avant d'avoir vu le passage de Plutarque en original, et ne connaissant cette cérémonie que par ce qu'en dit un auteur qui ne parle ni du but de cette fête ni de l'auteur d'où il a tiré ce fait, nous avions conclu et écrit, dans un Mémoire donné à l'académie des inscriptions, que cette cérémonie avait dû être établie pour perpétuer le souvenir du départ de la révolution des fixes et de la première période sothiaque. Lorsque nos recherches nous eurent fait rencontrer le texte même de Plutarque, nous avons été frappés de la justesse de notre conjecture, et nous l'avons regardée comme une démonstration : car le hasard produit rarement de semblables accords. Observons que cette cérémonie se faisait, non pas au solstice d'hiver, mais lorsque Sirius se levait avec le soleil, c'est-à-dire au solstice d'été, et que conséquemment elle marquait la liaison des deux emblèmes astronomiques à la première époque ; qu'elle était un *documentum* ou signe remémoratif, non pas de l'année, comme le dit le traducteur latin, mais de la période, *tês periodou*.

Si l'on adoptait la seconde hypothèse que nous avons proposée sur la méthode de diviser le zodiaque par la succession des levers du soir, la raison de cette cérémonie et la liaison de ces deux emblèmes auraient encore un fondement. L'entrée du soleil au lion était marquée par le lever du matin de Sirius et par l'ascension du soir ou le lever total du capricorne. Cette seconde explication rend l'invention de l'astronomie beaucoup plus moderne ; mais elle n'est pas moins relative à la période dont parle Plutarque.

Par le nom de période, on entendait la période par excellence, la période sothiaque, qui, incontestablement, commençait au solstice d'été. Le nom de période sothiaque est, suivant nous, équivalent à période astrale ; car le nom de sothi donné à l'étoile brillante du grand chien signifiait, en égyptien, ce que signifiait le nom de Sirius dans le Nord. *Syr*, en langue celtique, signifie astre, étoile, d'où les Grecs ont fait leur syrios, nom de l'astre par excellence. Sothi (*a*), en égyptien, prononcé encore aujourd'hui *sodi* (*b*) dans la langue des Brames, signifie aussi une étoile, un astre. Ce n'est pas le seul nom que nous trouvions chez les Indiens, qui ait une origine égyptienne. *Mendès*, nom de Pan et du bouc en égyptien, est encore le nom d'une divinité à tête de bouc qu'on voit dans les grottes d'Yloura. *Nilo* en indien signifie noir ; et il a dû le signifier en égyptien (*c*), puisque toutes les fois que les Arabes, les Hébreux, les Grecs et les Latins ont voulu traduire le nom du Nil, ils l'ont toujours traduit par un mot de leur langue qui signifie noir. Les Hébreux l'appelaient *sichor*, les Éthiopiens *nuchul*, les anciens Latins *melo*, les Grecs *melas*, tous noms qui signifient noir. C'était donc l'idée que présentait le nom de *nilos* dans la langue égyptienne, le même que présente *nilo* en indien. Je ne suivrai pas plus loin les étymologies qui ne sont qu'une partie accessoire, et non la base de mon système.

(*a*) Plut. de Isid., p. 357. Hor. Apoll., l. 1, c. 3. Salm. Ann. Clim., p. 113. Phot. Cod. 242.— *b*. Le Gentil, Voyag. aux Ind., t. 1, p. 246. — *c*. Caes. Cod. Astron., p. 32.

Le planisphère publié par le père Kirker, et où l'on voit Sirius avec le capricorne, avait été envoyé par un Copte que l'auteur avait connu à Rome, et qui le tira du monastère de Saint-Mercure. J'ignorais jusqu'à quel point je pouvais compter sur l'authenticité de ce monument, dont je reconnais aujourd'hui toute la vérité. Mais il résultait de son accord avec mes idées une conséquence toute naturelle : c'est que, si ce planisphère était vraiment égyptien, j'avais bien déterminé le point de départ des signes. S'il n'était pas authentique, par quel hasard s'accordait-il avec mes autres preuves ? Le père Kirker prétend que c'était la sphère des prêtres et des hiérophantes, c'est-à-dire, des dépositaires de la religion et des sciences en Égypte ; que cette division était mystique et relative aux génies qui présidaient à l'ordre du monde, c'est-à-dire, la base fondamentale de leurs mystères et de leur religion astronomique, et conséquemment le calendrier sacré qui n'était pas connu du peuple, et qui contenait la clef de leurs savans symboles. Ce que le père Kirker avait conjecturé se trouve être vrai dans notre hypothèse astronomique sur la mythologie ancienne. Ils regardaient ce signe comme la porte des Dieux et le commencement de leur immortalité.

Nous pourrions faire usage de plusieurs traditions anciennes et de plusieurs opinions religieuses répandues chez divers peuples, qui semblent nous conduire à donner cette priorité au capricorne. Les Chinois placent encore le symbole d'une corne dans leur première constellation, et l'appellent kio ou la corne ; et le père Gaubil appelle ce signe *siderum annales* (a).

(a) Souciet., t. 3, p. 98.

Le zodiaque indien, publié dans les Transactions philosophiques de 1772 (a), semble prouver aussi d'une manière assez naturelle, quoique indirecte, que le capricorne a dû occuper primitivement le solstice d'été. Ce monument est un quadrilatère autour duquel sont distribués les douze signes, de manière qu'aux quatre angles se trouvent la vierge, le sagittaire, les poissons et les gémeaux; et la vierge, répétée une seconde fois, se trouve encore placée au centre du cadre, la tête environnée de rayons. Nous imaginons que ce monument représente l'état du ciel dans l'âge où la vierge occupait le solstice d'été, et où l'équinoxe de printemps répondait aux gémeaux; position qu'ont dû avoir les cieux depuis l'invention de l'astronomie, comme l'a très-bien fait voir Bailly; et voici comme nous procédons pour arriver à cette conclusion. Ceux qui placèrent les douze signes dans l'ordre où ils sont dans ce monument, où il n'y a point d'équateur ni d'écliptique dont l'intersection puisse désigner un commencement du zodiaque, durent naturellement placer aux quatre angles du quadrilatère les quatre signes qui occupaient alors les quatre points cardinaux de la sphère. Ils durent faire du signe qui occupait le solstice d'été le dernier des signes ascendans et le premier des signes descendans; le signe du solstice d'hiver dut être également le dernier des signes descendans et le commencement des signes ascendans. Or, c'est précisément la place que la vierge et les poissons, signes solsticiaux à cette époque, occupent dans ce monument. Tous les animaux sont représentés marchant dans la même direction, tels que le bélier, le

---

(a) Transactions philos., vol. 62, an. 1772, p. 353.

taureau, le lion, et le commencement du mouvement de haut en bas se fait à la vierge, et celui de bas en haut se fait aux poissons. La vierge est donc le terme du mouvement du soleil en ascension, et le point où il commence à descendre pour parcourir les autres signes. Elle occupe donc le solstice d'été ou le trône du soleil, et voilà pourquoi elle est encore une fois répétée et placée au centre du planisphère comme la reine des cieux. Elle est assise, attitude symbolique du repos solsticial, portant sa main à sa tête, c'est-à-dire, désignant de la main la partie la plus élevée des cieux, qu'elle occupait. Après ce signe solsticial, celui qui semble avoir été caractérisé avec le plus de soin dans ce monument, c'est celui qui se trouvait alors à l'équinoxe de printemps, c'est-à-dire, le signe des gémeaux. Dans ce zodiaque, on ne voit point les gémeaux, mais à leur place est le symbole le plus expressif de l'égalité des jours et des nuits, ou d'un équinoxe. On y voit un jeune homme qui soutient deux globes divisés en deux hémisphères égaux, l'un obscur, l'autre lumineux, image naturelle de la terre et du ciel, représentés par ces deux globes le jour de l'équinoxe. *Et medium luci atque umbris jam dividit orbem,* dit Virgile en parlant de la balance équinoxiale. Les autres signes sont presque les mêmes que dans nos sphères : on y retrouve le *vas aquarium* ou l'urne égyptienne, l'oxyrinque ou poisson-épée, uni au capricorne, la balance et l'écrevisse ; mais l'une et l'autre sont éloignées des points équinoxiaux et solsticiaux.

Les deux signes où le génie symbolique paraît plus à découvert dans ce zodiaque, sont 1° la vierge répétée deux fois, ce qui suppose du dessein ; 2° le jeune homme qui porte les globes moitié blancs, moitié noirs, placés à quatre-vingt-dix degrés de la vierge, et qui nécessairement occupe un équinoxe lorsqu'on suppose la vierge à un solstice ; et je regarde comme un nouveau trait de vraisemblance ajouté à ma conjecture, celui qui résulte de cette position respective des deux emblèmes les plus caractéristiques.

Voilà donc encore un monument qui donne une position des cieux fort ancienne, et de beaucoup antérieure à l'époque où la balance et le cancer occupaient, l'une l'équinoxe d'automne, l'autre le solstice d'été. Il paraît donc que ces deux emblèmes n'ont pas été inventés originairement pour désigner ces deux points cardinaux de la sphère, puisqu'ils étaient déjà existans l'un et l'autre bien des siècles avant de pouvoir occuper cette place. Donc ils avaient été inventés pour marquer un autre équinoxe et un autre solstice ; donc c'est à l'équinoxe de printemps et au solstice d'hiver qu'ils durent être primitivement, pour qu'il y ait eu une raison à leur institution et qu'ils aient fixé les époques astronomiques dont ils présentent naturellement l'idée.

Si nous faisons mouvoir les points équinoxiaux suivant l'ordre des signes, ou en sens contraire au mouvement de la précession, jusqu'à ce qu'un de ces emblèmes ait la place qui lui convient, alors toute la sphère se trouve telle qu'elle a dû être à l'époque que je regarde comme celle de l'invention du zodiaque et comme le point du départ de l'année astrale produite par la révolution des fixes. Cet état primitif des cieux, tel que je le conçois, se trouve tracé dans un monument ou pierre gravée que Pluche (a) a fait imprimer sous le nom d'Année des cieux.

(a) Pluch., Hist. du ciel, t. 1, p. 169.

En regardant comme solstice le point le plus élevé de ce cercle zodiacal, le capricorne est le premier des signes descendans, et le sagittaire le dernier des signes ascendans; de manière que le soleil, arrivé au point culminant de sa route, se trouve au commencement du capricorne. Je ne crois pas que ce monument ait été destiné à perpétuer la première position du zodiaque ; c'est plutôt un monument astrologique des derniers âges ; mais il est propre à donner à peu près une idée de l'état du zodiaque à l'époque primitive, pourvu qu'on suppose le sagittaire un peu plus éloigné qu'il ne l'est du sommet de la figure.

Ainsi, nous avons donné au zodiaque une position, suivant laquelle les emblèmes tracés dans chaque signe présentent un sens, et où les noms des douze signes ne sont pas seulement des noms, mais des signes de choses, comme dit Lucien, et forment un calendrier astronomique et rural qui convient à la Haute-Égypte et à l'Éthiopie, et qui ne convient qu'à ce pays. Nous avons montré que, même à cette époque reculée, non-seulement *Sirius* était l'étoile qui annonçait le solstice d'été, condition requise d'après les traditions anciennes, mais qu'il était encore uni au capricorne ; liaison qu'on a eu soin de perpétuer par la cérémonie la plus singulière. Il nous reste à faire quelques recherches sur les constellations qui fixaient alors les principales époques du temps, et par l'usage auquel elles servaient à deviner la raison de leur institution et leur sens allégorique.

En continuant mes observations sur la sphère, dans son état primitif, je remarquai que le lever de Sirius était suivi ou même accompagné de celui de l'hydre. La durée du développement successif des étoiles de cette constellation, et l'idée allégorique qu'elle semble présenter me firent croire qu'elle était comme la mesure astronomique de la durée du débordement (*a*). En effet, il s'écoule précisément trois mois entre le lever acronyque ou le lever du soir des étoiles de la tête et celui de la dernière de la queue de cette constellation. Il me parut assez vraisemblable qu'on avait marqué toute la suite des étoiles qui se levaient le soir tous les jours, depuis le solstice d'été jusqu'à ce qu'au bout de trois mois le soleil entrât au bélier, durée précise de l'inondation, afin d'avoir dans les cieux pendant plusieurs siècles une mesure exacte de cette durée. Le serpent ou l'hydre, animal aquatique, dont la marche tortueuse représente assez bien les sinuosités du fleuve, fournit un symbole assez naturel du Nil débordé (*b*) que peignait la nouvelle constellation. Virgile lui-même compare les replis du serpent, voisins du pôle, aux sinuosités d'un fleuve : *in morem fluminis elabitur anguis* (*c*), *etc.* C'est même la seule supposition par laquelle on puisse expliquer pourquoi l'on a donné à l'hydre céleste une si prodigieuse étendue (*d*), et pourquoi l'on a rempli le ciel de fleuves ou de serpens symboles de fleuves. L'effet de la précession étant de donner aux étoiles un mouvement d'occident en orient, les anciennes mesures furent en défaut au bout d'un certain nombre de siècles. Le même génie symbolique, guidé par le même besoin, créa sans doute, dans les âges suivans, le serpent d'Ophiucus et le fleuve d'Orion qui porte encore en astronomie le nom de Nil. Le serpent d'Ophiucus put fixer la durée du débordement dans

---

a) Theon ad Arat. Phæn., p. 104. — (*b*) P. 113. — *c*) Georg., l. 1, v. 244. — *d*) Hygin., l. 3, c. 39.

le temps où le solstice coïncidait avec le commencement de la balance, et le fleuve d'Orion (a) lorsqu'il coïncidait avec le commencement du sagittaire. Cette conjecture, que j'avais formée sur le sens allégorique de la constellation de l'hydre céleste, a été confirmée dans la suite par une autorité qui semblait devoir la détruire. Jablonski, pour prouver qu'il y avait des différences entre la sphère des Grecs et celle des Égyptiens, cite pour exemple la constellation de l'hydre, à la place de laquelle ces derniers dessinaient le Nil, ou même, dit-il, qu'ils appelaient le Nil. Jablonski cite l'autorité de Théon. Ce qui parut une différence essentielle à Jablonski, loin d'être destructif de mon système, confirme de la manière la plus frappante l'explication allégorique à laquelle m'avait conduit mon hypothèse, et qui était la suite de la fonction que dut faire primitivement cette constellation (b). Cet heureux accord de mes conjectures, avec des faits que j'ignorais d'abord, s'est retrouvé plusieurs fois dans mes recherches, et c'est une des choses qui a le plus servi à me convaincre de la vérité de mon système.

Après avoir examiné l'origine des constellations qui présidaient au solstice d'été, et qui fixaient le commencement du débordement, passons à la seconde époque de l'année rurale égyptienne pour trouver l'origine de quelques autres constellations. On divisait l'année en trois époques principales ou trois saisons; le débordement, le labourage et les récoltes : ces époques sont séparées chacune par un intervalle de quatre mois (c).

(a) Hyg., l. 2, c. 33. — (b) Theon ad Arat. Phæn., p. 150. — (c) Solin, p. 8.

Cette division de l'année en trois saisons qu'on sait avoir eu lieu chez les Égyptiens, et qui a passé chez d'autres peuples, était assez bizarre ailleurs ; mais en Égypte elle était donnée par la nature même du climat. Le Nil se déborde en juillet ; on laboure en novembre ; on récolte en mars ; trois époques intéressantes pour le cultivateur égyptien, et qui ont dû former la première division de ses travaux. Il laboure, recueille et se repose ; et ces intervalles sont fixés par la Nature même à une durée de quatre mois chacun. On peut donc regarder les Égyptiens comme les inventeurs de cette division du temps.

C'est à l'ouverture de leurs travaux en novembre, ou au signe que le soleil parcourait alors, que nous ferons l'application de notre principe. Voyons parmi les constellations extrazodiacales qui se levaient ou se couchaient alors, s'il n'y en avait pas qui, fixant l'entrée du soleil au signe du bœuf agriculteur, présentassent aussi quelque idée relative au labourage. La première et la plus brillante qui s'offre à mes regards, c'est un homme armé d'un fouet, placé sur le taureau, et qui par son coucher héliaque marquait l'entrée du soleil dans ce signe.

Je crus voir du dessein dans les attributs de cette constellation, et le nom d'*arator* qu'elle porte encore aujourd'hui dans Blaeü (*a*) justifiait mes conjectures. Nigidius prétend qu'elle est la même qu'Orus, qui enseigna l'agriculture aux Égyptiens. Tous ces rapports réunis donnaient une espèce de raison de la liaison de cet arator avec le bœuf agriculteur. Néanmoins, comme il paraît être une invention des derniers âges où le cocher, à l'équinoxe de printemps, était censé conduire le char du so-

---

a Cæs. Cœl. Astron., p. 125.

leil, je laisse au temps à décider, et au lecteur à juger de l'origine de cet emblème. Car, quoique je croie qu'il y a des constellations dont les symboles et les noms remontent à la position primitive, je ne pense pas qu'il en soit de même de toutes, et je crois qu'on doit fixer l'époque de leur institution dans l'âge où elles avaient un usage naturel et présentaient un sens net. Il ne faut pas raisonner sur les constellations comme sur les douze signes qui ont été inventés ensemble, et qui ont dû avoir l'origine la plus ancienne de tous les astérismes.

La troisième époque qui nous reste à considérer est celle des récoltes. Quatre mois après que la terre avait été ensemencée, le soleil arrivait dans la constellation de la vierge ou dans le signe de la moissonneuse, et cette entrée était annoncée par le coucher héliaque d'une constellation remarquable par une belle étoile, et qui se couchait au-dessus de la vierge, comme le cocher, quatre mois auparavant, au-dessus du taureau. Cette constellation est le bouvier, *bootès*, dont l'étoile la plus brillante porte le nom d'*arcturus*. On y peignit encore un laboureur (*a*), *icare*, en hébreu; mais au lieu de fouet, on lui mit en main une faucille, et devant lui marchait un char attelé de bœufs pour voiturer ses récoltes, sous le nom de chariot et de bœufs d'icare :

Flectant Icarii Sidera tarda boves,
(Properce.)

La belle étoile de la vierge, dont le coucher précédait de peu de minutes celui d'arcturus, s'appela l'épi ; et on y peignit un épi dans les mains d'une moissonneuse (*b*)

(*a*) Plut. parall., p. 3. 397. Hygin, l. 2, c. 5. — (*b*) German. Cæsar., c. 8.

qui prit elle-même le nom de fille d'Icare ou du laboureur : *Erigone Icarii filia. Itaquè complures Icarium bootem, Erigonem virginem nominaverunt* (a).

La constellation obscure qui se trouve entre Icare et ses bœufs, et qui se levait alors héliaquement avec arcturus, pendant les moissons, fut désignée par un faisceau d'épis, suivant l'ancien manuscrit que consulta Bayer (*Cæs. p.* 134), et garda chez les Arabes le nom d'*husimethon, manipulum seu fascem aristarum*, au lieu de celui de chevelure de Bérénice, qu'elle porte aujourd'hui, depuis Conon et Callimaque. Ces emblèmes, dont le rapport avec les moissons est si naturel, ne semblent pas réunis dans la même partie du ciel sans dessein ; et on sent assez que le génie symbolique qui donna l'existence aux premières constellations créa aussi les autres. La grande ourse précède le lever de l'homme qui porte la faucille, et il semble la conduire devant lui. Les Latins l'appelaient *terio* ou *septemtriones* (b), à cause des sept étoiles brillantes de cette constellation. C'était le nom qu'ils donnaient aux grosses charrettes qu'ils employaient à fouler les épis et à détacher les grains de blé, *à terendis frugibus*. D'autres prétendent que c'était un attelage de bœufs, et alors ce serait la traduction de bœufs d'Icare ou de l'attelage de son char : *Sed ego* (c) *cum Lælio et Varone sentio, qui triones, antiquo vocabulo, boves appellatos scribunt. Antiqui Græcorum* amaxan *dixerunt ; nostri quoquè veteres à bobus junctis septemtriones appellarunt.* Les Égyptiens appelaient ce chariot *vehiculum Osiridis*, le chariot de leur Dieu du labourage.

(a) Hygin, l. 2. — (b) Germ. Cæsar., c. 2. — (c) Aul. l. 2, c. 11. Varro de Ling. lat., l. 6, p. 48.

Ainsi, de quelque manière qu'on envisage cette constellation, soit comme chariot ou même traîneau destiné à écraser le blé, soit comme un attelage de bœufs, elle est toujours un emblème relatif aux moissons. « En effet, comme le dit Goguet (*a*), la pratique la plus usitée dans l'antiquité était de préparer en plein air une place en battant bien la terre, d'y répandre des gerbes et de les faire fouler par des bœufs; il paraît que, du temps de Moïse, c'était la méthode des peuples d'Asie et d'Égypte. En Italie, ajoute le même auteur, on emploie les charrettes et les traîneaux à cet usage, *toriones*. »

Voilà une jeune fille qui tient un épi; accompagnée de son père qui tient lui-même une faucille (*b*), et qui est précédé d'un attelage de bœufs, et entre eux une gerbe de blé. Il serait difficile que des figures jetées au hasard eussent entre elles une liaison aussi intime et des rapports si marqués avec la moisson égyptienne à cette époque, sans que les inventeurs des constellations eussent eu du dessein. La même constellation du bouvier a pu fixer le commencement des moissons en Égypte par son lever acronyque dans les derniers âges, lorsque le solstice d'été coïncidait avec les premiers degrés du lion; ainsi nous ne pouvons pas décider si la faucille qu'il tient à la main est de la sphère primitive, ou si c'est dans la dernière époque qu'on lui mit en main l'instrument symbolique des moissons. Il suffit de voir qu'au moins il y a du dessein dans ces emblèmes, et que, dans l'une et l'autre époque, c'est toujours aux moissons qu'ils ont rapport.

Dans le premier âge, c'est-à-dire pendant tout le temps qu'il a fallu au solstice d'été pour parcourir en sens ré-

---

(*a*) Orig. des lois, t. 1, l. 2. — (*b*) Theon, p. 121.

trograde les trente degrés du sagittaire, l'étoile la plus belle qui parût dans le voisinage du pôle était la lyre ou la constellation du vautour ; elle était comme le pivot sur lequel roulait toute la sphère. Le symbole qu'on y peignit fut un oiseau et un instrument de musique, deux emblèmes bien différens, et que nous allons cependant chercher à rapprocher. Nous insisterons sur l'origine de cette constellation, parce qu'elle fut comme le point central du système céleste, le point de départ de toute la sphère et de l'année astrale ; celle qui fixa l'époque où il faut remonter pour trouver l'origine de toutes les périodes subordonnées à la grande période ; c'est l'étoile dont le retour au pôle doit tout rétablir dans son état primordial.

L'astre le plus apparent au commencement de la grande période ou de la révolution des fixes, qui se trouvait aux environs du pôle, dut naturellement fixer les regards des premiers hommes. La forme de son mouvement, ainsi que la lenteur de sa marche, comparée à celle des autres belles étoiles, fournirent plusieurs emblèmes assez naturels pour la caractériser, et elle était d'un usage trop important pour ne pas la distinguer par un signe. Ceux qui n'envisagèrent que son mouvement circulaire autour du pôle, et qui la voyaient toujours planer et faire la roue dans les cieux, tandis que les autres astres, pour la plupart, se levaient et se couchaient, la comparèrent à l'oiseau qui décrit plusieurs cercles en l'air avant de fondre sur sa proie. On y peignit donc un épervier ou vautour ; et on appela cette nouvelle constellation *vultur cadens* (a), ou le vautour considéré au moment de sa

---

(a) Ulugbeigh., p. 19. Stoffler, c. 14.

chute, pour la distinguer de la constellation de l'aigle, qui s'élevait perpendiculairement vers le zénith, et que l'on nomma *vultur volans*; noms que portent encore ces deux constellations. D'autres, au contraire, ne considérant que la lenteur de son mouvement, l'appelèrent *tardum sidus*, et prirent une tortue pour symbole, et désignèrent par ce nom leur étoile polaire. Elle s'appela donc *testudo*(*a*) en latin, et en grec *kelus*; nom qu'elle conserve encore aujourd'hui; mais comme les premiers instrumens de musique furent montés, dit-on, sur l'écaille de la tortue ou plutôt eurent cette forme, comme la mandoline et le sistre allemand, le nom de *testudo* devint également celui de l'animal et de l'instrument de musique; et la constellation fut dans la suite désignée par ce double emblème. Peut-être celui de lyre n'eut-il lieu que dans les derniers âges, lorsque cette constellation fixa le solstice d'été par son coucher du matin, et l'équinoxe de printemps par son lever du soir; ce qui arrivait dans la Haute-Égypte, lorsque le solstice d'été coïncidait avec les derniers degrés du lion. Le solstice, et conséquemment le débordement du Nil, étaient annoncés pour lors par le coucher du matin de la lyre *testudo*, et par le coucher du soir du corbeau; ce qui a produit une fable égyptienne (*b*) qui a passé chez les Indiens, et qui est conservée dans l'Esour-Vedam (*c*). On représente sur le mont Nilo, dans un étang, une tortue aussi ancienne que le monde, et au bord de l'étang une corneille qui jouit de l'immortalité. C'est sur l'écaille de cette tortue que Mercure, dit-on, avait monté sa lyre; aussi cette cons-

---

(*a*) Tabl. alph., p. 208. — (*b*) Ælian de Animal., l. 6, c. 7. — (*c*) Zend. Avest., t. 1, p. 83.

tellation porte-t-elle le nom de lyre et de Mercure. C'est peut-être lui qui est désigné dans la fable indienne sous le nom de *Saturnano*, premier roi du pays, et que la tortue dit avoir gouverné ce pays avec bonté. Il est également question dans l'histoire des Chinois d'une tortue de mille ans, qui existait sous le règne d'Iao (a), et qui portait écrits sur son dos tous les événemens qui étaient arrivés depuis le commencement du monde. Cette tradition est vraisemblablement égyptienne, et la même qui se retrouve chez les Indiens, et qui fut faite sur le débordement du Nil, dans le temps où le coucher de la lyre, *testudo*, l'annonçait. Le nom de cette tortue en chinois signifiait tortue céleste. Cette constellation était, avons-nous dit, celle dont Mercure avait fait sa lyre, et elle porta le nom de lyre de Mercure (b). Lucien raconte que Mercure trouva une tortue morte, et que sur son écaille il monta sa lyre. Germanicus César dit que cette lyre est celle de nos constellations, et que Mercure trouva cette tortue après la retraite des eaux du Nil (c); c'est le temps où se lève la constellation de la lyre (d). Cet auteur ajoute qu'il y mit neuf cordes; nombre égal à celui des Muses. D'autres disent sept, à cause des sept sphères; d'autres trois, à cause des trois saisons de l'année égyptienne.

Il est important de distinguer la double fonction qu'a faite la lyre, celle d'étoile polaire, dans le premier âge ou à l'époque de l'invention de l'astronomie, et celle de paranatellon ou d'astre qui fixait l'équinoxe de printemps et le solstice d'été dans les derniers âges, lorsque

---

(a) Souciet., t. 3, p. 47. — (b) Hygin, l. 2. German. Cæs., c. 13. Lucian, t. 1, p. 136.—(c) Theon ad Arat. Phœn., p. 135—(d) Hygin., l. 2, c. 6.

la vierge eut quitté ce solstice. Cet emblème se retrouve dans les monumens égyptiens, et dans les fables on fait souvent allusion à ce symbole. Quoique sa dernière fonction soit celle qu'on y ait le plus souvent envisagée, on a besoin quelquefois de remonter à la première époque.

Dans la dernière époque, elle présidait au mouvement ou au départ des sphères, comme les autres génies de l'équinoxe, le cocher ou Pan, le serpentaire ou Esculape, etc. Voilà pourquoi Manilius, liv. 1, dit de cette constellation :

Nunc sidera ducit,
Et rapit immensum mundi revolubilis orbem.
(Manil., l. 1, v. 355.)

Le temps où l'on fait vivre Iao tombe présisément sous le signe équinoxial du taureau. Dans cet âge, ou lorsque le taureau était à l'équinoxe, le lever du soir de la lyre ou de la tortue céleste fixa long-temps l'équinoxe et le départ des sphères.

On y trouvera l'origine et le sens de cette fable, dans laquelle les Chinois supposent que le monde est soutenu par un serpent, à qui une tortue a donné naissance. Kirker, *in China illustrata*, p. 137, nous dit : *Sub numine* FE, *draco volans, quem spiritum aeris et monstrum dicunt, testudinis scuto tectus, conspiciendum se exhibet, quam fabulam à Brachmanibus mutuati aiunt, mundum draconi seu serpenti ex testudine nato insistere.*

La tortue et le dragon *custos hesperidum* sont placés près du pôle, et se lèvent ensemble dans les climats méridionaux ; l'un et l'autre soutiennent le monde, dans ce sens qu'ils sont voisins du pivot ou du pôle. C'est ainsi que le bouvier, *bootès*, et la constellation d'Hercule passaient pour soutenir le ciel, c'est-à-dire le pôle ou l'axe du monde : il en est de même de toutes les constellations circompolaires. Manilius dit d'elles : *Cœlumque et sidera torquent* (a).

On retrouve jusque chez les Hurons et chez les Iroquois une fable de la tortue, dans laquelle il est question du soleil et de la lune : « Ils représentent six hommes dans le monde. Un de ces hommes monte au ciel pour y chercher une femme, nommée Atahensic, avec laquelle il eut un commerce dont on s'aperçut bientôt. Le maître du ciel la précipita du haut de son empire : elle fut reçue sur le dos d'une tortue ; ensuite elle mit au monde deux enfans dont l'un tua l'autre. » Ils disent qu'un de ces enfans est le soleil. Cette fable pourrait être relative à l'équinoxe de printemps, fixé alors par le lever de la tortue et par le coucher de Sirius, astre d'Isis, de cette Isis qui disait d'elle-même : *Ego sum, quæ in sidere canis exorior*; et qui, dans un autre endroit, dit aussi : *Fructus quem perperi est sol*.

Au reste, je ne m'étendrai pas ici sur les différens noms que cette seule constellation a portés dans les derniers âges, et sur les diverses fables auxquelles elle a donné lieu, lorsque, par ses levers et ses couchers, elle fixait les équinoxes et les solstices. C'est ce que je détaillerai dans le traité qui va suivre. Je n'envisage ici cette constellation que dans l'époque primitive, lorsqu'elle était étoile polaire, et je ne considère que les rapports qu'elle avait avec le système général des cieux au temps où je place l'invention du zodiaque et de la sphère.

(a) Manil., l. 1, v. 279.

Dans le temps où la lyre était l'étoile polaire, la constellation de l'aigle fixait le solstice d'été par son coucher héliaque, de manière qu'on pût désigner le point le plus élevé de la course du soleil par le capricorne ou par le quadrupède [44] qui monte le plus haut, et par l'aigle ou l'oiseau qui s'élève le plus. Il est même certain que l'accipiter de l'Égypte, suivant Horus-Apollon (chap. 6), était un symbole de l'élévation : *Altitudinem pingentes pingunt accipitrem.* Clément, dans son cinquième livre des Stromates (a), dit qu'il était le symbole de l'élévation du soleil ; et Avenar nous assure que les Égyptiens peignaient l'accipiter dans la constellation où les Grecs mettaient l'aigle (b).

Au reste, je n'attache pas à mes idées sur l'origine des constellations extrazodiacales, la même importance qu'aux preuves que j'ai apportées en faveur de l'origine des douze signes ; mais quelle que soit l'époque de leur invention, au moins je suis persuadé qu'elles ont un sens relatif à l'état du ciel, à celui de la terre et au passage du soleil dans les différens signes, et qu'on ne peut découvrir ce sens qu'en remontant à la plus haute antiquité, et qu'en suivant les déplacemens successifs de la sphère et des points équinoxiaux produits par la précession. Ce qu'il y a de certain, c'est que, dans l'explication que j'ai donnée des fables par l'astronomie, j'ai retrouvé toujours l'équinoxe au moins au taureau, et qu'alors les figures des constellations étaient déjà inventées ; de manière qu'il faut remonter à cette époque, et même plus haut, pour apercevoir une raison de ces différens emblèmes.

(a) Strom., l. 5, p. 567. — (b) Kirk. Œdip., t. 2, part. 2, p. 204.

Après avoir déterminé la position primitive des cieux, lorsque les hommes créèrent les symboles astronomiques qui nous restent, et avoir fixé la position des points solsticiaux et équinoxiaux, et celle du pôle, relativement aux étoiles à cette époque, nous nous croyons en droit de conclure, par le rapport frappant qu'a une telle sphère avec l'agriculture égyptienne et éthiopienne, que les rives du Nil ont vu naître cette science (*a*); que le zodiaque est l'ouvrage des peuples de ce climat, puisqu'il a un sens chez eux, et qu'il n'en peut avoir que chez eux; qu'enfin, il est à eux, puisqu'il n'est fait que pour eux. Cela se conclut d'après l'hypothèse simple qui suppose un sens à ces emblèmes; hypothèse née de la connaissance que nous avons du génie hiéroglyphique de ces peuples, confirmée par le témoignage de Macrobe et par celui de Lucien qui voyagea dans ces climats, et qui nous dit expressément, en parlant des dénominations données aux astres, qu'elles n'étaient pas seulement *nomina, sed rerum signa*.

Cette conclusion est aussi parfaitement d'accord avec l'opinion reçue chez les Grecs et chez les Romains, que les sciences astronomiques étaient nées en Égypte.

Hérodote (*b*) dit que les Égyptiens sont les premiers inventeurs de la division de l'année en douze mois, et que cette division du temps était calquée sur celle des astres : *Et hæc ex astris excogitasse*; qu'ils furent aussi les auteurs des noms qu'on donnait aux douze grands Dieux, ou, suivant nous, aux douze astres génies protecteurs des signes. Macrobe (*c*) assure qu'ils sont les seuls

---

(*a*) August. de Civ. Dei. l. 18, c. 39-40. — (*b*) Herod., l. 2, c. 4, c. 82. — (*c*) Macrob. Sat. 1, l. 1, c. 12.

qui, dès la plus haute antiquité, aient eu une année bien réglée.

Diodore de Sicile et Strabon assurent que les prêtres égyptiens (a) étaient habiles non-seulement dans la géométrie, mais aussi dans l'astronomie et dans l'astrologie [45]; qu'ils avaient de temps immémorial des tables astronomiques qui marquaient les révolutions des planètes et leurs mouvemens diurnes, stationnaires et rétrogrades, et qu'on y voyait leurs influences sur les êtres sublunaires. Tel était le cercle d'or d'Osymandias, qui avait une coudée de large et trois cent soixante-cinq coudées de tour, où chacune des coudées répondait à un jour de l'année, et où les levers et les couchers d'étoiles étaient marqués, ce qui annonce déjà une astronomie bien ancienne. Mais Achille Tatius (*Isagoge ad Arati Phænomena*, c. 1) dit quelque chose de plus précis : *Ægyptios primos omnium tam cælum, quam terram esse dimensos, ejusque rei scientiam ad posteros incisam columnis propagasse.* En cela il est d'accord avec Macrobe et Lucien. On attribuait à Hermès la division du zodiaque (b).

Martianus Capella (c) introduit l'astronomie qui dit d'elle-même : *Per immensa spatia sæculorum, ne profana loquacitate vulgarer, Ægyptiorum clausa adytis occultabar.*

Court de Gebelin (t. 4, p. 11) convient qu'on aperçoit encore à présent, dans les calendriers des peuples du Nord, des rapports surprenans avec le calendrier égyptien; ce qui suppose, dit-il, une origine commune

---

(a) Diod. Sic., l. 1, c. 9, l. 10, c. 8; Strab., l. 17, p. 816. —
(b) Syncelle, p. 40. — (c) Mart. Capell., l. 8, p. 274.

antérieure au temps des premiers Chaldéens, dont on cite des observations astronomiques depuis plus de mille neuf cents ans avant Alexandre-le-Grand (a).

Je pourrais citer une foule d'auteurs qui attestent le même fait; et si leur suffrage ne prouve pas la vérité que j'avance, il prouve au moins qu'elle n'est point un paradoxe, et que je suis d'accord avec le plus grand nombre des historiens.

Les figures astronomiques que nous avons viennent donc d'Égypte; et il paraît que tous les peuples qui ont ces formes les ont tirées, ou des inventeurs de cette science, ou des peuples qui les avaient reçues de l'Égypte. L'universalité des noms des douze signes qui sont les mêmes en Égypte, dans l'Inde, dans la Perse, dans la Phénicie, dans la Grèce et dans l'Italie, décèle une source commune.

Les Chinois sembleraient d'abord faire une exception; néanmoins on aperçoit dans leur astronomie moderne les traces de l'ancienne astronomie. La révolution qu'a subie chez eux cette science ne nous permet pas de trouver un accord parfait dans leur zodiaque et dans leurs constellations avec les nôtres. On sait qu'ils ont été obligés de créer un zodiaque, de nouvelles constellations, après que l'empereur Tsin-Chi-Hoang eut fait brûler tous les livres astronomiques, et qu'il ne restait plus

---

(a) Bailly, Astron. ancienne, t. 1, p. 182, reconnaît que les Égyptiens avaient pour témoins de l'ancienneté de leurs découvertes astronomiques, leurs pyramides parfaitement bien orientées, l'année de trois cent soixante-cinq jours un quart, connue chez eux dès la plus haute antiquité, et la découverte du vrai mouvement de Mercure et de Vénus, et que l'astronomie dut y être établie au moins trois mille ans avant l'ère chrétienne.

alors, dit le père Souciet (a), que des traditions confuses sur les anciennes constellations. Ce sont ces traditions confuses que nous croyons aujourd'hui apercevoir dans leur nouvelle astronomie, quoiqu'elle nous offre un autre ordre de choses et une distribution particulière. Le capricorne, dans notre hypothèse, était le premier des douze signes. Chez eux la première constellation s'appelle *kio*, qui signifie une corne dans leur langue. Il paraîtrait que, comme le nom d'*aries* signifie chez nous le premier signe, quoique la constellation de ce nom n'y réponde plus, celui de la corne, symbole abrégé du caper, pouvait aussi désigner la première division. Joignez à cela qu'ils donnent au capricorne lui-même une dénomination assez conforme à l'idée de priorité que nous lui attribuons en l'appelant d'un nom que le père Souciet traduit par *Siderum Annales* (b). C'était là en effet que commençait la première époque astronomique, et qu'était fixé le point de départ de l'année astrale ou de la révolution des fixes. Dira-t-on que c'est l'effet du hasard ? Mais cette ressemblance n'est pas la seule que leurs constellations aient avec les nôtres. Le dragon est chez les Chinois, comme chez nous, un animal céleste, comme nous l'avons vu plus haut (c). Ils appellent *mao*, ou l'astre *mao*, l'étoile que nous appelons *maia*. *Mao, lucida pleiadum*, dit Souciet. Ils retinrent ce nom par préférence, parce que cet astre annonçait l'équinoxe de printemps, époque intéressante chez tous les peuples. Ils ont retenu également l'indication du signe qui, dans le même âge, était signe solsticial d'hiver, où ils commençaient leur année ; ils désignent en effet par

---

(a) Souciet, t. 2, p. 2. — (b) T. 3, p. 98. — (c) T. 2, p. 185.

l'eau le signe céleste où nous plaçons le verseau. On retrouve chez eux sur ce signe la même tradition fabuleuse que celle qui nous a été transmise par les Grecs. Ces derniers avaient placé leur Deucalion dans le verseau, et il en porte encore le nom. Les Chinois également ont un Dictionnaire appelé *Eulya* (a), où il est dit expressément que *hiven-mao*, signe céleste (que nous appelons nous *amphora* et *Deucalion*), est le symbole du règne de *Tchouen-Hin*, et désigne cet empereur sous lequel il y eut un grand déluge. Voilà donc le signe du verseau qui, chez les Grecs, s'appelle *Deucalion*, et qui, chez les Chinois, désigne *Tchouen-Hin*, deux princes sous le règne desquels ces deux peuples placent un déluge. Il n'y a évidemment de différent que le nom ; mais le fond de l'histoire est le même, et tombe sur le même signe céleste ou sur le même symbole astronomique. Voilà donc encore un rapport entre l'astronomie chinoise et celle des anciens Grecs, Égyptiens, Phéniciens, etc., qui annonce une filiation commune. Nous avons vu aussi plus haut que leur fable sur la tortue de mille ans ne doit s'entendre que de la constellation appelée *chélus* par les Grecs, et *testudo* par les Latins ; que la tortue allégorique est la tortue céleste, nom qu'elle a exactement dans leur langue. Mais les Chinois ont une suite de douze animaux répondant à un cycle de douze ans, qui ne sont autre chose que nos constellations extrazodiacales ou les paranatellons qui fixaient, par leur lever ou leur coucher, l'entrée du soleil dans chacun de nos signes. C'est ce que je vais faire voir en parcourant les levers et les couchers d'étoiles qui répondent

---

(a. Souciet, t. 3, p. 33.

aux douze signes, auxquelles ces animaux correspondent dans le cycle, tels qu'ils sont rapportés dans le père Gaubil (a). Ce cycle se retrouve dans tout l'Orient, au Catay, chez les Tartares, chez les Turcs, les Arabes, les Perses, les Indiens, chez les Malayens, les Tonquinois, les Siamois, les Japonais, etc. On prétend même que c'est le zodiaque de ces derniers peuples, et que c'était le nom des douze signes primitivement connus en Orient. Cette supposition conjecturale sera détruite par l'explication suivante; et loin d'y voir un second zodiaque différent du nôtre et plus ancien que lui, on verra que ce n'est que la succession des douze astres génies inspecteurs des signes ou des douze constellations extrazodiacales qui étaient en aspect avec eux; ce qui formera une nouvelle preuve de notre hypothèse.

Voici dans quel ordre le père Gaubil nomme ces douze animaux, et les signes auxquels ils correspondent (b).

Verseau.	Rat ou Souris.
Capricorne.	Bœuf.
Sagittaire.	Tigre.
Scorpion.	Lièvre.
Balance.	Dragon.
Vierge.	Serpent.
Lion.	Cheval.
Cancer.	Brebis.
Gémeaux.	Singe.
Taureau.	Poule.
Bélier.	Chien.
Poissons.	Pourceau.

Consultons la suite des levers et des couchers de

(a) Gaubil, t. 1, p. 174. — (b) Hyde de vet. Pers. Relig., p. 215.

constellations sous chaque signe, à l'époque où le taureau occupait l'équinoxe sous la latitude de trente degrés environ.

Le soleil au verseau vers le solstice d'hiver; coucher du soir de la lyre. Parmi les noms que les anciens lui ont donnés, ceux de *mus* et de *musculus* lui sont restés (*a*).

Soleil au capricorne. Lever héliaque d'une partie du sagittaire, vrai centaure. Ces monstres furent, dit-on, peints originairement moitié homme, moitié bœuf, et celui-ci retient encore le nom de *taurus* (*b*). Il répond donc au bœuf du cycle, génie du capricorne.

Soleil au sagittaire. Le loup céleste finit de se lever héliaquement. Il s'appelle aussi *panthera* et *leopardus*, espèce de tigre (*c*). Kirker (*d*) dit que les Hébreux l'appellent *pardus*.

Le soleil au scorpion. Coucher du lièvre.

Le soleil dans la balance. Lever du serpent. Les Hébreux appellent ce mois encore éthanim, et les Égyptiens paophi ou serpent.

Le soleil dans la vierge. Coucher de l'hydre.

Le soleil au lion. Lever du soir du cheval.

Le soleil répond au cancer. Lever de la constellation de Céphée, dans laquelle on peignait autrefois en Orient un berger avec ses moutons (*e*). Ce sont les brebis qui sont désignées dans le dernier des travaux d'Hercule.

Le soleil dans les gémeaux. Coucher du Procyon.

Dans l'explication des fables indiennes, nous avons

(*a*) Cæs. Cœl. Astron., p. 185. Bayer, tab. 8. — (*b*) Cæsius, p. 84. — (*c*) P. 286. — (*d*) Kirker, t. 2, p. 197. — (*e*) Cæsius, p. 114; et Hyde de vet. Pers. Rel., p. 131.

toujours trouvé que Procyon était le fameux singe Hanuman. Il fixe le lever du sagittaire, avec lequel le singe est en aspect (a).

Soleil au taureau. Lever héliaque de la poule et de ses poussins; ce sont les pléiades qu'on a appelées poussinières. On la trouve également placée à la station du bœuf dans le planisphère égyptien de Kirker (b).

Le même auteur (c) met dans la station des pléiades *gallina cum pullis*, et Blaeü, *massa gallinæ* (d).

Soleil au bélier. Lever de Persée. Les Arabes l'appellent *canis* ou caleb et chelub, chien (e). Il a les attributs du fameux Mercure des anciens, qui prit aussi, comme Sirius, le nom de chien : *Ob vigilandi et custodiendi studium*.

Soleil aux poissons. Coucher ou passage au méridien inférieur de la grande ourse que les Syriens appelaient *porcum ferreum*; c'est le pourceau qui accompagne Typhon dans l'histoire d'Osiris; c'est celui qui tue Adonis; c'est le sanglier d'Érymanthe, etc., comme nous l'avons fait voir. Kirker, nous donnant la sphère des Orientaux, dit qu'ils mettent le sanglier dans les constellations à la place de la grande ourse : *Ursæ majoris loco ponunt porcum ferreum* (f).

Il est donc certain que les constellations qui fixaient alors, par leurs levers et leurs couchers, le passage du soleil dans chaque signe, et qui, à ce titre, y présidaient comme génies, se retrouvent dans nos sphères en aspect avec ces mêmes signes à peu près sous les mêmes noms et dans le même ordre.

(a) Kirker, OEdip., t. 2, pars 2, p. 201.—(b) Page 206.—(c) P. 252. — (d) Cæs., p. 37. — (e) P. 120. — (f) Kirker, OEdip., t. 2, pars 2, p. 201.

Peut-on regarder cet accord comme l'effet du hasard, surtout quand on sait que telle était la forme de tous les calendriers anciens ? Attaquera-t-on l'authenticité de plusieurs de ces dénominations différentes données aux constellations ? Mais il en est plusieurs qui ne tiennent rien de la dénomination, et qui se succèdent visiblement dans le ciel, comme les animaux du cycle; tels sont le cheval, les deux serpens et le lièvre qui se suivent dans l'ordre des levers et des couchers immédiatement, comme ils se suivent dans le cycle des Orientaux, et qui répondent aux mêmes signes du zodiaque.

Ce même cheval se trouve placé sous le signe du lion, dans la suite des douze animaux qui sont sous les douze signes dans le fragment du calendrier égyptien trouvé à Rome en 1705, et envoyé à l'Académie des sciences en 1708, par M. Bianchini, monument précieux et trop méprisé par Fontenelle qui n'en comprit pas l'utilité. Les autres animaux n'y sont pas tout-à-fait les mêmes ni dans le même ordre; mais c'est parce qu'ils sont empruntés d'autres constellations. La chèvre céleste, par exemple, qui se lève en aspect avec la balance, est casée, dans ce planisphère, sous la balance, tandis que le planisphère des Orientaux y met un dragon; mais le principe sur lequel il a été construit est le même; c'est-à-dire qu'il est fait sur les aspects des levers et des couchers des constellations avec les douze signes.

Il résulte de cet accord entre les douze animaux des Orientaux et les douze signes du zodiaque : 1° qu'il faut supposer une haute antiquité aux constellations extrazodiacales, puisqu'elles ont servi à former un cycle lorsque le taureau occupait l'équinoxe de printemps trois mille ans avant l'ère vulgaire ; 2° que le cycle des douze animaux n'est pas un zodiaque, en sorte qu'on ne peut pas dire qu'il soit un zodiaque différent du nôtre ; 3° enfin, que les emblèmes astronomiques désignés sous le nom de ces douze animaux sont les mêmes que dans nos sphères, et que cette partie de l'astronomie des Chinois et de tous les Orientaux a une filiation commune avec la nôtre.

Tous ces traits de ressemblance sont comme les débris de leur ancienne astronomie : peut-être qu'une étude approfondie de leur astronomie moderne pourrait y montrer encore de nouveaux rapports.

Enfin, les Américains (a) mêmes, quoique séparés de notre continent par de vastes mers, et inconnus à nos régions pendant tant de siècles, ont conservé des traces d'une communication ancienne avec les nations savantes de l'ancien monde. Les peuples de la rivière des Amazones appellent mâchoire de bœuf les étoiles de la tête du taureau céleste (b). Les Iroquois appellent ourse les mêmes étoiles que nous (c). Ainsi, la constellation voisine du pôle, ou la polaire, qui servait de guide aux anciens pilotes, et le taureau, signe équinoxial de printemps, divinité universelle de tous les peuples, ont échappé à l'ignorance de ces nations. Si ces étoiles ressemblaient à un bœuf ou à une ourse, peut-être pourrait-on supposer que cette ressemblance aurait pu conduire les peuples des deux hémisphères, sans aucune communication, à désigner par le même nom les mêmes étoiles. Mais je soutiens qu'un homme qui ne connaîtrait aucune étoile, et à qui l'on dirait de chercher dans le ciel le taureau et l'ourse, ne choisirait pas les étoiles

---

a) Les Américains en ont conservé quelques noms. — (b) La Condamine, Acad. des Scienc. 1745. — (c) Lafiteau, t. 2, p. 236.

qui portent ces noms. Ainsi, l'accord des peuples qui habitent les deux hémisphères sur le nom de ces astérismes, accord qui ne peut être l'effet du hasard, annonce une ancienne communication.

Il paraît donc par ce Mémoire que l'astronomie part d'une source unique; qu'elle est née sur les bords du Nil, sous le tropique même; qu'elle s'est ensuite propagée chez les différens peuples du monde, à diverses époques; et que l'état du ciel au temps de la distribution des signes, qui est venue jusqu'à nous, était tel, que le solstice d'été devait répondre au capricorne, et que l'équinoxe de printemps, celui qui, chez tous les peuples, a été le plus observé, était alors marqué par le signe hiéroglyphique de la balance.

L'époque de cette invention remonte bien au-delà du terme fixé par nos chronologistes pour la création du monde à laquelle nous sommes bien éloignés de croire; car il nous semble éternel.

Quel que soit à cet égard l'opinion de nos lecteurs, il nous suffit d'avoir trouvé un rapport marqué de notre zodiaque avec le climat de l'Égypte, à une certaine position des équinoxes; accord qui a lieu pour ce pays exclusivement à tout autre. C'est une espèce de démonstration, à moins qu'on ne s'obstine à regarder les symboles tracés dans le zodiaque comme des figures bizarres établies sans aucun dessein. Mais comment se peut-il faire que des figures jetées au hasard et sans objet, les fruits bizarres d'une imagination qui ne se serait proposé aucun but, aient un sens très-naturel et un rapport si marqué avec les époques les plus importantes du calendrier astronomique et rural dans un tel pays et à une telle époque? qu'elles donnent un tableau sensible de l'harmonie de la terre et des cieux? C'est une difficulté que nous laissons à résoudre à ceux qui n'admettent pas notre hypothèse que nous sommes prêts de sacrifier à une meilleure.

Nous ne dissimulons pas que quelques écrivains, tels que le Gentil, ont voulu profiter de nos idées pour attribuer aux Indiens une invention que nous croyons devoir appartenir aux Égyptiens. Mais leur tentative ne nous a pas paru assez heureuse pour nous faire abandonner notre hypothèse. L'astronomie, sans doute, remonte à une très-haute antiquité chez les Indiens, chez les Chinois, comme elle y remontait aussi chez les Chaldéens et chez les Égyptiens. Car quoi de plus ancien que l'idée de chercher dans les cieux des mesures du temps, et de comparer ces diverses mesures entre elles, et avec les mouvemens célestes qui nous les donnent? Mais il ne s'agit pas ici de déterminer l'antiquité de l'astronomie en général et celle de ses calculs, qui, dans un Univers éternel, doit se perdre dans l'immensité des siècles qui nous ont précédés. Les hommes ont pu avoir des tables du ciel et de ses divisions, sans y appliquer des figures hiéroglyphiques, et sans y tracer autre chose que des lignes qui fixassent la position respective des étoiles, et des cercles qui marquassent leurs routes apparentes et les routes réelles des planètes.

Ce n'est point de cela qu'il est ici question. Il s'agit de savoir qui a tracé aux cieux les figures symboliques que nous avons, lesquelles marquent et remplissent les douze divisions de la route annuelle du soleil, et groupent les divers assemblages d'étoiles connues sous le nom de constellations. Il s'agit aussi de savoir à quelle époque du temps, dans les siècles qui ont précédé les âges qui nous sont connus, ces figures hiéroglyphiques dont l'origine nous est inconnue, et que nous trouvons employées plus de deux mille cinq cents ans avant l'ère chrétienne, ont été dessinées dans la sphère. Nous ne parlons pas même de toutes les figures que différens peuples dans l'éternité ont pu y peindre. Nous ne parlons que des figures du zodiaque et des constellations que les astronomes grecs, qui avaient étudié en Égypte, nous ont transmises, et qui se trouvent gravées sur les plus anciens monumens de l'Égypte et de la Perse. Voilà à quoi se réduit toute la question. Or, nous disons que les auteurs anciens, pour la plupart, s'accordent à faire honneur de cette invention aux Égyptiens ; que quelquefois cependant ils en font partager la gloire aux Chaldéens, célèbres dans l'antiquité par leurs connaissances astronomiques. Nous ne voyons pas qu'ils aient attribué cette invention aux Indiens, quoique les Indiens ne fussent pas inconnus aux Grecs, surtout depuis l'expédition d'Alexandre dans l'Inde. Les auteurs qui nous ont parlé des brachmanes ou des philosophes indiens, ne dissimulent pas qu'ils étaient versés dans l'astronomie ; mais ils ne les font pas les inventeurs de cette science ; honneur qu'ils attribuent soit aux Égyptiens, soit aux Chaldéens. Ils ont parlé des connaissances astronomiques des Indiens, comme d'autres auteurs ont parlé de celles des druides qui habitaient notre pays, et qui cependant ne nous en ont laissé aucunes traces. Qu'on ne dise pas que les tables astronomiques des Indiens, et leurs calculs sous certains aspects, présentent l'état de cette science beaucoup plus parfait qu'il ne fut jamais dans l'Égypte. Je réponds à cela que, n'ayant point les tables des Égyptiens, nous ne pouvons pas établir de comparaison fondée. Nous ne connaissons de leur science que ce que les Grecs nous en ont dit; et nous savons que leurs prêtres étaient très-mystérieux, et ne découvraient point aux étrangers les élémens de leur théorie. Il est naturel de penser qu'un peuple, qui avait autant de génie et de suite dans ses observations, a dû porter loin l'astronomie qui était la grande science des prêtres ; sans cela aurait-il passé chez les autres peuples pour l'inventeur même de la science. Le climat de l'Égypte était très-favorable à ces observations, et les besoins du culte encore plus que ceux de l'agriculture les rendaient nécessaires. Je dis de plus que rien ne nous prouve que les tables dont se servent les Indiens soient l'ouvrage des anciens brachmanes et le résultat de leurs observations. En effet, il est très-possible que les savans de l'Inde aient reçu cette science, soit des Chaldéens, soit des Égyptiens, et cela dès la plus haute antiquité. Car enfin, on ne peut pas douter que l'Inde autrefois n'ait communiqué facilement avec l'Égypte par la Mer-Rouge. Ce qui ferait même croire que les Indiens ne sont pas les inventeurs des méthodes qu'ils employaient, c'est qu'ils n'y ajoutent rien, et qu'ils font machinalement leurs calculs comme des hommes dressés à faire usage d'une machine créée par d'autres. Mais enfin, quand bien même encore ils seraient les inventeurs de leurs méthodes, il ne s'ensuivrait pas pour cela qu'ils fussent les inventeurs des figures hiéroglyphiques tracées dans la sphère qui en sont absolument indépendantes, comme nous l'avons déjà observé.

Ce qui nous détermine à les rapporter aux Égyptiens, c'est d'abord que les auteurs anciens leur en font honneur; c'est qu'on y trouve des symboles consacrés également dans leurs temples et dans les cieux ; ce qui lie essentiellement l'astronomie de ces peuples à leur culte ; c'est que, si les Indiens étaient les inventeurs de ces signes, l'éléphant et d'autres animaux particuliers à l'Inde devraient naturellement s'y trouver ; c'est que l'écriture hiéroglyphique s'est conservée, et a été employée en Égypte plus que partout ailleurs, et que les figures des astérismes remontent aux siècles où cette écriture était en usage, et qu'elles en font partie ; c'est que le zodiaque indien, imprimé dans les Transactions philosophiques, offre le poisson oxyrinque uni au capricorne, et que ce poisson est un poisson du Nil, honoré d'un culte spécial dans les temples de l'Égypte. Enfin, il est une dernière considération, c'est qu'il est une époque, dans la suite des siècles qui nous ont précédés, où le zodiaque, tel que nous l'avons, donne une correspondance en grande partie complète avec l'état du ciel et celui de la terre, et cela en Égypte.

Il est vrai qu'il faut remonter bien au-delà des époques chronologiques qui nous sont connues. Mais, outre que nous avons fait voir par l'explication des anciens poëmes, qu'on s'est étrangement mépris en fait de chronologie, et qu'il nous est difficile de remonter bien loin pour établir des dates sûres, nous répéterons ici que dans un monde éternel on ne doit jamais être embarrassé par l'antiquité des époques. Laissons ces scrupules à ceux qui croient que la divinité a limité la durée de cette immense machine, qu'elle remplit d'elle-même à cinq ou six mille tours d'une très-petite planète. Dans l'Univers-Dieu, dans l'Univers éternel, tel que Pline et les plus savans philosophes l'ont conçu, on ne compte point de date. Le temps n'y est pas divisé ; il marche en masse comme la

Nature qui ne connaît ni passé ni avenir, et dans laquelle tout est présent. Les durées sont proportionnées aux masses, et l'éternité y correspond à l'immensité. Il serait même possible qu'en faisant partir la division primitive du capricorne placé au solstice d'été, il y eût déjà plusieurs périodes de vingt-cinq mille ans d'achevées ; car nous n'osons répondre que celle-ci soit la première, et que nous ne soyons qu'au huitième mois ou au huitième signe de la grande période de vingt-cinq mille ans, qui date du capricorne. Néanmoins nous le présumons, quant à l'origine du zodiaque ; car il n'est guère vraisemblable que les sciences se conservent dans un même pays pendant un si long espace de temps. Tout change dans la Nature : les arts et les sciences, comme le soleil, promènent leur lumière autour du globe durant l'immensité des siècles. Tel pays qui jouissait de leur lumière bienfaisante passa ensuite dans la nuit de l'ignorance et de la barbarie. Ce sont ces réflexions qui nous ont fait reculer seulement de quatorze à quinze mille ans avant notre siècle l'invention, non pas de l'astronomie, mais celle des figures hiéroglyphiques tracées dans le zodiaque que les Grecs ont reçu des Égyptiens et des Chaldéens, et que nous avons encore aujourd'hui.

Quant aux autres figures ou aux constellations extrazodiacales, nous convenons qu'il en est plusieurs qui sont des siècles postérieurs, et dont l'origine ne remonte pas à une si haute antiquité. Nous en parlerons dans le traité suivant, et nous rappellerons les diverses fables qu'on a pu faire dessus, ainsi que sur les signes du zodiaque, et dans lesquelles on leur attribue une origine historique, qui n'est autre chose que le résultat des diverses fictions qui ont été faites dessus par différens poëtes.

TABLEAU

HISTORIQUE, EXPLICATIF ET NOMINATIF

DES SIGNES DU ZODIAQUE

ET DES AUTRES CONSTELLATIONS,

précédé

D'UN TRAITÉ ABRÉGE DE LA SPHÈRE

ET DES DIVISIONS DU ZODIAQUE.

DE LA SPHÈRE
ET DE SES PARTIES.

PREMIÈRE SECTION.

Après avoir proposé nos conjectures sur l'antiquité du zodiaque et sur l'origine des images qui y ont été tracées, ainsi que dans les autres parties du ciel, il est naturel que nous fassions connaître ces diverses images ou figures symboliques, connues sous le nom de constellations, et que nous donnions les noms différens qu'elles ont portés et un précis des petites fables qu'on a faites dessus. Mais, avant d'entrer dans ces détails, nous croyons devoir offrir au lecteur un tableau abrégé de la sphère et de ses divisions, connaissance que nous jugeons indispensable pour l'intelligence de notre travail. Peut-être aurait-on désiré que ce petit traité fût mis à la tête de l'ouvrage pour initier le lecteur à la connaissance des phénomènes cosmiques. Mais, outre que c'eût été interrompre le plan de notre grand travail, et couper le fil de nos idées, nous avons atteint en grande partie ce but dans les premiers chapitres du second livre, en traçant la manière dont l'homme a créé ses idées sur la Nature et sur les mouvemens de la sphère et des différens corps lumineux dont l'azur des cieux est semé. Ce que nous dirons ici ne sera pas une répétition, mais un précis plus didactique que le lecteur pourra toujours consulter lorsqu'il voudra donner à ces notions plus de suite et de méthode.

De la Sphère.

On appelle sphère une boule, un solide arrondi dans tous les sens, une surface dont tous les points de la convexité et de la concavité sont également éloignés d'un point commun auquel aboutissent tous les rayons, et que l'on appelle centre. La terre est ce point relativement à la concavité des cieux, sur laquelle sont disséminés les astres, et où les corps lumineux paraissent voyager. Tous les rayons de lumière qui partent de cette voûte viennent se réunir dans l'œil de l'observateur placé sur la terre, laquelle n'est, relativement à lui, qu'une surface plane et circulaire dont il occupe le centre. La circonférence de cette surface prolongée dans les cieux, coupe circulairement la sphère céleste en deux moitiés, l'une visible qui s'élève au-dessus de nos têtes, et l'autre invisible qui s'abaisse au-dessous de nos pieds, et au-dessous de la surface plane que nous foulons en marchant. Là s'arrêtent nos regards qui ne peuvent jamais voir que la moitié de la sphère concave dont nous occupons le centre, et dont l'autre moitié nous est éternellement cachée, quand nous restons en place, par la surface en apparence plane sur laquelle nous appuyons nos pas, ou par l'épaisseur de la terre.

De l'Horizon.

Ce cercle, qui détermine notre vue tout autour de nous, qui semble posé sur la cime des montagnes éloignées qui nous environnent, et soutenir la calotte sphérique qui s'élève au-dessus de nos têtes, se nomme en grec l'horizon, en latin le cercle terminateur; car il est le terme de notre vue à partir du sommet des cieux, dans quelque sens que s'abaissent nos regards en descendant de la voûte sphérique qui nous enveloppe jusqu'à quatre-vingt-dix degrés de ce sommet. C'est-là l'horizon sensible ; car l'horizon visible peut, par des circonstances locales, borner notre vue plus haut.

Zénith et Nadir.

Ce point, que j'appelle sommet des cieux, est celui qui est placé perpendiculairement sur nos têtes, et que la direction d'un fil à plomb marque toujours dans le ciel. Les Arabes le nomment zénith. Le prolongement du fil à plomb à travers la surface que nous foulons aux pieds, passerait par le centre de la terre et irait fixer dans l'autre moitié du ciel, qui est sous nous, un point opposé qui aboutirait aussi au sommet de la voûte invisible. On le nomme nadir. C'est le zénith de ceux qui habitent l'hémisphère opposé au nôtre, et qui appuient leurs pas sur la partie de la terre qui forme comme le revers de la surface, en apparence plane, que nous foulons aux pieds.

Antipodes.

Ces peuples s'appellent nos *Antipodes*, ou peuples dont les pieds sont opposés aux nôtres. J'ai dit de la surface en apparence plane : car ceci n'est qu'une apparence. La terre, dans la réalité, est elle-même un corps presque sphérique ou une grosse boule, dont la surface est habitée dans tous les sens. Mais quand on considère un point de cette surface d'un petit nombre de lieues de rayon, la courbure de la terre approche sensiblement d'un plan, et paraît telle à l'œil, sur quelque point de la terre que l'on suppose placé l'observateur. Ainsi, l'homme qui ferait le tour de la terre, voyageant réellement sur la surface courbe d'un corps sphérique, croirait néanmoins toujours marcher sur un plan indéfiniment prolongé. La ligne perpendiculaire qui passe par sa tête et ses pieds, et qui aboutit au zénith et au nadir, aurait l'air de se mouvoir constamment parallèlement à elle-même, quand il ne considérerait que la terre. Mais s'il regardait aux cieux, il verrait bientôt qu'elle ne passe pas par les mêmes points; que son extrémité paraît mobile comme lui, et qu'elle forme des angles avec sa première direction, angles d'autant plus grands qu'il a fait sur la terre plus de chemin, de manière qu'il arriverait un moment où l'angle deviendrait de cent quatre-vingts degrés, c'est-à-dire, que les deux directions n'en feraient plus qu'une, continuée dans les deux sens opposés. C'est alors que son ancien zénith deviendrait son nadir, et son ancien nadir un nouveau zénith. Alors il aurait parcouru la moitié de la circonférence du globe terrestre, et ses pas s'appuieraient sur la terre en sens opposé à celui dans lequel ils s'y appuyaient au moment de son départ. Alors il serait arrivé aux antipodes du lieu d'où on le suppose parti. Il aurait un nouvel horizon au-dessus duquel s'élèverait la moitié du ciel, qui dans la première position lui était invisible, et au-dessous duquel s'abaisserait celle qui était auparavant visible. Alors il verrait tous les corps célestes qui sont disséminés sur la voûte qui lui avait été d'abord invisible, et il ne verrait plus aucun de ceux qui éclairaient la voûte qui lui avait été d'abord visible. C'est ainsi qu'en parcourant la moitié de la circonférence du globe terrestre, il serait parvenu à voir toute la circonférence de la sphère concave qui enveloppe la terre dans tous les sens. Sans cela, s'il eût toujours resté fixe au centre du même horizon, il eût été condamné à ne voir jamais que la moitié des corps célestes, en supposant toutefois que les corps célestes et la voûte à laquelle ils semblent attachés fussent sans mouvement, et que le globe terrestre sur lequel il est placé lui-même fût immobile. Heureusement pour lui cela n'est pas, et il n'a pas besoin de voyager pour que les corps des diverses parties de la sphère céleste deviennent visibles pour lui. Il y a un mouvement réel de la part de la terre sur laquelle s'appuient ses pas, et conséquemment de tout l'horizon dont il est lui-même le centre. Ce mouvement réel et circulaire de la terre et de l'horizon terrestre lui cache et lui découvre successivement les diverses parties du ciel, comme s'il voyageait lui-même autour de la terre immobile, comme nous l'avions supposée d'abord. Lorsque la terre, tournant sur elle-même, aura fait une demi-révolution, il se trouvera exactement placé relativement au ciel, comme s'il eût parcouru sur la terre une demi-circonférence du globe. Il aura sur sa tête la voûte qui était d'abord dessous, et dessous la voûte qui était dessus, en supposant néanmoins qu'il soit placé sur la terre à égale distance des deux pivots sur lesquels roule la terre.

Pôles.

Ces pivots se nomment les pôles de la terre, et la circonférence circulaire qui environne la terre, et qui se trouve placée à égale distance des deux pivots, se nomme l'équateur terrestre.

Équateur.

Ce que je dis ici s'applique donc à ceux qui habitent

sous l'équateur terrestre ; les autres participent à ce phénomène plus ou moins, à proportion qu'ils sont plus ou moins éloignés de ce cercle équatorial, ou, pour parler en termes de l'art, en raison inverse de leur latitude sur la terre.

Ce mouvement réel de la part de la terre autour de son axe ou autour de la ligne que l'on suppose passer par son centre et aboutir aux deux pivots sur lesquels elle roule, se répète aux cieux et y produit un mouvement apparent que l'observateur peu instruit, qui se croit sur une terre immobile, prend pour un mouvement réel. L'axe de la terre prolongé, ou la ligne droite qui, passant par le centre, enfile dans sa direction les deux pivots, va marquer deux points fixes aux cieux, l'un dans l'hémisphère visible, et l'autre dans l'hémisphère invisible, qui deviennent les pivots apparens du mouvement apparent de la sphère céleste. Il en est de même de l'équateur terrestre ou du cercle qu'on imagine sur la terre placé à égale distance des deux pivots terrestres. Il se répète aux cieux, et il y devient un grand cercle qui se meut avec un mouvement très-rapide, et qui coupe la sphère céleste à égale distance des deux pivots apparens ou des deux pôles célestes. J'ai parlé de lignes, d'axes, et de grands cercles qu'on imagine : car il n'y a rien ici qui ne soit le fruit de l'imagination. Il n'y a de réel et de sensible à l'œil que la voûte des cieux, qui elle-même, rigoureusement parlant, n'est qu'une illusion optique, que la surface de la terre, que le mouvement qui se manifeste à nous, et que le cercle de l'horizon, qui semble être le terme de ses mouvemens, ou au moins qui nous empêche de les suivre dans la totalité de la rotation des cieux.

Non-seulement l'équateur terrestre se répète dans les cieux, et devient un immense équateur céleste ; mais encore tous les cercles parallèles à l'équateur terrestre qu'on appelle cercle de longitude, se répètent aussi et deviennent aux cieux des parallèles à l'équateur, que coupent perpendiculairement les cercles de déclinaison, lesquels fixent la position des astres, relativement à l'équateur céleste, comme les cercles de latitude et de longitude sur la terre déterminent celle des villes relativement à l'équateur terrestre et au premier méridien.

Car il est bon d'observer que ce qu'on appelle sur la terre latitude, s'appelle au ciel déclinaison ; comme ce qu'on y appelle longitude ou distance au premier méridien, répond au ciel à ce qu'on appelle ascension droite, ou distance au colure des équinoxes ou au point d'*aries*, compté le long de l'équateur. Ce cercle équatorial partage la sphère en deux hémisphères, l'un boréal, l'autre austral, et les écarts de chaque côté de ce cercle s'appellent déclinaisons boréales ou australes, suivant que les astres sont sur les cercles qui s'éloignent de l'équateur vers le nord ou vers le midi.

Ces cercles parallèles, en s'éloignant de l'équateur, vont en diminuant de circonférence, jusqu'à ce qu'ils se rétrécissent assez pour n'être plus qu'un point. C'est le pôle ou le pivot, point circulaire sans étendue comme sans mouvement apparent, mais qui est le centre du mouvement apparent de tous les autres cercles, et qui nous marque aux cieux le point autour duquel roule toute la machine du monde.

Il est placé, dans ces siècles-ci, près de l'extrémité de la queue de la petite ourse, constellation dont nous aurons bientôt occasion de parler. On le nomme pôle arctique ou de l'ourse, pôle du nord, pôle boréal ou septentrional, pôle élevé sur notre horizon, par opposition au pôle antarctique, ou de la voûte invisible, qui est autant abaissé au-dessous que celui-ci est élevé au-dessus.

Latitude terrestre.

Son élévation à Paris est de quarante-huit degrés cinquante minutes. C'est la latitude de Paris, ou la distance perpendiculaire qui sépare le cercle parallèle sur lequel est Paris, de l'équateur ou du grand cercle terrestre, auquel est parallèle le cercle sur lequel se trouve Paris : car la hauteur du pôle céleste, ou son élévation au-dessus de l'horizon pour un lieu donné, est toujours égale à sa latitude, et l'exprime.

Cercle arctique.

Depuis ce point jusqu'à terre ou jusqu'à l'horizon, on conçoit un rayon de quarante-huit degrés cinquante minutes, qui, se mouvant circulairement autour du pôle en tout sens, engendre un cercle qui comprend les routes de tous les astres qui ne sont pas éloignés du pôle de plus de quarante-huit degrés cinquante minutes. Ce cercle était appelé par les anciens le cercle arctique (a). On sent bien que ce cercle variait de grandeur, à raison du plus ou moins de latitude ou d'élévation du pôle qu'avait un pays donné. Il touchait l'horizon en un point par sa partie la plus basse, de manière que le plan de l'horizon devenait plan tangent à la circonférence inférieure du cercle arctique, qu'il ne faut pas confondre avec le cercle

---

(a) Procl., c. 2.

polaire. De la nature même de ce cercle, il résulte que tous les astres qui étaient inclus dans cette calotte sphérique, jusqu'au pôle qui en était le centre, comme il l'était de tous les autres cercles, étaient perpétuellement au-dessus de l'horizon de ce pays-là, puisque le cercle qui les renfermait tous n'était pas lui-même échancré par l'horizon, et n'avait avec lui qu'un point de contact. Donc tous ces astres semblaient se mouvoir circulairement dans l'intérieur de ce cercle arctique, tantôt en haut, tantôt en bas, mais toujours dans l'hémisphère supérieur et visible. De ce nombre sont pour nos pays les ourses, le dragon, Céphée, Cassiopée, une grande partie du cocher, Persée.

En général tous les astres dont la déclinaison est plus grande que le complément de la hauteur du pôle, ou dont le complément de la déclinaison est plus petit que la hauteur du pôle de même nom, sont perpétuellement sur l'horizon, et ne peuvent ni se lever ni se coucher. On appelle complément de la déclinaison et de la hauteur du pôle, ce qu'il s'en faut que la déclinaison et la hauteur du pôle égalent quatre-vingt-dix degrés. Aussi à Paris, tout astre qui a plus de quarante-un degrés dix minutes de déclinaison, complément de quarante-huit degrés cinquante minutes, hauteur du pôle, ne se couche jamais. Au-delà de ce cercle, les astres qui sont éloignés du pôle de plus de quarante-huit degrés cinquante minutes, ou de l'équateur moins de quarante-un degrés dix minutes, descendent sous l'horizon, et y achèvent une partie plus ou moins grande de leur révolution, à proportion qu'ils sont plus éloignés du pôle ou plus près de l'équateur, cercle coupé exactement en deux par l'horizon.

Les astres placés dans l'équateur circulent par le mouvement apparent le plus rapide, comme étant situés dans un des grands cercles de la sphère, et devant achever leur révolution dans le même espace de temps que ceux qui sont placés dans les plus petits, et qui, par la même raison, semblent circuler plus lentement. L'équateur étant un grand cercle de la sphère, ainsi que l'horizon, comme tous les grands cercles d'une sphère quelconque se coupent nécessairement en deux parties égales, la moitié de l'équateur est toujours sur l'horizon, et l'autre moitié dessous; de façon que les astres qui circulent dans l'équateur sont visibles pendant une moitié de leur révolution, et invisibles pendant l'autre. Donc les cercles des astres qui ne sont pas dans l'équateur sont coupés inégalement par l'horizon. L'effet de cette inégalité est que la partie élevée au-dessus de l'horizon soit la plus grande pour tous les astres qui sont dans la partie boréale ou entre l'équateur et le cercle arctique, sous lequel la totalité du cercle est entièrement au-dessus de l'horizon. C'est le contraire pour ceux qui sont au-delà de l'équateur ou sur les parallèles qui se trouvent entre ce cercle, jusqu'à la distance de quarante-un degrés dix minutes, élévation de l'équateur au-dessus de l'horizon, quand celle du pôle est de quarante-huit degrés cinquante minutes. A ce terme commence le cercle antarctique qui comprend les astres toujours visibles chez nos antipodes. Là les routes des astres sont tellement coupées par l'horizon, qu'elles finissent par n'avoir plus qu'un point de contact avec lui par leur partie supérieure, et que le reste, ou plutôt la totalité de leur cercle, est entièrement abaissé sous l'horizon. Au-delà de cet éloignement de l'équateur, c'est-à-dire, de quarante-un degrés dix minutes pour Paris, tous les astres jusqu'au pôle inférieur ou antarctique sont invisibles pour nous. Ainsi, depuis le pôle élevé ou le pôle boréal jusqu'à quarante-huit degrés cinquante minutes d'éloignement du pôle, les astres sont toujours sur notre horizon, et seraient toujours visibles si le soleil ne nous empêchait pas de les voir, en les éclipsant par la lumière du jour. Mais dès que le crépuscule qui précède la nuit commence, on les aperçoit jusqu'au crépuscule du matin; et cela dans toutes les saisons et tous les jours. Les astres qui se trouvent placés depuis ce cercle jusqu'à l'équateur ne sont pas visibles durant toute leur révolution; mais néanmoins ils le sont dans une grande partie, et ils sont cachés moins de temps qu'ils ne sont visibles; et cela à proportion qu'ils sont plus éloignés de l'équateur, ou moins distans du pôle élevé. Dans l'équateur ils sont autant de temps cachés qu'ils sont visibles. Au-delà de l'équateur, en allant vers le pôle abaissé, ils sont plus long-temps invisibles qu'ils ne sont visibles, tellement, qu'au-delà de la distance à l'équateur de quarante-un degrés dix minutes pour Paris, ils cessent d'être visibles. La durée de leur apparition est d'autant plus courte, qu'ils sont plus éloignés de l'équateur ou qu'ils ont plus de déclinaison, puisqu'on appelle déclinaison, pour les astres, la distance perpendiculaire de leur parallèle au cercle de l'équateur, qui est le terme *zéro* de toutes les déclinaisons, soit au nord, soit au midi, ou soit boréales, soit australes. C'est non-seulement la distance dont les astres sont de l'équateur, ou leur déclinaison qui fait varier la durée de leur apparition sur notre horizon; mais cette durée varie encore par la position où se trouve placé sur la terre l'observateur ou la position respective de son horizon avec l'équateur et avec le pôle.

Sphère parallèle.

Car il y a trois manières dont l'horizon peut être placé relativement au pôle. Si l'observateur est au pôle même de la terre, ce qui est presque impossible, car jusqu'à présent on n'y a pas pénétré, alors il a sur sa tête le pôle céleste, et l'équateur céleste est dans son horizon. Donc tous les astres, se mouvant dans des parallèles à l'équateur, paraissent se mouvoir là aussi dans des routes parallèles à l'horizon ou dans des azimuths, puisque l'horizon et l'équateur sont confondus dans cette supposition. Donc il n'y a pour lui ni lever ni coucher des astres, si ce n'est pour les planètes, qui tantôt voyagent au-dessus, tantôt au-dessous de l'horizon. Cette position s'appelle sphère droite. Le soleil, qui est six mois au-dessus de l'équateur, se trouve aussi six mois de suite au-dessus de l'horizon d'un tel observateur ; et réciproquement six mois au-dessous, puisqu'il voyage aussi pendant six mois au-dessous de l'équateur.

Sphère droite.

Pour celui qui est sur l'équateur terrestre, et qui, conséquemment, voit circuler perpendiculairement sur sa tête et par son zénith l'équateur céleste, il voit les astres de l'équateur et tous ceux des parallèles à l'équateur s'élever perpendiculairement sur son horizon ; ce qui s'appelle avoir la sphère droite ou perpendiculaire. Comme l'équateur ne peut être coupé qu'en deux parties égales par l'horizon, parce qu'ils sont tous deux de grands cercles, et qu'il est de la nature des grands cercles de se couper également ou en deux portions égales, il y a donc une moitié de la route des astres cachée, et l'autre visible. En effet, dans cette position, ces deux grands cercles, étant perpendiculaires l'un à l'autre, passent par le pôle l'un de l'autre, puisque tout pôle est placé perpendiculairement au plan de chaque cercle dont il est pôle. Donc, de même que l'équateur passe par le zénith de cet observateur ou par le pôle de son horizon, de même l'horizon passe par les pôles de l'équateur, qui sont ceux du monde ; mais il ne peut passer par les pôles qu'il ne passe par les extrémités de la ligne qu'on appelle axe, et qui enfile les centres de tous les petits cercles parallèles à l'équateur. Donc tous ces cercles, qui sont les routes des divers astres, et sur lesquels ils sont placés à une distance proportionnelle à leur déclinaison, sont coupés par le centre, et conséquemment en deux par l'horizon. Donc ils sont visibles durant la moitié de leur révolution, et invisibles pendant l'autre moitié, à quelque distance qu'ils soient placés du pôle, ou quelle que soit leur déclinaison. Voilà quels sont les phénomènes de la sphère droite ou de la position de la sphère pour un observateur situé sur l'équateur terrestre, ou sous ce qu'on appelle la ligne.

Sphère oblique.

Il est une troisième position de la sphère ; et celle-là est la plus commune. C'est la position oblique ou celle d'un homme qui n'habite ni sous le pôle ni sous la ligne, mais dans tous les points ou sous toutes les latitudes intermédiaires ; à Paris, par exemple, près du quarante-neuvième degré de latitude. Là, tous les astres se meuvent obliquement et tiennent des deux directions, savoir : de la direction parallèle qui est celle de l'habitant du pôle, et de la direction perpendiculaire qui est celle de celui qui vit sous la ligne. La direction oblique des astres approche plus ou moins du parallélisme et de la perpendicularité, que l'observateur habite plus ou moins près du pôle ou de l'équateur. A l'équateur, les astres restent visibles douze heures, et douze heures invisibles. Au pôle, ceux qui sont visibles le sont toujours ; mais on n'y voit que la moitié des étoiles. Dans la position oblique ils sont visibles treize, quatorze heures, etc., jusqu'à vingt-quatre heures. Ceux qui passent ce terme sont toujours visibles. Cette progression de durée de l'arc visible d'un astre, appliquée au soleil, qui s'avance d'un tropique à l'autre, et qui, par son mouvement en déclinaison, produit une augmentation ou une diminution de durée pour les jours et les nuits, donne une progression ou échelle graduée de demi-heure en demi-heure pour la plus grande durée des jours.

Climats.

C'est cette échelle qui détermine les climats. Ainsi l'observateur, qui s'éloigne de l'équateur et qui s'achemine vers un des pôles, lorsqu'il a voyagé assez, ou acquis assez de latitude terrestre, pour que la durée de son plus grand jour excède d'une demi-heure celle du plus grand jour sous l'équateur, laquelle est constamment de douze heures, alors il est arrivé à la fin du premier climat et il va passer au second. Lorsqu'il aura son plus long jour de treize heures, il aura passé le second climat, et il se trouvera au commencement du troisième, etc. Ainsi l'habitant de Paris, qui a son plus grand jour de seize heures, ou dont le plus grand jour excède douze heures de la quantité de huit demi-heures, a franchi le huitième climat, et il est au commencement du neuvième. Lorsqu'on passe le cercle polaire, où les plus grands jours vont à vingt-quatre heures, à plusieurs jours, à plusieurs mois, jusqu'à ce qu'ils deviennent au pôle des jours de six mois, alors les climats ne se comptent plus que par mois. Chaque accroissement d'un mois dans la durée d'un jour donne un nouveau climat. Voilà à quoi se réduit la théorie des climats, laquelle dépend de la latitude du lieu qu'on habite, et de la durée du plus grand jour, relativement à ce lieu. L'équateur est le point o des climats, et les pôles en sont le *maximum*. On sent que le changement de climat influe sur la durée de l'apparition de tous les astres fixes ou mobiles; qu'il nous en cache que nous voyons; qu'il nous en découvre que nous ne voyons pas; qu'il en rend visibles toujours certains qui ne l'étaient qu'en partie, en agrandissant le cercle arctique, et qu'il en fait coucher qui ne se couchaient jamais, en le rétrécissant.

On voit donc que la distance des astres à l'équateur céleste, et l'élévation du pôle sur l'horizon ou la latitude du lieu où l'on observe, décident du plus ou moins de durée de leur apparition. Donc il est important de bien connaître ces deux élémens et leur position relativement à l'horizon, pour un lieu donné, ou à une latitude donnée. L'horizon s'aperçoit à l'œil; c'est le terme de notre vue, quand nous sommes élevés pour qu'aucun des corps terrestres voisins de nous ne gêne notre vue: c'est la ligne circulaire dans laquelle le ciel semble se confondre avec la terre, à quatre-vingt-dix degrés de distance du zénith.

Le pôle se reconnaîtra dans une belle nuit, lorsque,

regardant au nord à une certaine hauteur, plus grande que la moitié du ciel pour Paris, on observera le centre de tous les mouvemens des étoiles autour d'un point sensiblement immobile, placé vers l'extrémité de la queue de la petite ourse, et que l'on trouve vers le milieu d'une ligne tirée du grand chariot à Cassiopée, ou à la constellation brillante qui forme une espèce d'*y* grec opposé à la grande ourse ou au chariot.

Quand on aura trouvé ce point, on s'éloignera de ce centre de quatre-vingt-dix degrés ou d'un quart de cercle, et l'on rencontrera l'équateur ou un cercle dans lequel les astres se meuvent sur la plus grande circonférence et avec la plus grande rapidité possible. Il passera par Orion près des trois rois, constellation connue de tout le monde.

Méridien.

Le pôle servira encore à connaître un autre grand cercle également important; c'est le méridien céleste, ou le grand cercle qui partage en deux parties égales la route apparente des astres sur notre horizon, et qui fixe le point où ils se trouvent également distans du lieu où ils se sont levés dans l'horizon, et de celui où ils doivent s'y coucher. Cette moitié de leur cercle apparent et de leur route visible s'appelle leur arc semi-diurne. On le trouvera en imaginant un grand cercle qui, passant par le pôle, passera aussi par le zénith du lieu où l'on observe, et qui sera conséquemment perpendiculaire à l'horizon et à l'équateur. Car tout grand cercle, qui passe par les pôles d'un autre grand cercle, est perpendiculaire au plan de ce cercle, et sert à mesurer la distance perpendiculaire de tous les points qui se trouvent sur la circonférence de ce cercle jusqu'au plan auquel il est perpendiculaire. Ainsi tous les grands cercles, qu'on imaginera passer par le zénith qui est le pôle du plan de l'horizon, serviront à mesurer l'élévation des astres au-dessus du plan de l'horizon. On les nomme des verticaux. Le premier vertical est celui qui passe par le zénith et par le véritable point d'orient. Tous les cercles également, qui passent par le pôle du monde, lequel est aussi le pôle de l'équateur, seront perpendiculaires à l'équateur, et serviront à mesurer la distance des astres à ce cercle ou leur déclinaison. Car c'est le nom que l'on donne à cette distance perpendiculaire. Or, comme le méridien passe et par les pôles de l'équateur, autrement appelés pôles du monde, et par le pôle de l'horizon ou par le zénith, il aura la double propriété de déterminer la hauteur des astres lorsqu'ils sont arrivés au milieu de leur course et au *maximum* de leur hauteur, et leur déclinaison ou la distance dans laquelle ils sont de l'équateur.

L'arc du méridien, intercepté entre le lieu de l'astre qui y arrive et l'horizon, donne sa hauteur. La différence entre cette hauteur et celle de l'équateur, ou entre la hauteur méridienne des astres situés dans l'équateur, donnera leur déclinaison, laquelle sera boréale si l'astre passe au méridien plus haut que l'équateur, et australe s'il passe plus bas. Le méridien terrestre est celui qui passe par les deux pôles de la terre. La distance du lieu où est l'observateur à l'équateur, comptée sur ce méridien, donne sa latitude terrestre. Tous les méridiens terrestres viennent successivement se confondre avec le méridien céleste chaque jour. Les anciens ont souvent fait usage des observations méridiennes pour déterminer par les étoiles les heures de la nuit et les saisons, et même les positions respectives des astres entre eux et avec les signes célestes, comme on peut le voir dans Hipparque. Néanmoins les observations les plus importantes étaient celles qui se faisaient à l'horizon, soit au lever, soit au coucher. Nous insisterons donc principalement sur l'horizon et sur ses divisions.

Vrais points d'orient et d'occident, du midi et du nord.

L'horizon sert à graduer la succession des points différens où se lèvent et se couchent les astres qui sont susceptibles de lever et de coucher, ou qui, visibles sur notre horizon, ne sont pas compris dans le cercle arctique. Les lieux opposés, par lesquels montent et descendent les astres qui circulent dans l'équateur, s'appellent les vrais points d'orient et d'occident. La ligne qui passe par ces deux points et par les pieds de l'observateur, coupe à angles droits le méridien ou une ligne tirée par ses mêmes pieds, et qui aboutit aux deux points opposés, nord et midi, par lesquels le méridien coupe l'horizon. Il en résulte une croix, au milieu de laquelle est l'observateur, et qui détermine la position des quatre points principaux de l'horizon du lieu où il est ; savoir, l'orient, le midi, l'occident et le nord.

Au point du nord se fait le contact de l'horizon avec le cercle arctique. Là se trouve le terme qui sépare les astres qui ne se couchent jamais de ceux qui se couchent. Là les points du lever et du coucher se confondent pour les premiers astres susceptibles de lever et de coucher : il appartient donc autant au lever qu'au coucher. Depuis ce point jusqu'au point opposé, ou au lieu de l'horizon coupé vers le midi par l'autre jambe du méridien, c'est-à-dire dans l'étendue d'une demi-circonférence, sont rangés à la droite de l'observateur qui a les yeux tournés vers le nord, tous les lieux différens des astres, plus ou moins éloignés des points du nord et du midi, à raison de leur plus ou moins de déclinaison. A la gauche, depuis le même point nord jusqu'au point midi, est la demi-circonférence, qui comprend tous les lieux des couchers des mêmes astres, et qui sont rangés entre eux de la même manière et dans le même ordre que l'étaient les lieux des levers, sur la demi-circonférence droite ou sur le bord oriental. La ligne qui passe par les pieds de l'observateur, et qui aboutit au vrai point d'orient et d'occident, après avoir coupé le méridien ou la ligne menée du point nord au point midi par les pieds de l'observateur, coupe en deux parties égales ces deux demi-circonférences, sur lesquelles sont placés les lieux des levers et des couchers. Il en résulte deux quarts de circonférence de chaque côté, lesquels se touchent au point d'orient d'un côté, et à celui d'occident de l'autre, et vont aboutir aux points nord et midi, deux points où les levers et les couchers se réduisent en un seul point, tant pour les astres qui ne se couchent qu'un instant, que pour ceux qu'on ne voit qu'un instant. C'est sur ces deux demi-circonférences ou sur ces quatre quarts de cercle, que les astronomes comptent les azimuths et les amplitudes.

Azimuth et Amplitude.

On appelle l'azimuth d'un astre l'arc de l'horizon intercepté entre le point-midi et le lieu de l'horizon où répond l'astre perpendiculairement à une hauteur quelconque; c'est-à-dire, entre le lieu où le vertical qui passe par l'astre coupe l'horizon, et celui où le coupe le méridien. Les degrés d'azimuth se comptent sur l'horizon, à partir du point midi qui est le point zéro de tous les azimuths, tant à gauche qu'à droite du méridien. Ainsi l'astre, qui est dans le premier vertical ou dans celui qui coupe l'horizon au vrai point d'orient, a quatre-vingt-dix degrés d'azimuth, à quelque hauteur qu'il passe dans le vertical. Ces observations n'occupent guère que les astronomes. Les amplitudes se comptent également sur l'horizon; mais à partir des vrais points d'orient et d'occident, à droite et à gauche, de manière que la plus grande amplitude est aux points nord et midi, et que les astres ont zéro d'amplitude aux points orient et occident. L'amplitude se distingue en amplitude ortive et occase, suivant qu'elle fixe les lieux des levers et des couchers. Elle varie, ainsi que les azimuths, à raison de la déclinaison des astres et de la latitude des lieux où est placé l'observateur.

Un astre, dans sa révolution, change à chaque instant d'azimuth et de vertical. Un astre dont la déclinaison est d'une dénomination différente de celle du pôle élevé, par exemple, d'une déclinaison australe pour nous qui habitons l'hémisphère boréal, ne peut jamais passer par le premier vertical, ni avoir pour azimuth un arc de quatre-vingt-dix degrés, ou un plus grand. Une étoile fixe ne change pas d'amplitude ni d'azimuth à la même hauteur; mais les astres mobiles éprouvent ces changemens. Les astres qui sont dans l'équateur n'ont pas d'amplitude. Deux astres situés dans le même parallèle ont une même amplitude; mais s'ils sont tous deux du même côté, relativement au méridien, ils ne peuvent avoir en même temps ni le même azimuth ni la même hauteur. Deux astres qui sont dans un même vertical ont le même azimuth ; mais ils ne peuvent avoir ni la même hauteur, ni la même déclinaison, ni conséquemment la même amplitude. L'amplitude fut surtout observée par les anciens qui s'en servirent pour fixer les saisons par les lieux du coucher et du lever du soleil, et pour marquer le lieu d'où soufflaient les différens vents qui semblaient dépendre du lever de tel ou tel astre.

Ce fut un des premiers moyens employés par l'astronomie naissante pour déterminer les solstices et les équinoxes. Car, avant qu'on eût imaginé les gnomons, les quarts de cercle, les astrolabes, l'horizon fut le grand instrument donné par la Nature pour fixer les divisions du temps en heures et en saisons. C'est sur ce cercle horizontal que se firent les premières observations ; c'est celui qu'employa l'astronomie que je pourrais appeler l'astronomie des yeux. C'est lui qui a donné les paranatellons.

Si la terre et le soleil n'eussent point eu de mouvement de translation, les jours et les nuits eussent été constamment de la même durée, quelle qu'elle fût pour chacun d'eux, et leur succession eût été réglée de la même manière et annoncée par les mêmes signes. Tout se serait reproduit dans le même ordre chaque jour par l'effet d'une rotation constante et uniforme. Alors les mêmes étoiles qui auraient paru le soir et à la fin du crépuscule un jour, y auraient reparu tous les jours ; celles qui y seraient arrivées à la fin de la première nuit y seraient arrivées à la fin de toutes les nuits. Celles qui en auraient une fois fixé le milieu, l'auraient fixé éternellement ; et l'homme, en voyant une partie de la sphère étoilée tourner autour de lui pendant un certain intervalle de temps, n'eût pas été embarrassé de marquer la succession des temps et de ses plus petites divisions par celle des étoiles. Les observations d'une nuit lui auraient servi pour toutes les autres, et le lever ou le coucher de tel ou tel astre lui eût donné telle ou telle heure, ou tel et tel instant de la nuit; mais il n'en était pas ainsi. Le centre du jour qu'occupe toujours le soleil, et celui de la nuit, qui est à la partie du ciel diamétralement opposée, étaient mobiles et s'avançaient constamment en deux sens par un mouvement oblique qui les plaçait plus à l'orient tous les jours, et plus éloignés ou plus rapprochés de l'équateur, et conséquemment tantôt plus haut, tantôt plus bas. Il résultait de-là une variation dans la durée des jours et des nuits, et dans les instans du lever et du coucher du soleil. Mais toutes ces variétés étant périodiques et se reproduisant constamment les mêmes au bout d'un certain temps, on appliqua à cette période, appelée année, qui renfermait toutes ces inégalités, ce qu'on n'avait pu appliquer à la période journalière ou à la rotation de la terre sur elle-même. Alors les mêmes astres devinrent signes indicatifs des diverses divisions de la révolution annuelle, connues sous les noms de saisons et de mois. On était sûr que toutes les fois que tel astre, à la fin ou au commencement précis de la nuit, arrivait à l'horizon, soit à son lever, soit à son coucher, le jour avait telle ou telle durée; la chaleur telle ou telle intensité; et la terre prenait telle ou telle forme. Dès-lors les astres et les observations de leurs levers et de leurs couchers devinrent de la plus grande importance pour l'homme.

Les différens groupes d'étoiles furent des annonces ou des signes pour le cultivateur et pour le navigateur. La Nature semblait avoir tracé aux cieux la marche de ses opérations. Voilà l'origine des divers calendriers agricoles et météorologiques dont les prêtres s'emparèrent dans la suite ; car les prêtres profitent de tout.

Le soleil et la lune, mobiles dans les cieux, et fixant, l'un le centre du jour, et l'autre celui de la nuit quand elle est pleine ou en opposition avec le soleil, marquèrent dans le ciel différens points qui se liaient à leur marche et à celle du temps qu'ils mesurent. On observa que la route qu'ils semblaient tenir, était un grand cercle qui ne se confondait pas avec l'équateur ou avec le plus grand des cercles qui roulent autour des pôles du monde ; mais qu'elle le coupait en deux points opposés sous un angle constant d'environ vingt-trois degrés et demi, et qu'elle s'écartait de lui jusqu'au vingt-troisième ou vingt-quatrième degré de déclinaison, soit au nord, soit au midi de l'équateur. Là étaient fixés les points de retour ; car le soleil, après s'être écarté de l'équateur de cette quantité, y revenait pour s'écarter encore et y revenir ensuite, et cela tous les ans.

Tropiques.

Les cercles parallèles à l'équateur, qui fixaient le terme de ses plus grands écarts de l'équateur, à une distance de vingt-trois degrés et demi de chaque côté s'appelèrent tropiques. Ils prirent, il y a deux ou trois mille ans, les noms de tropiques du cancer et du capricorne, parce que c'était dans ces signes que se trouvait le soleil lorsqu'il revenait sur ses pas. Les points tropiques, dans lesquels la déclinaison du soleil, soit boréale, soit australe, arrivait à son *maximum*, étaient éloignés de quatre-vingt-dix degrés des points d'intersection de la route du soleil avec l'équateur.

Ces points d'intersection s'appelaient points équinoxiaux. On appela souvent aussi les signes qui y répondaient signes tropiques (a), parce que c'était là que commençait le changement des saisons.

Colures.

Les cercles qui passaient par le pôle du monde ou de l'équateur, et par les points équinoxiaux et solsticiaux, s'appelèrent colures; colures des équinoxes quand ils passaient par les points équinoxiaux; colures des solstices quand ils passaient par le pôle de l'écliptique et par les signes appelés tropiques par excellence, tels que le cancer et le capricorne. Ces deux derniers, passant en même temps par les pôles de l'équateur et par ceux de l'écliptique, devenaient également propres à mesurer la déclinaison des astres ou leur distance à l'équateur, et leur latitude ou leur distance à l'écliptique. Les colures des équinoxes perpendiculaires seulement au plan de l'équateur ou de la route diurne et apparente du soleil, ne mesuraient que la distance de l'astre au plan de l'équateur, ou ce qu'on appelle sa déclinaison. Le colure des solstices, au contraire, mesurait la latitude et la déclinaison des astres qui sont placés dessus. La déclinaison de ces astres était l'arc du colure intercepté entre eux et le plan de l'équateur; leur latitude, l'arc du même colure intercepté entre eux et la route du soleil ou l'écliptique. Quand le colure des solstices venait à se confondre avec le méridien, ou à passer par le zénith d'un

---

(a) Manil., l. 3, v. 620.

lieu donné, alors comme il passait par trois pôles différens, c'est-à-dire, par celui de l'écliptique ou de l'orbite annuelle du soleil, par celui de l'équateur ou du monde, et par le zénith qui est le pôle de l'horizon, il était perpendiculaire aux plans de ces trois cercles, et servait conséquemment à mesurer la distance d'un astre à chacun de ces plans, distance qui s'appelle latitude quand il s'agit de l'écliptique, déclinaison quand il s'agit de l'équateur, et hauteur quand il s'agit de l'horizon. Les colures des équinoxes et des solstices se coupent sous un angle droit, et fixent les quatre points de l'orbite du soleil, où commencent les saisons.

Les anciens se servaient des colures et des tropiques pour fixer la position des constellations relativement à ces signes, comme on peut le voir par Aratus et par tous ceux qui l'ont commenté. On examinait si quelqu'un des colures ou des tropiques passait par telle ou telle constellation, ou de combien il en était éloigné. On y joignait aussi les rapports du lever ou du coucher des constellations avec le lever et le coucher des signes, et quelquefois même avec leur passage au méridien. Nous avons substitué des méthodes plus précises; savoir: celles des longitudes et des latitudes, et celles des ascensions droites et des déclinaisons. Les premières fixent les rapports de distances des astres au plan de l'écliptique et au cercle qui passe par son pôle et par l'équinoxe de printemps. Les secondes déterminent leur distance au plan de l'équateur et au même point équinoxial, ou au cercle de déclinaison qui y passe. Cette dernière détermination répond à la détermination des points de la terre relativement à son équateur et à son premier méridien, ou par latitudes et par longitudes terrestres.

L'angle formé au centre de la terre par l'axe de l'équateur et par celui de l'écliptique, comprend une calotte sphérique dont le pôle du monde est le centre, et dont la circonférence passe par le pôle de l'écliptique; le cercle qui termine cette calotte est parallèle à l'équateur, et s'appelle *cercle polaire*. Ceux qui, sur la terre, sont placés sous ce cercle, sont dits habiter sous le cercle polaire. Il leur arrive tous les ans de voir un jour le soleil vingt-quatre heures sur leur horizon, et au bout de six mois d'être un jour sans le voir. Il y a deux cercles de cette espèce; l'un près du pôle élevé, l'autre près du pôle abaissé. Car l'axe du monde et celui de la route du soleil, se croisant au centre de la terre, vont aboutir en divergeant sous un angle de vingt-trois degrés et demi aux deux extrémités du ciel.

Zones.

L'espace terrestre compris dans ces calottes sphériques s'appelle *zones glaciales*. Les deux bandes interceptées entre elles et les tropiques de chaque côté, forment les zones tempérées; et la large bande de la terre, comprise entre les plus grands écarts du soleil, dans son éloignement de l'équateur, soit à droite, soit à gauche, ou entre les tropiques, se nomme *zone torride* ou brûlante.

L'obliquité de la route annuelle et apparente du soleil produit la variation de durée du jour, d'intensité de la chaleur, et décide de la marche des saisons et de la température de l'air.

L'élévation du pôle est aussi un des élémens qui contribuent à produire cette variété. Elle influe encore sur la durée plus ou moins grande de l'apparition des astres sur notre horizon, et du plus ou moins d'obliquité de leur marche ou de leur ascension; ainsi que sur les hauteurs méridiennes ou sur les plus grandes hauteurs. Mais c'est le zodiaque surtout qui doit être observé, parce qu'il renferme en lui la route de tous les astres mobiles, et les causes premières de la génération et de la destruction des êtres créés ici-bas.

DEUXIÈME SECTION.

DU ZODIAQUE.

Le zodiaque est une bande circulaire des cieux, divisée en douze parties égales, de trente degrés chacune, lesquelles sont figurées par douze images connues sous les noms de *bélier*, *taureau*, etc. C'est dans cette bande d'environ dix-huit degrés de largeur, et qui coupe l'équateur en deux points opposés, qu'on appelle *points équinoxiaux*, que circulent toutes les planètes. La route du soleil est au milieu et à égale distance des deux bords qui terminent la largeur du zodiaque. On appelle cette route la ligne écliptique, parce qu'il faut que la lune se trouve sur cette route ou dans le point de son orbite qui la coupe, pour qu'il y ait une éclipse.

Comme le zodiaque ou le cercle des douze animaux comprend les routes de toutes les planètes, qui, par leur influence et leur combinaison avec l'action toute-puissante du soleil, dirigent le grand œuvre de la végétation et de la fatalité, et règlent les saisons; le zodiaque a été regardé comme une des premières causes de génération (*a*), et il joue un rôle important dans la théologie ancienne. C'est dans ce cercle principalement que circulait l'ame du monde et des sphères ; c'est là qu'elle subissait les différentes métamorphoses qui exprimaient les diverses qualités et les quantités d'énergie qu'elle développait, et les graduations différentes suivant lesquelles son activité était modifiée durant la révolution annuelle du soleil. C'est dans ce cercle que voyageait le temps, et le Dieu qui nous en donne la plus belle mesure ; ce temps, dont les principales époques étaient caractérisées par des symboles variés distribués dans ses douze divisions ; ce temps, qui naissait du sein de l'éternité sans fin lui-même, parce qu'il renaissait toujours ; fini, parce qu'il commençait et finissait à chaque révolution mesurée par le zodiaque, et qui, dans sa marche en même temps créatrice et destructive, engendrait tout et détruisait tout. C'est sur cette route que planait éternellement le Dieu aux douze ailes (*b*), et qu'il semait la lumière et la chaleur qui font naître et éclairent toutes les productions du temps. C'est lui qui embrassait cette période de biens et de maux, de lumière et de ténèbres, que se partageaient entre eux également Ormusd et Ahrimane (*c*).

Voilà cette fameuse carrière où le dieu du temps sous le nom d'*Hercule* (*d*), héros infatigable, conduisant le char du soleil, remportait douze victoires sur douze animaux féroces, distribués dans les douze stations du cirque annuel. Après avoir fourni cette pénible carrière

---

(*a*) Ocell. Lucan., c. 2, § 17, edit. de Bart.—(*b*) Clem. Alex. Strom. l. 5, p. 563. — (*c*) Zend. Avest., t. 2, p. 10-96; t. 1, part. 2, p. 414. — (*d*) Athenag., p. 190.

il reprenait son immortalité et sa jeunesse, en devenant l'époux d'Hébé. Ailleurs, sous le nom d'*Osiris* et de *Bacchus*, nous l'avons vu voyager dans l'Univers, pour y faire aimer sa puissance et répandre ses bienfaits. Dans une autre fable, il s'achemine à la conquête du fameux bélier à toison d'or, qui appartenait à un des fils du soleil.

Ici on peut y voir un fleuve qui, jaillissant du bélier ou de l'agneau, chef des douze signes, coule sans cesse entre ses rives fécondes, sur lesquelles sont plantés des arbres appelés *arbres de vie*, qui produisent des fruits chaque mois. Plus haut c'était une ville lumineuse qui avait douze portes et douze fondemens appuyés chacun sur une pierre précieuse.

Dans toutes ces allégories, dans tous les poëmes et les légendes sacrées, sur le temps et sur le soleil, qui l'enchaîne à son char, on est sans cesse forcé de reporter son esprit vers le zodiaque et sur les figures qui sont tracées dans chacune de ses divisions. Il est donc à propos de connaître le nombre de ces divisions, les diverses dénominations données à ce cercle générateur, celles des emblèmes variés qui y sont peints, et les rapports de chacune de ces divisions avec les autres emblèmes qui, étant hors du zodiaque, se lient néanmoins avec lui et avec ses parties, soit par leur lever, soit par leur coucher. C'est là ce que nous avons appelé la théorie des *paranatellons*.

Des différens noms du Zodiaque.

Les Grecs ont appelé ce cercle *loxos*, le cercle oblique, parce qu'il coupe obliquement l'équateur; *zodiacon*, ou cercle, soit de la vie, soit des animaux qui y sont dessinés. Ils le nomment les routes du soleil (*a*), *Agalmatopolos*, *Zographos*, *Péripolésis Zodiou*, *Dodécaté-morion* (*b*).

Les Romains l'ont nommé *signifer*, le cercle qui porte les signes, et dans lequel roulent les douze images, dit Achille Tatius (*c*) : *Varii mutator circulus anni* (*d*).

Manilius l'appelle *arx mundi*, la forteresse du monde, parce que c'est en lui que sont concentrées les causes des générations et des destructions, dans le système de la fatalité et des influences.

Hermès l'appelle la grande tente, *tabernaculum* (*e*).

Les Égyptiens, considérant ses rapports avec la religion, l'appelaient l'empire des douze grands Dieux, *Tametouro en Teniphta*. Chacune de ses divisions était sous l'inspection d'un de ces Dieux (*f*).

Les Égyptiens modernes ou les Coptes nomment les douze signes les *douze tours* (*g*). C'est dans une semblable tour qu'avait été enfermée Danaë, mère de Persée qui est placé sur le premier signe. Peut-être sont-ce les tours qui couronnent la tête de Cybèle.

Les Arabes les nomment les douze citadelles (*h*) ou la bande des douze forteresses, *phalek al baragi* ou *phelek al burugi* (*i*) et *mintaka al burugi*, ou simplement *mintaka*. Ce mot *burugi* répond au mot palais, en persan *kushk*, en latin *arx*, et *pyrgos* en grec. Ils le désignent aussi sous le nom de *nitac* et d'*almantica* (*j*).

(*a*) Aratus. — (*b*) Cæs., p. 20. — (*c*) Achill. Tat., c. 23. — (*d*) Lucan. — (*e*) Hermès in Pimandro. — (*f*) Kirk. Œdip. Riccioli, t. 1, p. 202. — (*g*) Hyde Comm. ad Ulug, p. 29-30. — (*h*) Riccioli, p. 402. — (*i*) Hyd. Comm. Ulug. p. 29-30. Salm. Præf. ann. Clim., p. 25. — (*j*) Bayer, t. 22.

Les Syriens appellent le zodiaque *chudronutho de malusha*, le cercle des signes (*a*), ou l'enceinte des douze signes (*b*).

Chez les Hébreux et leurs rabbins, il se nomme la roue des signes, *ophan-hammazzaloth*; la sphère des signes, *salgal hammazzaloth* (*c*); le cercle des signes, *igghûl hammazzoloth*; la bande ou ceinture des signes, *ezór hammazzaloth*. On l'appelle aussi *cheshebh ephó dath haggalgal*, *inventio, seu opus Phrygionarium orbis signorum* (*d*). Le prophète Ézéchiel, lorsqu'il voit des roues dans le ciel, se sert d'une expression consacrée pour désigner les signes du zodiaque et leur mouvement.

Les Mexicains avaient un cycle de cinquante-deux ans, exprimé par une roue entortillée d'un serpent qui se mord la queue; emblème naturel du mouvement d'un cycle qui se continue et se reproduit (*e*).

Les Islandais en font le sénat de leurs douze azes ou douze grands Dieux, et ils appellent ses douze divisions les forteresses célestes (*f*).

Les Chinois appellent le zodiaque le chemin jaune (*g*).

Ils donnent le nom de demeures et d'hôtelleries à chaque station ou à chaque division du zodiaque. Ils rapportent aussi le lieu du soleil à douze parties de l'équateur, qu'ils appellent places ou signes (*h*).

Martianus Capella donne pareillement aux douze divisions de la route du soleil le nom d'*hospitia* (*i*), hôtelleries. Les Grecs les ont appelées maisons (*j*). Ce

---

(*a*) Hyd. Comm. Ulugh., p. 29-3o. — (*b*) Riccioli, p. 402. — (*c*) Ibid. (*d*) Bay., tab. 22. — (*e*) Hist. de Voy., t. 48, p. 16. — (*f*) Volusp., v. 18-54. — (*g*) Baill. Astr. Anc., t. 1, p. 475. — (*h*) Souciet., t. 2, p. 9. — (*i*) Mart. Capell., l. 1, c. 1. — (*j*) Suid. Voc. Tyrr.

nom leur est encore resté chez nous. Ils les appellent aussi *moirai* (a), parties, portions ; nom qu'ils donnent également aux Parques, qui président à la fatalité, dont le zodiaque et ses divisions sont le principal instrument.

On les nomme aussi *tomai*, sections ; *dodecades*, douzièmes.

On appelle les images qui y sont tracées *morphoseis*, *eidola* (b), *agalmata*, ou figures et images ; *animalia*, etc.

Le zodiaque s'appelle aussi chez les Grecs le cercle ou cirque olympique (c).

On ne peut pas douter qu'outre les noms et les figures emblématiques que nous venons de rapporter, les anciens n'en aient eu beaucoup d'autres pour désigner le cercle du zodiaque et ses douze divisions. C'est ainsi que, dans la fiction allégorique sur l'année, rapportée dans la vie d'Ésope, le monde y est peint par un temple, l'année par une colonne, et les douze mois et les signes par douze villes.

Dans l'Apocalypse, nous avons vu pareillement le monde désigné sous le nom de Jérusalem et de ville sainte, épouse de l'agneau et du bélier, premier des signes, et remplie d'une éclatante lumière. Elle y est représentée environnée d'une haute et grande muraille où il y avait douze portes, à chacune desquelles était un ange, avec le nom des douze tribus écrit sur chaque porte, etc. Là était l'arbre aux douze fruits, qui en donnait un chaque mois.

On voit également chez les Romains les douze mois désignés par douze autels placés aux pieds de Janus ou

---

(a) Arat., v. 559. — (b) V. 253-455. — (c) Syncell., p. 597.

du génie qui tient les clefs du temps, et qui préside à l'ouverture de l'année.

Nous avons vu le zodiaque sous d'autres emblèmes dans le passage de Joachitès (*a*), rapporté dans notre explication de l'Apocalypse, dans les douze vases des Manichéens, dans leurs douze gouverneurs (*b*), dans la distribution du camp des Hébreux, et dans tous les autres monumens de la division duodécimale, cités dans notre livre second (*c*).

D'après ces exemples, il est clair que le génie mistagogique et allégorique a dû reproduire le zodiaque et ses parties sous tous les emblèmes et sous toutes les dénominations possibles, et il serait difficile de les réunir ici en totalité. Nous nous bornerons donc à ce petit nombre de dénominations et de figures emblématiques rapportées ci-dessus. Passons aux divisions et aux sousdivisions de ce cercle et de ses parties.

Division du Zodiaque.

Le zodiaque, comme nous l'avons dit, se divise en douze parties qu'on appelle *signes*, à cause des figures qu'on y a tracées et qui sont des images indicatives. Les noms de ces figures sont le bélier ou l'agneau, le taureau, les gémeaux, le cancer, le lion, l'épi ou la vierge, la balance ou les chèles ou serres du scorpion, le scorpion, l'arc ou le sagittaire, le capricorne, le vase ou le verseau, et les poissons.

Les anciens, par une suite de leur amour pour le nombre douze (*d*), auquel ils rapportaient tout, avaient

---

(*a*) Ci-dessus, t. 3, p. 222. — (*b*) Ibid. — (*c*) T. 1, l. 2, c. 1. — (*d*) Hygin., l. 4. c 6.

non-seulement donné au zodiaque douze signes, mais ils ne lui avaient aussi donné (*a*) que douze degrés de largeur, quoiqu'il en ait environ dix-huit.

Outre ces divisions, il en est encore d'autres qui tiennent plus particulièrement à l'astrologie, et que nous nous dispenserions de rapporter, si l'astrologie n'entrait pas pour beaucoup dans les monumens des religions anciennes. La connaissance de ces distributions pouvant devenir nécessaire, et son usage trouver quelque part sa place, j'ai cru que le lecteur me pardonnerait de les lui mettre sous les yeux.

On divisa les signes en signes mâles et en signes femelles (*b*). Les six mâles sont le bélier, les gémeaux, le lion, la balance, le sagittaire, le verseau. Les six autres sont femelles, savoir, le taureau, le cancer, la vierge, le scorpion, le capricorne et les poissons. On voit qu'ils sont mâles et femelles alternativement, ou de deux en deux. On observera que les Romains, dans la distribution des douze grands Dieux entre les signes, en avaient six mâles et six femelles (*c*).

On distingua, non-seulement les signes en mâles et femelles, mais les parties même des signes, et on compta cent quatre-vingt-dix-sept parties masculines et cent soixante-trois féminines. Depuis le premier degré d'*aries* jusqu'au septième degré, on plaça les degrés masculins; depuis le huitième jusqu'au douzième, les féminins; depuis le treizième jusqu'au seizième, les masculins; depuis le dix-septième jusqu'au vingt-deuxième, les féminins; et depuis le vingt-troisième jusqu'au trentième,

---

(*a*) Martian. Capel., l. 8. — (*b*) Firm., l. 2, c. 5. Sext. Emp. adv. Math., l. 5. — (*c*) Manil., l. 9, v. 437.

les masculins. On trouve dans Firmicus la table de ces sous-divisions des signes, inventées par l'astrologie (a).

Ptolémée (b) appelle diurnes les signes masculins, et nocturnes les signes féminins. Ils se suivent alternativement, comme la nuit suit le jour. Quelques-uns ont déterminé la succession des sexes des divers signes, en commençant par le signe ascendant, comme d'autres ont commencé à compter l'ordre des signes mobiles par celui de la lune, à cause de la rapidité de cette planète. D'autres aussi ont partagé tout le zodiaque en quatre parties, et ils ont appelé signes masculins et du matin ceux du point d'orient, ou depuis l'horoscope jusqu'au milieu du ciel, ainsi que ceux qui leur sont opposés, depuis l'occident jusqu'au bas du ciel. Les six autres sont réputés féminins et signes du soir. Ils leur ont donné encore d'autres dénominations, telles que celles de signes fixes, tropiques, communs, quadrupèdes, bicorpores ou non bicorpores, etc.

On appela signes tropiques ceux dans lesquels se faisait le changement des saisons, tels que le bélier, le cancer, la balance et le capricorne. On nomma signes fixes ceux qui les suivent immédiatement, et dans lesquels la température des saisons prend sa consistance; tels étaient le taureau, le lion, le scorpion et le verseau. C'étaient les anciens signes équinoxiaux et solsticiaux. On appela signes communs ceux qui, placés entre les mobiles et les fixes, tenaient de la nature des uns et des autres; tels étaient les gémeaux, la vierge, le sagittaire et les poissons (c).

(a) Firmic., l. 4, c. 17. — (b) Ptolémée, l. 1, c. 13. — (c) Ptolem. Tetrabib., l. 1, c. 12.

On donna aussi aux signes fixes le nom de signes solides (a). C'est à ces quatre figures que répondaient les quatre étoiles royales (b). On fixait au quinzième degré du taureau la première de ces étoiles ; au cinquième du lion, la seconde ; au septième degré du scorpion, la troisième ; et au vingtième degré du verseau, la quatrième. Elles annonçaient, dit-on, la naissance de rois et de chefs puissans ; Dieu nous garde de pareils bienfaits. C'est dans ces quatre mêmes signes que l'on fixait le commencement du premier printemps, du premier été, du premier automne et du premier hiver, ou l'origine des anciens quatre-temps (c). On donnait au printemps quatre-vingt-onze jours de durée ; à l'été quatre-vingt-quatorze jours ; à l'automne quatre-vingt-onze, et à l'hiver quatre-vingt-neuf jours. On faisait commencer le premier printemps au 7 des ides de février. Le calendrier des Fastes le fixe au 5, peu de jours après le coucher du verseau (d). On avait fixé le premier été au 7 des ides de mai ; le premier automne au 7 des ides de septembre, et le premier hiver au 4 des ides de novembre. Ceux qui mettent plus de précision dans leurs calculs, continue Varron, divisent l'année en huit temps. Ils comptent, depuis le souffle du vent favonius, jusqu'à l'équinoxe de printemps, quarante jours ; de-là au lever des pléiades, quarante-quatre ; du lever des pléiades au solstice d'été, quarante-huit ; du solstice au lever de la canicule, vingt-neuf jours ; de-là à l'équinoxe d'automne, soixante-sept jours ; de l'équinoxe au coucher des pléiades, trente-deux jours ; du coucher des

---

(a) Sext. Emp. adv. Math., l. 5.—(b) Firmic., l. 6, c. 1.—(c) Varro de Re rustica, l. 1, c. 28. — (d) Ovid. Fast., l. 2, v. 150.

pléiades à l'hiver, cinquante-sept jours ; et enfin de-là au souffle de favonius, quarante-cinq jours. Chacune de ces divisions, comme on voit, a été liée aux points cardinaux de la sphère, au lever ou au coucher de quelques belles étoiles, et enfin au retour de quelque phénomène météorologique. C'était encore une manière de diviser le zodiaque ou le temps mesuré par ce cercle.

Les quatre signes fixes ou solides dont nous venons de parler, et les animaux qui y étaient figurés, ont fourni à l'auteur de l'Apocalypse les formes des quatre animaux ailés qu'il place aux quatre coins du trône de Dieu, et à nos quatre évangélistes, les quatre animaux symboliques qui les accompagnent. Les anciens Persans avaient aussi leurs quatre grands astres placés aux quatre coins du ciel.

Les signes tropiques étaient ceux dans lesquels l'astronomie fixait, d'une manière plus précise, l'origine des saisons, qu'elle attachait aux colures et aux points équinoxiaux et solsticiaux. Ainsi, on marquait l'arrivée du soleil aux équinoxes et aux solstices, au huit des calendes d'avril, de juillet, d'octobre et de janvier (*a*) ; de-là vint que l'on fêtait le *natalis solis invicti* au 25 décembre, ou au 8 avant les calendes de janvier, et le triomphe de ce même astre sur les nuits au 8 des calendes d'avril (*b*).

Les signes bicorpores étaient les gémeaux, le sagittaire, la vierge et les poissons, qui, deux par deux, sont diamétralement opposés. Les autres n'étaient point bicorpores (*c*).

On imagina encore une autre distinction de signes (*d*)

(*a*) Isid. Orig., l. 5. — (*b*) Macrob. Sat., l. 1, c. 21. — (*c*) Sext. Emp., l. 5. — (*d*) Ptolem., l. 2, c. 7.

en signes reptiles, aquatiques, quadrupèdes, ailés. Parmi ces derniers on compte la vierge, le sagittaire, etc. Mais toutes ces distinctions me semblent futiles et de peu d'importance pour notre objet.

On affecta les signes, trois par trois, à chacun des vents qui soufflent des quatre points cardinaux de l'horizon (a). On attribua le bélier, le lion et le sagittaire, c'est-à-dire, les trois signes de l'élément du feu au vent d'aquilon ; le taureau, la vierge et le capricorne, ou les trois signes affectés à la terre au vent auster. Les signes gémeaux, balance et verseau, affectés à l'air, furent attribués au vent aphéliotès ou subsolanus. Enfin les trois signes de l'élément de l'eau, savoir le cancer, le scorpion et les poissons, furent affectés au souffle du vent d'Afrique ou de Libye.

Non-seulement on affecta quatre vents principaux aux quatre divisions des signes du zodiaque, mais on assigna même un vent à chaque signe. On affecta le vent africus au bélier, circius au taureau, aquilon aux gémeaux, le septentrion au cancer, le thrascias au lion, l'argestès à la vierge, le zéphyr à la balance, l'africus au scorpion, l'auster et l'africus au sagittaire, l'auster au capricorne, l'eurus et le notus au verseau, et l'eurus aux poissons.

Le corps de l'homme lui-même (b), depuis la tête jusqu'aux pieds, fut partagé comme le zodiaque, en douze parties dont chacune fut soumise à un des signes. La tête fut soumise au bélier, le cou au taureau, les épaules aux gémeaux, le cœur au cancer, la poitrine au lion, le ventre à la vierge, les reins à la balance, les aines

---

(a) Firmic, l. 2, c. 14. — (b) L. 2, c. 27.

au scorpion, la cuisse au sagittaire, les genoux au capricorne, la jambe au verseau, et les pieds aux poissons. On crut devoir diviser l'homme qu'on appelait microcosme ou petit monde, comme on avait divisé le grand monde à l'action duquel il était soumis. Ces divisions servirent surtout à la médecine astrologique.

Si le zodiaque avait au-dessous de lui les douze divisions du corps humain auquel il présidait, il avait au-dessus les douze sections de la divinité universelle, ou les douze grands Dieux qui présidaient à ses divisions. Minerve, sortie du cerveau de Jupiter, siégeait à la tête du zodiaque ou au bélier, qui présidait à la tête de l'homme. Voici dans quel ordre se faisait cette distribution :

> Lanigerum Pallas, taurum Cytherea tuetur;
> Formosus Phœbus geminos; Cyllenie cancrum,
> Jupiter et cum matre Deûm regis ipse leonem;
> Spicifera est virgo Cereris, fabricataque libra
> Vulcano; pugnax Mavorti scorpius hæret.
> Venantem Diana virum, sed partis equinæ;
> Atque angusta fovet capricorni sidera Vesta;
> Et Jovis adversum Junonis Aquarius astrum est;
> Agnoscitque suos Neptunus in æquore pisces.
> (Manil., l. 2, v. 439.)

On imagina encore la distinction des signes (a) en signes septentrionaux et en signes méridionaux. Les signes septentrionaux sont les six signes qui sont au nord de l'équateur, depuis le bélier jusqu'à la balance exclusivement. Les six signes méridionaux sont ceux qui sont au midi de l'équateur depuis la balance jusqu'aux

---

(a) Valen. Nabod. Elem. Astrol., p. 8.

poissons inclusivement. On les distingue aussi en signes qui montent droit, et en signes qui montent obliquement. Les premiers se comptent depuis le cancer jusqu'au capricorne ; et les seconds depuis le commencement du capricorne jusqu'à la fin des gémeaux. Ces mêmes signes sont connus sous le nom de signes ascendans et de signes descendans, relativement aux solstices et au mouvement du soleil et des planètes de haut en bas et de bas en haut.

La moitié du cercle depuis le lion jusqu'au capricorne s'appelle la grande moitié, et elle est subordonnée au soleil ; l'autre la petite, et elle est subordonnée à la lune. Nous avons donné une preuve de cette distribution quand nous avons parlé des domiciles des planètes dans le premier livre de notre ouvrage (*a*), et dans notre explication de la religion chrétienne, à l'occasion du portail de Notre-Dame de Paris.

La moitié du zodiaque, depuis le commencement d'*aries* jusqu'à la fin de la vierge, s'appelait la moitié chaude ; l'autre moitié s'appelait la froide. C'est la distinction établie entre l'empire d'Ormusd, de la lumière, de la chaleur et du bien, et celui d'Ahrimane, des ténèbres, du froid et du mal. Cette théorie nous a servi à expliquer la fable d'Adam, d'Ève et du serpent.

Le quart du zodiaque, depuis *aries* jusqu'à la fin des gémeaux, est chaud-humide, printanier, puéril et sanguin. Le second quart chaud-sec d'été, de la nature de la jaunisse et de la bile. Le troisième, froid-sec d'automne, tenant à l'âge moyen et de caractère mélancolique. Le dernier quart froid-humide, et d'hiver, appar-

---

(*a*) Ci-dessus, t. 1, l. 2, c. 3.

tient à la vieillesse; il est flegmatique. De ces observations il n'y aura guère d'utile pour nous que ce qui tient à la température des saisons.

On trouvera des détails encore plus grands sur les formes et sur les qualités des signes dans Firmicus, dans Ptolémée (*a*) et dans Haly.

Ainsi, *aries* est un signe mâle, équinoxial, royal, ignée, fort, véridique, quadrupède, à demi-corps, d'un œil languissant, errant, indompté, impur, luxurieux, domicile de Mars, exaltation du soleil, dépression de Saturne (*b*). Je ne citerai que cet échantillon qui suffit pour juger qu'une partie de ces caractères du premier signe appartient à l'astrologie, qui a réuni, sous chaque animal céleste, les différentes distributions et divisions affectées aux différens signes.

Les observations de Ptolémée sont plus météorologiques, et peuvent mériter plus d'attention par cela même qu'elles se lient à la température de l'air, et qu'elles peuvent entrer dans les poëmes et les fictions sacrées sur l'année et les saisons. Ainsi *aries*, à cause de l'équinoxe qui arrive sous ce signe consacré au feu (*c*), engendre les éclairs et les tonnerres. Nous avons vu, dans le poëme des Dionysiaques, cette idée météorologique rendue par la fiction de Jupiter qui reprend alors sa foudre pour terrasser Typhon, génie des ténèbres et de l'hiver. Ptolémée continue : Et il marque des pluies et du vent au commencement de ce signe; au milieu un air tempéré; à la fin de la chaleur, mais une chaleur qui brûle et qui engendre souvent des maladies.

(*a*) Firmic., l. 2, c. 12. Ptolem. Tetrab., l. 2, c. 11. Haly, de Judic. Astr., part. 1. — (*b*) Firmic., ibid. — (*c*) Ptolem. Tetrab., l. 2, c. 11.

Il donne au taureau la double température du bélier ; mais avec un penchant plus grand vers la chaleur. Les environs des pléiades produisent les tremblemens de terre, les vents, les brouillards. Le voisinage d'aldébaran a un caractère de feu qui produit les éclairs et les tonnerres dans lesquels périt la mère de Bacchus, une des étoiles voisines d'aldébaran. Pareillement la balance où sont les centaures, enfans de la nue qui verse sur Hercule des torrens de pluies, est regardée par Ptolémée comme un signe aqueux qui produit aussi des vents et engendre la mortalité. Je me borne à ces exemples qui prouveront que ces observations météorologiques sur les signes se lient quelquefois aux fictions sacrées des anciens.

On distribua les élémens dans les signes (*a*). Nous avons donné ailleurs cette distribution (*b*); c'est pourquoi nous n'en parlerons pas ici. Nous ajouterons seulement à ce que nous avons dit que l'on avait donné au premier triangle qui résulte de cette distribution, ou au triangle du feu, le nom de *triangle diurne*, masculin et septentrional.

Il avait pour premier maître, pendant le jour, le soleil, et pour second maître Jupiter. C'était l'inverse pendant la nuit. Saturne partageait néanmoins l'un et l'autre empire (*c*). Le triangle de la terre, nocturne, féminin, méridional, avait pour premier chef, pendant le jour, Vénus, et pour second, la lune. C'était le contraire la nuit. Mars tenait cependant à l'un et à l'autre. Le triangle aérien, réputé diurne, mâle et oriental,

---

(*a*) Firmic., l. 2, c. 11. — (*b*) Ci-dessus, t. 1, l. 2, c. 4. — (*c*) Firmic., l. 2, c. 11.

avait pour premier chef, durant le jour, Saturne, et pour second chef, Mercure ; c'était le contraire la nuit. Jupiter cependant partageait l'un et l'autre empire. Enfin le triangle de l'eau, nocturne, féminin et occidental, avait pour premier chef, le jour, Vénus, et pour second, Mars. C'était le contraire la nuit. La lune néanmoins tenait de l'un et de l'autre.

On imagina encore d'autres divisions et d'autres sous-divisions du zodiaque, connues sous le nom de dodécatémories et de douzièmes (*a*). Les sous-divisions de chaque signe en douze, et du zodiaque entier en cent quarante-quatre parties, donnaient en quelque sorte dans chaque signe un petit zodiaque, dont le petit signe occupait deux degrés et demi du grand signe. Chacune de ces petites parties portait le nom d'*aries* ou de bélier, taureau, etc. (*b*). On appelait aussi ces sous-divisions des lieux. Les dodécatémories suivaient une autre marche, et appartenaient à une autre théorie astrologique (*c*). On divisa aussi chaque signe par dix, à raison de trois degrés par signe. Cette sous-division était l'ouvrage des Chaldéens (*d*). Nous en avons fait usage dans notre dissertation sur les apocatastases ou sur les cycles.

La précession des équinoxes, en déplaçant les constellations du zodiaque des lieux qu'elles occupaient dans la division duodécimale (*e*) de ce cercle, de trente degrés en trente degrés, ou en douze maisons, à commencer du point équinoxial de printemps, toujours mo-

---

(*a*) Firmic., l. 2, c. 15. Ptolem., l. 1, c. 22. — (*b*) Salmas. Ann. Clim., p. 545. — (*c*) Firmic., l. 2, c. 15. — (*d*) Ptol , l. 1, c. 22. — (*e*) Salmas. Præf. Ann. Clim., p. 14.

bile et rétrograde, a donné lieu à une distinction entre les animaux ou signes intellectuels, et qui n'existent que dans l'imagination qui les conçoit, et les animaux visibles des douze constellations du zodiaque. Ces derniers sont les configurations d'animaux ou les images qui groupent un certain nombre d'étoiles d'une étendue plus ou moins grande, et qui mettent plus ou moins de temps à monter à raison du plus ou moins de longueur de la constellation et de son obliquité : ces temps sont appelés temps anaphoriques. Les anciens supposaient que tous les cent ans chaque image avançait d'un degré dans l'ordre des maisons, par l'effet de la rétrogradation du point où commençait la division duodécimale (a). Ce mouvement des images célestes les tirait des cases auxquelles elles correspondaient dans la division duodécimale que l'imagination concevait indépendante des astérismes qui y répondaient, mais elle n'affectait en rien les dodécatémories ou maisons intellectuelles qui étaient toujours attachées au colure des équinoxes, et qui ne variaient jamais leurs rapports avec les cercles principaux de la sphère dont elles suivaient exactement la rétrogradation. La première division ou la première maison était toujours renfermée dans les trente premiers degrés, à compter de l'équinoxe, quoique la constellation ou l'image qui y répondait autrefois n'y fût plus. Ainsi aujourd'hui le bélier, ou les étoiles sur lesquelles est peint un bélier, sont éloignées de plus de trente degrés du colure, et en conséquence ne sont plus comprises dans la première division duodécimale. Ce sont les astérismes des poissons qui y répondent. En conséquence, le zodiaque

---

(a) Euseb. Præp. Evang., l. 6, et Origen.

sensible et mobile, et le zodiaque intellectuel et fixe ne s'accordent plus dans les divisions ; la différence est de tout un signe. Mais quand il est question de suivre le soleil et les astres dans les maisons célestes, c'est toujours dans le zodiaque intellectuel, et non dans le zodiaque sensible qu'on fixe son lieu. C'est au zodiaque intellectuel que sont liés les équinoxes et les solstices, ou les colures qui y passent.

Deux cents ans environ avant le siècle de Ptolémée, les pieds du taureau posaient sur le cercle équinoxial; aujourd'hui ils en sont fort éloignés.

Saumaise (a) prétend que, dans les déterminations astrologiques, on n'avait égard, au moins chez les Chaldéens et chez les Égyptiens, qu'au zodiaque intellectuel, et non au zodiaque sensible ; et qu'on ne considérait que la position respective des planètes suivant les différentes maisons où elles se trouvaient, et nullement les figures symboliques des animaux, comme firent depuis les astrologues grecs. Voilà, dit Saumaise, quelles étaient les dodécatémories intellectuelles qui ne sont autre chose que les douze lieux ou stations, par lesquelles voyagent les planètes pour produire ou annoncer les destinées humaines ; lesquelles stations étaient égales entre elles, et chacune de trente degrés.

Outre la division duodécimale dont nous venons de parler, on imagina encore une autre division du zodiaque en trente-six parties de dix degrés chacune ; c'est celle que nous avons déjà indiquée sous le nom de *décans* (b).

On la trouve dans Manilius (c), dans Firmicus (d),

(a) Salmas., p. 25-26. — (b) Ci-dess., t. 1, l. 2, c. 3, p. 180-216. — (c) Manil., l. 4, v. 295. — (d) Firmic., l. 4, c. 16.

dans Saumaise (*a*). Firmicus attache une haute importance à cette théorie. Chérémon dit qu'elle entrait dans la composition des anciennes fables sacrées des Égyptiens ; et Celse qu'elle servait à la médecine astrologique. On attribuait à Nécepso l'invention de cette science des décans, qui a imprimé son sceau à tous les monumens de l'astrologie ancienne, et souvent à ceux de la religion. Aussi Firmicus n'en parle-t-il qu'avec le ton respectueux du mystère. Il ne place pas néanmoins leur énergie dans toute l'étendue du tiers de signe, mais dans certains degrés ; et il distingue les lieux vides et les lieux pleins. C'est d'après l'inspection de ces lieux pleins ou vides, auxquels répondaient les planètes, qu'on tirait l'horoscope de l'enfant naissant. Il donne les noms égyptiens des décans. Comme nous les avons fait déjà graver ailleurs, nous ne les rapporterons pas ici.

Les décans ou génies inspecteurs des signes se composaient des formes du signe, du caractère de la planète qui y présidait, et des formes symboliques des constellations qui, par leur lever ou leur coucher, se liaient avec le signe ou avec les parties de signes, autrement appelés astres *paranatellons*, dont nous allons bientôt parler. Teucer le Babylonien avait composé un ouvrage sur ces Dieux paranatellons (*b*) et sur les décans. Il n'y avait aucune partie, aucun degré du signe (*c*), qui ne fût caractérisé par quelque figure, quelque image d'homme, de femme, d'animaux ; c'est ce qu'on appelait des formes célestes. Plusieurs auteurs arabes ont écrit sur ces formes célestes et sur les décrets de la fatalité qu'on en tirait.

(*a*) Salmas. ann. Clim., p. 610. — (*b*) P. 26. — (*c*) P. 28.

Les Arabes et les Hébreux les appellent des faces (*a*); les Grecs ont traduit ce nom par *prosopa*. On en distinguait de visibles, et d'autres que l'imagination de l'astrologue créait, et qu'on nommait intellectuelles. Il en était de même, suivant Saumaise, des paranatellons (*b*). On donnait aussi à ces images le nom de *zodia* ou d'animaux, comme à ceux du zodiaque, et de formes ou *morphoseis* (*c*).

La théorie des décans tient principalement au zodiaque; celle des paranatellons se lie à l'horizon et au zodiaque tout ensemble. Car c'est à l'horizon que s'observent les paranatellons ou les astres, dont le lever et le coucher coïncident avec le développement d'un signe du zodiaque, au lever ou au coucher du signe. Les paranatellons n'ont point lieu dans la sphère parallèle, ou pour un homme placé aux pôles de la terre, puisque pour lui les astres ne se lèvent ni ne se couchent. Toutes ces observations doivent se faire au méridien; et alors les paranatellons de chaque signe, si on peut leur donner ce nom, seront ceux qui seront compris entre les cercles de déclinaison qui passent par le commencement de chaque signe, ou qui passeront au méridien, depuis le passage du premier degré du signe jusqu'au passage du dernier degré.

Dans la sphère droite, ou pour un homme placé sur l'équateur terrestre, la succession du lever ou du coucher des astres, comparée avec celui de tous les degrés d'un signe, sera absolument ce qu'elle est au méridien pour celui qui est dans la sphère droite, et sera également

---

(*a*) Scalig. Not. ad Manil., l. 4, v. 294. — (*b*) Salm., p. 30-31. — (*c*) P. 380.

comprise entre le lever ou le coucher du premier degré du signe, et le lever et le coucher du dernier degré.

Il n'en sera pas de même pour la sphère oblique ; tous ces phénomènes varient à raison du plus ou moins d'obliquité de la route des astres, ou du plus ou moins d'élévation du pôle. Les paranatellons seront bien encore tous les astres qui se lèvent ou se couchent avec le signe, depuis le premier degré jusqu'au trentième degré ; mais ils ne seront pas compris dans le fuseau formé par deux cercles qui aboutissent au pôle, et qui passent par les deux extrémités du signe, autrement par deux cercles de déclinaison. Ils seront compris par deux cercles qui aboutissent au point nord et au point midi dans l'horizon, et dont le premier était confondu avec la demi-circonférence de l'horizon au moment du lever ou du coucher, et dont le second, ainsi que les intermédiaires, y était aussi confondu au moment du lever ou du coucher des derniers degrés du signe, ainsi que des degrés intermédiaires. C'est ainsi qu'on aura une suite de fuseaux terminés aux cercles arctiques, qui comprendront tous les paranatellons, et qu'on pourra construire une sphère paranatellontique.

Nous donnerons, à la fin de ce Traité, plusieurs distributions des astres en paranatellons, groupés sous chaque signe, telles que nous les ont laissées les anciens, et que nous les ont conservées les astrologues modernes.

Mais, avant d'entrer dans quelques détails sur les astres placés hors du zodiaque, qui se lèvent ou qui se couchent en aspect avec les signes, il nous faut d'abord parler des signes eux-mêmes auxquels ces astres paranatellons se rapportaient, et qu'ils fortifiaient de leur influence. C'est ce que nous allons bientôt faire quand nous aurons parlé des autres divisions de la totalité du ciel.

On distinguait dans le ciel deux portes (a), l'orient et l'occident : par l'une le soleil monte sur notre horizon, par l'autre il en descend et se retire. Théon les appelle, d'après Aratus, les cornes de l'horizon (b).

On donnait au ciel deux faces, l'une orientale, qui était sa tête ; l'autre septentrionale (c).

On appelait aussi le côté de l'orient, par où nous vient la lumière, la contrée supérieure du monde ; et le côté de l'occident, la contrée inférieure. On appelle aussi la partie du midi, la gauche du monde ; et celle du nord, la droite.

On partagea le jour en quatre parties ; la première s'appela *rubens* (d) ; la seconde *splendens* ; la troisième *urens* ; et la quatrième *tepens*. On appliqua à peu près la même fiction aux quatre chevaux du soleil, *Eoüs*, *Æthon*, *Pyroïs* et *Phlegon*. Hygin donne les noms des chevaux du soleil, ainsi que ceux des heures (e). Les uns les nomment *Eoüs*, *Æthon*, *Bronté* et *Steropé* ; d'autres *Erythreus*, *Actæon*, *Lampos*, *Philogeus* (f) ; d'autres *Abrax*, *Asso*, *Therebo*. Quant aux heures, voici les noms qu'il leur donne : *Auxo*, *Eunomie*, *Pherusa*, *Caria*, *Odicé*, *Euporie*, *Irené*, *Orthesie*, *Thallo*. D'autres en comptent dix, savoir *Augé*, *Anatolé*, *Musia*, *Gymnasia*, *Nympha*, *Mesembria*, *Spondé*, *Eleté*, *Acté*, *Hecypris*, *Dysis*. On les fait filles de Jupiter et de la vierge Thémis.

(a) Isidor Orig., l. 3, c. 5. — (b) Theon, p. 164. — (c) Isid., ibid.— (d) Mich. Neander. Elem. Spher., p. 152. — (e) Hygin, Fab. 185. — (f) Fulgent, l. 1, c. 12. Germ. Cæs., c. 4.

On divisait encore la sphère en quatre points cardinaux, savoir : l'orient, *Anatolé*, où était l'horoscope ; le milieu du ciel, *Mesoura-néma* ; le couchant, *Dysis* ; et le bas du ciel, *Hypogeion* ou *subterraneus Locus*. On appelait ces quatre points, les *centres*, les *angles*, les *parties* et les *points cardinaux* (a), sur lesquels le monde s'appuyait. On les appelait aussi *tituli* et *templa*. Nous en avons fait usage en expliquant les quatre figures des quatre animaux de l'Apocalypse (b). Les anciens astrologues y attachaient beaucoup d'importance, et ils étaient les principales bases des déterminations astrologiques (c). Ils étaient comme les gonds sur lesquels roulait le système de la fatalité ; le méridien et l'horizon les fixaient.

Nous ne suivrons pas dans ses détails cette théorie, parce qu'elle tient plus à l'astrologie judiciaire qu'à notre objet qui est l'explication des monumens et des fables de l'astrologie sacrée.

Nous dirons seulement que l'on comptait encore huit autres lieux, savoir la *Déesse*, le *Dieu*, la *bonne fortune* et le *bon génie* (d). La Déesse était au troisième lieu, à compter de l'horoscope ; le Dieu au neuvième signe ; la bonne fortune au cinquième ; elle suivait immédiatement le bas du ciel ; le bon génie occupait le onzième signe, à partir de l'horoscope, en comptant dans l'ordre des signes. C'était celui qui suivait immédiatement le milieu du ciel.

(a) Salm. an Clim., p. 83-84. — (b) Ci-dess., t. 3, p. 240. — (c) Mars. Fic. in Ennead. 2. Plut. l. 5, c. 3. Sext. Emp., l. 5. Firm., l. 2, c. 18. Kirk. OEdip., t. 2, part. 2, p. 186-190. — (d) Salm. Ann. Clim., p. 83-85-91.

Les quatre autres lieux s'appellent *oiseux*, parce qu'ils n'ont aucun rapport qui les lie à l'horoscope. Le premier se nomme *Amphore*; le second, *Epicataphore*; le troisième, *mauvaise fortune*; et le quatrième, *mauvais génie*. Ce dernier est à trois cent trente degrés de l'horoscope, toujours en comptant suivant l'ordre des signes. Parmi ces différens lieux (*a*), sept étaient heureux; savoir, la *bonne fortune*, le *bon génie*, le *Dieu* et les quatre *points cardinaux*. On appliquait cette division des quatre points cardinaux aux quatre âges de la vie. L'horoscope appartenait à l'enfance; le milieu du ciel à l'âge fait; le coucher à la vieillesse, et le bas du ciel à la décrépitude (*b*). On notait ces différens lieux par des couleurs qui leur étaient affectées. L'horoscope, par exemple, et le septième lieu à compter de l'horoscope, étaient blancs (*c*). Je ne suivrai pas plus loin ces détails; je ne parlerai pas non plus des rapports des planètes avec ces lieux, et des signes entre eux, ou de leurs aspects triangulaires, quadrangulaires ou opposés; tous ces détails appartenant à l'astrologie exclusivement. Je passe à la nomenclature des signes et aux fictions qui furent faites dessus.

(*a*) Salm. 191. — (*b*) Kirk. Œdip., t. 2, part. 2, p. 186-193. — (*c*) Salm., p. 67.

DES SIGNES DU ZODIAQUE.

PREMIER SIGNE.

BÉLIER OU AGNEAU.

La division du zodiaque, qui commençait à l'équinoxe de printemps, environ trois cent soixante ans avant notre ère, et qui était le premier des douze signes, était figurée par l'image d'un mouton qui en groupait les diverses étoiles. Les Perses y peignaient un agneau (a) ; les autres peuples un bélier (b) ; ce qui fit donner à ce signe le nom de signe de l'agneau ou du bélier. C'est ainsi qu'on appelle encore le premier signe, quoique la constellation ou l'effigie de l'animal ne réponde plus à la première division ; en sorte qu'il y a deux choses, avons-nous dit, à distinguer soigneusement, savoir, le signe du bélier qui n'est autre chose que la première division, et la constellation du bélier, qui est l'effigie de l'animal bélier tracée sur les étoiles qui répondaient autrefois au premier signe, et qui n'y répondent plus depuis plus de deux mille ans. C'est l'effigie des poissons qui y correspond aujourd'hui. Celle du bélier occupe la seconde division ou le second signe, appelé autrefois signe du *taureau*.

Les noms différens, qui désignent un mouton et un

(a) Zend. Avest., t. 2, part. 2, p. 353. Hyd. vet. Pers. Relig. — (b) Aratus Eratosth. Germ Cæs. Hygin. Manil.

bélier dans les différentes langues, ont multiplié la nomenclature de cette constellation. Nous rapporterons les principales dénominations qu'elle a reçues, après avoir donné un précis des petites fictions qu'on y a attachées, d'après les anciens mythologues et autres auteurs qui ont écrit sur la sphère.

Ce bélier a toujours passé pour être celui sur lequel Phryxus et Hellé traversèrent l'Hellespont. Phérécyde prétend que sa toison était d'or (a). Hellé tomba dans les eaux, et de ses amours avec Neptune, elle eut Pœon, suivant les uns, et Édon suivant des autres. Phryxus se sauva et parvint jusque dans les États d'Aëtès, roi de Colchide. Il immola son bélier à Jupiter ou au Dieu Ammon, et consacra dans le temple sa riche toison. Jupiter plaça l'animal lui-même ou son image aux cieux, dans la partie étoilée sous laquelle se sème le blé.

Eratosthène (b), après avoir dit que Phryxus avait dépouillé son bélier de sa toison, dont il avait fait présent à Aëtès pour rester dans le temple de Jupiter comme un monument, ajoute qu'il alla ensuite se placer au firmament.

Quant à Phryxus, les uns le font naître à Orchomène en Béotie, d'autres en Thessalie. On prétend aussi qu'Æole eut, entre autres fils, Crethée et Athamas. Crethée eut pour épouse Démodicé que d'autres appellent *Biadicé*. On dit qu'elle fut éprise des charmes de Phryxus, fils d'Athamas, et que, n'ayant pu obtenir de lui ce qu'elle désirait, elle prit le parti de le calomnier auprès

---

(a) Hygin., l. 2, c. 21. Manil., l. 3, v. 310; l. 4, v. 515; l. 5, v. 30. Tzetés ad Lycoph, v. 22-175. Schol. Apoll. l. 1, v. 256, l. 2, v. 655-1146-1150. — (b) Eratosth., c. 19.

de Crethée. Celui-ci, trompé par les discours perfides de son épouse, exigea d'Athamas qu'il fît périr son fils. Mais Nephelé ou la Nue survint, et sauva de leurs mains Phryxus et Hellé sa sœur, qu'elle mit sur un bélier en leur ordonnant de traverser au plutôt l'Hellespont, et de fuir aussi loin qu'ils pourraient. Hellé tomba dans le trajet et mourut, et par-là même donna le nom d'*Hellespont* à ce détroit. Phryxus arriva à Colchos. Cette histoire est aussi rapportée par Germanicus César, avec quelques légères différences (*a*). Il prétend que Phryxus et Hellé avaient voulu faire périr leur belle-mère, et que Bacchus les avait rendus furieux; et qu'errant dans les forêts, leur mère leur présenta un bélier à toison d'or, qu'ils montèrent pour passer le détroit appelé depuis *Hellespont*. Il ajoute que Phryxus, ayant eu seul le bonheur de passer le trajet, et de-là d'arriver en Colchide, immola ce bélier au Dieu Mars ou à la planète qui a son domicile dans ce signe céleste; que ce bélier laissa sur la terre sa toison avant de passer aux cieux, et qu'elle fut gardée par un dragon. Ce bélier, suivant Ératosthène (*b*), était immortel, et c'était Nephelé ou la Nue, la mère de Phryxus et d'Hellé, qui l'avait donné à ses enfans. Théon s'exprime sur ce signe à peu près dans les mêmes termes, ainsi qu'Ovide, Columelle, Manilius et une foule d'autres auteurs qui ont parlé de la fable de Phryxus et d'Hellé (*c*).

On ne peut donc point douter que la fable du bélier

(*a*) German. Cæs., p. 18.—(*b*) Eratosth., c. 19.—(*c*) Theon., p. 129. Ovid. Fast., l. 3, v. 351-875; l. 4, v. 715. Columell., l. 10, v. 155. Manil., l. 1, v. 267; l. 4, v. 742. Hygin. Fab. 188. August. de Civ. Dei, l. 18, c. 13.

à toison d'or, qui porta Hellé et Phryxus, enfans de la Nue et d'Athamas, ne soit faite sur le bélier qui est aux cieux, et qui occupa long-temps l'équinoxe de printemps.

D'autres auteurs (a) ont lié la fable de ce bélier à celle de Bacchus ou à la fable solaire dont cet astre est le héros sous le nom de *Bacchus*. C'est ainsi qu'il se trouve lié à la fable solaire des Chrétiens, dans laquelle le soleil figure sous le nom de *Christ* ; il est cet agneau qui répare les péchés du monde. Hermippus disait qu'au moment où Bacchus attaqua l'Afrique, il arriva avec son armée dans un certain endroit de Libye, appelé *Ammodès* à cause de la prodigieuse quantité de sables qu'on y trouvait. C'est pourquoi il se vit exposé aux plus grands dangers dans la nécessité où il était de traverser ces sables arides, sans espoir de trouver aucun rafraîchissement pour son armée. Dans cette cruelle perplexité, le hasard fit apercevoir à ses soldats un bélier qui se mit à fuir devant eux. Ils le poursuivirent jusqu'à ce qu'ils fussent arrivés en un certain lieu dans lequel, par la suite, fut bâti le temple de Jupiter Ammon. Là le bélier disparut ; mais à sa place ils trouvèrent, contre leur attente, une source d'eau des plus abondantes. Ils s'y désaltérèrent, et ils vinrent raconter à Bacchus leur découverte. Le Dieu y conduisit toute son armée qui s'y rafraîchit. Il y bâtit un temple en honneur de Jupiter ; et il y consacra la statue de ce Dieu, à qui il donna les cornes de bélier (b). Il plaça ensuite le bélier aux constellations, afin que, lorsque le soleil se trouverait dans ce signe, la Nature se régénérât comme elle fait

---

(a) Hygin, l. 2, c. 21 ; Fabrice, 132. — (b) Isidor. Orig. l. 3, c. 47.

tous les ans au printemps, et surtout en mémoire de la conservation de l'armée de Bacchus, qu'avait sauvée ce bélier bienfaisant. Comme il avait servi de chef et de guide à ses troupes, il voulut qu'il marchât aussi à la tête de l'armée céleste et de la série ordonnée des signes du zodiaque.

Nigidius (a) raconte le même fait à peu près de la même manière, et il appelle ce bélier l'indicateur de la source immortelle qui abreuva Bacchus et son armée.

Il y a encore une autre tradition sur Bacchus et sur ce bélier, dont nous avons déjà fait mention, ainsi que de la première, dans nos chapitres sur Bacchus et sur Ammon (b). Léon, qui avait écrit l'histoire de l'Égypte, raconte que Bacchus, s'étant emparé de l'Égypte et des pays voisins, avait reçu la visite d'un certain Ammon qui était venu d'Afrique et qui avait amené à ce Dieu une assez grande quantité de troupeaux, afin de mériter par-là sa confiance; que Bacchus, en reconnaissance, lui avait donné tout le terrain qui est voisin de la Thèbes d'Égypte, et que, pour perpétuer le souvenir de cette offrande, ceux qui peignaient Ammon le représentaient avec des cornes de bélier. D'autres ajoutent que ce fut aussi cela qui fit placer le bélier aux cieux.

Enfin, parmi les différentes fictions faites sur ce bélier, il en est qui le font naître (c) des amours de Neptune avait Théophanè, fille d'Althéis. On prétend que le Dieu, étant devenu amoureux de cette nymphe, il la fit passer dans l'île Crumissa, et qu'il eut commerce avec elle sous la forme du bélier dont il avait emprunté

(a) Germ. Cæs., c. 18. — (b) Ci-dess., t. 2, l. 3, c. 6-7. Hygin, c. 21. — (c) German. Cæs., c. 12.

la métamorphose. Il avait changé aussi son amante en brebis pour tromper ses rivaux (a). De cette union naquit le bélier Chrysomallus ou à toison d'or, que monta Phryxus dans son voyage en Colchide, et dont il déposa la toison dans le temple de Mars, d'où elle fut enlevée dans la suite par Jason.

Lucien y voit le bélier de Thyeste (b), celui qui était sculpté en pierre sur le tombeau de ce héros, à côté du temple de Persée, de ce même Persée qui est aux cieux sur le bélier des signes (c).

C'est par ce bélier qu'il faut expliquer toutes les fables que nous venons de rapporter, et beaucoup d'autres dont nous n'avons pas parlé. C'est lui qui est l'agneau fameux dans la religion chrétienne et dans celle des Juifs sous le nom d'*agneau pascal* et de réparateur de la Nature. C'est lui qui donne ses formes à Jupiter lorsqu'il prend le titre de Jupiter vainqueur, et qu'il triomphe des géans, principes du mal et des ténèbres, lesquels, dans toutes les théogonies, empruntent les attributs du serpent d'automne.

Nous allons donner quelques-uns des noms qu'il a portés dans différentes langues. On pourra compléter cette nomenclature en recueillant les synonymes différens du nom de l'animal, soit agneau, soit bélier, dans toutes les langues. C'est un travail que je laisse à d'autres. Je me borne ici à un petit nombre de noms.

Les Arabes le nomment *elhammel*, *hemal* (d), *achamalo* (e).

(a) Hygin. Fab. 188. — (b) Lucian. de Astrol., p. 989. — (c) Pausan. Corinth., p. 66. — (d) Bayer Uranom. tab. 22. Riccioli, t. 2, p. 127. Comm. d'Alfrag., p. 108. — (e) Cæsius, c. 1, v. 21.

Les Syriens, *emro*.

Les Coptes, *esoi* (a).

Les Hébreux, *teleh*, *tlaa* (b), *thala*.

Les Indiens, *vareh* (c) en pelhvi; et dans la langue brame, *mecham* (d).

Les Perses, l'agneau, *bérè* (e).

Les Turcs, *koyûn* ou *koyin* (f), *kûzi*.

Les Grecs, *crios*.

Les Latins, *aries*, *chrysovellus*, *laniger*, *princeps zodiaci*, *ductor exercitûs zodiaci*, *dux gregis*, *princeps signorum*, *ovis aurea*, *vervex*, *æquinoctialis*, *arcanus*, *auratus*, *chrysomallus*, *Jupiter libycus*, *deus libycus*, *Jovis et Minervæ sidus* (g).

Les Allemands, *bider*.

Les Hollandais, *hamel*.

Columelle (h) marque, le 16 des calendes d'avril, le passage du soleil sous *aries*, accompagné du souffle du *favonius* et du *corus*; au 10, il fixe le commencement du lever du bélier, il marque de la pluie et de la neige; au 8 et au 9, il place l'équinoxe avec indication de tempête.

Il fixe au 11 avant les calendes d'octobre (i) le commencement du coucher du bélier. Les vents *favonius* et *corus* soufflent alors, et quelquefois le vent *auster* qu'accompagne la pluie. Il marque aussi au 10 des calendes d'octobre le coucher du navire *argo*, que montait Jason lorsqu'il s'acheminait à la conquête de la toison de ce fameux bélier (j). Il fixe à la veille des

---

(a) Kirker, OEdip. t. 1, p. 20. — (b) T. 2, p. 198. — (c) Boundesh. — (d) Gentil., t. 1, p. 247. — (e) Hydo vet. Pers. Relig., p. 137. — (f) P. 226. Com. ad Uulugheigh, p. 58-60. — (g) Cæsius, c. 1, p. 21-22. — (h) Colamell., l. 11, c. 2, p. 424. — (i) P. 430. — (j) P. 431.

nones d'octobre le lever du soir des chevreaux, le coucher du milieu du bélier et le souffle de l'Aquilon.

Le même auteur (a) place l'équinoxe de printemps au 25 mars, ou au 8 avant les calendes d'avril, c'est-à-dire, au jour même où Macrobe fixe la célébration des *hilaries*, et du triomphe du Dieu-jour sur la nuit (b). Le soleil était supposé alors au huitième degré du bélier.

Il marque celui d'automne au 8 avant les calendes d'octobre, le soleil ayant atteint le huitième degré de la balance.

Il place le soleil au huitième degré du capricorne, lorsque l'hiver commence le 8 avant les calendes de janvier. Enfin il fixe le solstice d'été au huitième degré du cancer, et au 8 avant les calendes de juillet.

Il ajoute qu'il n'ignore pas qu'Hipparque fixe les solstices et les équinoxes, non pas au huitième degré des signes, mais aux premiers; et il dit qu'il préfère la manière de fixer les saisons, qui est consacrée par les calendriers et les poëmes rustiques et par les calendriers sacrés, destinés à marquer l'ordre des sacrifices et des fêtes. Cette manière de compter était la plus connue suivant le même Columelle.

Eudoxe prétend (c) que, durant tout le temps où le soleil parcourt le bélier, les vents adoucissent leur haleine ainsi que sous le taureau et les gémeaux. Alors soufflent les zéphyrs : la fable d'Aura, que nous avons expliquée dans Nonnus, en est une preuve (d).

Hygin (e) place le bélier sur le cercle équinoxial à la tête des signes, et l'appelle *princeps signorum*. Sa tête

---

(a) Columell, l. 9, c. 14. — (b) Macrob. Sat., l. 1, c. 21. — (c) Theon. p. 183. — (d) Ci-dess., t. 2, l. 3, c. 6. — (e) Hygin, l. 3, c. 19.

regarde le levant, ses pieds se couchent les premiers, et à son lever sa tête monte sous le triangle; ses pieds touchent presque la tête de la baleine. On compte dix-huit étoiles principales semées sur les diverses parties de son corps. Les plus apparentes son celles des cornes (*a*).

Suivant les astrologues anciens, le bélier occupait le milieu du ciel à l'époque primitive ou au prétendu commencement du monde (*b*). De-là vint l'épithète de *mesomphalos* que lui donne Nonnus (*c*).

Le mouvement du soleil en déclinaison et son mouvement journalier passaient pour être en ce point les plus rapides qu'il fût possible d'imaginer (*d*).

Minerve, parmi les douze grands Dieux, avait son siége dans ce signe; le soleil y avait son exaltation et Mars son domicile.

Dans la sphère des décans, Mars, le soleil et Vénus partagent entre eux l'empire des trente degrés du bélier. Ce signe était affecté à l'élément du feu.

On remarque deux étoiles brillantes dans la tête du bélier. L'une des deux, la plus septentrionale ou celle de gauche, est la moins grosse. On les nomme *sartai* ou ministres subordonnés au signe principal ou à *aries*, et *mesarthim* (*e*). On distingue aussi *al-buten*, le ventre d'*aries* (*f*).

Ulugbeigh (*g*) appelle celles des cornes *al-sheratein*; celle qui est près de la queue, *min al-botein*; celle qui est près du nez, *al-natth*.

(*a*) Hygin., l. 3. German., c. 18. — (*b*) Macrob. Som. Scip. l. — (*c*) Nonn. Dionys., l. 1, v. 181. — (*d*) Aratus, v. 225. Hygin, t. c. 1. — (*e*) Bayer, tab. 22. — (*f*) Alfrag., c. 22, p. 109. — (*g*) Ulugbeig, p. 58-60.

Hyde, son commentateur (a), observe que les noms de *al-hamel*, donné par les Arabes ; de *teleh*, ou *tlaa*, par les Hébreux ; d'*emro*, par les Syriens ; de *kuzi*, par les Turcs ; que tous ces noms désignent un agneau déjà fort. Il a deux cornes comme le bélier, *al-kebsh*; aussi l'appelle-t-on *al-kebsh aliph*, ou le bélier apprivoisé et doux.

Les deux premières étoiles des cornes (b), *al-sheratein* ou *al-sheratan*, forment la première station de la lune. Les deux étoiles de la tête avec la petite ou les étoiles, *a*, *b*, *g*, s'appellent d'un nom générique *al-ash'râ*, du singulier *sherât*, signe. La première station de la lune dans Aben Ragel, se nomme *râs al-hamal*, tête du bélier ; celles qui composent le ventre ou *min botein*, forment la seconde station. La première des étoiles placées hors de la figure de l'animal, est *al-natth*, que d'autres appellent *nàth*.

DEUXIÈME SIGNE.

TAUREAU.

Le taureau des constellations (c) passe pour être celui qui porta sur son dos Europe en Crète, suivant Euripide. Jupiter, qui avait pris cette forme pour surprendre cette jeune princesse, avait placé aux cieux l'animal qui l'avait si bien servi dans cette métamorphose (d). C'était, suivant Nigidius, un taureau de Neptune, qui avait toute

---

(b) Hyde, p. 30. Riccioli, p. 126. — (b) Alfrag., c. 22, p. 109. Hyde, ibid. p. 30. — (c) Hygin, l. 2, c. 22. Germ. Cæsar. — (d) Nonnus Dionys.

l'intelligence de l'homme. Il vint à Sidon y chercher la fille d'Agénor ou Europe. Il la surprit qui jouait avec ses compagnes dans le temple d'Esculape (a) ou du serpentaire, Cadmus, en aspect avec le taureau dont il est le principal paranatellon. Il l'enleva, la chargea sur son dos et la porta, à travers les flots, jusqu'en Crète où il la livra à Jupiter. Ce Dieu, en reconnaissance de ce service, le plaça parmi les constellations. Germanicus l'appelle le *taureau* de la fille d'Agénor.

Théon y voit aussi le taureau qui porta Europe de Phénicie en Crète (b). C'est aussi l'opinion d'Ératosthène (c). Ovide et Manilius en parlent dans les mêmes termes (d).

C'est donc par lui qu'il faut expliquer la fable d'Europe et celle de Jupiter métamorphosé en taureau, pour ravir cette princesse, ainsi que celle du bœuf de Cadmus qui, en se couchant, marqua le lieu où devait être bâtie Thèbes.

D'autres auteurs y ont vu la vache Io ou l'animal dont la fille d'Inachus prit la forme après son aventure galante avec Jupiter (e). Ce Dieu pour la consoler l'avait placée aux cieux sous cette forme. La partie antérieure représentait le bœuf, mais la partie de derrière était assez obscure pour qu'on ne pût distinguer le sexe. Aussi Ovide dit-il (f) qu'on ignore si c'est un bœuf ou une vache qui est dessiné dans cette partie du ciel. Ératosthène (g) l'appelle aussi le simulacre d'*Io*, ou de

---

(a) German. Cæsar. Ibid. — (b) Theon. ad Arat. Phen., p. 124. — (c) Eratosth., c. 14. — (d) Ovid. Fast., l. 5, v. 604. Manil., l. 4, v. 680. — (e) Ovid. Metamorph., l. 1, Fab. 10. — (f) Ovid. Fast. l. 4, v. 720. — (g) Eratosth., c. 14. Hygin, Fab. 145.

l'Isis égyptienne qui prenait les formes d'Io. De-là l'épithète de *pharia juvenca*, que lui donne Ovide (*a*). C'est dans ce signe que la lune, Isis, a le lieu de son exaltation; et c'est de lui qu'elle emprunte ses formes de bœuf ou de vache, ainsi qu'Astarté.

Plusieurs y ont vu le fameux taureau (*b*) dont fut amoureuse la fille de Minos, Pasiphaë, dont le nom est resté à une des pléiades ou des étoiles groupées sur le taureau céleste (*c*). Ératosthène prétend que c'est même pour cacher son sexe qu'on n'a pas figuré la partie postérieure du taureau des constellations (*d*). Théon y voit aussi le taureau célèbre dans les amours de Pasiphaë (*e*).

C'est donc par ce taureau qu'il faut expliquer l'aventure de cette princesse, et ses monstrueux amours avec un taureau, d'où naquit le Minotaure composé des parties de l'homme et de celles du bœuf.

Enfin quelques auteurs l'ont appelé le *taureau de Marathon* (*f*), et l'on a vu qu'effectivement c'est par cet animal que nous avons expliqué la victoire d'Hercule et celle de Thésée sur ce taureau fameux sous le nom de *taureau de Marathon* (*g*).

C'est ce taureau qui donne naissance à Orion, petit-fils d'une pléiade, ou dans la peau duquel trois Dieux répandirent la semence d'où naquit Orion, constellation qui effectivement se lève toujours à la suite du taureau.

C'est lui que monte Mithra ou le Dieu-soleil chez les Perses (*h*). C'est lui dont les testicules sont rongés

---

(*a*) Ovid. Fast., l. 5, v. 620. — (*b*) Germ., Cæs., c. 13. Lucian de Astrolog.—(*c*) Plut. vitâ Cleom. et Agid., p. 799.—(*d*) Germ. Cæs. ibid. —(*e*) Theon ad Arat., p. 125. — (*f*) P. 125. — (*g*) Ci-dess., t. 1, l. 3, c. 14. — (*h*) Porph. de Antr. Nymph. Hyde de vet Pers. Rel., p. 113.

par le serpent d'automne. C'est lui qui brise l'œuf Orphique au Japon. C'est lui qui donne la fécondité à la lune dans la théologie des Perses (a).

C'est lui que représentait Apis dans les temples de l'Égypte (b). C'est lui qui nous a toujours servi à expliquer les anciennes fables sacrées dans lesquelles le bœuf ou le taureau joue quelque rôle.

Il porta différens noms dont voici les principaux :

Les Chaldéens l'appellent *tauro*.

Les Arabes le nomment *altaur*, *athaur* (c), *thaur*, *thur* (d), *altavoro*.

Les Hébreux, *sor* et *shor*.

Les Syriens, *thauro* (e).

Les Perses, *ghao*.

Les Indiens, *gao*, *touna* en pehlvi (f); *urochabam*, en langue brame (g).

Les Turcs, *oghuz* (h), *oud*, *okuiz*, *sighir*, *sughur* (i).

Les Grecs, *tauros*.

Les Latins, *taurus*.

Les Allemands, *stier*.

On lui donne dans Blaëu (j) les noms de *portitor Europæ*, *taurus candidus*, *princeps armenti*, *bubulum caput*, *Io*, *Inachis*, *inachia juvenca*, *Isis*, *Chironis filia*, *Osiris*, *Veneris sidus*, *taurus Cyrtos*, *peptéos*, *incurvus*, *flexus*, *nixus*, *curvatus*, à cause de sa position courbée.

(a) Zend Avest., t. 2, p. 117, etc. — (b) Lucian. de Astrol., p. 986. — (c) Ricciol., p. 128. — (d) Bayer Uran. tab. 21. Ric. Cas., p. 30. — (e) Hyd., p. 31-33. — (f) Anquetil Zend. Avest., t. 2, p. 349. — (g) Le Gent., t. 1. — (h) Hyd. Comm. ad Ulugbeig, p. 31-33. — (i) P. 215. — (j) Cæs., c. 2, p. 29-30.

La lune avait son exaltation dans ce signe, et Vénus son domicile. Cette même Déesse présidait aussi au taureau dans la distribution des douze signes entre les douze grands Dieux. Ce signe était affecté à l'élément de la terre.

On le représentait couché, *incurvus* (a). Souvent aussi on le trouve, dans les monumens, dans l'attitude d'un taureau furieux (b).

Il est représenté regardant le soleil levant (c).

Sa corne gauche s'unit au pied droit du cocher (d).

Il se lève et se couche à contre-sens ou en sens opposé à celui vers lequel il tourne la tête (e).

Nonnus lui donne l'épithète de *phlogeros* (f), qui vomit des feux. Tels étaient les taureaux que subjugua Jason.

Le taureau renferme plusieurs groupes d'étoiles qui ont été observés séparément ; telles sont les pléiades et les hyades (g). Le premier groupe, connu sous le nom de *poussinière*, est placé sur le dos du taureau près du bélier, suivant Nicandre, et près des pieds de Persée, suivant Hipparque (h) ; le second sur le front du taureau. Les premières sont au nombre de sept ; les autres de cinq, quoiqu'on en ait aussi souvent porté le nombre à sept.

Non-seulement leur configuration, mais leur liaison étroite avec les équinoxes et avec les opérations agricoles, ont contribué surtout à les faire remarquer. Aussi jouent-elles un grand rôle dans l'astronomie poétique et rurale des anciens. Nous allons parler de chacun de ces groupes en particulier : nous commencerons par les pléiades.

(a) Aratus, v. 167-517. — (b) Bianchini. — (c) Hygin., l. 2, c. 21. Germ., c. 13.—(d) Hygin., l. 3, c. 12-19. Theon., p. 125.—(e) Hygin., l. 3, c. 20. — (f) Nonnus Dionys., l. 2, v. 283. — (g) Manil. l. 1, v. 375 ; l. 5, v. 140. — (h) Theon., p. 133.

Pléiades.

Les pléiades présentent à l'œil un amas ou groupe de sept petites étoiles, ce qui leur a fait donner le nom d'*heptapores* (a) par Euripide (b). Les Latins les ont nommées *septistellium*.

Néanmoins on n'en compte que six à la vue, comme l'ont très-bien observé les anciens (c) qui en fixaient le nombre à sept, et qui supposaient qu'il était tel autrefois, mais que, depuis, une d'entre elles avait disparu (d). Voici la fable qu'on fit sur cette disparition. On raconte que six d'entre elles avaient eu commerce avec les immortels; savoir, trois avec Jupiter, deux avec Neptune, et une avec Mars. La dernière fut épouse de Sisyphe. Jupiter eut d'*Électre* Dardanus; de *Maia*, Mercure; de *Taygète*, Lacédémon. Neptune eut d'*Alcyone* Hyrée, père d'Orion, et de *Celeno*, Lycus et Nyctée. Mars eut de *Sterope* OEnomaüs dont elle fut la femme, suivant d'autres traditions. Mérope, mariée à Sisyphe, donna naissance à Glaucus que plusieurs font père de Bellérophon ou du cocher céleste. Quoiqu'elle n'eût eu commerce qu'avec un mortel, cependant, à cause de ses sœurs, elle fut mise au nombre des constellations. Mais elle est si obscure qu'on ne peut l'apercevoir (e). On dit d'une d'elles, comme de la mère de Bacchus, qu'elle fut frappée de la foudre, et que pour cela elle ne paraît plus (f).

(a) Hygin., l. 2, c. 22. — b Euripid. Iphigen., Act. 1, sc. 1. Erat., c. 14. — (c) Proclus, c. 16. Aratus, v. 258. — (d) Hygin., c. 2 Theon, p. 137. — (e) Germ. Cæs., c. 13. Eratosth., c. 23. — (f) Theon., p. 133.

D'autres auteurs prétendent que c'est Électre qu'on ne voit plus, parce que sa douleur ne lui permit pas de rester avec ses sœurs qui forment au ciel un chœur et des danses. Après la prise de Troie, et après la destruction de toute la race de Dardanus son fils, Électre inconsolable se sépara de ses sœurs, et alla se réfugier près du cercle polaire où elle paraît depuis long-temps pleurer, les cheveux épars. C'est ce qui lui a fait donner le surnom de *comète* (a). D'autres auteurs prétendent qu'elle s'était sauvée pour se soustraire aux poursuites amoureuses d'Orion, suivant quelques-uns ; du soleil, suivant d'autres (b) ; et que cette pléiade fugitive était Électre. Certains auteurs néanmoins veulent que ce soit Mérope qui prit dans la suite le nom de cette fameuse Hippodamie, fille d'OEnomaüs, pour laquelle combattit Pélops. Hygin prétend (c) que, rougissant de n'avoir pour amant qu'un mortel, tandis que toutes ses sœurs avaient eu des Dieux, cette pléiade avait été forcée de s'en séparer, et qu'elle avait même été chassée de leur cortége ; qu'elle était allée cacher sa honte dans un autre lieu du ciel, où elle paraît avec des cheveux épars, telle qu'une nébuleuse ou une comète ; qu'elle en prit même le nom ; qu'elle prit aussi celui de *Longodès*, à cause de la longueur de cette espèce de chevelure ; et de *Xiphax*, par allusion à l'épée dont elle semble imiter la forme ; car son extrémité se termine en pointe.

Théon (d), qui admet quelques-unes de ces traditions, la fait se placer près de la seconde étoile du timon du chariot céleste. C'est là que se réfugia Électre après le

---

(a) Germ., c. 32. Hygin., l. 2. — (b) German. Ca., c. 32. — (c) Hygin., Fab. 192. — (d) Théon ad Arat., p. 139.

désastre de la maison de Dardanus, et elle y est, dit-il, connue sous le nom d'étoile du *renard*.

Comme la douleur lui avait fait chercher cette retraite obscure, elle ne se montre aux mortels que pour présager des maux (*a*).

Les pléiades en général jouent un grand rôle dans l'antiquité, et elles ont obtenu une haute considération (*b*). L'histoire fabuleuse ou poétique des Grecs fait descendre d'elles beaucoup de héros (*c*), comme l'assure la cosmogonie des Atlantes, c'est-à-dire, qu'elles figurent dans beaucoup de légendes et de poëmes sacrés sur la Nature, sur la marche du soleil et des saisons, à laquelle leur position les liait étroitement.

On les faisait communément filles d'Atlas (*d*); ce qui les a fait souvent désigner sous le nom d'*Atlantides* (*e*). On leur donnait pour mère *Pleioné*.

Cette filiation est toute allégorique, et elle a un fondement cosmique, si nous en croyons Théon (*f*). Ce savant entend par Atlas l'horizon qui termine la course de tous les astres, et qui les fait naître; et par Pleioné, l'Océan du sein duquel tous les astres semblent sortir. Ceux qui entendent par Atlas le pôle trouveront encore ici leur compte. Car tous les astres naissent par la rotation apparente du ciel, qui porte les astres autour de l'essieu ou de l'axe du monde, *atlas*.

On peut aussi entendre par Atlas quelque constellation

(*a*) Hygin., Fab. 192. — (*b*) German., c. 22. — (*c*) Diod. Sic., l. 3 c. 60, p. 210; l. 4, c. 27, 272. — (*d*) Hygin., Fab. 192. — (*e*) Hesiod. Oper. et Dies, v. 390, Virgil. Georgic., l. 1. Diod. Sic., l. 3. Theon, p. 132. Hygin., l. 2, c. 22 Germ. Cæs., c. 13, c. 22. — (*f*) Theon., p. 132.

circompolaire, telle que le bootès qui a sa tête près de
l'axe du monde et qui semble porter le ciel. Son coucher
fait lever le taureau (a) sur lequel sont placées les pléïades. Atlas était un des fils du ciel (b) ou d'Uranus et de
Clymène, fille de l'Océan avec Épiméthée et Prométhée.
Le nom de ce dernier fut donné à l'Hercule *Ingéniculus* (c). Quant au nom de *Pleioné*, ceux qui le prennent pour l'Océan supposent qu'il désigne la navigation
qu'indiquaient effectivement les pléïades (d).

D'autres font venir ce nom de *pleïon*, mot qui signifie
quantité et multitude, et que leur fit donner leur nombre (e) et l'espèce d'attroupement qu'elles forment.

Ceux-ci dérivent ce nom de *peleias*, colombe, parce
qu'elles semblent offrir l'image d'une troupe de pigeons,
comme elles ont paru à quelques-uns présenter celle de
petits poussins qui entourent une poule ; ce qui leur a
fait donner le nom de *poussinière* et de *gallina cum
pullis suis*. Théon les compare à une grappe de raisin (f).
Ceux-là cherchent l'étymologie de ce nom dans le mot
grec, *polein*, tourner ; ce fut à cause d'elles, dit-on,
que l'année elle-même, dont elles mesurent la durée,
prit par excellence le nom de *pleïon* (g). Quoi qu'il en
soit de l'origine de ce nom, on suppose qu'elles et Pleioné,
leur mère, furent forcées de se soustraire aux poursuites
d'Orion qui les attaqua dans leur voyage en Béotie (h),
et qui voulait leur faire violence. Orion les poursuivit,
sans pouvoir les joindre, pendant autant d'années que

(a) Hygin, l. 3, c. 5. — (b) Theon, p. 132. — (c) Hygin, l. 2,
c. 7. — (d) Theon, p. 132. — (e) Germ. Cæs., c. 22. Hygin, Fab. 192.
(f) Theon, p. 132. — (g) P. 133. — (h) Hygin, l. 2, c. 22. Theon,
p. 132.

la révolution annuelle renferme de mois, ou pendant douze ans, suivant les uns, et, suivant d'autres, pendant cinq. Jupiter, sensible à leurs malheurs, les plaça aux cieux sur la queue du taureau, qui donna naissance à leur persécuteur, lequel paraît encore dans les cieux les chasser devant lui vers le couchant (*a*).

Les différens levers et couchers des pléïades annonçaient les époques du temps les plus importantes à connaître pour le laboureur et pour le navigateur, et surtout celles du labourage et des récoltes (*b*), du chaud et du froid. Les Latins les appelaient *vergilies*, parce qu'elles se levaient à la suite de l'ouverture du printemps (*c*). Leur dégagement des rayons solaires annonçait les chaleurs ; leur coucher du matin, l'arrivée des froids de l'hiver ; prérogative qui les distinguait des autres constellations, et qui les fit jouir d'une considération toute particulière (*d*).

Théon (*e*) fixe leur lever du matin depuis mai jusqu'au 23 juin ; leur lever du soir depuis octobre jusqu'au 19 décembre. Leur lever du matin dure cinquante-deux jours aux environs de l'équinoxe de printemps. Le soleil est alors au dix-septième degré du taureau. Leur coucher du soir s'achève durant le même espace de temps après l'équinoxe d'automne, à l'arrivée du soleil dans le sagittaire.

Les pléïades sont proprement les astres indicatifs des temps. Leur lever du matin, continue Théon (*f*), au-

---

(*a*) Hygin, l. 2, c. 22. — (*b*) Philostr., Icon., p. 819. — (*c*) Hygin, l. 2, c. 22 Germ. Cæs., c. 22. Theon, p. 132. Isidor., l. 3, c. 47. — (*d*) Eratosth., c. 25. — (*e*) Theon ad Arat. Phæn., p. 133-134-135. — (*f*) P. 137.

nonce le commencement des chaleurs; leur coucher du matin, les travaux du labourage. On ne parle pas de leur coucher du soir qui arrive vers l'équinoxe, et qui n'est indicatif d'aucune opération importante. Quoique formées d'un assemblage d'étoiles très-petites et assez obscures, elles sont néanmoins très-connues et très-fameuses par l'utilité dont est aux hommes la connaissance de leurs levers et de leurs couchers différens. A leur lever commence la moisson; à leur coucher le labourage et les semailles. Elles se lèvent le matin au crépuscule vers le 25 du mois pharmuti qui répond à avril, le soleil étant alors au taureau. C'est alors que se fait la moisson chez les Égyptiens. Elles se lèvent le soir lorsque le soleil est au scorpion, au mois athur qui répond à novembre; c'est la saison du labourage. Elles se lèvent alors le soir, et sont visibles toute la nuit sur l'horizon. C'est Jupiter lui-même, dit Théon (a), qui les a ainsi placées, afin qu'elles fussent pour les mortels des annonces fidèles des révolutions des saisons, du commencement des étés et des hivers. Elles se couchent aussi le matin au mois athur lorsque l'hiver commence. Leur lever du soir ramène le froid, comme celui du matin ramène les temps chauds (b). Elles sont placées, ajoute Théon (c), sur la partie postérieure du taureau, et elles se lèvent avec le bélier lorsque le soleil est à la fin de ce signe, au commencement des chaleurs, lorsque l'on moissonne les orges.

Aratus (d), Cicéron son commentateur, Isidore de Séville, Festus Avienus, etc., parlent dans les mêmes

---

(a) — Theon, p. 135. — (b) P. 117. — (c) P. 121. — (d) Aratus, v. 265.

termes des pléiades ou vergilies, comme d'astres indicateurs des saisons, des travaux agricoles et de la navigation (a). Aussi Pindare les appelle *orias*. Elles tiennent le premier rang, dit Germanicus (b), parmi les astres qui concourent aux progrès de la végétation et aux récoltes des fruits. Elles renferment, dans l'intervalle de six mois que mesurent leurs différens levers, les moissons, les vendanges et la maturité de toutes les récoltes ; elles mesurent également les périodes successives de chaud et de froid, qui partagent en deux la durée de l'année.

Voilà à peu près les titres qui ont acquis aux pléiades une aussi grande célébrité chez les anciens. C'est donc sur ce groupe d'étoiles qu'il faut le plus souvent porter ses yeux dans l'explication de la mythologie. On y trouvera le plus grand nombre des nymphes qui figurent, sous différens noms, dans les fables sacrées. Nous allons rapporter les noms les plus connus qui nous aient été conservés, et qui doivent nous servir de guides dans l'analyse des fables où ces noms-là sont employés.

On nomme (c) *Electre*, *Maia*, *Taygeté*, *Alcyone*, *Céléno*, *Stéropé* ou *Astéropé* et *Mérope*. Ces sept étoiles, dit Hygin (d), appelées *pléiades*, ont été placées par les anciens astrologues sur la division du taureau et du bélier. C'est ce qui les a fait appeler par quelques-uns *la queue du taureau*. Elles sont connues chez nos Latins sous le nom de *vergilies*.

Hygin nomme Calypso parmi les filles d'Atlas et de Pléioné (e). Plutarque en appelle une Pasiphaë (f).

(a) Isidor. Orig., l. 3, c. 47. — (b) German., c. 42. — (c) Eratosth., c. 23. Diod. Sic., l. 3, c. 60, p. 229. — (d) Hygin, l. 2, c. 22; l. 3, c. 20. German., c. 22. Hygin., Fab. 192. — (e) Hygin., Fab. 1. — (f) Plut. vit. Cleom. et Agid., p. 799.

Germanicus César les fait aussi nourrices de Bacchus, comme les hyades. Il en fait, d'après l'autorité de Phérécyde, sept sœurs filles de Lycurgue, venues de l'île de Naxe.

La cosmogonie des Atlantes les fait filles d'Hespérie et d'Atlas, et leur donne indistinctement les noms d'*hespérides* et *d'atlantides* (a). Hespérie, leur mère, était fille d'Hespérus, frère d'Atlas. Ce sont ces sept jeunes filles que Bousiris, roi d'Égypte, avait chargé des pirates d'enlever. Mais Hercule tua ces brigands, et rendit les sept filles à leur père, comme nous l'avons vu dans notre explication des travaux d'Hercule (b).

Leur groupe eut encore différens noms chez différens peuples.

Hésychius nomme le groupe des pléiades *satilla* (c).

Chez les Chaldéens et les Hébreux on les appela *athorage* (d), *athoraye*.

Chez les Arabes (e) on les nomme *althoraia*, *atauria*, *benath-algnasch*, *altorich*, *aldagageh*. Sous leur aspect il était bon de se marier, de labourer la terre et d'entreprendre des voyages de mer.

On les nomme aussi *benat-el-nauschi* (f), les filles de la réunion.

Ulugbeigh (g), prince tartare et astronome, donne à l'extrémité boréale des pléiades le nom de *wasat-al-thuraia*, et à l'extrémité australe celui d'*al-thurajá*.

Hyde, dans son Commentaire sur Ulugbeigh (h),

(a) Diod- Sic., l. 4, c. 27, p. 272. — (b) Ci-dess., t. 1, l. 3, c. 1.— (c) Hesych. v. Satill. — (d) Tab Alph., p. 207. Haly-Ben-Ragel. — (e) Rabbi Ben-Joseph. Astr. Arab. Kirk. Œdip., t. 1, p. 351. Bayer, t. 23. —(f) Ricciol., p. 125. — (g) Ulugbeigh, p. 62-67. — (h) Hyd. Comm. p. 31-33.

confirmant et expliquant la dénomination donnée aux pléiades par ce prince astronome, nous dit que les Coptes les appellent les *six astres*; les Arabes l'astre par excellence, *al-negjim*, les Syriens, *chimo*, les Perses, *perv* et *pervinz*, les Turcs, *ulgher*. D'Herbelot (a) prétend que le nom que leur donnaient les Perses, *pervinz*, signifie un poisson. Kirker assure que les Hébreux les désignent par un mot qui signifie appui des temps et des périodes séculaires (b). La raison de cette dénomination est aisée à saisir. Ils leur donnaient aussi le nom de *succoth-benoth*, ou de poule avec ses poussins. C'est aussi sous ces traits que les peignent les Indiens qui les nomment *pillalou codi* (c); ils les appellent aussi *cartiguey*, et ils donnent ce même nom à un de leurs mois.

Cette dénomination de poussinière ou de poule avec ses poussins était familière aux Hébreux, si on en croit leurs rabbins (d). Ils prétendent que c'est cette constellation qui est désignée dans l'écriture sous les noms de *chima* (e) et de *succoth-benoth*; que de même qu'ils appelaient le coq *schevi*, ils appelaient la poule *succoth*, et que le mot *benoth* désigne ses petits. Nous sommes entrés, à cet égard, dans quelques détails à notre article des divinités syriennes (f). D'autres rabbins ont cru trouver, dans les pléiades appelées *altoraïa* par les Arabes, la constellation désignée dans Job sous le nom d'*aisch* et de ses petits. Mais nous croyons qu'on doit plutôt la rapporter à la chèvre et à ses chevreaux dont nous parlerons ailleurs. Les Italiens la connaissent aussi

---

(a) Biblioth. orient., p. 997. — (b) Kirker OEdip., t. 2, p. 356. — (c) Bailly Astr. Anc. Disc. Prel., p. 30. — (d) Hyde Comm., p. 30-31. Kirk. OEdip., t. 1, p. 330.—(e) Job. c. 38. — (f) Ci-dess., t. 1, l. 3, c. 18.

sous le nom de *gallineta* (*a*). Les Anglais la désignent sous un nom à peu près semblable dans leur langue (*b*). Dans le planisphère égyptien de Kirker, c'est une poule avec ses poussins qui la représente.

Elle porte encore d'autres noms, tels que ceux de *buthean* (*c*), *buthrio*, *massa*, *septistellium*, *vestis institoris* (*d*), *gallicium*, *lumina signatricia* (*e*), *atlantides*.

Les habitans des bords de la rivière des Amazones ont aussi observé cette constellation, et ils la nomment *tapüra rayouba*, la mâchoire du bœuf (*f*).

C'est à cette constellation, *althuraija*, qu'on fixe la station de la lune au taureau céleste, ou sa troisième station (*g*).

Columelle marque au 9 avant les calendes de novembre un coucher des vergilies (*h*); au 6 des ides de novembre (*i*), un coucher du matin de cette constellation. Ce coucher annonce la tempête et le froid. Au 5 des ides il marque le souffle des vents auster et eurus, de petites pluies et le commencement des froids de l'hiver.

Il met un coucher des pléïades quarante-un jours après l'équinoxe d'automne (*j*). Il fixe aussi au 12 et au 13 des calendes de novembre (*k*) un coucher du matin des vergilies, lequel annonce la tempête. Il marque au 5 des calendes de novembre (*l*) un coucher des pléïades, qui annonce le froid et la gelée; au 11 des mêmes calendes un coucher de la queue du taureau, accompagné de pluie et du vent auster (*m*).

(*a*) Riccioli, p. 126. — (*b*) Hyde, p. 31-33. — (*c*) Ricc., p. 126. Stoffler, p. 34. Cæsius, p. 34. — (*d*) Plin., l. 2, c. 42, c. 46. — (*e*) Bayer, tab. 23. — (*f*) Condamine, Mém. de l'Acad. des Sc., ann. 1745, p. 447. — (*g*) Alfrag., c. 22, p. 109; et Commentaire sur Alfrag., p. 101. — (*h*) Columelle, l. 9, c. 8. — (*i*) L. 11, c. 2, p. 433. — (*j*) P. 434. — (*k*) P. 432. — (*l*) P. 432. — (*m*) P. 432.

Le même Columelle (a) annonce, quarante-huit jours après l'équinoxe de printemps, un lever des pleïades vers le 5 des ides de mai. Il fixe au 8 des ides d'avril (b) un coucher des vergilies. Au 10 des calendes de mai, il marque un lever des pleïades avec le soleil. Ce jour-là est humide; le vent africus ou auster souffle. Il met aux nones de mai (c) un lever du matin des pleïades; le vent favonius souffle. Au 6 des ides de mai, toutes les pleïades paraissent; il pleut quelquefois, le favonius et le corus soufflent. Aux ides d'octobre (d), les pleïades se lèvent le soir; le vent favonius et l'africus soufflent; quelquefois il y a de la pluie.

Hyades.

Les hyades, comme les pleïades, font partie du taureau. Ce sont les étoiles du front de cet animal (e) céleste. Phérécyde en comptait sept, ou un nombre égal à celui des pleïades (f); d'autres n'en comptent que cinq (g). Euripide, dans sa tragédie d'Érechtée, en réduisait le nombre à trois; Thalès le réduisait même à deux, et appelait l'une la boréale et l'autre l'australe : un autre en comptait quatre (h). Ainsi, l'on voit que les anciens ont varié sur le nombre des étoiles du front du taureau, connues sous le nom d'hyades, et que cette variation a été depuis deux jusqu'à sept; les nombres cinq et sept ont été le plus communément adoptés (i). Le nom général

---

(a) Columelle, l. 9, c. 14. — (b) L. 11, c. 2, p. 425. — (c) P. 426. — (d) P. 431. — (e) Germ., p. 7. Uran. Pet. Arat., v. 172. Manil., l. 1, v. 375. Hygin., l. 2, 3. 22. German., c. 13. Eratosth., c. 14. Aulugell., l. 13, c. 8. Isidor. Orig., l. 3, c. 47. Procl., c. 16. — (f) Theon., p. 125. Hygin ibid. — (g) German., c. 13. — (h) Theon, p. 125. — (i) Hygin, l. 3, c. 20.

de ce groupe d'étoiles est *hyades*, nom dont on a cherché différentes origines. Les uns veulent qu'il vienne du verbe grec *hyein*, qui signifie pleuvoir (*a*), parce qu'elles sont censées distribuer la pluie à leur lever et à leur coucher. Aussi Virgile les appelle-t-il les hyades pluvieuses (*b*). Ceux-ci prétendent que la forme sous laquelle ces étoiles sont groupées, qui est celle du V ou de l'Y, les a fait ainsi appeler (*c*). Ceux-là disent qu'elles s'appellent ainsi parce qu'elles ont nourri Bacchus, que l'on nomme souvent *Yes* (*d*). D'autres veulent qu'elles prennent leur nom d'*Hyas*, qu'on fait tantôt leur frère, tantôt leur père (*e*). Les Latins, qui ont cru que ce mot *hyes* venait du mot grec *hyes*, qui signifie des porcs, l'ont traduit par *succulæ*, et c'est sous ce nom qu'elles sont souvent désignées (*f*) dans leurs calendriers rustiques. Ils leur donnent aussi le nom de *parilicium* (*g*) ou *palilicium* (*h*), et de *succidas* par allusion au mot grec *pleuvoir* et *humecter* (*i*). Les poëtes les ont désignées souvent dans la mythologie sous le nom de nymphes de Dodone et de nourrices de Bacchus (*j*).

On a varié sur les noms particuliers de chacune d'elles. Les plus connus sont (*k*), *Ambroisie*, *Eudora*, *Pedile*, *Coronis*, *Polyxo*, *Phileto*, *Thyené* ou *Thyoné* (*l*). D'autres la nomment aussi *Phæsule* (*m*). *Phaeta* ou *Phaiot*, *Eustephanos*, nymphes semblables aux Grâces, suivant Hésiode (*n*).

(*a*) Aulugell., l. 13, c. 8. German., c. 13. — (*b*). Virg. Æneid., l. 4. Isidor. Orig., l. 3, c. 47. Ovid. Fast. l. 6, v. 198.—(*c*) Nonn. l. 1, v. 59. — (*d*) Germ., ibid.—(*e*) Hygin, l. 2, c. 22. Theon, p. 132.—(*f*) Hygin., Fab. 192. Aulugell., l. 13, c. 8. — (*g*) Plin., l. 2, c. 39. — (*h*) Germ., c. 41. Stofflet, p. 96. — (*i*) Isidor. Orig., l. 3, c. 47. — (*j*) Hygin, l. 2, c. 22. Germ. Cæs., c. 13. — (*k*) Hygin, l. 22. — (*l*) Ovid. Fast., l. 6, v. 711. — (*m*) Hygin, Fab. 192. — (*n*) Theon, p. 125-132.

On peut mettre aussi au nombre des noms des hyades d'autres dénominations données aux nymphes de Dodone, aux filles de l'Océan et aux nourrices de Bacchus, puisque les hyades ont cette triple qualité. Hygin (a) nomme ces diverses nymphes *Idothea*, *Althea*, *Adrasta*. D'autres les appellent les filles de Melissus, nymphes de Dodone et nourrices de Bacchus. Ceux-ci les nomment des naïades, et ils les appellent *Cisseis*, *Nysa*, *Erato*, *Eriphia*, *Bromia*, *Polyhymno*. Bacchus les avait, dit-on, placées sur le mont Nysa, et il avait prié Médée de les rajeunir (b); ce qui ayant été fait, il les consacra ensuite aux cieux. Cette dernière circonstance jette du jour sur la fable de Pélias et de ses filles, à qui Médée promet de les rajeunir. Ceux-là les nomment, ajoute Hygin (c), *Arsinoë*, *Ambrosie*, *Bromie*, *Cisseis* et *Coronis*.

D'autres les appellent (d) *Steropé*, *Æthusa*, *Zeuxippe*, *Arsinoë*, *Prothoë*. Cette dernière semble désignée dans Ovide, sous le nom de Prothius (e), dont le lever cosmique et le coucher héliaque sont fixés au six des calendes de mai, à la fin du premier printemps, quelques jours avant les fêtes de Flore.

On donne aussi à Arsinoë, qui est incontestablement une hyade, pour sœurs, *Hilaria* et *Phébé*, et on les fait filles de Leucippe (f).

Ailleurs on compte parmi les amantes d'Apollon ou du soleil du printemps, *Arsinoë*, *Æthusa*, *Hypsipile*, *Marpessa*, *Zeuxippe*, *Prothoë* et *Daphné* (g).

(a) Hygin. Fab. 182.—(b) Ovid. Métam., l. 7.—(c) Hygin. Fab. 182.—(d) Jul. Firm. de Prof. Rel., p. 24.—(e) Calend. Fast. Rom.—(f) Pausan. Messen., p. 142.—(g) Arnob. Cont. Gent., l. 4, p. 141.

On peut donc regarder la plupart de ces noms comme des noms différens des hyades, désignées souvent sous le nom générique d'héliades ou de filles du soleil, et de titanides. Toutes les fois que, dans une fable, une nymphe de ce nom joue un rôle, c'est toujours dans cette partie du ciel qu'il la faut chercher, et par les hyades qu'on doit expliquer la fiction. C'est même une règle générale pour toutes les fables, que l'on doit regarder l'étoile qui porte le nom de tel et tel Dieu, de telle nymphe ou de tel héros, comme l'étoile qui a été personnifiée, et sur laquelle la fiction a été faite.

Parmi les étoiles du front du taureau, ou parmi les hyades, on en distingue une surtout remarquable par sa grosseur, son éclat et sa couleur rouge. Elle est placée sur l'œil du taureau; et les Arabes la nomment *aldebaran*, *debiron*, *addebiris* (a), *ain-al-tort*, ou l'œil du taureau (b).

Hesychius l'appelle *monosillé* (c); Ptolomée la nomme *subruffa* ou *hypocirros*; d'autres *lampadias* (d); les Hébreux *adom*.

Aldebaran est une des quatre étoiles royales : aussi Riccioli l'appelle-t-il *stella dominatrix* (e); il la nomme encore *ain el-taur* ou *ain* (f).

On fait les hyades filles du même père et de la même mère que les pléiades (g), et on leur donne pour frère Hyas, qui, ayant été à la chasse en Libye, fut mordu par un sanglier, comme Adonis, ou par un serpent, et

---

(a) Cæsar., p. 36. — (b) Alfrag., c. 22, p. 103; p. 97-109. Alph., p. 207-223. Ulugbeigh, p. 62-67; et Hyde, p. 31-33. — (c) Hesych. v. Monos. — (d) Bayer, tab. 23. Scalig., p. 435. — (e) Ricciol., p. 125. — (f) Page 125. — (g) Theon, p. 139. Hygin, l. 2, c. 22.

périt. On remarquera que toutes les étoiles qui se couchent au lever du scorpion deviennent des héros fameux par leur mort, occasionée par la morsure d'un sanglier ou d'un serpent. Cette mort les plongea dans la douleur, comme celle de Phaëton y avait plongé les héliades ses sœurs. Jupiter, touché de leur sort, les plaça aux cieux sous le nom d'hyades (*a*).

On suppose aussi qu'elles furent poursuivies par Lycurgue, et qu'excepté Ambroisie, elles se jetèrent toutes dans les eaux (*b*). Nous avons vu cette fiction dans Nonnus (*c*). Quant à l'exception faite en faveur d'Ambroisie qui ne se mêle point aux eaux, on aperçoit aisément l'allégorie.

Euripide, dans sa tragédie d'Érechtée, ne compte que trois hyades qu'il fait filles d'Érechtée. Myrtile les fait naître de Cadmus ou du serpentaire qui, par son coucher, fait effectivement lever le taureau, et conséquemment les hyades (*d*).

Tous les auteurs s'accordent à y voir les nourrices de Bacchus ou du Dieu qui prend la double forme du serpent et du taureau, ou des signes de printemps et d'automne, saisons auxquelles présidaient les hyades.

Columelle (*e*) place à la veille des ides d'avril une disparition des étoiles appelées *succulæ*, ou des hyades. Il marque au quinze des calendes de mai le passage du soleil dans le taureau, accompagné de pluies, au quatorze des mêmes calendes un coucher du soir des mêmes hyades avec indication de pluies. Il fixe aux nones de

---

(*a*) Germ., o. 13. Hygin, Fab. 192. — (*b*) Hygin, l. 2, c. 22. — (*c*) Ci-dess., t. 1, l. 3, c. 6. — (*d*) Théon, p. 132. Germ. o. 13. — (*e*) Columell., l. 11, c. 2, p. 425.

mai (*a*) le lever des hyades avec le soleil, accompagné du souffle du vent de nord, quelquefois du vent auster et de pluies.

Columelle (*b*) marque aux calendes de novembre, et les jours d'avant, le coucher de la tête du taureau, accompagné de pluies; au quatorze de calendes de décembre (*c*), le lever du matin des hyades avec indication de tempête; au douze des mêmes calendes, le coucher des cornes du taureau, vent de nord, froid et pluie; au onze, coucher du matin; à la veille des mêmes calendes, coucher total des mêmes hyades, le favonius ou l'auster soufflent. Il y a quelquefois de la pluie. Germanicus César (*d*) marque au quatorze avant les calendes de mai un coucher du soir des hyades, accompagné de mouvemens orageux sur terre et sur mer. Il en est aussi question au douze des mêmes calendes, sous le nom d'astre *parilicium*.

Ceux qui comptent sept hyades, au lieu de cinq, comprennent sous ce nom les deux étoiles qui sont à la naissance des cornes (*e*).

TROISIÈME SIGNE.

GÉMEAUX.

Les astronomes et les mythologues anciens ont placé dans ce signe les dioscures (*f*), ou les deux frères gémeaux, fils de Tyndare, ou plutôt de l'épouse de Tyn-

---

(*a*) Columell., l. 11, c. 2, p. 426. — (*b*) P. 433. — (*c*) P. 334. — (*d*) Germ. Cæs., c. 42. — (*e*) Hygin, l. 3, c. 20. — (*f*) Eratosth, c. 10.

dare et de Jupiter (a), connus dans la fable sous le nom de *Castor* et de *Pollux* (b), divinités tutélaires des navigateurs, adorés en Laconie et surtout à Samothrace (c). Toute l'antiquité a vanté leur union fraternelle et leur amour pour la plus parfaite égalité entre eux; ce qui leur a mérité d'être placés aux cieux par Jupiter au nombre des astres les plus brillans (d). Neptune crut aussi devoir les récompenser en leur donnant les chevaux dont ils se servent, et en leur accordant le privilége singulier de protéger les navigateurs contre les naufrages (e). Je remarquerai ici que dans les monumens anciens, et même dans ceux du moyen âge, on trouve encore les gémeaux avec des chevaux. Ils sont ainsi représentés dans le monument trouvé dans l'église de Notre-Dame de Paris, lequel remonte au règne de Tibère, et sur le portail de l'église de Strasbourg.

Leur apparition bienfaisante les fit appeler des divinités salutaires ou des Dieux sauveurs (f). Nigidius les nomme les divinités de *Samothrace*, dont il n'est pas permis de révéler la nature, à cause du secret qu'exigent ceux qui président à ces redoutables mystères (g). Le même auteur prétend que Castor et Pollux, fils de Tyndare, furent honorés du titre de sauveurs après avoir rétabli la tranquilité sur les mers qu'infestaient les pirates. Compagnons de Jason et d'Hercule dans la fameuse expédition en Colchide, ils firent preuve du plus grand courage sur la mer au milieu des orages les plus violens; et sur la terre, en bravant toutes les fa-

---

(a) Hygin. Fab. 155. — (b) Germ. Cæs., p. 9. Hygin, l. 2, c. 23. — (c) Germ. ibid. — (d) Hygin, l. 2, c. 23. — (e) Diod. Sic., l. 4, c. 43. — (f) German., c. 9. — (g) German. ibid.

tigues et les dangers de la guerre. Jupiter, pour récompenser leur courage, les plaça aux cieux, et ils lui demandèrent de les fixer dans un lieu où ils pussent encore servir les hommes, et veiller à leur conservation : ce qui leur fut accordé; et encore aujourd'hui, leur vue inspire de la confiance aux mortels qui ont besoin de leur secours.

On raconte (*a*) qu'Idas et Lynceus, fils d'Apharée de Messène, avaient pour amantes Phébé et Hilaria, filles de Leucippe, deux jeunes filles d'une éclatante beauté. L'une, Phébé, était prêtresse de Minerve, et sa sœur prêtresse de Diane. Castor et Pollux en devinrent amoureux et les enlevèrent. Leurs amans prirent les armes pour les délivrer des mains des ravisseurs. Le combat s'engagea; Castor tua Lyncée dans l'action. Idas, après la mort de son frère, abandonna ses armes et le soin de reprendre son amante, et il ne songea plus qu'à donner la sépulture à son malheureux frère. Tandis qu'il rassemblait les débris de son corps et qu'il se préparait à lui élever un monument, Castor survint et voulut s'y opposer, disant qu'il l'avait terrassé comme il aurait fait d'une timide femme. Idas indigné tira son épée et l'enfonça dans l'aine de Castor qu'il tua. A peine Pollux en fut instruit qu'il accourut pour venger son frère. Idas expira bientôt sous ses coups. Il s'occupa de suite de donner la sépulture à Castor. Comme il avait lui-même reçu de Jupiter une étoile, tandis que son frère Castor n'en avait pas, parce qu'il était né du sang de Tyndare ainsi que Clytemnestre, au lieu que lui était, ainsi

---

(*a*) Hygin, Fab. 80. Tat. Cont. Gent, p. 150. Ovide. Fast, l. 5. v. 700.

qu'Hélène, du sang de Jupiter, Pollux demanda à son père de partager avec son frère cette marque distinctive; ce qui lui fut accordé et ce qui donna lieu, dit-on, d'imaginer qu'ils se remplaçaient successivement dans la vie. Les Romains retracent cette idée dans leurs courses où un seul cavalier court avec deux chevaux. Quelques auteurs veulent (*a*) que Castor ait été tué dans la guerre des Athéniens contre les Lacédémoniens, et qu'il ait péri à la ville d'Ariadné. On trouvait en Laconie beaucoup de monumens (*b*) qui rappelaient les événemens prétendus de leur vie, et qui consacraient leur mémoire par un culte religieux. On les représentait à Lacédémone par deux bâtons unis, symbole simple et semblable au caractère abrégé par lequel on désigne encore ce signe (*c*). D'autres mythologues désignent les deux gémeaux sous les noms d'*Apollon* et d'*Hercule* (*d*). Effectivement on les trouve souvent, dans les anciens monumens, décorés des attributs de chacun de ces Dieux; l'un tient en main la lyre, et l'autre la massue. Chez les Germains on adorait Castor sous le nom d'*Alcis*, qui est un des noms d'Hercule, *Alcides* (*e*).

Certains auteurs y ont vu *Triptolème* et *Jasion* (*f*) chéris de Cérès, et qui jouent un rôle dans l'histoire de cette Déesse, surtout Triptolème.

D'autres enfin les ont appelés *Amphion* et *Zéthus* (*g*), qui bâtirent les murs de Thèbes au son de la lyre: l'un d'eux était représenté tenant une lyre, et l'autre avait une ceinture.

(*a*) Hygin, l. 2, c. 23. German., c. 9. — (*b*) Pausan. Lacon. — (*c*) Plut. de Amor. Frat. — (*d*) Hygin, l. 2, c. 23. Varro de Re rust., l. 2, c. 1. — (*e*) Tacit. de Morib. Germ., c. 43. — (*f*) Hygin, l. 2, c. 23. — *g*) Germ. Caes., c. 9.

Oppien (*a*) donne à Castor l'épithète de lumineux ou de phaësphore. Les Argiens appellent Castor *Mixarchagétès*, et révèrent Pollux comme un des Dieux de l'Olympe (*b*). Hésychius appelle ces astres *agastores* (*c*).

On donnait encore d'autres noms aux gémeaux dans les diverses langues

Les Arabes les nomment *algeuze* (*d*) et *elgeuze*.

Ils appellent le premier des gémeaux *avellar* et *aphellan* : c'est Apollon ; et *abracaleus* et *iracleus* : c'est Hercule (*e*).

D'autres sphères y peignent deux paons (*f*); les Perses deux chevreaux (*g*).

Les Indiens les nomment *doupexer* (*h*) en pehlvi (*i*), et *mitouna* en langue brame.

Les Hébreux les appellent *thomim* et *tamim* (*j*); les Chaldéens *tammech*; les Grecs *didymoi* (*k*), *dioscuroi*, *cabeiroi*, les *cabires* ou *grands Dieux*.

Les Latins, *gemini, ledœi juvenes, tyndaridœ*.

Blaeü (*l*) les nomme *Phœbi sidus, Helenœ fratres, Tyndaridœ pueri, OEbalii juvenes, Gemini lacones, dioscuri, Jovis filii, Dii Samothraces, Dii germani, anaces, hephœstioi, prœsides*.

On distingue dans cette constellation plusieurs étoiles. La brillante de la tête du premier des gémeaux s'appelle étoile d'Apollon (*m*), de Castor, et en arabe, *ras-algeuze* (*n*) et *elgieuze*.

(*a*) Oppian, l. 2, v. 14.—(*b*) Plut. Quest. Græc., p. 296.—(*c*) Hesich. —(*d*) Cæs., c. 3, p. 38. Comm. sur Alfrag., p. 108. Kirk. OEdip., p. 198. — (*e*) Bayer, tab. 24. Alphons., p. 210. — (*f*) Scalig., p. 435-444. — (*g*) Hyde de vet. Pers. Relig. — (*h*) Anquetil. — (*i*) Gentil, Voy. de l'Inde, t. 1. — (*j*) Epiph. adv. Hæres. Riccicol., v. 126.— (*k*) Hipparch., l. 1. c. 2. — (*l*) Cæsius, c. 3, p. 38 —(*m*) Riccioli, p. 125. Alph., p. 224. Stoffler, p. 89. — (*n*) Bayer, f. 24.

Celle de la tête du second s'appelle *Pollux*, *Hercule*, *Abrachaleus* (a).

Celle du pied gauche de Castor se nomme *calx*.

Les deux étoiles de la tête sont des étoiles de seconde grandeur. La précédente du pied des gémeaux se nomme *propus* (b); elle est près du cancer (c). C'est celle du pied gauche, suivant Ératosthène (d).

Les gémeaux paraissent placés à la droite du cocher au-dessus d'Orion, de manière qu'Orion cependant réponde à l'intervalle qui est entre les gémeaux et le taureau. Ils paraissent se tenir embrassés et descendre les pieds droits en avant. Ils semblent au contraire inclinés et couchés en se levant (e). Les phénomènes de leur lever et de leur coucher ont donné lieu à la fiction qui suppose que Pollux partagea avec son frère son immortalité, et qu'alternativement, de deux jours l'un, ils paraissent briller à nos yeux (f).

Ulugbeigh (g) appelle les étoiles des gémeaux *gjiauza*; celle de la tête du premier gémeau, *ras-al-tawim-al-mukdim*; celle qui est un peu rouge, et qui brille à la tête du second, *ras-al-tawim-al-muchir*. Celle du pied gauche et du droit du second s'appelle *al-hena*. Hyde, dans son Commentaire sur Ulugbeigh (h), observe que des noms grecs Apollon et Hercule, les Arabes ont fait par corruption les noms d'*aphellan*, d'*aphellar*, et ceux d'*heraclus*, *abrachileus*, qu'ils donnent aux gémeaux. Les Arabes, dit-il, les appellent aussi *tawamân*, les Hébreux.

(a) Bayer, tab. 24. — (b) Hipparch., l. 3, c. 5. Germ., p. 7. Procl., c. 16. — (c) German, p. 9. — (d) Eratosth., c. 10. Stoffler, p. 89. — (e) Hygin, l. 3, c. 21. — (f) F. 2, c. 23. — (g) Ulugbeigh, p. 68-72. — (h) Hyde, p. 33-35.

teomim, les Syriens, *tomé*, noms qui se traduisent tous par gémeaux. Les mêmes Arabes leur ont aussi donné le nom de *gjauza*, les Turcs celui de *kiz siphètla burgi*, en persan *ghirdeghan*.

On appelle aussi *dirâ* le bras, et l'on y fixe une des stations de la lune, la cinquième; et dans le lieu appelé *al'hena*, on y place la sixième (a). On donnait le nom d'*elhahak* aux têtes des gémeaux; et à celle de Pollux, ceux d'*elhenat* et de *ketpholt summan* (b).

Ce signe était affecté à l'élément de l'air; il était le domicile de Mercure. Aussi disait-on que Mercure avait fait présent d'un cheval à Pollux (c).

C'était le siège de Phœbus ou d'Apollon, dans la distribution des signes entre les douze grands Dieux (d). Martianus Capella suppose (e) que Mercure et Phœbus se métamorphosent sous une forme brillante et traversent ce signe qui leur est familier.

Columelle (f) fixe au quatorze des calendes de juin le passage du soleil aux gémeaux. On célébrait à Rome en juin, au lever des gémeaux, l'apparition de Castor et de Pollux, dans le combat contre les Latins (g).

QUATRIÈME SIGNE.

CANCER.

Ce cancer passe pour être celui qui, sorti des marais de Lerne, piquait le pied d'Hercule, et qui le gênait si

---

(a) Alfrag., p. 109. — (b) Riccioli, p. 126-128 — (c) Photi Codex 190. — (d) Manil., l. 2, v. 438. — (e) Mart. Capell. de Nupt. Philol. — (f) Columell., l. 11, c. 2, p. 426. — (g) Dionys. Halycar., l. 6, p. 361.

fort dans son combat contre l'hydre de Lerne, ou dans son second travail (a). Ce héros enfin indigné l'écrasa, et Junon, reconnaissante de ce qu'il avait servi sa vengeance, le plaça au nombre des constellations qui fixent les douze divisions de la course annuelle du soleil. Aussi Columelle l'appelle l'écrevisse de Lerne (b), et sa place est aux cieux sur la tête de cette hydre (c). On a vu, dans notre explication des douze travaux d'Hercule, que c'est par lui que nous avons expliqué la résistance que ce héros éprouva dans son second travail par une suite de la ligue qu'une écrevisse avait formée contre lui avec l'hydre.

On distingue dans cette constellation quelques étoiles particulières. De ce nombre sont celles qu'on appelle les *ânes* que Bacchus a figurés sur deux étoiles de l'écaille de l'écrevisse (d). Ces deux étoiles sont placées près d'un autre amas d'étoiles connu sous le nom de la crèche (e).

La fable suppose que Bacchus (f), que Junon avait rendu furieux, errait çà et là dans la Thesphrotie, cherchant à arriver au temple de Jupiter à Dodone, afin d'en obtenir une réponse qui lui indiquât des moyens de guérison. Arrivé près d'un vaste marais qu'il ne pouvait passer, il rencontra deux ânes ; il en monta un et passa le marais sans se mouiller. Il gagna le temple de Dodone où il recouvra son bon sens. Il témoigna alors sa reconnaissance à ces ânes qui l'avaient si bien servi, et il les plaça au nombre des constellations. Quelques-uns même ajoutent qu'il gratifia celui qu'il avait monté du don de

---

(a) Hygin, l. 2, c. 24. Germ., c. 10. Theon, p. 122. Eratosth, c. 11. — (b) Columell., l. 10, v. 313. — (c) Hygin., l. 3, c. 22. — (d) L. 2. c. 24. Theon, p. 197. Germ., c. 10. — (e) Eratosth., c. 11. Arat. v. 892. — (f) Hygin, ibid. Lactanc., l. 1, c. 21. German., c. 10.

la parole; don qui lui fut commun avec le fameux âne de Balaam. Dans la suite cet âne eut une dispute avec Priape, Dieu de la Nature, dont l'organe de la virilité rivalisait avec le sien; il fut vaincu et tué par lui. Bacchus, sensible à son malheur, le plaça aux cieux sur ce même cancer que Junon, son ennemie, y avait déjà placé.

On donne à cette consécration une autre origine (a). On prétend que, dans la guerre des géans, Jupiter convoqua tous les Dieux, et que Bacchus, Vulcain, Silène et les satyres vinrent montés sur des ânes; qu'avant même qu'on se fût approché, les ânes effrayés se mirent à braire. Le bruit qu'ils firent, et auquel les géans n'étaient point accoutumés, inspira de l'effroi à ces ennemis des Dieux, qui prirent aussitôt la fuite et laissèrent la victoire aux habitans de l'Olympe. Les Dieux reconnaissans les placèrent avec leur étable parmi les constellations.

On donne à la nébuleuse du cancer (b) le nom de *phatnè*, *præsepe*, ou de *crèche*; on la place près des ânes.

Le cancer a porté différens noms dans diverses langues.

Les Arabes et les Hébreux le nomment *sertan*, *sartan*, *assartan* (c), *alsartan* (d), *assartano* (e).

Les Syriens, *sartono*; les Perses, *chercjengh*; les Turcs, *lenkutch*, *lenkitch*, *yenkutch*, *yenkitch*, *ylenkutch*, *yilenkitch* (f).

(a) Eratosth., c. 11. Hygin., ibid. — (b) Eratosth., c. 11. Germ. Arat., v. 892-895. Germ., p. 7. Non., l. 1. v. 455. Procl., c. 16. Theon., p. 197. Achill. Tat., c. 34. Hipparch., l. 2, c. 26. Theocrit. Idyll. 22, v. 21. Plin., l. 18, c. 35. Alfrag., c. 22. — (c) Epiph. adv. Hæres. Comm. d'Alfrag., p. 108. Bayer, tab. 28. — (d) Ricciol, p. 127. — (e) Cæs., p. 60. (f) Hyd. Comm. ad Ulugbeigh, p. 35.

Les Grecs l'appellent *carcinos*, *opistobamos*, *octapous* ou *octipes*, *astacus*, *cammarus*.

Les Italiens, *granchio*; ceux de Rome, *granzo* (a).

Les Latins, *cancer*, *nepa*.

Les Allemands, *crebs* (b).

Les Indiens le nomment *karjang* en pelhvi (c), et *carcalla kam* en langue brame (d).

Blacü le nomme *nepa*, *astacus*, *cammarus*, *cyllenium*, *vel Mercurii sidus*; en italien, *gammaro*; les Vénitiens l'appellent *astase*, Hésychius, *cabeiros*, d'autres *pagouros*.

On donne, chez les Arabes (e), à la nébuleuse le nom de *meelef*, et celui de *pesèbro* (f).

Ulugbeigh (g) lui donne ceux de *m'alaph* et de *al-nethra*, et aux étoiles qui suivent, les noms de *himârein* ou *al-himarân*; ce sont les deux ânes.

Dans les serres droites du cancer, *chelœ*, on place trois petites étoiles; et dans les gauches, deux (h).

On donne à ces serres le nom de *acubène*, *azubène*, *zuben asartani* (i).

On fixe dans ce signe la huitième station de la lune, *anachera* (j), qu'on appelle gueule du lion : d'autres la nomment *alnethra* et *emphal-asad* (k).

On donne au cancer l'épithète d'*ardens* ou de brûlant, de terme ou de borne de la course du soleil (l). Il est appelé aussi une des portes du ciel ; c'est celle des hommes (m).

(a) Cæs, c. 4, p. 60. — (b) P. 59. — (c) Anquetil. — (d) Gentil. — (e) Ptolémée Tetrab., c. 9. — (f) Ricciol., p. 127. Bayer Uran, tab. 29. — (g) Ulugbeigh, p. 72-74. — (h) Hygin, l. 3, c. 22. — (i) Bayer. 25. Scalig. in Manil., p. 309. — (j) Alfrag., p. 109. — (k) Hyde Comm. ad Ulugbeigh, p. 35. — (l) Germ., c. 1. — (m) Macrob. Som. Scip., l. 1.

C'est le domicile de la lune (a), le lieu de l'exaltation de Jupiter, le siége de Mercure dans la distribution des signes entre les douze grands Dieux (b). Ce signe était affecté à l'élément de l'eau.

Columelle (c) fixe le coucher total du cancer au seize des calendes de février. Il est accompagné de froids. C'est un coucher du matin. Les Fastes d'Ovide marquent un coucher cosmique de ce même cancer, au trois des nones de janvier (d). Ce même coucher est marqué au même jour par Columelle; on y lit : Temps variable (e).

Le treize avant les calendes de juillet, le même calendrier fixe l'entrée du soleil au cancer, accompagné de tempête ; c'est au quinze que le fixe Ovide (f). Enfin Columelle marque un coucher du milieu du cancer, pour la veille des nones, avec indication de chaleur (g).

CINQUIÈME SIGNE.

LION.

Tous les astronomes anciens ont dit que ce lion était l'animal fameux, dans l'histoire d'Hercule, sous le nom de lion de *Némée*, dont la défaite fut le résultat du premier travail de ce héros (h). Aussi a-t-il retenu le

---

(a) Macrob. Som. Scip., l. 2. — (b) Manil., l. 2, v. 438. — (c) Columelle, l. 11, c. 2, p. 427. — (d) Ovid. Fast., l. 1, v. 313. — (e) Columelle, p. 431-427. — (f) Fast, l. 6, v. 727. — (g) Columelle, ibid., p. 428. — (h) Hygin, l. 2, c. 25. Germ., c. 11. Eratosth., c. 12. Theon, p. 123.

nom de *Néméen* ou de lion de *Némée* (a). On raconte qu'Hercule, seul et sans armes, le terrassa et l'étrangla, et qu'il en porta la peau le reste de sa vie, en mémoire de cette action glorieuse (b). On a vu, dans notre chapitre sur Hercule, que c'est par cette constellation que nous avons expliqué le premier travail de ce héros, et que c'est à ce signe que nous avons attaché le commencement de la série des douze travaux. Pisandre, auteur de l'Héracléide, et plusieurs autres auteurs, avaient écrit sur cet animal céleste, si l'on en croit Hygin (c) et Eratosthène. On disait qu'il avait été placé aux cieux, comme un monument destiné à rappeler le souvenir du premier travail d'Hercule (d). Nigidius prétendait qu'il avait été nourri dans la sphère de la lune par ordre de Junon, et que de-là il était tombé sur la terre, en Arcadie, où il s'était retiré dans une caverne près de Némée (e) afin de surprendre et de faire périr Hercule. Mais ce héros, armé de la massue de Molochus son hôte, l'attaqua et le défit. Depuis ce moment la massue devint son arme, et la peau du lion vaincu lui tint lieu de bouclier le reste de sa vie. Ce premier trait de courage rendit Hercule cher aux mortels, et, au contraire, plus odieux à Junon. L'animal vaincu fut placé aux cieux où il forme une constellation vaste et remarquable. Plusieurs veulent que ce soit à cause de lui qu'aient été institués les combats gymniques, connus sous le nom de jeux néméens (f).

(a) Manil., l. 1, v. 756; l. 2, v. 621; l. 3, v. 408; l. 5, v. 204. — (b) Eratosth., c. 12. Manil., l. 2, v. 12. Manil., l. 2, v. 32. — (c) Hygin, l. 2, c. 25. Eratosth., c. 12. — (d) Germanic., c. 11. — (e) Hygin, Fab. 30. — (f) Germanic., ibid.

Quelques-uns pensent qu'il fut consacré aux cieux en qualité de chef et de roi des animaux, et qu'il y fut placé par Jupiter (a) qui a son siége dans ce signe, dans la distribution qui a été faite des douze grands Dieux entre les signes (b).

Ce signe est le domicile du soleil, et il est affecté à l'élément du feu. Plutarque appelle le lion, l'animal solaire (c). Théon dit qu'il était consacré au soleil (d).

Héraclide de Pont le nomme un animal ignée ou tout de feu, lequel est un symbole du feu éther (e); il redouble les ardeurs de l'été, en joignant ses feux à ceux de la canicule (f). Aussi Horace l'appelle-t-il le lion furieux, *vesanus*, celui qui avec Procion vient brûler la terre de ses feux (g).

Sous son aspect, le Nil se débordait en Égypte (h); l'extrémité des tuyaux, des canaux, et les clefs des temples portaient en conséquence l'effigie de cet animal (i).

On distingue dans le lion une étoile brillante de première grandeur, placée sur son cœur. C'est une des quatre étoiles royales. On la nomme le cœur du lion et *regulus* (j), en latin *regia stella*, en grec *basiliscos* (k). Les Chaldéens lui donnaient en quelque sorte l'intendance (l) des autres corps célestes; et les Égyptiens fixaient là l'origine de l'année au lever de Sirius.

Hésychius nomme l'étoile du cœur du lion *monoualos* (m).

(a) Hygin, l. 2, c. 25. Theon, p. 123. Erat. 12. — (b) Manil., l. 2, v. 439. — (c) Plut. in Sympos. — (d) Theon, p. 123. — (e) Heracl. Opusc. Myth., p. 490. — (f) Theon, p. 122. — (g) Horac. L. 3, Od. 22, v. 19. — (h) Theon, p. 122. — (i) Theon, ibid. Plut. de Isid., p. 366. — (j) Ptolem. Alm., l. 7. Stoffl. c 1; p. 98. — (k) Procl., c. 16. Gemin., p. 7. — (l) Theon, p. 122, 123. — (m) Hesych. v. *Monoual*.

On donne divers noms au lion dans les diverses langues.

Les Arabes le nomment *asedaton*, *alezet* (a), *alazado*, *alezer*, *al-asid*, *asit*, *asida* (b), *ellesed* (c), *asad* (d).

Les Hébreux, *arish*, *arye* (e); les Syriens, *aryo*.

Les Perses, *shîr*; et les Turcs, *arslán* et *aslán* (f).

Les Indiens, *schir* en pehlvi (g), *simham* en langue brame (h).

Les Grecs, *leo* et *thér*, ou la bête féroce par excellence (i).

Les Allemands, *lôm*.

Les Péruviens, *puma* (j).

Les Latins, *leo herculeius*, *cleonœus*, *nemœus*, *herculeus primus labor*, *cleonœum sidus*, *Bacchi sidus*, *nemèes terror*, *nemèes alumnus*, *Jovis et Junonis sidus*.

La brillante du cœur du lion se nomme, chez les Arabes et chez les Chaldéens, *calb-eleced* (k), *kalbelasit*, *calb-elasid*, *calb-elesit*, *calb-alezet*, sur les globes. D'autres l'appellent *calbol-asadi* (l). Les habitans du royaume de Fez, de Maroc, et les tables alphonsines la désignent sous les noms de *kalbellessed* et *kalbelasid* (m), comme ils appellent la brillante de la queue du lion, *nebolessed* et *nebolassid*. C'est celle que d'autres appellent *deneb-elasit*, *deneb-el-eced*, *deneb-*

(a) Cæs., c. 5, p 64. — (b) Bayer, tab. 26. Ricciol., p. 126. — (c) Hyd. p. 36. — (d) Hyde Comm. Ulugbeigh, p. 36. Epiph. adv. Hæres. — (e) Hid., ibid. — (f) Hyd. Com., p. 36. — (g) Anquetil. — (h) Gentil., Voy. de l'Inde, p. 247. — (i) Theon, p. 112. — (j) Cœsar., p. 64. — (k) Ibid. — (l) Bay., tab. 26. Stoffl., c. 14. — (m) Cœsar., c. 5, p. 64.

alecid, *alazet* (*a*) *dhanbolosadei*, *alesit*, *nebolasit*, *dénebola* (*b*), *alcaia* (*c*).

Ulugbeigh (*d*) nomme celle qui est à l'extrémité du nez du lion, *minchir-al-asad*; la plus septentrionale des deux étoiles de la tête, *ràs-al-asad*, *al shemali*; la plus australe, *rás-al-asad algjenûbi*; les trois du cou, *algjeb'ha*. Celle du cœur, régulus, se nomme *melichi*, *kalb-al-asad*; la précédente des deux qui sont sur les reins, *duhz-al-asad*; la suivante, *min-al-zubra*; la plus boréale des cuisses, *nim-al-zubra*. Celle de l'extrémité de la queue s'appelle *serpha*. Hors la figure, on trouve au nord, entre la queue du lion et l'ourse, des nébuleuses appelées *daphira-al-azad*.

Al-gjeb'ha forme la dixième station de la lune (*e*).

Melichi ou *kalb-al-asad*, la huitième.

Min-al-zubra est aussi une station de la lune.

Alfragan (*f*) appelle la neuvième station *altaref*; la huitième, *alzobrach*; la onzième, *algubra*, près des deux étoiles brillantes qui suivent *regulus*, et qu'on nomme *alcuraten*. La douzième est *asampha*, près la queue du lion.

On donnait aux étoiles informes qui sont connues sous le nom de chevelure de Bérénice, le nom d'*alhanel* (*g*), lac, citerne. La sixième des informes est appelée *daphtra-al-asad*; les deux suivantes, *al-daphtra*. D'autres lisent *cissim* et *ghûl n'esteren*, *rosa canina*.

Il semble qu'Aratus et Hipparque peignent le lion couché (*h*) tel qu'il est dans le monument de Mithra. Il

---

(*a*) Ricciol., p. 127. — (*b*) Cæsar., p. 64. Bay. t. 26. — (*c*) Hyde, p. 36-37. — (*d*) Ulugbeigh., p. 74-78. — (*e*) Hyde, p. 36-37. — (*f*) Alfrag., c. 22, p. 19. — (*g*) Hyde, ibid. — (*h*) Arat. Hipp., l. 2, c. 7.

regarde le couchant; il est placé sur la tête de l'hydre, et il s'étend jusqu'au milieu de cette constellation (a). Il a au-dessus la chevelure de Bérénice, ou celle des filles qui périrent à Lesbos (b).

Columelle place au 17 des calendes de février le commencement du coucher du lion accompagné du souffle du vent d'Afrique et de l'auster, avec indication de pluies (c).

Le calendrier des Fastes (d) marque au 8 des calendes de février le coucher du cœur du lion, le lendemain de celui de la lyre. Columelle le fixe au 6, et il y attache l'indication du milieu de l'hiver (e). Il place (f) au 10 des calendes de mars le coucher total du lion accompagné du souffle des vents de nord connus sous le nom d'ornithies, lesquels durent trente jours. Alors arrive l'hirondelle.

Le même Columelle (g) fixe au 30 des calendes d'août le passage du soleil au lion, accompagné du souffle du vent favonius; au 9 de ces mêmes calendes le lever de *regulus* avec indication de tempête; aux calendes mêmes les vents étésiens. Il marque, la veille des nones d'août, le lever du milieu du lion avec indication de tempête.

(a) Hygin., l. 3. — (b) Germ., c. 11. — (c) Columell., l. 11, c. 2, p. 420. — (d) Ovid. Fast., l. 1, v. 655. — (e) Columell., ibid. — (f) P. 423. — (g) Columell., ibid.

SIXIÈME SIGNE.

VIERGE.

Hésiode fait de cette vierge la fille de Jupiter et de Thémis. Aratus la fait fille d'Ascréus et de l'Aurore (a). Elle vivait dans l'âge d'or où elle se fit remarquer par sa justice ; ce qui lui en fit donner le nom, ainsi que ceux de Thémis et de Dicé (b). Quoiqu'immortelle, elle vécut sur la terre parmi les hommes tant qu'ils furent vertueux (c). Lorsque les hommes se furent pervertis, et que la vertu fut bannie de la terre, elle ne voulut plus habiter parmi eux, et elle se retira sur les montagnes. Mais la guerre et les autres maux qui prennent leur source dans la perversité humaine, ayant fait sur la terre de nouveaux ravages, elle quitta absolument la terre et les hommes qui lui étaient devenus odieux (d), et elle s'envola aux cieux où elle brille aujourd'hui. Avant cette époque les hommes vivaient heureux, dit Nigidius, parce qu'ils étaient justes ; car sans justice, point de bonheur. C'est en y rappelant sans cesse les hommes qu'elle les fixait dans la félicité (e). Alors aucun peuple ne songeait à troubler le repos de ses voisins. On n'exposait point sa vie sur les mers pour satisfaire l'avidité mercantile. L'homme vieillissait paisiblement dans ses champs qu'il cultivait ; mais lorsque cette race vertueuse fut morte, ceux qui vinrent après aimèrent à amasser ; l'amour de l'or succéda à celui de la vertu et de l'heureuse médiocrité. Alors la justice étant bannie

---

(a) Hygin, l. 2, c. 26. — (b) Eratosth., c. 9. — (c) Arat., v. 113-133 — (d) Theon, p. 119. — (e) Germanic., c. 8.

de leur société, et l'espèce humaine s'étant absolument dégradée, la déesse Thémis ne put rester plus longtemps parmi eux, et elle s'envola dans la région des astres (a) où règne un ordre éternel. Elle y prit le nom d'Astrée (b), et ne voulut plus avoir de commerce avec personne (c).

On lui donne encore d'autres noms, tels que ceux de Cérès, parce qu'elle porte l'épi; d'Isis, d'Atergatis. Quelques-uns la nomment la fortune, et la peignent sans tête (d); sans doute parce que cette partie est fort peu lumineuse (e).

Elle est principalement connue sous le nom d'Érigone, fille d'Icare, placé lui-même à côté d'elle dans la constellation du bouvier (f). Nous remettons à raconter son histoire à l'article de ce dernier.

D'autres auteurs (g) la font fille d'Apollon, de ses amours avec Chrysothémis. On lui donna le nom de Parthenos, parce qu'elle mourut très-jeune et vierge. Apollon la plaça aux cieux.

Théon (h) la fait fille d'Astrée et du jour suivant les uns, ou d'Asopus suivant d'autres. Dans cette dernière tradition, elle prend le nom de *Thespia*, à qui Apollon accorda trois prérogatives; d'abord de donner son nom à Thespies en Béotie; 2° à la vierge céleste; 3° le talent de la divination.

On distingue dans la constellation de la vierge principalement deux étoiles. L'une est de première grandeur

---

(a) Ovid. Met., l. 1, v. 150. Hyg., l. 2, c. 36. Arat., v. 134. Germ., c. 8. — (b) Orph. Poet. Græc., p. 735. — (c) Theon, p. 49 — (d) Eratosth., c. 9. — (e) Hyg., l. 2, c. 26. Germ. c. 8 — (f) Nonn., l. 47, v. 246. Minut. Felix, p. 200. — (g) Hyg, l. 2. c. 26. — (h) Theon, p. 129.

et très-brillante. Elle se nomme l'épi (a), nom sous lequel la constellation entière est quelquefois désignée comme chez les Perses. C'est la brillante de la main droite de la vierge (b); d'autres disent de la main gauche (c). L'épi que la vierge porte est un symbole de l'agriculture, dit Théon (d), et un monument de la considération dont elle jouissait chez les anciens. Ce même auteur ajoute qu'il n'est point de constellation sur laquelle on ait débité autant de fables, et il est en cela d'accord avec Ératosthène (e). Il voit dans les fictions qu'on a faites sur elle, et dans les attributs qu'on lui a donnés, l'ouvrage du génie poétique et symbolique, et il a raison.

Outre cette première étoile, on en remarque une autre moins brillante, qu'on appelle l'indicatrice des vendanges, la vendangeuse, *protrygéter* (f), *antè vindemiator* (g), celle, dit Germanicus, qui promet la maturité des vendanges qu'elle précède de peu de jours, suivant Théon (h). Car elle se lève avec une partie du lion et avec les épaules de la vierge. On la place à l'aile droite de cette dernière (i). Car la vierge, dès la plus haute antiquité, fut peinte avec des ailes que l'on donna à Thémis lorsqu'elle s'envola aux cieux.

On donne à cette constellation et à ses étoiles remarquables divers noms.

Les Arabes la nomment *eladari* (j), *sunbala*, *adrenedefa*, *adra* (k).

(a) Germ., p. 7. Manil., l. 2, v. 440. — (b) Germ., c. 8. Hygin, l. 3, c. 24. — (c) Eratosth., c. 9. — (d) Théon, p. 118-119. — (e) Erat., ibid. — (f) Arat., v. 138. Hipp., l. 2, c. 20. Hygin, l. 3, c. 24. — (g) Germ. c. 42. — (h) Theon, p. 121. — (i) Germ., p. 7. Nabod. Elem. Astrol., p. 76. Nonn., l. 2, v. 335. — (j) Riccioli., p. 26. Bay., tab. 27. — (k) Hyd. Comm., p. 38.

Les Persans, seclenidos-de-darzama.

Les Hébreux, *bethula* (a), et à cause de son épi, *shibboleth*. Les Syriens, *bethulto* (b).

Les Indiens, *coscheh*; en pelhvi, l'épi (c); *canny* en brame (d).

Les Grecs, *Parthenos, Astræa, Dicé*.

On lui donne encore les noms de *pax, panda, pantica* (e), *justa, dea spicifera*.

On appelle la vendangeuse *protygéter, almucedéme, alacaf* (f), *alaraf, almurédim, alcafi* (g), *almucediê, alaraph, almuredim, alcalfi* (h).

On nomme son épi et par suite la constellation totale, en arabe, *sumbela*; en persan, *chishè*; en turc, *sulkim*; en grec, *stachys* (i), *azimech* (j), *alaazel, alhaizel* (k), *alzimon, eleazelet, eltsamach, alacel, sunbala, sunbalon*, l'épi (l). Les Arabes y peignent un faisceau d'épis. Blaëu nomme l'épi *azimon, alzimon, azimech, alazel, alaazel, hazimeth, alhacel, elgazel, fusus, alhaiseth, huzimethon*, faisceau d'épis, *sunbeleh*.

Ulugbeigh (m) nomme l'étoile de l'aile gauche, *min-al-auwa*; celles qui suivent, *zawija-al-auwa*; celle du côté droit sur la ceinture *min-al-auwa*; la plus boréale de l'aile droite, *mukdim-al-kitaph*. Celle de la main gauche, appelée *sumbela*, se nomme aussi *simak-al-azal*; celle du bas de la robe ou du pied, *min-al-gaphr*.

(a) Kirk. OEdip., t. 2, part. 2, p. 198.—(b) Hyd. ibid.—(c) Anquetil. —(d) Le Gentil. — (e) Cæs., c. 6, p. 74. Bay., t. 27. Ricc., p. 126.— (f) Stofller, p. 90. — (g) Bay., p. 27. — (h) Cæs., c. 6, p. 75. — (i) Hyde, p. 38, 40 — (j) Alph., p. 227, 210. — (k) Stofll., c. 14. Ricciol., p. 125.—(l) Cæsar., c. 6, p. 74. — (m) Ulugbeigh., p. 78-82.

Hyde, dans son Commentaire, donne l'explication de plusieurs de ces noms (a). Ainsi les étoiles cinq, six, sept, sont appelées *min-al-auwa*, mot qui signifie *latrator et vociferator*. *Zawija-al-auwa* signifie *angulus latratoris*.

Mukdim-al-ketáph est le nom de la vendangeuse. Les étoiles qui forment ce qu'on appelle *al-auwa*, du même nom que le *bootès*, appartiennent à la treizième station de la lune (b). La quatorzième répond à l'épi, *azimeth, huzimet, simák-al-azal* et *al-azel*.

Al-auwa et *al-simák* se nomment *al-inhirár* et *anharán*. Ce sont des astres humides, et qui versent beaucoup d'eau. On appelle cette quatorzième station *simák-al-azal*, *mikros contartos* (c) en grec, pour la distinguer de l'arcture, *kontaratos, conto armatus*.

On parlera encore d'autres étoiles (d) voisines de l'épi, et qu'on nomme *arsh-al-simak*. *Arsh* signifie trône et dais.

Gaphr, ou les étoiles qui répondent au bas de la robe, signifient voiles. Elles appartiennent à la balance et à la treizième station.

Hyde parle surtout du nom fameux, *seclenidos de darzama*, que donne la sphère persique à la figure de femme, qui monte au premier décan de la vierge, d'après *Abu'masher* ou *Albulmazar*. Ce nom fut traduit chez les Arabes par *adredenefa*, qui répond aussi au mot persan, *dushiza pakiza*. Voici le passage d'Abulmazar, cité par tous les savans, tels que Kirker (e), Selden (f),

---

(a) Ulugbeigh, p. 38-40. — (b) Alfrag., p. 110. — (c) Chrisoc. tabul. — (d) Turgiem. Arab. — (e) Kirk. OEdip., t. 2, part. 2, p. 201. — (f) Selden. Synt. 1, p. 105.

Albert-le-Grand (*a*), Bacon, Stoffler, Marsilius-Ficin.

Avec le premier décan de la vierge (*b*) monte, dans les sphères des Perses, des Chaldéens, des Égyptiens, d'après les préceptes d'Hermès et d'Esculape, et cela dès la plus haute antiquité, une vierge appelée en langue persanne *séclenidos de darzama*, en arabe *adredenefa*, vierge pure, immaculée, de belle forme, de figure agréable, ayant des cheveux longs, et tenant en ses mains deux épis. Elle est placée sur un trône, et nourrit un enfant nommé par quelques nations *Jesus* ou *Éésa*, et par d'autres *Christ*.

Dans le premier décan de la sphère persique (*c*), on trouve une pareille femme effectivement, qui nourrit un enfant.

Le jésuite Riccioli l'appelle en conséquence *virgo deipara* (*d*) : elle porte le nom de Cérès, qu'Hésychius appelle la sainte vierge (*e*).

Avicène en fait Isis, mère du jeune Horus, qui mourut et qui ressuscita (*f*).

Ce signe est le lieu du domicile et de l'exaltation de Mercure ; le siége de Cérès, dans la distribution des Dieux entre les douze signes. Il est affecté à l'élément de la terre.

Columelle (*g*) fixe au 6 des nones de Mars l'apparition de l'étoile appelée la vendangeuse, accompagnée du souffle des vents du nord.

Ovide fixe au 4 son coucher cosmique (*h*).

(*a*) Albert. Magn. libr. de Universit. — (*b*) Abulmaz, l. 6. Introd. Astron., c. 2. Stoffler, c. 14, p. 98. Cæsar., c. 6, p. 75. — (*c*) Scalig. Not. ad Manil. — (*d*) Ricciol., p. 401-126. — (*e*) Hesych. — (*f*) Avic., p. 59. — (*g*) Columell., l. 11, c. 2, p. 423. — (*h*) Ovid. Fast., l. 3, v. 407.

Le même Columelle (a) marque au 13 des calendes de septembre le passage du soleil dans les étoiles de la vierge, avec indication de tempête et de rosée ; il fixe au 7 des calendes le lever de la vendangeuse et de l'arcture avec indication de pluie et de froid. Il marque au 3 des calendes de septembre le lever des épaules de la vierge et la cessation des vents étésiens accompagnés de froid. Le 3 des ides, le vent favonius ou africus souffle. Le milieu de la vierge se lève. Au 14 des calendes d'octobre (b), l'épi de la vierge se lève. Le favonius ou le caurus souffle. Au 4 des calendes d'octobre, la vierge achève de se lever ; c'est annonce de tempête.

On trouve, près des pieds de la vierge, une étoile appelée Janus (c), qui se levait à minuit le jour du solstice d'hiver, et qui par cela même annonçait l'année, à l'ouverture de laquelle cette étoile semblait présider. Nous avons déjà donné, dans une lettre insérée dans le Journal des savans (d), l'explication de la fable de Janus. Nous allons la rappeler ici sous la forme de problème mythologique, qui est celle que nous lui avions donnée.

Problème mythologique.

La nature et les fonctions d'une divinité mythologique qui a son siége dans les constellations, étant données, déterminer le lieu qu'elle occupe dans le ciel.

Nous avons cette satisfaction dans notre travail, de pouvoir réduire souvent à la marche rigoureuse des géo-

---

(a) Ovid. Fast., l. 3, p. 429. — (b) P. 420. — (c) Plut. Parall., p. 307. — (d) Journal des sav. ann. 1.

mètres la nouvelle manière de procéder à la solution des énigmes mythologiques, d'après nos principes physiques, métaphysiques et astronomiques, et d'après notre théorie sur le feu principe et sur l'ame universelle. Nous allons en faire l'essai sur le premier Dieu de la mythologie romaine, le fameux Janus qui régna sur le Latium, et donna l'hospitalité à Saturne ou au Dieu du temps. Nous examinerons d'abord sa nature et ses fonctions, et nous déterminerons ensuite son lieu dans le ciel.

Voici ce que Marcus Messala, qui avait été cinquante ans augure, et qui avait sur ce Dieu des idées plus justes que le simple peuple, nous dit de Janus : Il est le Dieu, « qui cuncta fingit eademque regit, aquae terraeque vim ac naturam gravem atque pronam dilabentem, ignis atque animae levem, immensum in sublime fugientem copulavit circumdato coelo : quae vis coeli maxima duas vires dispares colligavit. » (Macrob. Sat. L. 1). Cette idée sur Janus, considéré comme Dieu, qui fait ce que fait le feu éther demiourgique de la théologie d'Orphée, lequel donne une forme régulière au chaos, est confirmée par Ovide (Fast. L. 1, v. 103). Voici ce qu'il fait dire à Janus :

> Me chaos antiqui, nam res sum prisca, vocabant...
> Lucidus hic aer, et quae tria corpora restant,
>   Ignis, aquae, tellus, unus acervus erant.
> Ut semel haec rerum secessit lite suarum,
>   Inque novas abiit massa soluta domos,
> Flamma petit altum, proprior locus aera coepit,
>   Sederunt medio terra, fretumque solo.
> Tunc ego, qui fueram globus, et sine imagine moles,
>   In faciem redii, dignaque membra Deo.

Nous ajouterons à ce témoignage celui d'un auteur

connu sous le nom de Bérose, qui, quoiqu'il ne soit pas de la plus grande autorité, a conservé cependant des traditions précieuses, et s'accorde absolument ici avec Ovide et Messala, sur Janus qu'il confond avec Noë ou avec le Deucalion des Scythes, peut-être à cause du vaisseau qui les caractérise tous deux. Il l'appelle chaos et *semen mundi* : il lui donne pour femme la terre, épouse du ciel dans toutes les théogonies. Il dit (L. 3), que ce fut lui qui « docuit astrorum cursus, et distinxit annum ad cursum solis, et duodecim menses ad motum lunæ..... » Qu'il régna sur l'Italie, et qu'on l'y honore sous le nom de *cœlum*, *chaos*, et « semen mundi patrem Deorum majorum et minorum, animam mundi moventem cœlos. Illum signant in scriptis cursu solis et motu lunæ, et sceptro dominii.... duabusque clavibus, etc. »

Il n'est pas difficile de reconnaître dans ce génie céleste, aux mains duquel on remet le sceptre et les clefs du temps, dans ce Dieu, ame du ciel et du monde, le Janus dont les deux auteurs nommés ci-dessus nous ont défini la nature. Le titre de père des Dieux, qu'il lui donne, appartenait aussi à Janus, *quasi Deorum Deum*, dit Macrobe (Sat. L. 1, C. 9), citant les vers saliens les plus anciens. Sa liaison avec la révolution du monde et avec le soleil et l'année, dans Bérose, est aussi confirmée par Macrobe : « Alii Janum mundum, id est cœlum, esse voluerunt; » et Arnobe (contrà gentes, L. 3, p. 117) : « Janus, quem quidam ex vobis mundum, annum alii, Solem nonnulli esse prodidère. » Le même Arnobe fait Janus fils du ciel : « Janum quem ferunt cœlo procreatum regnasse in Italiâ primum. »

La nature de Janus est donc la même que celle de la force demiourgique qui agit dans le monde visible, que celle de ce feu principe, générateur des corps, qui meut la sphère, qui circule dans les cieux et brille dans tous les astres, et spécialement dans le soleil, enfin l'agent universel des formes régulières du chaos. En le plaçant dans le ciel, dont les uns le font fils, ou avec lequel les autres le confondent, et en le formant de la même substance que le soleil, nous ne nous écarterons point des principes théologiques de l'antiquité.

Examinons maintenant quelle fonction il remplissait dans l'ordre du monde, et quel était son rang dans la république des Dieux.

Janus ouvrait la marche des révolutions célestes; il était placé aux portes de l'Olympe, il était le chef du temps et de l'année, et donnait l'impulsion au système harmonique du monde.

Il était le père de l'année :

> Jane biceps, anni tacitè labentis origo.
> (Ovide, Fast. 1, v. 64.)

> Principium des, Jane, licet velocibus annis
> Et revoces vultu sæcula longa tuo.
> (Martial, Epig., l. 8.)

Il présidait avec les saisons et les heures aux portes du ciel; et cette fonction lui fit donner le nom de Janitor ou de portier du ciel.

> Præsideo foribus cœli, cum mitibus Horis;
> Indè vocor Janus.

Il en avait les clefs : « cum clavi figuratur, » dit Macrobe, Sat. L. 1, C. 9. Et Ovide, Fast. L. 1, v. 99, le représente de même :

> Ille tenens dextrâ baculum, clavemque sinistrâ.

Personne n'entrait au ciel s'il n'en ouvrait la porte.

Ovide lui demande pourquoi, dans tous les sacrifices faits aux autres Dieux, il recevait toujours les prémices de l'encens :

> .... Cur, quamvis aliorum numina placem,
> Jane, tibi primo thura, merumque fero.
> (V. 171.)

Janus répond :

> Ut per me possis aditum, qui lumina servo,
> Ad quoscumque velis, prorsùs habere Deos.

Il était comme le chef de l'harmonie universelle.

> Quidquid ubique vides, cœlum, mare, nubila, terras
> Omnia sunt nostrâ clausa, patentque manu.
> Me penes est unum vasti custodia mundi
> Et jus vertendi cardinis omne meum est.
> (V. 117.)

Comme l'année solaire et ses divisions recevaient de lui leur impulsion, il eut tout le cortége symbolique du génie du temps.

On mettait à ses pieds douze autels représentatifs des douze mois de l'année dont il faisait l'ouverture (Sat. L. 1, C. 9). « Varro libro quinto Rerum divinarum scribit, *dit Macrobe*, Jano aras duodecim pro totidem mensibus dedicatas. » Il présentait dans ses mains le nombre trois cent soixante-cinq, égal à celui des jours de l'année (*Ibid.*). « Simulacrum ejus plerumque fingitur manu dexterâ trecentorum et sinistrâ sexaginta et quinque numerum retinens, ad demonstrandam anni dimensionem. » Pline en dit autant (Pline, L. 34, C. 7) : « Ut per significationem hanc anni, temporis et ævi se Deum indicaret. » On mettait souvent aussi près de lui un seul autel à quatre faces pour désigner, dit Plutarque,

(Plut. Quæst. Rom.) les quatre saisons de l'année. Quelquefois on désignait la même chose en donnant à sa statue quatre visages, dont les différens âges exprimaient ceux du temps.

Tous ces attributs symboliques du temps et leur explication se trouvent dans ce passage de Suidas sur Janus, dont voici la traduction latine : « Januarii simulacrum est quadriforme, ob quatuor anni conversiones. Alii fingunt dextrâ manu clavum gestantem, ut principem temporis, et apertorem anni et Janitorem; alii dextrâ ejus numerum *trois cents*, in sinistrâ *soixante-cinq* tenentem, ut qui sit annus. » Longin, dit-il, lui donne le nom d'*Æonarius*, c'est-à-dire, de père des siècles et du temps.

Le premier des douze mois fut spécialement sous son inspection, et emprunta de lui son nom. Le commencement de tous les autres lui fut également consacré comme au père du temps et de ses divisions. Numa, dit Macrobe (L. 1, C. 13), donna au premier mois le nom de Janus, « et primum anni esse voluit, tanquam bicipitis Dei mensem. » Et ailleurs (C. 9) : « Non solùm januarii mensis, sed omnium mensium ingressus tenet. »

Il ne nous reste plus rien à désirer pour connaître la nature et les fonctions de Janus dans l'administration universelle du monde. Il s'agit maintenant, avec ces données, de déterminer le lieu qu'il occupe sur la voûte céleste parmi la foule des génies brillans qui la peuplent et forment le cortége du Dieu-soleil, qui s'avance toujours escorté des douze grandes intelligences qui président aux douze divisions de sa marche.

Janus doit se trouver à la tête et au point où commence la révolution des cieux, et qui ouvre la marche du temps qui circule dans le zodiaque; et effectivement il s'y trouve.

Pour nous en assurer plaçons la sphère telle qu'elle s'offrait aux yeux de Numa lorsqu'il régla son année, et nous verrons que Janus est le premier astre qui monte sur l'horizon, et qui ramène la nouvelle période.

Le commencement de l'année romaine fut fixé, par Numa, peu de jours après le solstice d'hiver et à l'heure de minuit, comme on peut le voir dans Plutarque (Quest. Rom., p. 284), et dans Macrobe (Saturn., L. 1, C. 3).

Or, le capricorne, dans lequel était alors le soleil, étant mis sous l'horizon au méridien inférieur, si nous considérons l'état du ciel en ce moment, et si nous tirons en quelque sorte l'horoscope de l'année, en regardant quel signe monte à l'orient, nous trouverons que c'est la vierge, le bouvier et le vaisseau céleste. Les vers d'Aratus nomment le vaisseau parmi les constellations qui se lèvent avec les extrémités de la vierge. Nous trouvons déjà là un des emblèmes astronomiques qui caractérisent Janus, la barque céleste, qui est aussi inséparable de lui que le sont ses clefs. Tout le monde sait que la monnaie romaine portait d'un côté l'empreinte de Janus à deux têtes, et de l'autre celle de sa barque : « Cùm primus æra Janus signaret, *dit Macrobe* (L. 1, C. 7), servavit ut ex unâ quidem parte sui capitis effigies, ex alterâ verò navis exprimeretur. » De-là l'expression des enfans dans leur jeu : « Aut capita, aut navia. »

Ovide pareillement demande à Janus l'origine de l'usage de marquer ainsi la monnaie :

Cur navalis in ære
Altera signata est, altera forma biceps.
(Fast., l. 1, v. 229.)

Ces auteurs s'accordent à dire que ce vaisseau était

celui dans lequel Saturne, Dieu du temps, était arrivé en Italie ; allusion manifeste à l'arrivée de l'année qu'annonçait le lever de cette constellation, et laquelle d'ailleurs commençait dans le signe du capricorne, domicile de la planète de Saturne où était alors le soleil. Dans la sphère des décans, rapportée par Scaliger, on voit vers le vingt-troisième degré de la vierge, un génie porté dans un vaisseau : « Vir naviculâ navigans. »

Il nous reste à trouver le navigateur ou l'homme à qui on attribuait la barque. Voyons ce que disent les anciens auteurs des étoiles de la constellation de la vierge ou de celles qui en sont voisines, telles que le bouvier connu sous le nom d'Icare. Plutarque nous dit que, parmi les étoiles qui brillent dans cette bande du ciel, est l'étoile Janus avec ses frères *Hymnus*, *Faustus* et *Felix*. Il les fait petits-fils du bouvier ou d'Icare, par sa fille Érigone ou la vierge. Il le place peu loin de l'étoile appelée vendangeuse, et dit de Janus en particulier : « Janus prior stella oriens antè pedes virginis. » (Parallel. p. 307.)

Ainsi, toute la partie du ciel qui se trouve border circulairement l'horizon à l'instant précis où la révolution commence, se trouve liée à l'histoire et à la généalogie de Janus qui lui-même part le premier, et s'avance avec le vaisseau sur l'horizon. Peut-on douter après cela que ce ne soit là le génie lumineux qui ouvre la marche de l'année, qui ramène la nouvelle révolution, ouvre les portes de l'Olympe dont il tient les clefs, et qui donne une espèce d'impulsion au système universel du monde ? Il a dû être dans la sphère céleste, puisque c'est lui qui en dirige le mouvement. Il a dû être à la porte des Dieux, à l'orient, au moment où le temps mesuré par le soleil va commencer. Il s'y trouve : il s'élance dans les cieux, et traîne à sa suite l'ordre duodécimal des génies qui forment le cortége du Dieu-lumière au moment où le temps se renouvelle. Son vaisseau, son père Icare et sa mère l'accompagnent. Peut-on croire que le hasard ait ainsi arrangé les choses? Et, si l'on voit évidemment du dessein, convenons que toute son histoire est allégorique et liée au système astronomique. Les noms seuls de ses frères achèvent de démontrer l'allégorie. Faustus et Félix étaient les deux mots consacrés pour les vœux chez les Romains : *quod faustum, felix sit. Hymnus* signifie chant, et rentre ici dans le sens de vœux exprimés dans les chants; de manière que tout se réduit à peu près à ceci : « Je la souhaite bonne et heureuse; » et l'on sait que les anciens Romains faisaient en ce jour-là des vœux et des souhaits de bonne année comme nous, suivant Ovide (Fast. L. 1, v. 175):

> At cur læta tuis dicuntur verba calendis
> Et damus alternas, accipimusque preces.

Tout ici est personnifié; ainsi le fut Janus; ainsi le fut l'année elle-même, sous le nom d'*Anna perenna*. Tel était le goût de toute l'antiquité religieuse.

Ainsi le Dieu aux clefs et à la barque, dont nous avons fait notre saint Pierre, le plus ancien génie qu'ait consacré la religion des anciens Romains comme première divinité tutélaire; celui dont ils unirent le culte à celui du temps et du Dieu-lumière qui circule dans les douze signes, dont Janus ouvrait la marche, comme saint Pierre est le chef des douze compagnons du soleil-Christ, est une intelligence céleste qui brille dans les astres, et nullement un bon prince qui ait régné autrefois dans le Latium. Ceci est la fable qui masquait toujours l'idée théologique dont les prêtres seuls avaient le secret. Ils étaient chargés de rédiger le calendrier et l'ordre des fêtes, dont la succession était marquée par des levers et des couchers d'étoiles, comme le prouvent les Fastes d'Ovide. A la tête des constellations dut être celle qui fixait la première fête, celle de Janus ou du Dieu qui ouvrait la marche de l'année. On tirait, pour ainsi dire, l'horoscope de l'année, qui, suivant Firmicus (L. 2, C. 30), *ab horoscopo semper sumit exordium*; et l'horoscope lui-même, suivant le même auteur (L. 2, C. 18), *ab orientali parte primus exurgit*. Il était *totius geniturœ fundamentum, cardo primus, totius geniturœ compago atque substantia, quœ reliquis aditum prœbet*. Ce fut sur ces principes que les pontifes astrologues composèrent le thème de l'année, et formèrent la parure symbolique du génie *chronocrator* qui en commençait la marche. Comme les révolutions célestes sont connues et réglées, la méthode géométrique a pu être employée pour décomposer cette fable, puisqu'elle l'a été pour la composer. On voit donc encore ici une nouvelle preuve de la nécessité indispensable d'appliquer la clef astronomique à la théologie ancienne, et que sans elle le sanctuaire des Dieux est fermé pour nous. La mythologie, dans son origine, est l'ouvrage de la science ; la science seule l'expliquera.

SEPTIÈME SIGNE.

BALANCE.

La balance fut placée souvent entre les serres du scorpion, qui de son vaste corps paraît couvrir deux signes. Le premier de ces signes porte le nom de *magnæ chelæ* (a) ou des grandes serres du scorpion (b), et de balance (c); car il a eu ces deux noms. Virgile, dans ses Géorgiques, les emploie tous deux (d), ainsi qu'Ératosthène (e). Hipparque se sert du mot *zugon* ou *balance* (f). On mettait souvent aussi cette balance entre les mains de la vierge, sous les pieds de laquelle elle est placée et qu'elle semblait tenir suspendue (g). D'autres fois on mettait une figure humaine dans ce signe, et elle paraissait soutenir une balance (h). C'est pour cela que le centaure, voisin de la balance, et la vierge céleste, prirent le nom d'astres justes. Car Chiron était autant recommandable par sa justice que Thémis (i). Cicéron donne aussi le nom de balance à ce signe (j).

Voici les noms différens qu'on lui a donnés.

Les Arabes l'appellent *al-mizam* (k), *mizan, mizin, midsanon.*

Les Chaldéens, *mesathre.*

Les Syriens, *mesatho* (l).

(a) Hygin, l. 3, c. 25. Arat., v. 89. Germanic., c. 6. Theon., p. 117. — (b) Eratosth., c. 7. — (c) Hygin, l. 2, c. 27. Stoffler., c. 14, p. 91. — (d) Georg., l. 1. — (e) Eratosth. Uranol., p. 142. — (f) Hipp., l. 3, c. 1, p. 134. — (g) Theon., p. 117. — (h) Manil., l. 2, v. 527. — (i) Hygin., l. 2, c. 26-39. — (j) Cic. de Div., l. 2, c. 2. Stoffler, c. 14. — (k) Cæs., c. 7, p. 80. Kirk. Œdip., t. 2, part. 2, p. 198. Hyd., p. 40. — (l) Ricciol., p. 127.

Les Perses, *terazu*.

Les Turcs, *mizan* en arabe, et dans leur langue, *tartagiek alati* (a).

Les Indiens, *tarazou* en pehlvi (b), *tolam* en brame (c).

Les Hébreux, *madzenim*, *moynazané* (d), *miznaim*.

Les Grecs, *zugos*, *stathmos*, *litra*, *stater* (e), *mochos*, *chélai*.

Les Latins, *jugum*, *libra*.

Les plats de la balance s'appellent *vazneganubi* et *zuben el-genubi*, c'est le plat austral ; *vazne schemali* ou *zuben eschemali*, c'est le plat boréal (f) ; on les appelle *al-zubandn*.

Ulugbeigh (g) appelle le plat austral *al-kiffa al-genubia*, et le plat boréal *al-kiffa al-shemalia*. On les appelle en général *al-kiffatdn* (h). *Mizan* ou *almizan*, ou *zubane*, forme la seizième station de la lune. *Algafré*, placé près le plat droit ou près *mizan-al-iemin*, en est la quinzième (i). Ce signe est le lieu du domicile de Vénus, de l'exaltation de Saturne, le siége de Vulcain dans la distribution des signes entre les douze grands Dieux ; il est affecté à l'élément de l'air.

Columelle marque au 4 des ides d'avril le commencement du coucher de la balance au lever du soleil (j), avec indication de tempête ; aux ides, le coucher total, avec froid. Ovide place au 7 de ces mêmes ides le coucher cosmique de la balance (k), à la suite du cou-

---

(a) Hyd., p. 40. — (b) Anquetil. — (c) Le Gentil. — (d) Epiph. adv. Hæres. Ricciol., p. 127.—(e) Hyd., p. 40. Cæs., c. 7, p. 80.—(f) Ricc., p. 128. Scalig., p. 436. Bay., tab. 28. — (g) Ulugbeigh., p. 84. — (h) Hyd., p. 40. — (i) Alfrag., c. 22. — (j) Columell., l. 11, c. 2, p. 425. — (k) Fast,, l. 4, v. 536.

cher d'Orion. Il marque au 13 des calendes d'octobre (a) le passage du soleil dans la balance, et le lever héliaque de la coupe. Théon (b) fixe l'équinoxe au 25 du mois thot, sous la balance.

HUITIÈME SIGNE.

SCORPION.

Ce scorpion est fameux dans la mythologie par sa haine contre Orion qu'il fait toujours coucher à son lever. C'est ce qui a donné lieu de dire qu'il n'était né que pour faire périr Orion, et que celui-ci était mort de la morsure de cet animal placé aux cieux en opposition avec lui (c), de manière qu'Orion se couchât toujours au lever du scorpion (d). Orion, dit Aratus, paraît toujours fuir effrayé de sa vue (e).

Orion s'était vanté, vis-à-vis Diane et Latone, d'être assez habile chasseur pour exterminer (f) tous les animaux que la terre pourrait produire. La terre indignée produisit le scorpion qui devait le faire périr lui-même. Jupiter, par admiration pour la force de ces deux rivaux, plaça le scorpion aux cieux avec Orion pour qui Diane sollicita cette faveur.

D'autres disent que c'était Diane elle-même (g) qui avait donné naissance à ce scorpion sur le mont Chélippius, dans l'île de Chio, où Orion avait coutume de

---

(a) Columell., ibid., p. 430. — (b) Théon, p. 151. — (c) Germanic., c. 6. — (d) Hygin, l. 2, c. 27. — (e) Arat., v. 585. — (f) Hygin, l. 2, c. 27. — (g) Germanic., c. 6.

chasser et de braver sa puissance. La Déesse irritée suscita un scorpion qui fit périr Orion, et elle obtint ensuite que le reptile qui avait servi sa vengeance fût placé au nombre des signes. Son énorme grandeur lui en fait occuper presque deux entiers. Ératosthène prétend qu'Orion avait voulu violer Diane, et que le scorpion, défenseur de la Déesse, fut placé aux cieux par Jupiter parmi les astres les plus brillans, afin d'apprendre à la postérité sa force et sa puissance (a). C'est ce monstre qui effraie aussi les chevaux du cocher Phaëton placé au-dessus d'Orion, et qui se couche peu de temps après lui (b). C'est lui qui dévore les testicules du taureau placé entre le cocher et Orion, et qui se couche avec eux, comme on peut le voir dans le monument de Mithra.

On aperçoit aisément l'origine de ces diverses fictions.

On l'appelle d'un nom générique *la grande bête* (c), le monstre effroyable. Orion était surtout observé des matelots (d) comme un des astres qui donnaient le plus de tempêtes ; et son ennemi le scorpion passait pour être d'une redoutable influence dans les naissances (e).

On lui donne divers noms.

Les Arabes le nomment *acrab*, *alacrab*, et par corruption, *alatrab* (f), *alacrabo*.

Les Hébreux, *acrab*.

Les Syriens, *alcrevo*.

Les Perses, *ghezhdum*.

(a) Eratosth., c. 7. Horace, l. 3. Od. 4, v. 70. Arat., v. 593. —
(b) Ovid. Metamorph., l. 2. — (c) Arat., v. 84-402. Theon, p. 116.—
(d) Theon, p. 181. — (e) Horace, l. 2. Od. 14, v. 17. — (f) Bay.,
tab. 29. Comm. Alfrag., p. 108. Cæs., c. 8, p. 82.

Les Turcs, *koirugi* et *usun koirughi* (a).

Les Indiens, *gazdom* en pehlvi (b), *ourou chikam* en brame (c).

Les Grecs, *scorpios, mega thérion*.

Les Latins, *scorpius, nepa* (d), *fera magna, retrogradus*.

On distingue dans le scorpion plusieurs parties ; savoir les serres, *chelæ* (e), dont nous avons parlé à l'article de la balance.

On remarque surtout une étoile rouge de première grandeur placée au cœur du scorpion, connue sous le nom d'*antarès* (f) ; c'est une des quatre étoiles royales. On l'appelle en arabe *kalbel acrab, halb-al-acrab* (g), *colbolacrabi*, ou simplement *calb* (h) ; elle a près d'elle deux autres petites étoiles appelées *al-nayat, præcordia*. On lui donne aussi le nom d'*alcantub* (i) et de *vespertilio* (j).

Les Chaldéens nomment *alascha* (k), *leschat, leschaton, schomlek, moslek, lesath* et *lessaa-el-aakrab*, une étoile de l'aiguillon du scorpion (l). Peut-être est-ce celle qu'Hésychius désigne sous le nom de *lésos* (m) ; mais, comme il la dit très-brillante, peut-être est-ce la brillante du cœur du scorpion, *antarès* ou *antartés* (n).

Ulugbeigh (o) parle de trois étoiles brillantes du front, nommées *iclil-al-gjeb'ha*. La plus australe est

---

(a) Hyd. Comm. ad Ulugbeigh., p. 40. — (b) Anquetil. — (c) Gentil. — (d) Cicer. — (e) Virg. Georg., l. r. Germanic., c. 6. Bay., p. 29. — (f) Ptolom. Hyd., p. 41. — (g) Ulugb., p. 86-90. Cæs., c. 8, p. 83. — (h) Hyd., p. 40-41. — (i) Ricciol., p. 217. — (j) P. 128. — (k) Alph. tab., p. 210. — (l) Ricciol., p. 125. Bay., tab. 29. Cæsius, p. 83. — (m) Hesych. Lés. — (n) Scalig., p. 437. Hipp., l. 1, c. 5. — (o) Ulugb., p. 86-90.

gjeb'ha-al-acrab ou le front; celle de l'aiguillon est *shaula*; hors de la constellation sont des nébuleuses qui suivent l'aiguillon. C'est *tali-al-shaula*.

Iclil-al-gjeb'ha, ou la couronne du front, fixe la dix-septième station de la lune (*a*), celle du cœur est la dix-huitième, et *al-shaula* la dix-neuvième.

Ce signe est le domicile de la planète de Mars, et le siége de ce même Dieu dans la distribution des douze grands Dieux entre les signes. Il est affecté à l'élément de l'eau.

Le scorpion est placé sous les pieds d'Ophiucus et près de l'animal que perce le centaure, c'est-à-dire, du loup. Il se couche la tête la première et se lève droit (*b*); il a près de lui le renard et Ophiucus à droite, dit Firmicus (*c*), et à sa gauche le cynocéphale et l'autel; c'est-à-dire, que ces constellations font, à son égard, la fonction de paranatellons à droite et à gauche. Le renard est une des étoiles voisines de la seconde du timon du chariot, comme nous l'avons dit à l'article du taureau.

Columelle (*d*) fixe aux ides de mars le commencement du coucher du scorpion qu'il appelle *nepa*; il marque tempête ce jour-là. Il fixe au 17 des calendes d'avril, ainsi qu'Ovide (*e*), le coucher total avec annonce de froid; il marque aux calendes d'avril (*f*) un coucher du matin, avec indication de tempête. Ovide le marque aussi, et un coucher cosmique au 3 des nones (*g*). Columelle, ainsi qu'Ovide, marque, la veille des nones

---

(*a*) Hyde Comm., p. 40-41. — (*b*) Hygin, l. 3, c. 26. — (*c*) Firm., l. 8, c. 26. — (*d*) Columell., l. 11, c. 2, p. 425. — (*e*) Fast. l. 3, v. 711. — (*f*) Columell., ibid., p. 125. — (*g*) Calend. Fast., l. 4, v. 163.

de mai, le coucher de la moitié du scorpion (a), avec indication de tempête. Columelle (b) fixe au 13 des calendes de novembre le passage du soleil au scorpion; au 7 des ides le lever d'antarès, avec annonce de tempête, de froid, du souffle du vulturne et de petites pluies. Il marque aux ides de décembre le lever total du scorpion le matin, avec annonce de froid.

NEUVIÈME SIGNE.

SAGITTAIRE.

Le grand nombre des auteurs ont appelé ce signe le centaure, et y ont peint en effet un monstre de cette forme (c). Autrefois on n'y figurait qu'un arc, un carquois (d) ou une main armée d'un trait, et on l'appelait l'*arc* ou le signe de l'*arc*. Ceux qui se refusent à y voir un centaure disent que jamais les centaures ne firent usage de flèches (e); d'autres ajoutent que le sagittaire est debout, et n'a que deux pieds. Cependant l'homme du sagittaire a des pieds de cheval et une queue de satyre; ce qui l'assimile aux centaures (f).

Quelques auteurs l'appellent *Crotus* (g), fils d'Euphémè, nourrice des Muses : il habitait sur le mont Hélicon où il vivait dans l'intimité avec elles, et se livrait aux exercices de la chasse. Ses talens lui acquirent beaucoup de réputation ; il réunissait la finesse de l'es-

---

(a) Colum. ibid., p. 426. Ovid. Fast., l. 4, v. 417. — (b) P. 432-433. 434. — (c) Hygin, l. 2, c. 28. — (d) Bay., t. 30. — (e) Germ. c. 28. — f. Hygin, ibid. Eratosth., c. 28. — (g) Ibid. German. ibid.

prit à la rapidité de la course. Pour rendre cette double idée, Jupiter, en le plaçant aux cieux, lui donna les pieds du cheval, dont il avait fait beaucoup d'usage, et lui mit en main la flèche qui peint en même temps la vitesse et la pénétration. Il y ajouta la queue des satyres, parce qu'il se plaisait autant, dit Hygin, dans le commerce des Muses que Bacchus dans celui des satyres. On le fait petit-fils de l'Océan (a); c'est lui qui battait la mesure quand les Muses dansaient ou chantaient. C'est là ce qui lui mérita les honneurs du ciel. Son goût et ses talens se sont perpétués parmi les hommes, ainsi que son amour pour la navigation. Il est observé, non-seulement par ceux qui vivent sur la terre, mais encore par ceux qui voguent sur les mers. Son vaisseau en est la preuve, dit Ératosthène (b); ceci explique ce que dit Firmicus (c), qu'à la droite du sagittaire se lève le navire Argo, et à sa gauche un chien.

Hygin (d) le fait fils de Pan et d'Euphémé, et frère de lait des Muses.

On lui donne plusieurs noms, dont voici les principaux.

Les Arabes l'appellent *alkus*, *elkusu*, *elkausu* (e), *kaus*, *al-rámi* (f), *el-kaus* (g), *elkuschu*, *alkawso* (h).

Les Hébreux (i), *kescheth*, *ceset* ou *chesit*.

Les Syriens, *kestho*, les Perses, *kaman*, les Turcs, *yai* (j).

(a) Germanic., c. 28. — (b) Eratosth., c. 28. — (c) Firmic., l. 8, c. 27. — (d) Hyg. Fab. 224. — (e) Comm. Alfrag., p. 108. Scalig., p. 437. Bay., t. 30. — (f) Hyd., p. 41. Ricciol., p. 127. — (g) Cæs., p. 84. — (h) Kirk., t. 2, part. 2, p. 108. — (i) Epiph. adv. Hæres. — (j) Hyd. Comm. ad Ulugbeigh, p. 41.

Les Indiens, *vismasp*, l'arc en pehlvi (a), *dhanoussou* en brame (b).

Les Grecs, *toxotès*, *toxeuter*, *toxon*, *aemma* (c), *réter toxou* (d), *hippotès*.

Les Latins, *arcitenens*, *arcus*, *sagittarius*, *telum*, *semivir*, *sagittæ thessalicæ* (e), *centaurus*, *taurus*, *croton*, *crotus*, *Chiron*, *phillyrides*, *pharetra*, *eques* (f).

Ulugbeigh (g) distingue plusieurs étoiles dans le sagittaire, et il leur donne différens noms. Il appelle celle du trait, *min-al-nadim-alwarida*.

Celle de l'épaule gauche et la précédente, *min-al-nadim-alsadira*.

Celle de l'œil, *ain-al-rámi*. Celle de l'épaule, *min-al-nadim-al-sadira*.

Celle de la gauche du trait, *urkâb-al-rámi*. Celle du genou, *rucha-al-rami*.

La première étoile, celle de la pointe du trait, s'appelle aussi *zugi-al-nushaba*.

Alnaim est une des stations de la lune, la vingtième; la vingt-unième est *albendach*, et la vingt-deuxième s'appelle *fortuna decollentis*, près l'étoile appelée *orien* par les Arabes (h).

On donne le nom de *dalmiain* à quelques étoiles de l'extrémité boréale de l'arc du sagittaire (i).

On représente le sagittaire avec une espèce de manteau appelé *ephaptis*, dont s'entortillaient le bras ceux qui voulaient combattre (j).

(a) Anquetil. — (b) Le Gentil. — (c) Hesychius. — (d) Arat., v. 301-305. Nonn., l. 4, v. 251. Hipp., l. 1, c. 3. — (e) Bay. tab. 30. — (f) Cæs., c. 9, p. 84. — (g) Ulugbeigh., p. 90. — (h) Alfrag., c. 21, p. 110. — (i) Hyd. Nat. ad Mahamed. Tizin. tab. p. 87. — (j) Stoll., c. 1 j. Bay., t. 30.

Son arc est coupé en deux par la voie lactée. Il regarde le couchant; il se couche la partie antérieure la première, et monte droit.

Le sagittaire est le domicile de Jupiter, le siége de Diane parmi les douze grands Dieux. Il est affecté à l'élément du feu.

Columelle (a) place aux ides de février un coucher du soir du sagittaire, accompagné de froids violens. Il fixe au 14 des calendes de décembre le passage du soleil aux étoiles du sagittaire (b). Théon fait répondre le mois *choiac* des Égyptiens au soleil du sagittaire (c).

Le même Columelle (d) marque au 8 des calendes de décembre le coucher du milieu du sagittaire, avec annonce de tempête.

DIXIÈME SIGNE.

CAPRICORNE.

Le capricorne ressemble à Égypan (e). Sa partie inférieure est un poisson, et la partie antérieure est le corps du bouc ou du caper. Il mérita d'être mis aux cieux, parce qu'il avait été nourri avec Jupiter par la chèvre, sa mère, qui y est également placée. Sa tête est armée de cornes (f).

Épiménide dit que Jupiter et ce bouc furent nourris sur l'Ida. On se rappellera que la naissance du Dieu de

---

(a) Columell., l. 11, c. 2, p. 423. — (b) P. 434. — (c) Théon., p. 138. — (d) Colum., ibid. — (e) German., c. 27. Hyg., l. 2, c. 29. — (f) Erat., c. 27.

la lumière, Jupiter, comme celle de Bacchus et de Christ, se faisait au solstice d'hiver (*a*), lieu que le capricorne a long-temps occupé.

Il partit avec ce Dieu pour combattre les Titans, et il leur inspira cette terreur qu'on nomme panique, embouchant la conque marine dont il avait fait la découverte (*b*). Jupiter, en reconnaissance, le plaça aux cieux. C'est cette découverte de la conque, dit-on, qui lui fit donner une queue de poisson; quelques-uns disent que c'est parce qu'il avait lancé, contre les ennemis des Dieux, des coquilles au lieu de pierres (*c*). D'autres cherchent l'origine de cette forme empruntée du poisson dans les pluies de cette saison ; symbole répété dans le verseau et les poissons, signes humides (*d*).

Il y a une autre tradition sacrée sur ce signe. Les prêtres égyptiens et des poëtes après eux racontent que, plusieurs Dieux s'étant réunis en Égypte, Typhon leur ennemi cruel survint tout-à-coup, et que, saisis d'effroi, les Dieux cherchèrent leur salut dans la fuite et dans un changement subit de forme. Mercure se métamorphosa en ibis, Apollon en grue, Diane en chat. Ils ajoutent que c'est même là l'origine du culte que les Égyptiens rendent aux animaux qu'ils regardent *comme des images des Dieux*. Dans le même temps, Pan se précipita dans le fleuve. La partie postérieure de son corps se changea en poisson, et la partie supérieure en bouc. Sous cette forme monstrueuse, il échappa à Typhon. Jupiter, charmé de sa ruse, plaça aux cieux sa forme nouvelle (*e*).

(*a*) Macrob. Sat., l. 1, c. 18. — (*b*) Erat., ibid. — (*c*) Hyg., l. 2, c. 29. Theon., p. 136. — (*d*) Isidor., l. 3, c. 47. — (*e*) Hygin, l. 2, c. 29. Theon, p. 136.

Germanicus raconte cette fable avec plus de détails; et il nous dit, d'après Nigidius (a), que, dans le temps que Python ou Typhon habitait une caverne du Taurus, Jupiter assembla les Dieux pour aviser aux moyens de résister à leur ennemi commun; que ceux-ci ne voulurent point quitter la terre, et d'un autre côté, ne se sentant point en état de résister à Typhon, ils prirent le parti de se métamorphoser en divers animaux, oiseaux, poissons ou bestiaux. Les Dieux sous cette forme furent absolument méconnus de leur ennemi. C'est là, dit-on, l'origine du respect qu'ont encore aujourd'hui les Égyptiens pour ces animaux. Python, trouvant le champ libre, régna tyranniquement, fier de la frayeur qu'il avait inspirée aux Dieux. Mais ceux-ci, au bout de dix-huit jours, délibérèrent sur les moyens de le détruire. Ces dix-huit jours sont devenus tous les ans des jours de fêtes, dont on a perpétué le souvenir en Égypte. Apollon, armé de la foudre, tua le monstre dans le temple d'Apis, à Memphis, où se faisait l'inauguration des rois d'Égypte.

Après que les Dieux eurent puni Typhon, ils placèrent aux cieux l'image de Pan ou d'Égypan qui avait pris la forme de chèvre (b), et ils lui élevèrent un superbe temple à Panople.

On donne à cette constellation différens noms.

Les Arabes la nomment *gjedi*, les Hébreux *gedi*, *gadi*, *algedi*, *alcantarus* (c), *asasel*, *atcantarus*, *algedi*, *algedio* (d).

(a) Germanic., c. 27. — (b) Theon., p. 136. — (c) Kirk. Œdip., t. 2, part. 2, p. 1. Ricciol., p. 125-126. Bay. t. 31. Stoff., p. 81. Comm. Alfrag., p. 108. — (d) Cæsar., c. 10, p. 89.

Les Syriens et Chaldéens, *gadio* (a).

Les Perses, *buzghâle*.

Les Turcs, *ughlâk* (b).

Les Indiens, *nahj* en pehlvi (c), et *marcaram* en langue brame (d).

Les Grecs, *aigoceros* (e), *athalpes*, *icthyoeis* (f), *cyaneus* (g).

Les Romains (h), *caper, hircus, capricornus, Hesperiæ tyrannus undæ* (i), *neptunia proles* (j), *pelagi procella, imbrifer, gelidus* (k), *æquoris hircus, Pan, Ægypan; signum hyemale, januale, altera solis porta, Vestæ sidus* (l).

Ulugbeigh appelle la plus boréale des trois de la corne suivante *min sad al-dâbih* ; la plus australe est appelée de même, ou simplement *dabih, mactans* ou *fortuna mactantis* (m). C'est la vingt-deuxième station de la lune. La précédente des deux voisines de la queue se nomme *sâd nâshira, fortuna averruncantis*; la suivante, *danab al gjedi*, queue du capricorne. On compte encore dix étoiles (n) appelées les fortunes, comme le *gad* de Lia. On les nomme *siûd al nugjûm*, les astres heureux. Quatre appartiennent à une station de la lune.

Ce signe est le domicile de Saturne, le lieu de l'exaltation de Mars, le siége de Vesta dans la série des douze grands Dieux. Il est affecté à l'élément de la terre.

Columelle (o) fixe au 8 des ides de juillet le coucher

(a) Ricciol., p. 127. — (b) Hyd. Comm., p. 42. — (c) Anquetil. — (d) Gentil. — (e) Hipp. l. 1, c. 2. — (f) Nonn., l. 1, v. 260; l. 2, v. 650.—(g) Arat. v. 292-702.—(h) Horac., l. 2, od. 14.—(i) Bay., t. 31. —(j) Germ., c. 1.—(k) Cæs., c. 10, p. 89. — (l) Ulugbeigh, p. 94-98.— (m) Hyd., p. 42. — (n) Seld., Synt. 1. — (o) Columell., l. 11, c. 2, p. 428.

du capricorne ; au 16 des calendes de janvier l'entrée du soleil au capricorne. C'est le solstice d'hiver, suivant Hipparque. Il y a ce jour-là annonce de tempête ; et le 15 du vent (a).

Le capricorne pourrait être Ægéon. Ce nom est celui d'un Dieu marin (b), de Briarée et de Neptune (c).

ONZIÈME SIGNE.

VERSEAU.

Quelques auteurs ont prétendu tirer la forme et le nom du verseau des pluies qu'il occasionait à son lever. On a vu nos conjectures à cet égard dans notre dissertation sur l'origine de l'astronomie. Quelques-uns veulent que ce soit le fameux échanson des Dieux, Ganymède, fils de Tros et de Callirhoë (d), lequel, chassant sur les sommets de l'Ida, fut aperçu par Jupiter qui fut épris de ses charmes, l'enleva aux cieux par le moyen de son aigle, et le mit au nombre des signes célestes. Il y prit le nom d'Aquarius de la fonction qu'il parait exercer près des Dieux. Il tient une coupe dans sa main, et il en verse une abondante liqueur (e) que les uns disent être un courant d'eau et un fleuve ; ce qui le fait appeler verseau ; d'autres disent du vin, ce qui le fait nommer Ganymède, que sa beauté rendit digne de servir le nectar aux Dieux : aussi la liqueur qu'il verse passe-t-

---

(a) Columell., l. 11, c. 2, p. 434. — (b) Quint. Smyrn., l. 7, v. 300. — (c) Hesych. — (d) Germ., c. 26. Hyg., c. 30. — (e) Theon., p. 146. Ovid. Fast., l. 1, v. 652.

elle pour être le nectar dont s'abreuvent les immortels.

Ceux qui y voient un torrent d'eau l'appellent Deucalion, dont le nom est fameux dans l'histoire des déluges. C'est l'opinion d'Hegesianax, cité par Hygin (*a*), et celle de Nigidius, cité par Germanicus César (*b*). Ce dernier raconte que Deucalion, roi de Thessalie, au moment du déluge resta avec Pyrrha sa femme sur les sommets de l'Etna. Frappés de la dévastation de l'Univers, et se trouvant seuls, ils prièrent Jupiter ou de les faire aussi périr, ou de réparer les ruines du genre humain. Le Dieu leur ordonna de jeter par derrière eux les pierres qu'ils rencontreraient devant eux; ce qu'ils firent. Toutes les pierres que jetait Deucalion se changeaient en hommes; et celles que jetait Pyrrha se changeaient en femmes. Ainsi fut réparée l'espèce humaine.

Eubulus prétend, lui, que l'homme du verseau est l'ancien roi des Athéniens, Cécrops; car, avant la découverte du vin, on faisait des libations aux Dieux avec de l'eau, et Cécrops régnait avant que le vin fût connu des mortels.

D'anciens auteurs ont dit qu'il était Aristée (*c*), fils d'Apollon et de Cyrène, dont ce Dieu obtint les faveurs sur le mont Orphée. Aristée passe pour avoir été instruit dans toutes les sciences et dans tous les arts, et avoir fait usage de ses connaissances pour le bonheur des hommes. Son nom même semble indiquer son caractère bienfaisant. Les influences malignes de la canicule ayant corrompu les fruits et donné naissance à des maladies

---

(*a*) Eratosth., c. 26. Theon., p. 136. — (*b*) Hygin., l. 2, c. 30. — (*c*) Germ., c. 26.

contagieuses parmi les hommes, Aristée obtint des Dieux, et surtout de Neptune, d'arrêter les effets désastreux du lever de cette étoile, en obtenant des vents frais qui en corrigeassent les ardeurs brûlantes. En conséquence, les Dieux ordonnèrent qu'au lever de la canicule, tous les ans, les vents soufflassent pendant quarante jours, chassassent par leur souffle salutaire les exhalaisons pestilentielles qui corrompaient l'air. Ce sont les vents étésiens qui tous les ans soufflent à cette époque. Aristée lui-même fut placé par les Dieux au nombre des signes célestes.

L'origine de cette fiction est aisée à apercevoir quand on sait que tous les ans au solstice d'été, au lever de Sirius, le verseau montait le soir. Alors soufflaient les vents étésiens que l'on attribuait au signe qui montait le soir, et à son influence fraîche et humide, comme on attribuait les ardeurs du jour à l'étoile qui le matin s'unissait au soleil. C'est par une raison semblable que les Égyptiens disaient du verseau, que, d'un coup de son pied, il faisait sortir les eaux du Nil hors du lit du fleuve (a), qui se déborde effectivement à cette même époque solsticiale. Par la même raison aussi on lui attribuait l'espèce de déluge qui couvrait alors toutes les terres de l'Égypte. De-là vint le nom de Deucalion, qui lui fut donné, ainsi que la fable sacrée faite sous ce nom, comme on a pu le voir dans notre dissertation sur les apocatastases.

Dans la fable de Ganymède, on sait que celui des douze grands Dieux que l'on peignait sous la forme d'un jeune homme qui tient une coupe, fut censé être celui qui ver-

---

(a) Theon., p 136.

sait à boire aux autres. Comme il ne monte jamais sur l'horizon sans être précédé de l'aigle céleste, on dit qu'il avait été enlevé au ciel par un aigle. Voilà en peu de mots l'origine des principales fictions faites sur ce signe.

Hygin le fait fils d'Assaracus (a); ailleurs il est fils d'Éricthonius ou du cocher (b).

On lui donne différens noms.

Les Arabes l'appellent *sakib al-má* (c), *delu*, *aldelu* (d), *idrudurus* (e), *elkausu*, *elkusu*, *elkaus*.

Les Hébreux, *deli* (f).

Les Syriens, *daulo*.

Les Perses, *dûl*.

Les Turcs, *kâgha*.

Tous ces noms désignent une urne et une cruche (g).

Les Égyptiens, *monius* (h).

Les Indiens le nomment *del* ou *dol* en pelhvi (i), *coumbum* en brame (j).

Les Grecs, *hydrochoos* (k), *calpé* (l).

Les Latins, *aquarius* et *amphora*, *situla*, *urna* (m), *fusor aquæ*, *fundens latices* (n), *tyramus aquæ*, *pyxis*, *cotylè* (o), *amnis aquarii* (p), *juvenis regens aquam* (q), *Hermidonè* (r), *Junonis astrum*, *Idœus*, *Jovis cynædus*, *catamitus*, *pincerna*, *hydridurus*, *hydrochoos* (s).

Les Arabes y peignent un mulet portant deux seaux (t).

(a) Hygin., Fab. 224. — (b) p. 271. — (c) Hyd. Comm. ad Ulugb., p. 42-45. — (d) Bay, t. 32. — (e) Ricciol., p. 126. Stoff., p. 81. — (f) Kirk. OEdip., t. 2, part. 2, p. 199. — (g) Hyd. ibid. — (h) Cæs., c. 11, p. 92. — (i) Anquetil. — (j) Gentil. — (k) Hipp., l. 1, c. 3. Procl. c. 6. — (l) Germ., p. 7. — (m) Ausonius. — (n) Germanic., c. 36. — (o) Stoff., p. 14. — (p) Manil., l. 1. — (q) Ovid. Fast., l. 1, 652. — (r) Vitruv., l. 9, c. 6. — (s) Cæsius, p. 92. — (t) Scalig., p. 440.

On distingue plusieurs parties ; l'urne ou le vase du verseau, *calpé* (a); le courant d'eau, *effusio aquæ* (b); enfin *vestis*, ou son manteau, *ephaptis* (c), *mantile*. L'étoile de la jambe s'appelle *scheat* (d).

Ulugbeigh (e) appelle la plus brillante des deux qui sont à l'épaule droite, *sad al-melik*; celles de l'épaule gauche, *sad al-siud*; les trois de la main gauche, *sad bula*; celles de la droite, *sad al-achbijà*; celle de l'extrémité de l'eau, qui est dans la bouche du poisson austral, *al-diphda al-auwal, phâm al-hût al-genub*.

Sad al-melik signifie la fortune du roi (f); *sad al-siud*, la fortune des fortunes ; c'est la vingt-quatrième station de la lune. *Sad bula* ou *fortuna deglutientis*, est la vingt-troisième station. On compte auprès quelques étoiles appelées *alana*.

Sàd al-achbija, *fortuna tentoriorum*, est la vingt-cinquième station.

L'étoile de la bouche du poisson austral est *diphda auwal*, première grenouille, ou *phem al-hût gjenubi*, bouche du poisson austral.

Bula est composé de deux étoiles, dont l'une obscure, et l'autre brillante. Celle-ci, par son éclat, semble engloutir et absorber l'autre. Elle se lève dans la nuit du second mois *canun*, et se couche à la fin du mois *ab*.

Aquarius étend sa main gauche jusqu'au dos du capricorne (g); de la droite, il touche presque la crinière du Pégase. Il regarde le levant, et descend sous les flots à reculons. L'eau de son fleuve se termine au poisson so-

---

(a) Hipp., l. 2, c. 22. — (b) Arat., v. 393-399. — (c) Hipp., ibid. — (d) Bay., tab. 32. — (e) Ulugbeigh, p. 98-104. — (f) Hyd., p. 42-43. — (g) Hygin, l. 3, c. 28. Theon., p. 136.

litaire ou unique, connu sous le nom de poisson austral. Il se couche et se lève la tête la première.

Vers la trentième partie d'Aquarius, se lèvent, avec le signe même, la faulx, le loup, le lièvre, le petit aquarius et l'autel, suivant Firmicus (a).

Ce signe est le domicile de Saturne, le siége de Junon, dans la série des douze grands Dieux. Il est consacré à l'élément de l'air.

Columelle (b) fixe au dix-sept des calendes de février l'entrée du soleil dans le verseau. Ovide le marque au quinze (c). Ce même jour, Columelle marque un lever du verseau accompagné du souffle du vent africus et de tempêtes. Aux nones de février, le lever du milieu du verseau (d) avec vent et tempête. Ovide le fixe au même jour (e).

Columelle marque (f) au huit des calendes d'août le commencement du coucher du milieu d'aquarius, avec annonce de brouillards et de chaleurs.

On donnait au verseau, sous le nom de Cécrops, pour filles *hersé* (g), rosée, et *droson* ou *pandroson* qui signifie la même chose.

Le calendrier rustique (h) des Romains y peignait un jeune homme portant une cruche.

(a) Firmic., l. 8, c. 29. — (b) Columell., l. 11, c. 2, p. 422. — (c) Ovid. Fast., l. 1, v. 652. — (d) Columell. ibid. p. 422. — (e) Ovid. Fast., l. 2, v. 145. — (f) Columell., p. 428. — (g) Hesych. 'Hersé.' — (h) Cæs., c. 11, p. 93.

DOUZIÈME SIGNE.

POISSONS.

Nigidius raconte que ces poissons (*a*) étaient dans le fleuve Euphrate; qu'ils y trouvèrent un œuf d'une énorme grosseur; qu'ils le roulèrent sur le rivage ; qu'une colombe, ou l'oiseau de Vénus, qui a son exaltation dans ce signe, vint le couver ; et peu de jours après il en sortit la Déesse de Syrie, la même que Vénus. Cette Déesse bienfaisante s'intéressait au bonheur des hommes, et fit pour eux tout ce qu'elle crut de plus utile. Son respect pour les Dieux, sa bienfaisance envers les hommes lui ayant mérité le plus grand éloge, Jupiter voulut savoir ce qu'elle désirait qu'il fit pour elle. Sa demande fut qu'il accordât les honneurs de l'immortalité aux poissons qui avaient présidé à sa naissance. En conséquence, ce Dieu leur donna une place parmi les douze signes du zodiaque. Depuis ce temps, les Syriens ne mangent plus de poissons, et ils'honorent singulièrement les colombes.

D'autres prétendent (*b*) que Vénus vint avec Cupidon, son fils, sur les bords de l'Euphrate, et que, dans ce moment même, Typhon parut; que la Déesse effrayée se jeta dans les eaux avec son fils, et qu'ayant pris la forme de poissons, ils échappèrent ainsi au danger. On ajoute que c'est depuis ce temps-là que les Syriens s'abstiennent de pêcher des poissons et d'en manger, dans la crainte que leurs filets n'enveloppent ces divinités.

(*a*) German., c. 20. Hygin. Fab. 197. — (*b*) Hygin., l. 2, c. 31. Manil., l. 4, v. 577.

Ératosthène prétend que des hommes étaient nés de ces poissons.

Théon (a) veut que ces deux poissons soient les deux enfans du poisson austral, à la suite duquel ils se lèvent, et qui avaient sauvé des eaux Dercé ou Derceto, fille de Vénus (b); ce qui leur a mérité le culte que leur rendent les Syriens. On en distingue deux, l'un boréal, placé sous Andromède ; l'autre austral, plus au midi (c). Le poisson boréal est le plus fort, et il a une tête d'hirondelle. Les Chaldéens l'appelaient le poisson-hirondelle ou chélidonien (d).

Ils sont unis entre eux par un lien appelé *linos* (e), *syndesmos* (f). Ce lien s'étend jusque sous *aries* (g). Cicéron l'appelle *nodus*, le nœud du lien des poissons et même de la sphère (h), à cause de sa position près du point équinoxial et de la séparation des deux hémisphères. Germanicus le nomme *alligamentum luteum* (i) et *connexio piscium*.

Ils ont plusieurs noms dont voici les principaux :

Les Arabes les appellent *hût*, *sàmaka* (j) *haut*, *el-haut*, *samech* (k), *el-hautaine*, *ichiguen* (l).

Les Hébreux, *dagaim*, *degghim* (m).

Les Syriens, *daghioto*, *nuno* (n).

Les Perses, *mâhi*.

Les Turcs, *bâlik*.

(a) Theon, p. 131. — (b) Diod. Sic., l. 2, c. 4, p. 216, et ci-dess., t. 2, l. 3. — (c) Eratosth., c. 21. German., c. 20. Hygin, l. 5, c. 29. — (d) Theon, ibid. — (e) Gemin., p. 7. — (f) Hipp., c. 23. Eratosth. c. 11. Arat. v. 245. Procl., c. 16. — (g) Theon, p. 131. — (h) Hygin., l. 3, c. 29. — (i) German., c. 20, c. 1. — (j) Alfrag. Comm., p. 108. Hyde, p. 43. — (k) Stofl., p. 81. — (l) Ricciol, p. 127. Bay., t. 33. — (m) Kirk. OEdip., t. 2, pars 2, p. 199. — (n) Riccioli, p. 126.

Tous ces noms signifient poissons (*a*).

Les Indiens les nomment *mahi* en pelhvi (*b*), *mimam* en brame (*c*).

Les Grecs, *ichton*, *aspalos* (*d*).

Les Latins *pisces*, *dercetia proles*, *Derceto*, *Dercetis*, *Phacetis*, *Dea syria*, *Venus* et *Cupido* (*e*).

Les étoiles du lien, *arpédoné*, se nomment en arabe (*f*) *cheit* ou *cheit kettani*.

Ce signe est le domicile de Jupiter, le lieu de l'exaltation de Vénus, et le siége de Neptune, dans la distribution des signes entre les douze grands Dieux. Il est affecté à l'élément de l'eau.

On trouve le signe des poissons sur d'anciens obélisques égyptiens (*g*).

On appelle la vingt-sixième station de la lune *ahraava*, l'écume du verseau près de l'épaule du cheval.

La vingt-septième est *alfargu*, le vase (*h*).

Columelle (*i*) fixe au quinze des calendes de mars, l'entrée du soleil dans les poissons avec indication de vents et de tempête; Ovide le fixe à la même époque, et il raconte à cette occasion l'aventure de Vénus et de son fils, poursuivis par Typhon sur le bord de l'Euphrate (*j*).

Columelle (*k*) marque au dix des calendes le retour de l'hirondelle; au trois des ides de mars la fin du lever du poisson boréal accompagné des vents de nord. Ovide fixe le coucher héliaque de ce poisson au 6 des nones (*l*).

(*a*) Hyd., p. 438. — (*b*) Anquetil. — (*c*) Le Gentil, t. 1, p. 247. — (*d*) Hesych. — (*e*) Bay., t. 33. — (*f*) Hyde, p. 43. — (*g*) Poocke Descrip. of the East, t. 3, p. 207. — (*h*) Alfrag., c. 22. — (*i*) Columell., l. 11, c. 2, p. 423. — (*j*) Ovide Fast., l. 2, v. 458. — (*k*) Columell. ibid. — (*l*) Ovid. Fast., l. 3, v. 400.

Le même Columelle (a) marque au 4 des nones de septembre la fin du coucher du poisson le plus méridional des deux, avec une annonce de chaleur; au 7 des ides de ce même mois la fin du coucher du poisson boréal, et le lever de la chèvre, avec indication de tempête. Il marque, pour le 14 des calendes d'octobre (b), le coucher du matin des poissons et le commencement du coucher du bélier.

Bacii les appelle (c) *pisces bambycii, decerto, dercts, facelitim, dione, urania, dagon, ichiguen, elsemcha, samch, haut, el-haut, el-hautaine.*

CONSTELLATIONS BORÉALES.

I. LA GRANDE OURSE.

Les premières constellations boréales qui se présentent au nord sont les ourses, la grande et la petite, placées près du pôle ou du pivot sur lequel la sphère étoilée semble rouler. La plus éloignée des deux et la plus apparente est la grande ourse, connue vulgairement sous le nom de chariot. Hésiode prétend qu'elle est la fille de Lycaon, roi d'Arcadie, qu'aima Jupiter (d), et qu'il métamorphosa ensuite en ourse. Son amour pour la chasse l'avait fait s'attacher au cortége de Diane, et la ressemblance des goûts l'avait rendue chère à cette

---

(a) Columell. ibid., p. 429. — (b) P. 430. — (c) Cæs., c. 12, p. 96.— (d) Hygin, l. 2, c. 2.

Déesse. Elle n'osa avouer à Diane sa faute, et elle ne put long-temps en cacher les suites. La grosseur de son ventre la trahit bientôt, lorsqu'elle voulut descendre au bain avec la Déesse qui s'aperçut qu'elle avait perdu sa virginité (a). Elle en fut punie ; elle perdit sa figure de fille, et prit celle d'ourse. Ce fut sous cette forme qu'elle accoucha d'Arcas. On prétend que Jupiter, pour la séduire, avait pris la forme de Diane (b), et qu'interrogée par cette Déesse sur l'aventure qui lui avait ravi sa virginité, elle s'en était prise à la Déesse, et que, pour cette réponse, Diane la métamorphosa sous la forme d'ourse qu'elle a aux cieux. Elle errait dans les forêts avec les autres bêtes farouches, lorsqu'elle fut prise avec son fils Arcas par un chasseur étolien, qui en fit présent à Lycaon. Elle se réfugia avec Arcas dans le temple de Jupiter Lycéen, où la loi défendait d'entrer. Les Arcadiens se mirent en devoir de la tuer (c) ; mais Jupiter, pour la soustraire à leurs coups, l'enleva et la plaça aux cieux avec son fils. Là elle devint l'ourse céleste, et Arcas le gardien de l'ourse *Artophilax*. Quelques-uns prétendent que Jupiter ayant fait violence à une des nymphes de Diane, Callisto, Junon indignée l'avait changée en ourse. Diane l'ayant rencontrée sans la reconnaître, la perça de ses traits, et l'ayant ensuite reconnue, elle la plaça aux cieux. D'autres racontent que Jupiter ayant poursuivi Callisto dans les forêts, Junon, soupçonnant son dessein et l'événement qui était arrivé, chercha à le surprendre dans ses jouissances; mais que Jupiter, pour la tromper, changea en ourse son amante. Junon,

---

(a) Eratosth., c. 1. Theon, 110-111. — (b) Germ., c. 2. Ovid., Metam., l. 2, v. 425. — (c) Eratosth, ibid.

trouvant à la place d'une jeune fille une ourse, l'indiqua à Diane qui la perça de ses traits. Jupiter en fut affligé, et, par compassion pour le sort de son amante, il en plaça l'image aux cieux. Cette constellation ne se couche jamais, et Thétis, femme de l'Océan, refuse de la recevoir au fond des eaux où descendent les autres astres à leur coucher; et cela, parce que Thétis était la nourrice de Junon dont Callisto fut la rivale (*a*).

D'autres appellent cette nymphe (*b*), non *Callisto* ou la très-belle, mais *Mégisto* ou la très-grande, deux dénominations qui conviennent également à la belle et vaste constellation du chariot. On fait Mégisto fille, non pas de Lycaon, mais de Cetée, et petite-fille de Lycaon. Cetée est le nom d'Hercule *Ingeniculus*, situé près du pôle, comme elle. On place le lieu de la scène de cet événement en Arcadie, sur le mont Nonacrien, ce qui lui a fait donner l'épithète de *nonacrina* (*c*); elle prit aussi celle de *Parrhasis* (*d*), de *proles lycaonia* (*e*). Ovide prétend que ce fut son fils Arcas qui, devenu grand, chassait dans les forêts, et qui, ne connaissant pas sa mère, allait la tuer, lorsque Jupiter, pour lui épargner un crime, les enleva tous deux de la terre, et les plaça au ciel l'un à côté de l'autre (*f*).

Aratus (*g*) dit que les deux ourses furent les nourrices de Jupiter, et que c'est à ce titre qu'elles ont été mises aux cieux.

Les Crétois avaient consacré chez eux un temple aux

(*a*) Ovid. Metam., l. 2, v. 510-503. — (*b*) Hygin, l. 2, c. 2. — (*c*) Ovid. Metam., l. 2, v. 409. — (*d*) V. 460. Nonn., l. 1, v. 167. — (*e*) Ovid., v. 496. — (*f*) Ovid. Fast., l. 2, v. 138. Isidor. Orig., l. 3, c. 47. — (*g*) German., c. 2, Arat. v. 31. Hygin, l. 2, c. 3.

ourses, sous le nom de temple des mères, où ils portaient de riches offrandes, et qu'ils honoraient du culte le plus religieux (a). Ce culte avait pour objet de révérer les nourrices de Jupiter, placées aux cieux dans les deux constellations de la grande et de la petite ourse.

Elles sont communément connues sous le nom de grand et de petit chariot (b). La grande s'appelle par excellence le chariot. C'est le nom qu'elle portait déjà du temps d'Homère (c). Ce nom lui fut donné à cause de sa ressemblance (d).

On lui donna le nom de *septemtrio major* (e) ou des sept bœufs de l'attelage du grand chariot. Car on appelait en langage rustique, chez les Latins, *teriones*, les bœufs employés au labourage (f), si l'on en croit Lœlius et Varron. Comme l'attelage est de sept, on en fit le mot *septem-terio* ou *septemtrio*, nom qui est resté à l'ourse, et qui a été donné au pôle près duquel cette constellation est placée. De là aussi le nom de bœuf d'Icare (g) donné aux mêmes étoiles, parce qu'Arcas ou le *Bootès*, *Arctophylax*, le gardien de l'ourse qui les suit, porte entre autres noms celui d'Icare, père de la moissonneuse Érigone. D'autres ne donnaient le nom de bœufs qu'aux deux premières étoiles du timon, et faisaient des cinq autres le char (h).

On l'appela aussi Hélice ou Élicé (i), nom tiré de son mouvement, *élikein*, autour du pôle, autour duquel elle tourne et semble faire la roue (j).

(a) Diod. Sic., l. 4, c. 79-80. — (b) Arat., v. 27. Philostr. Icon., p. 849. — (c) Hygin, l. 2, c. 3. — (d) Aulug., l. 2, c. 21. — (e) Hyg. Fab. 177. — (f) Aulug. ibid. Varro de Ling. Lat., l. 6, p. 84. Isidor., l. 3, c. 47. — (g) Properc. — (h) Hyg., l. 2, c. 3. — (i) Hygin., Fab. 177. Hipp., c. 2. Germ., c. 2. Arat., v. 37.—(j) Hyg., l. 2, c. 8.

Les Égyptiens l'appelaient le chien de Typhon (a).

On l'appela aussi *optastrum*, à cause de ses sept étoiles, qui servaient, dit Clément d'Alexandrie (b), aux usages de la navigation et de l'agriculture.

D'autres appelaient les ourses les mains de Rhéa (c).

Cette constellation porte encore beaucoup d'autres noms, lesquels sont tous les épithètes ou des synonymes d'ourses et de char. Voici les principaux (d).

Plinthion, aganna, asion, cleitameré, itheim, amana, enopeus, arctos leimonias, loëssa, omphaloëssa, salina. Chez les Phrygiens, *ciclé*. Chez les Macédoniens, *cynoupis* (e), *themisto* (f), *callisto* (g), *megisto* (h), *ursa erymanthis* (i), *mænalia* (j), *virgo tegea* (k), *cretece nymphæ, nutrices Jovis, elix* et *arcturus* (l), *lycaonia virgo, elicôpis, Dianæ comes amata à Jove.*

Les Latins la nomment *ursa septemtrio*.

Les Grecs, *arctos, amaxa, megalé arctos* (m).

Les Iroquois, *okouari* (n).

Les Phéniciens, *dubbe* et *dubbe el-chabar* (o), *dubalechber*.

Les Hébreux et les Arabes, *agalla*, chariot; *dubachber*, la grande ourse; *dubolachbaro, dubon*.

Les Perses, *haphtareng-mihin*, les sept grandes étoiles.

Les Turcs, *yidigher yilduz*, les sept étoiles par excellence (p).

(a) Plut. de Isid., p. 357. — (b) Clem. Alex. Strom., l. 6, p. 685. — (c) Porphyre de Antr. Nymph. — (d) Hipp., l. 2, c. 10. — (e) Hesych., in his vocib. — (f) Stheph. Byz. — (g) Tatian., p. 149. — (h) Hygin., l. 2, c. 2. — (i) Ovid. Trist., l. 1. Eleg. 3, v. 123. — (j) Ovid. Fast., l. 2, v. 192. — (k) L. 2, v. 167. — (l) Alphons., tab. 213. — (m) Procl. c. 16. — (n) Laffit., t. 2. p. 236. Bay., tab. 2. — (o) Comm. sur Alfrag. p. 106. Scalig., p. 439. Casius, p. 108. — (p) Hyd., p. 11-13.

Les Indiens, la mer d'or (*a*). La sphère des Hébreux (*b*) y place un sanglier. C'est le fameux sanglier d'Érymanthe.

On distingue plusieurs parties dans cette constellation. Parmi les deux étoiles boréales du pied gauche, qui précèdent (*c*), est *alphicra al-thalita*. Celle du dos de l'ourse sur le quadrilatère se nomme *duhr al-dub al-acher*, *feretrum*, le cercueil. Celle qui est près du ventre, *merak al-dub al-acher*. Celle qui tient à la queue, et qui est dans le quadrilatère, se nomme *megrez al-dub al-acher*. Celle de la cuisse droite postérieure s'appelle, *phaed al-dub al-acher*. La précédente des deux qui sont au pied gauche postérieur se nomme *alphikra al-thánia*. La précédente des trois qui sont à la queue, ou qui tient à la naissance de la queue, s'appelle *algiaum*. Celle du milieu, *alinak*. La troisième, *alkaid*. Ce sont les trois filles du cercueil. Hors de la figure, vers le midi, sous la queue, on trouve *cab al-asad*.

Celle du timon s'appelle *alioth* (*d*); c'est la première des trois après la naissance de la queue. On nomme *mirach*, *micar* et *mizra* celle des flancs (*e*).

Les filles du cercueil se nomment, chez les Arabes (*f*), *bendt al-nashal cubra*. Les Arabes appellent aussi quatre étoiles du corps de l'ourse, *nash ladzar*, le cercueil de Lazare; et les trois de la queue, *mariam*, *martham* et *ancillam* (*g*).

On compte dans cette constellation vingt-sept étoiles (*h*), dont la douzième et la treizième se nomment

---

(*a*) Hyd., ibid.—(*b*) Kirk. Œdip., t. 2, pars 21, p. 196.—(*c*) Kirk., ibid. — (*d*) Ulugbeigh., p. 81a. — (*e*) Stoffler, p. 104. — (*f*) Scalig., p. 449. — (*g*) Hyd., p. 11-13. — (*h*) Hyd. ibid.

alphikra, *althálita*, vertèbre. Au lieu de *phiera* on lit ailleurs *nekra*.

La sixième étoile est *duhr al-dub al-achber*, le dos de la grande ourse. La dix-septième est *merak al-dub phaed*, la cuisse. Ces quatre comprennent *al-nashal cubra*, le grand cercueil. Les étoiles vingt et vingt-une forment la vertèbre *al-nash al-cubr'a*. Ces étoiles vingt et vingt-une se nomment *alphikra al-thánija*. La seconde vertèbre, la vingt-troisième et la vingt-quatrième, *alphikra al-ula*. Les trois étoiles de la queue sont *albenát*, les filles. Celle de la naissance de la queue est *alhaun*, *algiaun*; autrement *al'haur* ou *alhawer*, le blanc de l'œil et le peuplier blanc. Quelques-uns la nomment *alya*, la queue. La seconde est *alinak* et *alanak*, la chèvre. On lui en joint une petite appelée *súha*, *snidak*. La troisième est *alkaid*, le gouverneur ou le guide.

Près de la grande ourse et des pieds de la petite sont de très-petites étoiles appelées *duphra al ghizlán*, les ongles des chevreaux.

On appelle *benenaim*, dit Riccioli (a), *bennenatz* et *beneth nasch*, la dernière étoile de la queue de l'ourse; *ellamath*, *elcheid*.

L'étoile voisine de la seconde du timon (b) est cette pléiade qu'on prétend s'être séparée de ses sœurs pour aller se placer là où elle prend le nom du renard.

Celle qui suit le milieu de la queue se nomme dans Bayer, *alcor*, *eques* (c).

Les deux ourses sont renfermées dans le cercle arctique; elles sont opposées l'une à l'autre, et renversées

---

(a) Athenag., p. 216. Scalig., p. 429. Com. Alfrag., p. 101. Bay., tab. 21. — (b) Theon., p. 147. — (c) Bay., tab. 2.

23*

de manière que leurs têtes touchent leurs queues respectivement (a).

Columelle (b) fixe au 7 des ides de février le coucher de l'ourse, accompagné du vent favonius qui commence alors à souffler.

Le calendrier des fastes marque son coucher héliaque au 7 des ides de juin (c) ; alors se célébraient les jeux du cirque.

Servius, dans son commentaire sur ce vers (d) de Virgile, *quem Venus antè alios*, etc., nous dit que Vénus a son étoile ou sa planète aux cieux, appelée au levant Lucifer, et au couchant Vesper ; qu'elle en a encore deux autres, l'une au signe du taureau son domicile, et l'autre au nord ou dans les étoiles appelées *septemtrio*. Il est certain que Vénus planète a porté le nom de Callisto (e) ou de très-belle, comme la grande ourse.

Blaëu (f) l'appelle *fera major, maxima, septemtrio major, Cynosuris, arcturus, Elix, Helicè, canis venatica, filia ursæ, ursa cum puellulā, puellula lycaonia, Dianæ comes, parrhasia virgo, Mænalis, Erymanthis ursa, nonacrina virgo, Megisto, plaustriluca, Elicópis.*

Il nomme aussi celles de l'extrémité de la queue, en arabe, *benenaim, benenatz, benecnaz, benetnasch* (g) ; celle du milieu de la queue, *alcor, eques*; celle de la naissance de la queue, *risalioth, aliath, aliore, mirach, mirac, micar* par inversion, et *mizar*.

(a) Hyg., l. 3, c. 1 — (b) Columell., l. 11, c. 2, p. 422. — (c) Ovid. Fast., l. 6, v. 235. — (d) Æneid., l. 8. — (e) Chronic. Alex., p. 109. — (f) Cæsar., c. 2. p. 107. — (g) Ibid., p. 108.

II. LA PETITE OURSE.

Aglaosthène (*a*) appelle cette constellation *Cynosura*, une des nymphes de l'Ida, nourrices de Jupiter, laquelle habitait avec les telchines et les curètes de Crète, près d'un lieu qui prit dans la suite le nom de Cynosura, et où Nicostrate bâtit une ville (*b*). Aratus rapporte que *Cynosura* et *Hélice*, nymphes de Crète, furent chargées de nourrir Jupiter qui, en reconnaissance, les plaça aux cieux, où elles sont connues l'une et l'autre sous le nom d'ourses célestes et de septentrion. Ce dernier nom est donné de préférence à la grande ourse. La petite ourse prend celui de *Phœnicé* (*c*). Ératosthène veut aussi qu'elle ait été chérie de Diane et aimée de Jupiter, qui la changea aussi en ourse. Les noms de *Cynosura* et de *Phœnicé* sont ceux sous lesquels elle est plus connue. Quoique beaucoup plus petite et moins lumineuse que la première, elle était fort remarquée par les navigateurs qui voulaient mettre un peu d'exactitude dans leurs observations (*d*), par cela même qu'elle est beaucoup plus près du pôle que la grande ourse (*e*); c'était celle qu'observaient surtout les Sidoniens et les Tyriens, grands navigateurs. Ils croyaient qu'elle agitait les mers par son influence. Thalès, qui avait écrit sur les constellations, et qui donna en Grèce le nom d'ourse à cette constellation, tira ses observations de la Phénicie où il était né (*f*). Les habitans du Péloponèse continuaient à se diriger

---

(*a*) Hygin, l. 2, c. 3. — (*b*) German., c. 2. — (*c*) Eratosth., c. 2. — (*d*) Germ. Cæs., c. 2. — (*e*) Theon, p. 110. — (*f*) Hygin, l. 2, c. 3.

sur la grande ourse, tandis que les Phéniciens, chez qui l'astronomie et la navigation étaient plus perfectionnées, consultaient la petite ourse pour obtenir plus d'exactitude dans leurs observations. Théon donne à l'extrémité recourbée du timon du petit chariot ou de la petite ourse la forme de la queue de chien: ce qui l'a fait appeler *Cynosura* et *canis*. On en fait aussi le chien de *Callisto*, nymphe de Diane. Lorsqu'elle fut morte, son chien fut aussi placé à côté d'elle aux cieux (*a*).

On dit des ourses qu'elles nourrirent, durant une année, Jupiter enfant (*b*) dans les antres de Crète, à l'insu de Saturne, tandis que les corybantes, les curètes, les dactyles dansaient armés la danse appelée *pyrrique*. Ils donnèrent à l'une de ces nourrices de Jupiter le nom d'*Hélice*, parce qu'elle pirouette autour du pôle, et à l'autre celui de *Cynosura*, à cause de sa forme qui ressemble à la queue recourbée du chien, dit Théon. L'une est près du cercle arctique, et l'autre dans le voisinage même du pôle, où elle décrit des cercles beaucoup plus étroits. Elles semblent l'une et l'autre veiller sur l'Océan; car aucune ne se couche. Les deux étoiles de l'extrémité, voisines du pôle, se nomment *choreutai*, parce qu'elles semblent danser en rond autour de l'axe ou du pôle même (*c*).

L'étoile placée immédiatement près du pôle, étoile assez brillante, s'appelle l'*étoile polaire :* les Chinois l'appellent *le roi*, comme paraissant donner l'impulsion à tout le ciel. Les Italiens la nomment la *tramontane;*

(*a*) Theon, p. 110-111. — (*b*) Theon, p. 112. — (*c*) Hygin., l. 3, c. 1. Bay. tab. 1.

les Arabes *rucchabah* et *al-ruccbebah* (a), *al-racaba*, *gnash*, *errucchaba*, *arrucabatho* (b).

Cette constellation a pris différens noms.

Les Arabes la nomment aussi (c) *dub-asgher*, *dub-elezguar*, *dubolazgaro*, *benat al-na'sh*, *al-sughra*, ou les filles du petit cercueil (d). Car les étoiles de ce petit cercueil et celles du grand, ou de la petite et de la grande ourse se nomment *ibn na'sh*, les filles du cercueil.

Quelques-uns la nomment aussi *agrala*, le chariot; mais ce nom appartient plutôt à la grande ourse.

Les Perses l'appellent *haphturengh kihin*, *septemtrio minor*. Le nom *haphturengh* est commun aux deux ourses; on les distingue par les mots *kihin* et *mihin*, *minor* et *major*. On écrit quelquefois *hapht-reng* et *hapht-avreng*.

L'étoile de l'extrémité de la queue s'appelle en arabe, *cocab shemali*, ou étoile boréale; et *gjedi*, le chevreau. Les deux dernières du cercueil sont *alpherkadan*, *alfarcatan* ou *alphercadein*, les deux veaux. Ulugbeigh appelle la plus australe des deux qui font partie du côté suivant du quadrilatère, *anwer al-pherkaadaïm*; et la plus boréale, *achpha al-pherkadaïm*.

Le pôle arctique lui-même se nomme *ku'tub shemali*, et se prend quelquefois pour l'étoile polaire. En copte, c'est *picouloön*. Les constellations boréales s'appellent *suwer shemali*.

Cochab est le nom arabe par excellence de l'étoile brillante de l'épaule de la petite ourse (e).

(a) Ricciol., p. 125. Kirk. Œdip., t. 2, pars. 2, p. 196. Scalig., p. 128. Cæs. 1, p. 104. — (b) Cæs., c. 1. p. 104. Hyd. Com. ad Ulugb., p. 9-11. Ricciol., p. 126. Bay., t. j. Com. Alfrag., p. 106 — (c) Ulugb., p. 6. — (d) Alfrag., p. 16-97. — (e) Hyd., ibid.

On appelle les deux étoiles de la queue de la petite ourse les gardes, *le guardiole* (a), *le guardiano* en italien.

Les Grecs la nomment *ascourotis* (b), *Cynosoura* (c), et *Cynosuris*, *micra arctos*, ou petite ourse (d).

Théon la fait culminer ou passer au méridien au lever du bélier (e).

Les Latins (f) la nomment *fera minor*, *septemtrio*, *Cynosura*, *umbilicus*, *ignis*, *catuli*, *canes laconicæ*, *plaustrum minus*, *ursa minor*.

III. LE DRAGON.

Le dragon est une constellation fort grande qui se replie entre les deux ourses. C'est le fameux dragon qui gardait, dit-on, les pommes du jardin des Hespérides (g), et qui, ayant été tué par Hercule, fut mis au nombre des constellations par Junon, qui l'avait préposé à la garde de son jardin ou du jardin connu sous le nom de jardin des Hespérides (h). Phérécyde raconte que lorsque Jupiter épousa Junon, les Dieux leur firent les présens de noce; celui de la terre fut des pommes d'or si belles, que Junon ne put s'empêcher de les admirer et d'en faire planter l'arbre dans le jardin des Dieux, près du mont Atlas. Comme les Atlantides ou les filles d'Atlas en détachaient toujours quelques fruits, Junon

---

(a) Ricciol., p. 125-127. — (b) Hesych. — (c) Arat., v. 36. Nonn., l. 1, v. 166. — (d) Procl., c. 16. — (e) Theon, p. 130. — (f) Cæsar., c. 1. p. 104. — (g) Hyg., l. 2, c. 1. German., c. 3. — (h) Eratosth., c. 3. Hygin., ibid.

fit garder l'arbre par un serpent redoutable d'une énorme grandeur. C'est ce serpent qui est actuellement aux cieux, où il fut placé après qu'il eut été tué par Hercule. L'image de ce héros semble encore appuyer sur lui son pied, de manière à présenter aux mortels un monument de sa victoire sur ce terrible dragon. Hercule y paraît dans l'attitude où il était quand il le tua, et le dragon a l'air d'avoir la tête à demi-coupée; le vainqueur a les bras élevés, et tient à la main gauche la peau du lion qu'il avait vaincu dans son premier travail, et dans la droite sa massue (*a*). Il s'appuie sur un genou, et étend son pied droit sur le monstre qu'il a terrassé.

Quelques auteurs ont prétendu que c'était le dragon que les géans opposèrent à Minerve dans la guerre des géans contre les Dieux, et que la Déesse, s'en étant saisi, le lança au ciel et l'attacha près du pôle (*b*), autour duquel il paraît encore entortillé. On le faisait fils de Typhon (*c*) et d'Échidna, et frère de la Gorgone, du cerbère et du dragon gardien de la toison d'or (*d*); c'est-à-dire de tous les monstres mythologiques qui empruntaient des serpens célestes leurs attributs.

Théon y voit de plus le fameux serpent Python et le dragon de Cadmus (*e*), l'un vaincu par Apollon ou le soleil, et l'autre par le même Dieu sous les formes de l'Esculape ou du serpentaire, qui monte aux cieux avec le dragon du pôle.

Le même auteur (*f*) veut que ce soit aussi le dragon dont Jupiter prit la forme pour se soustraire aux poursuites de Saturne. On raconte, en effet, que Jupiter nou-

---

(*a*) Germ. ibid., c. 3. — (*b*) Hygin., c. 5. — (*c*) Hygin., Fab. 30. — *d* Idem. Proleg., p. 2. — (*e*) Theon, p. 113. — (*f*) C. 6.

vellement né fut nourri par les deux nymphes *Hélicé* et *Cynosura*, que ce Dieu métamorphosa en ourses pour les dérober à la poursuite de Saturne, et qu'il se changea lui-même en serpent ; qu'ensuite, devenu maître de l'Olympe, il plaça aux cieux les formes qu'il avait prises, lui et ses nourrices (a). Ce dragon a sa tête sous les pieds de l'*Ingéniculus*.

On lui donne différens noms dont voici les principaux :

Les Arabes le nomment *tinnin* (b), *al-haya*, *taubán*, *aben*, *taben*, *etabin*.

Les Hébreux, *tannin*, *etanim* (c).

Les Perses, *azhdeh* (d).

Les Turcs, *etanin* (e).

Les Grecs, *ophis* (f), *megas dracón* (g).

Les Latins, *anguis* (h), *serpens*, *draco cœlestis* (i), *mirabile monstrum* (j), *obliquus draco* (k).

L'étoile de la langue du dragon (l) se nomme *alrakis*; les trois de la gueule, situées au-dessous de l'œil, *alawaid*; celle qui est au-dessus de la tête, *ras altinnim*; celle du repli, *al-athaphi*; la suivante des deux qui sort près du triangle, *adphar al-dib*; la plus boréale qui se trouve en ligne droite après cette étoile, *aldib*; celle du repli près la queue au côté occidental, *aldibh* (m). Il y a, dit Hyde (n), dans la tête du dragon quatre étoiles appelées *al-awaid*, *al-salib waki*. Entre elles et celles

---

(a) Theon, p. 114. — (b) Hyd. Com. Ulugh., p. 13-15. Kirk. OEdip., t. 2, pars 2, p. 196. — (c) Bay., t. 3. — (d) Hyd., ibid. — (e) Bay., tab. 3. — (f) Hipp., l. 1, c. 2. — (g) Arat., v. 187. — (h) Virgil. Georg. — (i) Nonn., l. 1, v. 189. — (j) Germanic. — (k) Arat., v. 30-70. Firmic., l. 8, c. 16. — (l) Ulugbeigh, p. 12. — (m) P. 12-16. — (n) Hyd, ibid., p. 13-15.

qu'on appelle *tas alpherkadein*, on trouve deux étoiles brillantes, *al-auhakân* et *al-dibân*. *Alawaid* sont, comme les corybantes, des musiciens qui touchent sur un instrument appelé *oud*, espèce de lyre. *Al-salîb al-wâki* est la croix tombante. *Al-auhakâs* et son singulier *al-auhak* signifient un taureau noir et un corbeau noir. *Deban*, dont le singulier est *aldib*, est un loup. La première étoile est *al-râkis* ou *arrâkis*, le danseur. *Râs al-tinnin* est la tête du dragon, *raso tabbani, etabin, daban, tanin, etanin, attanino* (a).

On remarque aussi près de la courbure ou du second repli du dragon, *altais*, le bouc, ou *altiyasân*, les deux boucs. Les étoiles quatorze, quinze, seize se nomment *al-atâphi*; les étoiles vingt et vingt-une, *adphâr, aldib*, les ongles du loup; la vingt-septième, *al-dibh*, la victime, placée devant *s'ad al-dabih*, *fortuna mactantis*, qui est dans la corne suivante du capricorne.

On distingue surtout celle de la tête, *rastaben* (b).

Les marbres d'Azoph en appellent cinq étoiles, *les cinq dromadaires*, et deux, *les deux loups* (c).

On donne encore à cette constellation les noms de *palmes emeritus*, de *coluber arborem conscendens, draco tortus, anguis* (d), *sidus Minervæ, Bacchi, Æsculapii, Python, ladon, audax*.

IV. CÉPHÉE.

CÉPHÉE était un roi d'Éthiopie (e), fils de Phénix, époux de Cassiopée, et père de la fameuse Andromède

---

(a) Caesar, c. 3, p. 112. — (b) Bay., tab. 3. Stoffl., c. 14. — (c) Bay., ibid. — (d) Caes., c. 3, p. 111. — (e) Hyg., l. 2. c. 10.

qui fut exposée à un monstre marin, et qu'épousa Persée après l'en avoir délivrée. Pour perpétuer le souvenir de cette histoire, tous les acteurs furent placés aux cieux par Minerve près du pôle boréal (*a*).

Il y est représenté les mains et les bras étendus, comme exprimant encore le sentiment de sa douleur (*b*). Il est placé derrière la petite ourse, renfermé dans le cercle arctique, depuis les pieds jusqu'à la poitrine, et peu distant du pli que forme le cou du dragon. Ces pieds sont écartés d'une quantité égale à celle qu'il y a entre eux et les pieds de la petite ourse (*c*); sa tête paraît se coucher au lever du scorpion, et se lever avec le sagittaire. Son lever le soir, en été, semble redoubler les ardeurs de la canicule (*d*). Columelle le fixe au 7 des ides de juillet, ou près de la Saint-Jean, avec annonce de tempête (*e*).

De-là les noms de *flammiger*, *inflammatus*, *incensus*, *pyrracheus*, *dominus solis* (*f*).

Les Babyloniens l'appelaient *phicares* (*g*).

Les Arabes, *cheicus*, *cancaiis* (*h*), *cheguinus*, *ceginus*, *kikaüs*, etc. Beaucoup de ces noms sont vicieux et des altérations du grec *kepheus* (*i*).

Les Grecs l'appellent *Cépheus* (*j*), l'homme-roi ou le roi (*k*), *basileios*, et le vieux marin (*l*), *Nereus*. Ils lui donnaient l'épithète d'Iasides (*m*) ou de descendant

---

(*a*) Germ., c. 14. Eratosth., c. 15. — (*b*) Theon, p. 126. Arat., v. 183. — (*c*) Hyg., l. 3, c. 8. — (*d*) Horac., l. 3, Od. 23, v. 17. — (*e*) Colum., l. 11, c. 2, p. 428. — (*f*) Scalig., p. 429. Ricciol., p. 126. Bay., t. 4. Alphons., p. 214. — (*g*) Nabod. Astrol., p. 205. — (*h*) Ricciol. ibid. Scalig., p. 429. — (*i*) Hyd. Comm. ad Ulugbeigh, p. 15. — (*j*) Hipp., l. 1, c. 2. Arat., v. 631. — (*k*) Nonn. et Ricciol., p. 125. — (*l*) Bay., tab. 9. — (*m*) Arat., v. 179.

d'Iasus. Io fut fille d'Inachus, dit Théon (a); Epaphus fils d'Io. De lui naquit Libye, mère d'Agénor, dont Céphée fut fils. Théon ajoute que son attitude est telle dans les cieux qu'il semble chercher à effrayer la baleine, et qu'il étend la main pour avertir sa fille de se garder du monstre qui descend avec elle au sein des flots. Car le monstre, en se couchant, semble se précipiter sur elle.

J'observerai que c'est cette apparence astronomique même qui a donné lieu à la fiction d'Andromède exposée à un monstre marin. Par la même raison, le lendemain, lorsqu'elle se lève, on ne voit plus de baleine; mais on voit Persée qui précède Andromède, et qui la ramène sur l'horizon. De-là est née la fable de Persée qui délivre Andromède exposée à un monstre marin. Aratus lui donne l'épithète d'*infortuné*; c'est, dit Théon (b), pour rappeler les malheurs de sa maison, causés par Cassiopée son épouse. On le représentait sous les traits d'un homme qui a la figure enflammée (c); on lui donnait une ceinture et une tiare (d). Les fragmens d'Azoph y peignent (e) un berger, ses brebis, son chien et un demi-cercle entouré d'ailes.

Ulugbeigh (f) appelle celle du pied gauche, *le berger, al-rai*; la troisième et la quatrième du côté gauche, *cawácib al-Phtrk*, ou les étoiles du troupeau. L'étoile qui est entre les pieds, se nomme *al-kelb*, le chien; celles qui sont sur les mains, *al-agh'nams*, les troupeaux (g). La constellation elle-même se nomme *almul-*

(a) Theon, p. 126.. Hyg. Fab. 149.—(b) Theon., ibid.—(c) Leopold., Ducis Austriæ Filius. — (d) Cæs., c. 4, p. 114. — (e) Ricciol., p. 114. — (f) Ulugbeigh, p. 16-17. — (g) Hyd. Comm., p. 15.

tahab, inflammatus, que Scaliger traduit par mulakhab et mushàal. C'est alkekeus, qui a une mitre, qui a un genou en terre et les mains étendues. Les trois étoiles de l'épaule gauche sont, haar. kelbs, el-san ; le berger, le chien et les brebis (a). Les étoiles de l'épaule gauche se nomment alredat, aderaimin, alderamin, alderaimin, aderajemin et addheraraminon (b).

V. CASSIOPÉE.

CASSIOPÉE, épouse de Céphée, constellation brillante, était une reine d'Éthiopie, qui, fière de ses charmes, avait voulu disputer le prix de la beauté aux néréides. Elle en fut punie par Neptune qui envoya dans le pays un monstre marin, lequel portait partout ravage. Pour apaiser la colère du Dieu, il fallut qu'elle exposât sa fille Andromède au monstre pour être dévorée (c). Théon veut que ce soient les néréides elles-mêmes qui, pour se venger, aient envoyé ce monstre, et que ce soit l'oracle qui ait répondu à Céphée et à son épouse qu'il n'y avait pas d'autre moyen de se délivrer de ce fléau, que de livrer au monstre Andromède leur fille (d). Elle est représentée aux cieux dans l'attitude où elle était quand elle fut exposée. Vis-à-vis est sa mère, placée sur un trône (e), et tellement placée qu'elle se couche renversée, et la tête la première, comme pour punir son impiété, dit Hygin (f). Columelle fixe son cou-

---

(a) Ricciol., p. 405. — (b) Cæs., p. 115. — (c) Eratosth., c. 16. Germ., c. 15. — (d) Théon, p. 125. — (e) Germ., c. 15. Hyg. l. 3, c. 9. — (f) Hyg., l. 2, c. 11.

cher au 3 des calendes, et la veille des calendes de novembre, avec annonce de tempête (a). Elle se couche au lever du scorpion, et paraît se lever avec le sagittaire (b).

On peignit souvent dans cette constellation une biche, et on l'appela *cerva* (c).

Sa position sur un trône la fit appeler la femme du trône (d), et même simplement le trône (e). On la nomme aussi la chaise (f) : car elle présente la forme d'une chaise renversée et d'une clef (g).

On lui donna donc encore les noms de *cathedra mollis, mulier sedis, siliquastri, siliquastrum, seliquastrum, sella, solium, sedes regalis, thronos, cathedra* (h), *canis, cerva, mulier habens palmam delibutam* (i), *domina sellæ* (j).

Ulugbeigh (k) appelle l'étoile de la poitrine, *dat alchursa*; celle du milieu du trône, *caph al-chadib*. La suivante de la poitrine prend aussi le nom de *sadr* ou *seder*; par corruption *scheder* et *schedar* (l) *zedaron*.

On remarque, dit un auteur arabe, près de la queue du cygne, dans la voie lactée, quelques étoiles assez brillantes appelées *shuter*, le chameau. Une d'elles se nomme *caph al-chadib, manus tincta*; la seconde, *dat al-chursa*; la troisième, *rucba dat al-chursa*. Les Arabes y peignent aussi un chien renversé (m).

(a) Columell., l. 11, c. 2, p. 432. — (b) Hygin, l. 3, c. 9. — (c) Ricciol., p. 126. — (d) Bay., tab. 10. Germ. Cæs., c. 15. — (e) Plin., l. 2, c. 72 — (f) Hyg., l. 4, c. 7. Hipp., l. 2, c. 24. Arat., v. 252. — (g) Theon, p. 127. — (h) Bay., Uran., tab. 10. — (i) Tabl. Alph., p. 217. — (j) Alfrag., c. 22. Cæs., p. 119. — (k) Ulugbeigh. — (l) Hyd Comm., p. 30. Bay., t. 10. Kirker Œdip., t. 2, part. 2, p. 197. — (m) Scalig., p. 432.

Les Grecs appellent cette constellation *Cassiopeia* (a).

Riccioli lui donne une espèce de verge ou de palme, et une ceinture (b). Nonnus lui donne l'épithète d'*infelix* (c), ainsi qu'Aratus.

VI. ANDROMÈDE.

ANDROMÈDE fut placée aux cieux par Minerve, afin de perpétuer le souvenir des travaux glorieux de Persée (d). Elle a les mains étendues et attachées (e), comme elle les avait lorsqu'elle fut exposée au monstre (f). Ayant été délivrée par Persée, elle ne voulut plus rester avec son père et sa mère; mais elle suivit courageusement à Argos son libérateur. C'est ce qu'écrit Euripide dans sa tragédie d'Andromède (g). Suivant quelques traditions, elle avait été aimée de Cupidon (h), et l'oracle avait ordonné qu'elle fût exposée à un monstre marin. Elle fut donc suspendue ou attachée à deux rochers, et ainsi exposée avec toute sa parure. Persée la délivra. Elle en prit le surnom de Perséa. Quoiqu'éloignée un peu du monstre, elle semble encore le craindre. Elle paraît détourner la tête et porter ses yeux vers le Nord (i). Des chaînes attachent ses mains (j). Aussi l'appelle-t-on la femme enchaînée (k).

(a) Achill. Tat., c. 23. Hipp., l. 1, c. 2. — (b) Ricciol., p. 221. — (c) Nonnus, l. 25, p. 135. Arat., v. 189. — (d) Theon, p. 128. — (e) Arat., v. 197-201. Hygin, l. 3, c. 10. — (f) Eratosth., c. 17. — (g) Hygin, l. 2, c. 12. — (h) Germ., c. 16. — (i) Theon, p. 141. — (j) P. 176. — (k) Kirk. OEdip., t. 2, part. 2, p. 198. Bay., t. 20. Alph., p. 222. Hyd. 27-29. Scalig., p. 535.

Les Arabes y ont peint quelquefois un veau marin enchaîné (a).

Ulugbeigh appelle l'étoile la plus australe près la ceinture, *giemb al-mosalsala*, *betn al-hût*; celle d'au-dessus du pied gauche, *anâk al-ard* (b); celle du pied se nomme *alamach*, *elamach*, *almak*, *alhames* (c).

Les Arabes la figurent sous les traits d'une femme enchaînée, *almarà al-mesulsela* (d). Le nom de *betn al-hût* signifie ventre du poisson.

La ceinture est appelée *izar* et *mizar*, et, par corruption, *mirach*, *mirath*, *mirar*, *mizaz*, *mizaron* (e). L'étoile du pan de la robe est *adhil*, *aldeil*, *addeib*. L'étoile quinzième est *rigil al-mosalsala*, le pied de la femme enchaînée, *anâk al-ard* dans Ulugbeigh. On a fait par corruption *alamach* (f). *Anàk* est une petite bête que les Perses nomment *siyah ghûsh*.

Riccioli nomme Andromède (g) *marat musalseleth*, *al-mara*, *al-mesulsela* (h).

On appelle *alpheras* (i) l'étoile de la tête d'Andromède, qui lui est commune avec le cheval Pégase. C'est celle qui est connue sous le nom d'*umbilicus Pegasi* (j).

On distingue surtout les étoiles de la ceinture d'Andromède au nombre de trois (k). Cette ceinture, appelée par Aratus (l) *zoné Andromedès*, est l'objet de la conquête d'Hercule dans son neuvième travail.

(a) Bay., tab. 20. Hyd. p. 27-29. — (b) Ulugbeigh, p. 56. — (c) Cæs. c. 6. p. 119. — (d) Hyd. Comm., p. 27-29. — (e) Cæs., c. 6, p. 119. — (f) Bay., tab. 20. Riccciol., p. 125. Alph., p. 222. — (g) Riccciol., p. 127. — (h) Comm. Alfrag. — (i) Bay., ibid. — (j) Hygin, l. 3, c. 10. — (k) Hygin, ibid. Germ., c. 16. Eratosth., c. 17. — (l) Arat. v. 229.

Hipparque parle de l'étoile du milieu (a) appelée *ep'omphalios*.

Andromède porte chez les Hébreux le nom de vierge ou de femme qui n'a pas connu d'homme (b).

On l'appelle la fille de Céphée (c), *Cepheis, virgo devota*.

Elle se couche avec celui des deux poissons qui est sous son bras. Elle descend la tête la première au lever de la balance et du scorpion. Elle se lève avec les poissons et avec *aries* (d).

Columelle fixe à la veille des calendes de septembre (e) son lever du soir, qui quelquefois amène du froid.

VII. PERSÉE.

L'HISTOIRE de Persée et l'origine de sa translation aux cieux sont déjà connues en partie par ce que nous avons dit de Céphée, de Cassiopée et d'Andromède. Son nom était aussi fameux dans la mythologie grecque que ceux de Bacchus et d'Hercule. La haute réputation qu'il acquit lui mérita une place aux cieux. Il était né des amours de Jupiter et de Danaé, fille d'Acrisius, que son père avait fait enfermer dans une tour pour la mettre à l'abri de toute séduction. Mais Jupiter, métamorphosé en pluie d'or, y pénétra (f); car où ne pénètre pas l'or (g)?

Acrisius, s'étant aperçu que sa fille était enceinte, l'enferma dans un coffre qu'il fit jeter à la mer (h). Elle fut

---

(a) Hipp., l. 1, c. 2. — (b) Kirk., p. 198. Bay., t. 20. Alfrag., c. 12. — (c) Nonn., l. 1, v. 190. Germ., c. 20. — (d) Hyg., l. 3, c. 10. — (e) Columell., l. 11, c. 2, p. 427. — (f) Eratosth., c. 22. — (g) Horace, l. 3, od. 11, v. 10. — (h) Germ., c. 21.

portée par les flots sur les côtes d'Italie, où des pêcheurs la trouvèrent, et elle fut présentée au roi qui l'épousa et qui adopta son fils Persée, dont elle était accouchée en mer. Il fut envoyé ensuite vers Polydecte, roi de l'île de Sériphe, qui l'envoya combattre les Gorgones (a). Il reçut, avant de partir, des ailes et des talonnières, ainsi que le pétase dont lui fit présent Mercure pour l'aider à traverser les airs. Vulcain l'arma d'un *harpé*, sabre recourbé, d'un métal très-dur. Il se couvrit aussi d'un casque qui avait la vertu de le rendre invisible quand on le regardait en face.

Ainsi équipé, Persée alla combattre les Gorgones, filles de Phorcus, lesquelles, au lieu de cheveux, avaient des serpens qui hérissaient leur tête et qui changeaient en pierres, d'un seul coup-d'œil, ceux qui osaient les regarder. Les filles de Phorcus, connues sous le nom de Grées et de Gorgones, étaient trois sœurs nommées *Sthenyo*, *Euryale* et *Méduse*. Elles n'avaient qu'un œil pour elles trois, qu'elles se prêtaient tour à tour, et qui était toujours au pouvoir de celle qui faisait sentinelle quand ses autres sœurs dormaient (b). Persée trouva le moyen de l'obtenir de l'une d'elles, et le jeta dans le lac Tritonide. Alors il tua les Gorgones endormies. On dit que Minerve plaça la tête de la Gorgone sur sa poitrine. On sait que Minerve préside au signe du bélier sur lequel est placée Méduse, qui monte toujours sur l'horizon avec ce signe. Euhémère prétendait que c'était Minerve elle-même qui avait tué la Gogone. Germanicus (c) ajoute que cette Déesse avait donné à Persée un

---

(a) Hygin., l. 2, c. 13. German., ibid. Eratosth. Theon, p. 132. —
(b) Hyg., l. 2, c. 13. — (c) German., c. 21.

bouclier de verre, à travers lequel il pouvait voir sans être vu ; que cette Déesse avait reçu de Persée la tête de la Gorgone, qu'elle avait mise sur sa poitrine pour être plus terrible ; et que, par reconnaissance, elle avait placé ce héros aux cieux, où on le voit encore tenant de sa main gauche la tête de la Gorgone (a), et de la droite son *harpé* ou son cimeterre recourbé (b).

On distingue dans cette constellation plusieurs parties : les principales sont le *harpé*, la tête de Méduse et la courbure de son corps, où est la ceinture de Persée.

La tête de Méduse se nomme *gorgoneion* (c) ou les astres des Gorgones (d), *cephalé Medusæ* (e), *caput Medusæ* (f).

C'était une tête sans corps (g). La vierge céleste qui se couche en aspect avec elle fut peinte souvent sous la forme d'une femme sans tête (h) ; ce qui justifie l'opinion que nous avons, que c'est sa tête que tient Persée, qui fait toujours coucher la vierge.

Les Hébreux appellent cette tête la tête du démon (i) ou du diable, larve ou masque hideux (j) : de-là l'épithète donnée à Persée, qu'on appela *deferentem caput larvæ*, et *caput diaboli* (k), en arabe *chamil* ou *hamil ras algol*. *Algol* est le nom de la tête de Méduse (l). La même constellation que les Hébreux appellent *rosch*

(a) Eratosth., c. 22. Theon, p. 132. — (b) Hygin, l. 3, c. 11. — (c) Hipp., l. 2, c. 26, p. 132. — (d) Geminus, p. 8. Procl., c. 16. — (e) Eratosth., c. 22. — (f) Hyg., l. 3, c. 11. — (g) Omar, l. 3, c. 19. — (h) Germanic., c. 8.—(i) Bay., tab. 11. Ricciol., p. 126.—(j) Hyd., p. 20. — (k) Alphons., tab. 218. Kirk. OEdip., t. 2, p. 197. Scalig., p. 347. — (l) Comm. sur Alfrag., p. 107.

hassatan (*a*) ou tête du diable, d'autres la nomment *alove* (*b*).

Ulugbeigh (*c*) appelle Persée *Bershaush*; l'amas nébuleux qui est près de l'extrémité de sa main droite, *misam al-thurajá*; la luisante du côté gauche, *mirphak al-thurajá*, *giemb bersh'aush*; la brillante de Méduse, *ras algol* ou *algol*; celle de la cuisse gauche (*d*), *menkib al-thurajá*; celle du talon, *alik al-thurajá*.

Dans les tables alphonsines, Persée prend le nom de *chelub*, *canis* (*e*). La première étoile s'appelle *m'isan al-thuraja*, *corpus pleiadum*, et *genib* ou *chenib Bershaush*, le côté de Persée (*f*); la douzième, *ras al-ghiel*; la vingt-quatrième, *menkib al-thurajá*, *humerus pleiadum*; la vingt-cinquième, *atik*, *interscapilium*.

On donnait au cimeterre de Persée les noms de *harpé* (*g*), c'est le plus connu; ceux de *falx adamantina*, d'*ensis falcatus*, de dent de Saturne (*h*), de *harpé cyllenis* (*i*), de *drepané*, et à Persée le nom de *drepanéphore* (*j*).

On donne encore à Persée les noms de *deferens catenam* (*k*), de *canis*, de *pinnipes*; dans Catule, d'*Inachidès*; et dans Ovide, d'*Abantiadès*, d'*Acrisoniadès*, de *Cyllenius*; dans Manilius, de *victor monstri Gorgonei*, *deferens caput Medusæ*, *Cacodæmonis*, *Gorgo-*

(*a*) Comm. sur Alfrag. Hyd. Comm. sur Ulugbeigh, p. 20. — (*b*) Ricciol., p. 125-127. Bay., tab. 11. Stoffl., p. 122. — (*c*) Ulugb., p. 34. — (*d*) Stoffl., c. 14. — (*e*) Hyd., Comm., p. 20. Stoffl., c. 14, p. 122. Bayer, tab. 11, tab. Alphons. p. 218. — (*f*) Ricciol, p. 126. Bay., tab. 11, tab. Alphons., p. 218. — (*g*) Procl., c. 16. Hipp., l. 2, c. 22. — (*h*) Ricciol., p. 127. Bay., tab. 11. Stoffl., p. 122. — (*i*) Orph. Lapid., v. 45. — (*j*) Non., l. 47, v. 584. — (*k*) Bay., t. 11. Cæsius Cœl. Astr., c. 7, p. 120.

nis; en arabe, *ras-algol* ou *alove*, *rasolgali*, *caput attenuatum ob maciem*, *rosca hallitih* en hébreu. Il porte aussi les noms en grec de *Perseus*, d'*ippotès* dans Hésiode (*a*), *eques*; de *cheleub* ou *cheleub*, *canis*, de *kelbon* ou *chelbon*; et récemment de *chamilras algol*. Celle du côté est appelée *cheleub*, *chenib*, *algenib*, *genib*, *algœnbo*, côté de Persée (*b*). Les Grecs lui donnent l'épithète de *chrysaor* (*c*), d'*Eurymedon* (*d*), de *ptéroeis* ou ailé (*e*). Persée paraît (*f*) courir et appuyer son pied sur la tête du cocher. Il se couche avec le sagittaire et le capricorne, et il se lève droit avec le bélier et le taureau (*g*). Sa tête et sa faux sont sans étoiles brillantes. Aratus lui donne l'épithète de *ceconismenos* ou d'athlète poudreux (*h*).

VIII. LE TRIANGLE.

Cette constellation a la forme de la lettre grecque appelée *delta* (*i*); elle est placée sur la tête du bélier, près de la jambe droite d'Andromède (*j*) et de la main gauche de Persée. Elle se couche avec la fin du bélier, et se lève avec le milieu de ce même bélier (*k*). Sa ressemblance avec le *delta* la fait appeler par les Grecs *delloton* (*l*). Les Latins la nomment le triangle, à cause de sa forme qui est celle d'un triangle isocèle (*m*).

(*a*) Hesiod. Scut. Herc. — (*b*) Cæs., ibid. — (*c*) Orph. de Lapid. Poet. Græc., p. 530, v. 41. — (*d*) Apoll. Arg., l. 4, v. 1513. — (*e*) Non., l. 47, v. 510. — (*f*) Hyg., l. 3, c. 11. — (*g*) Theon, p. 176. — (*h*) Arat., v. 254. — (*i*) Hygin, l. 2, c. 20 — (*j*) Arat., v. 234. — (*k*) Hyg., l. 3, c. 18. — (*l*) Germ., c. 19. Procl., c. 14. — (*m*) Hyg., l. 3. Theon, p. 130-131.

Les uns y voient la figure de la Basse-Égypte, appelée le *Delta* (a), et la triple propriété du fleuve qui la défend, la nourrit et sert à naviguer (b); d'autres la Sicile; ceux-là la terre divisée anciennement en trois parties représentées par ses trois angles (c).

Quelques-uns enfin y voyaient la lettre initiale du nom de Jupiter, ou du mot *Dios* que Mercure avait placée sur la tête du bélier, qui fournit à Jupiter ses cornes sous le nom d'*Hammon* (d).

Le triangle, suivant Eudoxe, est une très-ancienne constellation (e) : il est placé dans l'hémisphère boréal (f).

Ulugbeigh (g) appelle la précédente de la base *rás al-moth'allath*.

Les Arabes le nomment *muthlatum* (h), *al-muthaleth* (i), *muthlatum* (j), *al-mutlato* (k).

Les Latins l'appellent *triquetrum*, *tricuspis*, *Nilus*, *Ægyptus*, *Sicilia*, *Trinacria* (l).

IX. LE COCHER.

L'antiquité a placé dans cette constellation le fameux *Erichthonius*, fils de Vulcain ou de la Terre, suivant les uns (m), ou de Minerve selon d'autres (n). Jupiter admira le génie inventif d'*Erichthonius*, qui le premier

---

(a) Germ., c. 19. — (b) Eratosth, c. 20. — (c) Hyg., l. 2. c. 20. — (d) Ibid. Theon, p. 131. Eratosth., c. 20. Tat., p. 149. — (e) Hipp., l. 1, c. 2, p. 99. — (f) Theon, p. 131. — (g) Ulugbeigh, p. 58. — (h) Scalig., p. 435. — (i) Comm. sur Alfrag., p. 107. — (j) Bay., tab. 21. Ricciol., p. 127. — (k) Cæs., c. 8, p. 124. — (l) Cæsius, ibid. — (m) Paus. Attic., p. 3. Eratosth., c. 15.. — (n) Germ., c. 12

imagina sur la terre le char à quatre chevaux, comme Apollon l'avait inventé aux cieux. Il imagina en effet un attelage de quatre chevaux blancs, à l'imitation de ceux du soleil. Pour perpétuer le souvenir et l'admiration de sa découverte, Jupiter le plaça aux cieux (a). Il institua aussi le premier les sacrifices de Minerve, les fêtes panathénées, et construisit le temple et la citadelle d'Athènes. Voici ce qu'on raconte de sa naissance.

Vulcain, épris des charmes de Minerve, Déesse qui a son siége au bélier, avec lequel se lève le cocher, et où les anciens plaçaient l'élément du feu auquel préside Vulcain, lequel a lui-même son siége dans la balance opposée au bélier et au cocher, que la balance par son coucher fait lever, voulut obtenir les faveurs de la Déesse ; mais ce fut inutilement. Minerve se cacha dans un lieu appelé *Vulcanien* à cause des amours de Vulcain pour elle. Vulcain l'y poursuivit et essaya de lui faire violence. La Déesse le frappa de sa lance et l'obligea de lâcher prise (b) ; mais, dans les transports de sa passion, des germes de fécondité tombèrent sur la terre, et Minerve, en rougissant, les couvrit de poussière. De ces germes naquit *Erichthonius* (c), dont le nom retraçait leur dispute. C'était un jeune enfant qui avait la partie inférieure du corps terminée en serpent ou terminée par les formes de la constellation du serpentaire qui se lève à son coucher. On dit que Minerve l'enferma dans une corbeille bien couverte qu'elle confia à la garde des filles d'Érechthée, avec défense de l'ouvrir. Mais ces filles, cédant à la curiosité naturelle à leur sexe, irritées en-

---

(a) Germ.. ibid. Hygin, l. 2, c. 14. Eratosth. ibid. Isidor. Orig., l. 3, c. 47. — (b) Eratosth., c. 13. — (c) Fulgent. Myth, l. 2.

core par la défense, ouvrirent la corbeille et n'y trouvèrent qu'un serpent. C'est celui d'automne consacré dans les mystères de Bacchus. Cette vue les effraya au point que dans leur folie elles se précipitèrent du haut de la citadelle d'Athènes (a). Le serpent fut se cacher sous le bouclier de Minerve, et la Déesse l'éleva (b). D'autres traditions portent qu'*Erichthonius* n'avait de serpent que les jambes; que dans sa jeunesse il institua les panathénées en honneur de Minerve; qu'il y courut monté sur un char qu'il avait inventé; et que ce sont là les traits de sa vie qui lui ont mérité l'honneur d'être placé aux cieux. Il avait dans ses courses, pour compagnon, *Heniochus* ou le cocher assis à côté de lui, tenant dans sa main un bouclier et ayant sur sa tête un casque à triple aigrette (c). Quelques auteurs prétendent que Vulcain ayant forgé la foudre de Jupiter, ce Dieu lui promit de lui accorder ce qu'il lui demanderait; et que Vulcain lui demanda la main de sa fille Minerve. Le Dieu la lui accorda; mais en même temps il enjoignit à Minerve de défendre sa virginité. C'est dans cette lutte que les germes féconds du Dieu du feu tombèrent sur la terre; allusion manifeste à l'équinoxe de printemps annoncé par le lever du cocher. De cette semence naquit *Erichthonius*. Minerve en confia le soin à trois sœurs, dont les noms expriment la rosée et les vents doux du printemps.

Ces trois filles ayant ouvert la corbeille (d), leur indiscrétion fut trahie par une corneille qui les dénonça à Minerve; et le serpent qui parut sortir de la corbeille

---

(a) Paus. Attic., p. 16. Apollod., l. 3. — (b) Hygin, l. 2, c. 14. — (c) Eratosth., ibid. — (d) Hygin, Fab. 166.

leur inspira la fureur des bacchantes. C'est la fable d'Ève ; car ce serpent est celui d'automne, qui se lève peu de momens après le corbeau placé sous l'Isis (a) ou sous la vierge céleste, dans lequel Minerve avait aussi son siége (b).

On dit qu'*Erichthonius* fut le premier qui introduisit à Athènes l'usage de la monnaie d'argent (c).

D'autres traditions placent dans cette constellation Myrtile, cocher d'OEnomaüs, qui servit si utilement Pélops dans ses amours pour Hippodamie, dont il disputa la main dans une course de chars contre le père de cette princesse. On faisait ce Myrtile fils de Mercure et de Clytia (d) ; après sa mort son père la plaça aux cieux.

OEnomaüs (e), fils de Mars, qui a son siége au bélier, et d'Astérope, une des pléiades ou atlantides (f), eut de sa femme *Enareté*, fille d'Acrisius et sœur de Persée, une fille célèbre par sa beauté ; c'était la pléiade Hippodamie. Beaucoup de personnes la recherchaient en mariage, et son père ne voulait pas la marier, parce que l'oracle lui avait prédit qu'il serait tué par son gendre. En conséquence, il proposait une condition à tous les amans qui se présentaient ; c'était de se mesurer avec lui dans une course de chars, dont sa fille serait le prix s'ils étaient vainqueurs ; et dont la mort serait la peine s'ils étaient vaincus. Il ne proposait ce défi que parce qu'il était sûr de la bonté de ses chevaux, qui étaient plus

---

(a) Eratosth., c. 9. — (b) Serv. Comm. in AEneid. — (c) Hygin. Fab. 274. — (d) Hygin, l. 2, c. 14. Germ., c. 12. Eratosth., c. 13. Theon, p. 124. Hyg. Fab., 224. Nonn. Dionys., l. 1, v. 178. — (e) Hyg. Fab. 84. — (f) Paus. Heliac, p. 157.

légers à la course que le vent. Après qu'il eut ainsi fait périr beaucoup d'aspirans à la main de sa fille, vint enfin Pélops, fils de Tantale ou du serpentaire (*a*), constellation opposée au cocher, et qui le fait coucher par son lever. Pélops, ayant aperçu sur les portes du palais de ce prince féroce les têtes des amans malheureux, qu'il y avait fait clouer, se repentit de sa démarche imprudente. Craignant de succomber aussi, il mit dans ses intérêts le cocher d'OEnomaüs, Myrtile, à qui il promit la moitié de ses États s'il le servait dans son entreprise. Le traité se conclut, et Myrtile, attelant le char, eut soin d'ôter les chevilles qui contenaient les roues. En conséquence, à peine les chevaux se furent-ils élancés dans la carrière, que le char se sépara en plusieurs pièces, et les coursiers fougueux en dispersèrent çà et là les débris. Pélops, vainqueur par cette ruse, retourna chez lui avec Hippodamie et Myrtile ; mais il ne tint pas parole à ce dernier ; au contraire, il le précipita dans les flots afin d'ensevelir avec lui le secret de son artifice. Hippodamie, établie avec lui dans cette partie de la Grèce qu'on appelle île de Pélops ou Péloponèse, lui donna plusieurs enfans, entre autres Atrée et Thyeste. C'est ce dernier qui était possesseur du fameux bélier à toison d'or qui est aux cieux (*b*), et dont l'image était en Grèce sur son tombeau (*c*). On voit par ce tableau abrégé que tous les acteurs de cette fable et leurs parens sont groupés autour de l'équinoxe de printemps et dans la partie du ciel opposée où sont les paranatellons du signe équinoxial. On ne peut méconnaître à ces carac-

---

(*a*) Theon, p. 116. — (*b*) Lucian. de Astrol., p. 989. — (*c*) Pausan. Corinth., p. 60.

tères une fiction astronomique. Myrtile, précipité dans la mer, éprouve le sort de Phaëton précipité dans l'Éridan; et il est aussi Phaëton dans une autre fable.

Myrtile avait son tombeau en Grèce, que Pélops lui avait fait construire pour apaiser ses manes après sa mort (a). C'est sur ce tombeau qu'il lui sacrifia, et il lui donna le surnom de *taraxippus*, nom qui rappelait la ruse qu'il avait employée pour effaroucher les chevaux d'OEnomaüs. Les Phénéates qui prétendaient avoir retrouvé le cadavre de Myrtile que les flots avaient rejeté sur le rivage, et l'avoir enterré chez eux, sacrifiaient tous les ans pendant la nuit à Myrtile (b). On sait que les Phénéates honoraient surtout Mercure, et que Myrtile passait pour être le fils de ce Dieu (c). On prétend que c'est lui qui donna son nom à la mer Myrtéenne, dans laquelle il fut précipité. Cette aventure mythologique de Pélops, d'OEnomaüs et de Myrtile était représentée dans le temple d'Olympie (d).

Quelques auteurs appellent ce cocher *Orsilochus* l'Argien, qui le premier inventa les chars, lequel fut à ce titre transporté aux cieux (e). On fait *Orsilochus* ou *Ortilochus* fils de Dioclès, fils lui-même de l'Alphée qui coule en Élide (f).

D'autres le nomment *Cillas*, cocher de Pélops lui-même (g); ceux-ci *Sphæreus*, cocher du même Pélops. C'était la tradition des habitans de Trézène (h). Il avait son tombeau dans l'île Spherée ou Sacrée, vis-à-vis Trézène (i).

(a) Heliac. 1, p. 199-148. — (b) Arcad., p. 249. — (c) Ibid. — (d) Heliac. 1, p. 157. — (e) Hygin, l. 2, c. 14. — (f) Pausan. Heliac. 1, p. 140. — (g) P. 157. Theon, p. 126. — (h) Ibid. — (i) Ibid. Corinth., p. 75.

Il est des traditions qui en font *Trochilus* (a), fils de Callithée, prêtresse d'Argos, lequel avait le premier attelé les chars à quatre chevaux.

On disait que *Trochilus* (b) était un hiérophante qui s'était sauvé d'Argos pour se soustraire à la haine d'Agénor, et qui avait passé dans l'Attique où il avait épousé une femme d'Éleusis, dont il avait eu Triptolème, un des deux gémeaux qui se lèvent à la suite du cocher (c). Je soupçonne qu'il est le *Trochilus* ou *Troilus* qui fut trainé par ses chevaux, étant mort sur son char (d).

Plusieurs y ont vu le fameux vainqueur de la Chimère, *Bellérophon* (e), et c'est par lui que l'on pourra expliquer la fable faite sur Bellérophon, monté sur le cheval Pégase, qui précède le lever du cocher Bellérophon. Ce dernier tient en sa main la chèvre qui entre dans la composition de la Chimère, monstre astronomique formé du lion solsticial et des deux paranatellons des équinoxes, le cocher et la chèvre d'un côté, et le serpent du serpentaire de l'autre (f). Ce monstre symbolique fut formé dans les mêmes principes que le Cerbère dont nous avons parlé à notre article Sérapis ; aussi le disait-on né des mêmes parens (g). Bellérophon avait son tombeau à Corinthe, près du temple de Vénus *Mélanie* et du tombeau de Laïs (h). C'était Minerve qui avait rendu le Pégase souple à la volonté de Bellérophon (i). On faisait ce héros fils de Neptune et d'Eurynome (j), nymphe qui emprunte ses formes du poisson austral sur

---

(a) Theon, p. 124. — (b) Pausan. Attic., p. 13. — (c) Hyg., l. 2, c. 23. — (d) Virg. AEneid, l. 1. v. 480. — (e) Theon, p. 124. — (f) Hesiod. Theon, v. 320. — (g) Hesiod., ibid. — (h) Paus. Corinth., p. 45. — (i) Ibid., p. 17. — (j) Hygin. Fab. 157.

lequel est Pégase, et qui précède le cocher dans son lever.

Bellérophon était fameux dans les traditions de Trézène, comme le cocher céleste connu sous le nom d'Hippolyte en ces lieux (a). Ceux de Trézène montraient chez eux une fontaine d'Hippocrène à l'imitation de celle de Béotie; et qu'on disait également avoir été ouverte par un coup de pied du Pégase que montait Bellérophon lorsqu'il vint dans ces lieux demander en mariage *Æthra*, fille de Pithée et mère de Thésée. Bellérophon était honoré dans ces lieux sous le nom d'Hippolyte, fils de Thésée (b), que ces peuples plaçaient dans la constellation du cocher céleste, et à qui ils sacrifiaient tous les ans. On trouvera dans Apollodore (c) l'histoire de Bellérophon et de la Chimère, ou du soleil peint avec les attributs du cocher céleste, et voyageant dans la partie septentrionale du monde. On lui attribue les mêmes aventures qu'à Hippolyte; car il fut accusé par Sténobée, femme de Prætus, d'avoir voulu lui faire violence, comme Hippolyte l'avait été par Phèdre, femme de Thésée; quoiqu'il eût rejeté les avances qu'avait faites près de lui cette femme qui en était devenue éperdument amoureuse, et qui, outrée d'un refus, avait employé contre lui les armes de la calomnie pour le perdre.

Le cocher avait, sous son nom d'Hippolyte, des tombeaux à Athènes et à Trézène (d). Son temple n'était pas éloigné, dans cette première ville, de celui d'Esculape ou d'*Ophiucus* nourri par la chèvre que tient le cocher, et qui porta aussi le nom de Thésée, père

---

(a) Pausan., Corinth., p. 74. — (b) P. 174. — (c) Apollod., l. 2. — (d) Pausan. Attic., p. 19.

d'Hippolyte (*a*). Ce jeune infortuné avait été traîné par ses chevaux effrayés comme ceux de Phaëton, autre nom du cocher, par la vue d'un monstre redoutable. On voyait aussi à Trézène la maison et le stade où Hippolyte faisait courir ses chevaux lorsque Phèdre en devint amoureuse (*b*). Le tombeau de Phèdre était à peu de distance de celui d'Hippolyte.

D'autres auteurs y ont placé la plupart des héros qui ont passé dans l'antiquité pour avoir inventé les chars à quatre chevaux, ou pour s'être signalés dans l'art de les conduire, tels que *Péléthronius* (*c*), *Phaëton*, fils du soleil (*d*), *OEnomaüs*, fils d'Astérie, une des atlantides, *Amphiaraüs*, fils d'Oïclus, *Salmonée*, etc.

Mais parmi tous ces noms, le plus fameux est celui de Phaëton, fils du soleil et de Clymène, célèbre par sa chute des cieux dans le fleuve Éridan où il fut précipité au moment où ses chevaux furent effrayés par la vue du scorpion céleste, lequel par son lever fait toujours coucher le cocher et l'Éridan céleste.

Nous avons déjà expliqué cette fable dans une lettre imprimée dans le Journal des savans (*e*). Nous allons la rapporter ici avec les corrections que nous avons jugées nécessaires. Le cocher, sous son nom de Phaëton, va nous fournir une nouvelle preuve du génie allégorique des fables. En effet, on explique celle de Phaëton de la manière la plus satisfaisante en se servant de la constellation du cocher. Lorsque cette constellation était placée dans les limites équinoxiales, elle marquait par son lever

---

(*a*) Theon, p. 116. — (*b*) Pausan. Corinth., p. 75. — (*c*) Hygin., Fab. 274. Cæsius, c. 9, p. 125. — (*d*) Hygin, Fab. 250. — (*e*) Journ. déc. 1779.

héliaque l'équinoxe de printemps, le retour de la lumière et de la chaleur, le commencement de l'année et de la végétation. Elle fut adorée souvent comme renfermant la nourrice de Jupiter ou du Dieu de la foudre ; nous ne la considérons ici que comme un génie fameux par ses malheurs, et connu sous le nom de Phaëton ou d'astre brillant du jour.

Phaëton était fils du soleil et de Clymène ; d'autres disent de la Rose ou de Rhodé, ou même de l'Aurore. Ayant eu une dispute avec Épaphus, fils d'Io, celui-ci lui reprocha de n'être pas fils du soleil, comme il s'en vantait. Phaëton s'en plaignit à sa mère, qui lui conseilla d'aller trouver son père et de le prier de lui confier la conduite de son char. Le père consentit à cette demande, quoique avec peine, et lui mit en main les rênes de ses chevaux. Mais le jeune imprudent, après avoir conduit quelque temps le char du soleil, ne put contenir ses coursiers, qui, effrayés par le scorpion, approchèrent si fort de la terre qu'elle fut embrasée. Phaëton périt lui-même au milieu des foudres, précipité dans l'Éridan, et ses sœurs, les héliades, furent métamorphosées en peupliers. Cette fable est racontée fort au long dans Ovide (a).

Nous avons déjà parlé de l'embrasement de l'Univers par Phaëton, dans notre dissertation sur les cycles et les apocatastases ; et nous en avons donné une explication sommaire. Nous ne ferons ici qu'y ajouter quelques détails.

On se rappellera seulement ce que nous avons déjà dit sur la physique des anciens, que l'équinoxe de prin-

---

(a) Ovid. Métam., l. 2, Fab. 1.

temps était regardé comme le commencement du règne de la lumière et du feu, et qu'on célébrait cette époque de la Nature comme la plus importante, celle où le soleil venait échauffer et comme embraser la terre. La chaleur était un embrasement pour les poëtes qui exagèrent tout dans leurs fictions. Ainsi, Manilius nous peint l'été sous des traits aussi forts que les mythologues nous peignent l'embrasement de la terre par Phaëton. Voici ses vers :

> Exoriturque canis, latratque canicula flammans,
> Quâ subdente facem terris, radiosque movente
> Dimicat in cineres orbis, fatumque supremum
> Sortitur languetque suis Neptunus in undis,
> Et viridis nemori sanguis decedit et herbis.
> Cuncta peregrinos, orbes animalia quærunt,
> Atque eget alterius mundus. Natura suismet
> Ægrotat morbis nimios obsessa per æstus,
> Iuque rogo vivit.   (L. 5, v. 214.)

Nous avons vu ailleurs cette idée exprimée allégoriquement par le flambeau allumé qui accompagne le taureau équinoxial. C'est aussi la même idée qu'on a voulu rendre dans la fable de Persée, qui fait descendre la foudre aux flammes de laquelle il allume le feu sacré. Pythagore pensait que le monde avait commencé par le feu. C'était à l'entrée du printemps que le pontife à Rome allait prendre le feu nouveau sur l'autel de Vesta : « Adde quod arcanâ fieri novus ignis in æde dicitur, et » vires flamma refecta capit (a); » et Macrobe (b) : « Ignem » novum Vestæ aris accendebant, ut anno incipiente cura » denuo servandi novati ignis inciperet. » C'était à l'équinoxe qu'on allumait en Syrie des feux où les peuples

---

(a) Ovid. Fast., l. 3, v. 143. — (b) Saturne, l. 1, c. 12.

venaient de toutes parts, suivant le témoignage de Lucien. Les fêtes du neurouz ou du printemps sont les plus fameuses de la Perse. Enfin le jour de l'équinoxe, en Égypte, on célébrait une fête, suivant saint Épiphane, en mémoire du fameux embrasement de l'Univers, que nous allons expliquer; voici le passage de ce père (a) :
« Quin et oviculæ in Ægyptiorum regione mactatæ adhuc
» apud Ægyptios traditio celebratur, etiam apud idolo-
» latras. In tempore enim, quandò pascha illic fiebat,
» (est autem tum principium veris, cùm primum fit æqui-
» noctium), omnes Ægyptii rubricam accipiunt per igno-
» rantiam, et illinunt oves, illinunt ficus et arbores reli-
» quas, prædicantes, quod ignis in hâc die combussit
» aliquandò orbem terrarum : figura autem sanguinis
» ignicolor, etc. » Le sang dont on marquait les arbres et les troupeaux était donc le symbole du feu céleste qui fécondait la Nature, à la fin de l'ancienne période ou de l'année révolue et au retour du soleil à l'équinoxe, au lever héliaque du bélier. Cette tradition et cette fête se conservèrent jusque chez les Romains : ces peuples célébraient une fête pastorale, sous le nom de palilies, au lever du bélier et à l'entrée du soleil au taureau (b), dans laquelle l'eau et le feu étaient honorés d'un culte particulier. On purifiait le berger et ses brebis par le feu (c) : « Ignis cum duce purgat oves; » et pour cela on le faisait passer à travers les flammes :

> Moxque per ardentes stipulæ crepitantis acervos
> Trajicias celeri strenua membra pede (d).

Parmi les différentes raisons qu'on donnait de cette

(a) Epiph. adv. Hæres., l. 1, c. 18. — (b) Ovid. Fast., l. 4, v. 715. — (c) V. 786. — (d) V. 781.

fête, il en est une qui est la même que celle qu'en donnaient les Égyptiens :

> Sunt qui Phaëtonta referri
> Credant (a).

Lorsque l'équinoxe était au taureau, l'entrée du soleil dans cette constellation, ou son arrivée au point équinoxial était annoncée par le lever du bélier, de la chèvre et du cocher. C'était le passage des ténèbres à la lumière et à la chaleur, et conséquemment une époque trop intéressante dans la religion de la Nature pour que le lever du génie ne fût pas observé et célébré dans les hymnes sacrés et les allégories poétiques sur les cycles. On appliqua à l'année les mêmes fictions que l'on faisait sur les grandes périodes qui restituent les mêmes événemens sublunaires, et qui ramènent un nouvel ordre de choses ; ce qui arrive tous les ans au printemps, lorsque la Nature renaît de ses cendres. L'astre bienfaisant qui annonçait ce renouvellement, était en quelque sorte le génie créateur de la Nature, le Dieu de la lumière ; on l'appela Phaëton, c'est-à-dire, brillant, nom que le cocher céleste retient encore dans quelques livres d'astronomie. Non-seulement on célébra le génie conducteur du char du soleil dans son retour vers nos régions, mais on chanta aussi le signe équinoxial ou le taureau céleste, d'où le soleil était censé commencer sa course. C'était ce même taureau dans lequel Io avait été placée après sa métamorphose : aussi la fable de Phaëton suit-elle immédiatement celle d'Io dans Ovide ; et le taureau céleste conserve encore le nom d'Io. « Nunc Dea Niligenà colitur

---

(a) Ovid., v. 704.

celeberrima turbâ (*a*) ; » et ailleurs, en parlant du taureau céleste (*b*) : « Hoc alii signum phariam dixêre juvencam, quæ bos ex homine est, ex bove facta Dea. » Ce n'est donc pas sans sujet que l'histoire d'Io est liée avec celle de Phaëton, et qu'Épaphus son fils figure dans cette fable. Cet Épaphus en effet, suivant Hérodote, était le même qu'Apis ; et Apis lui-même, suivant Lucien, était le symbole du taureau céleste. Voilà pourquoi on a supposé que le génie solaire du taureau avait été déterminé à conduire le char du soleil, par une suite des railleries d'Épaphus fils d'Io. La filiation de Phaëton a un fondement dans l'allégorie. C'était l'astre du printemps : on lui donna pour mère Rhodé ou la Rose : il paraissait le matin à l'orient, et précédait le char du soleil : on put donc le faire aussi fils de l'Aurore.

Le plus grand nombre lui donnait pour mère Clymène, nom allégorique d'une des hyades. Nonnus (*c*), dans ses Dionysiaques, consacre presque un chant entier à raconter le mariage de Clymène avec le soleil, et l'aventure malheureuse de Phaëton. Il dit (*d*) que l'éther, d'où Phaëton descendait, célébra sa naissance ; que les nymphes de l'Océan en prirent soin, et que toutes les étoiles faisaient la garde autour de son berceau ; que l'Océan, pour amuser ce jeune enfant, le jetait en l'air et le recevait ensuite dans son sein ; que devenu plus grand, il se faisait un petit char auquel il attelait des béliers, et qu'au bout du timon il y avait mis une espèce d'étoile qui ressemblait à l'étoile du matin, dont il était lui-même l'image. Il est bien difficile de méconnaître ici l'astre du

---

(*a*) Ovid. Metam., l. 1, Fab. 19, 239. — (*b*) Ovid. Fast., l. 5, v. 619. — (*c*) Nonn. Dionys., l. 38, v. 90. — (*d*) V. 145, etc.

matin, qui, au lever héliaque du bélier, précédait le char du soleil.

On fit de Clymène une nymphe des eaux, telle qu'étaient les hyades.

L'équinoxe de printemps étant donc censé être le commencement de l'année, l'astre qui l'annonçait était le génie qui venait allumer le feu dans l'Univers; c'était le porte lumière. Aussi Nonnus, dans ses Dionysiaques(a), donne à Phaëton le nom de porte lumière, et Platon, dans son Timée, dit qu'on appelait ainsi, non-seulement Lucifer ou Vénus, mais tout astre qui précédait le matin le soleil. Le signe du bélier qui se levait alors héliaquement, ainsi que la chèvre ou le cocher, durent donc être regardés comme des signes avant-coureurs ou même comme causes de la chaleur que la terre allait ressentir tout l'été. Aussi voyons-nous que les anciens peignaient la chaleur de l'Univers sous l'emblème d'un bélier, suivant Abnephius (b) : « Indicaturi calorem mundanum, arietem pingunt. » Les Indiens ont leur Dieu du feu, qu'ils appellent le Dieu *Agni*; on le représente sur un bélier caparaçonné. Ce Dieu a quatre bras, et des flammes s'élancent de sa tête. On trouve cette figure parmi les autres incarnations de Vischnou, dans un manuscrit de la Bibliothèque nationale, n° 11 : elle est la treizième. Le nom d'*Agni* et le bélier sur lequel est monté le génie désignent assez le bélier céleste que les Perses appellent l'agneau; il y a, disent-ils, équinoxe quand l'agneau reparait. C'est cet agneau que le petit Phaëton attèle à son char dans Nonnus, c'est-à-dire le bélier. Nous le voyons répété trois fois sur un monument qui est dans

---

(a) Non. Dionys., 1. 38, v. 144. — (b) Kirk. Œdip.

Montfaucon (*a*) : il y est trois fois à cause des trois décans de chaque signe du zodiaque, et il est placé sur trois piles de bois de dix pièces chacune, nombre égal à celui des degrés de chaque décan. Deux prêtres placés devant le bûcher y sont représentés, le jour de l'équinoxe, allumant le feu sacré aux rayons du soleil. On nourrissait même des brebis consacrées au soleil à Apollonie, suivant le témoignage d'Hérodote. Phaëton ou le cocher fut donc regardé également comme l'astre qui ramenait la chaleur, et le génie qui devait embraser l'Univers. Le jour où il se levait héliaquement était celui de l'équinoxe, jour où nous avons dit qu'en Égypte on célébrait une ancienne fête en mémoire de l'embrasement de la terre.

Le jour où allait commencer le règne du feu, qui devait durer tout l'été, le cocher se trouvait le matin sur l'horizon avec le soleil ; et, après avoir conduit son char ce jour-là, il se couchait le soir avec l'Éridan, au lever du scorpion. C'est ce scorpion dont la vue effraie ses chevaux qui se précipitent et s'approchent de la terre, *spatio terræ propiore feruntur*. Le jeune Phaëton foudroyé périt et tombe dans l'Éridan. Cet Éridan dont il est ici question, est la constellation de l'Éridan dont le coucher précède de peu de minutes celui de Phaëton, ou du cocher qui est placé au-dessus. Ce fleuve ou cette constellation porte encore, dans les auteurs d'astronomie, le nom d'*amnis phaëtontius* (*b*), comme on le voit dans Blaeü. C'est cette apparence astronomique, ce coucher du génie du printemps, accompagné de celui de l'Éridan qui se fait le soir, au moment où montent les étoiles du scorpion, qui a donné naissance à la fable

---

(*a*) Ant. Expliq. Suppl., p. 51. Suppl. pl. 51. — (*b*) Cæs., p. 226.

du jeune fils du soleil, dont on pleurait la chute en Italie, comme on pleurait la mort d'Osiris en Égypte, et de Tamuz ou d'Hercule en Syrie. *Barbari ad Eridanum accolentes*, dit Plutarque, *atris vestibus amicti Phaëtontem lugent*. Plutarque, qui ignorait la véritable cause d'un pareil deuil, trouve cette cérémonie singulière, et ajoute : « Magis etiam, puto, ridiculum hoc
» fuerit, si horum hominum qui vixerunt, pereunte
» Phaëtonte, nemine id curante, nati quinque aut de-
» cem post ætatibus cepere ejus gratiâ vestem mutare
» et lugere. » Effectivement, il serait difficile de rendre raison d'un deuil qui se serait perpétué si long-temps s'il n'eût eu pour origine la disparition ou la chute d'un génie. Ovide fixe (*a*) sous le taureau, au 2 des nones de mai, l'apparition de ce terrible scorpion, et trois jours après le coucher d'Orion, du pied duquel sort l'Éridan, et qui est suivi, dans son coucher, du cocher qui se couche peu de momens après. Au bout de cinq jours, se lèvent les pléiades ou les héliades, et le calendrier marque le commencement des ardeurs brulantes de l'été (*b*). Le coucher du cocher est suivi du lever du cygne, qui figure, comme ami de Phaëton, dans cette constellation. Il est pleuré de ses sœurs. Quelques auteurs font monter le nombre de ses sœurs jusqu'à sept, et les appellent héliades, dont la première est Mérope, nom d'une des sept pléiades qui sont ici désignées sous le nom d'héliades. Mais plus communément on ne lui donne que trois sœurs, qui portent chacune un nom fort convenable à une étoile ; l'une est *Lampetuse*, l'autre *Lampetie*, et la troisième *Phaëtuse*; peut-être trois

---

(*a*) Ovid. Fast., l. 5, v. 417. — (*b*) V. Geo.

étoiles les plus remarquables de la constellation des hyades. En effet, Euripide n'en comptait que trois dans une tragédie qu'il avait intitulée *Erechtée* (a), autre nom du cocher. Les hyades avaient donc quelque rapport avec l'histoire de Phaëton. Au moins on fait ses sœurs, comme les hyades, nymphes des eaux, et l'on trouve un monument, dans l'Antiquité expliquée de Montfaucon (b), où les sœurs de Phaëton sont représentées versant de l'eau d'une urne, au moment de leur métamorphose.

Nonnus (c), dans ses Dionysiaques, décrit la chute de Phaëton, et dit positivement qu'il a été placé au ciel dans la constellation du cocher, ou que Jupiter l'a mis dans les constellations sous le nom et la forme d'un conducteur de char, ainsi que le fleuve Éridan dans lequel il avait péri.

On donna aussi au frère de Médée, Absyrte, fils d'Aëtes, le nom de Phaëton (d); et il est célèbre par ses malheurs, comme l'est le cocher, sous les noms de Phaëton et d'Hippolyte.

On distingue dans le cocher, à l'épaule gauche, une belle étoile appelée la chèvre (e), et tout près, à la main gauche, quelques petites étoiles qu'on dit être ses chevreaux. Cette étoile est de la première grandeur et d'une couleur d'or. C'est la fameuse chèvre Amalthée, si célèbre dans la fable de Jupiter qu'elle est supposée avoir allaité. On raconte qu'un certain Olenus, fils de Vulcain, comme l'était le cocher sous le nom d'Éri-

---

(a) Théon, p 125. — (b) Ant. Expliq., t. 1, pl. 65. — (c) Nonn., l. 38, v. 434-439. — (d) Ibid. — (e) Apoll., Rhod. Argon., l. 3, v. 245. Philostr. Icon., p. 856.

chtonius, fut père de deux nymphes, Æga et Hélice, qui furent les nourrices de Jupiter, et qui donnèrent leurs noms à deux villes, à Hélice dans le Péloponèse, et à Æga en Æmonie, comme leur père (a) donna le sien à Olenus en Aulide. D'autres traditions portent qu'un certain Melissus (b), roi de Crète, avait des filles auxquelles on confia le soin de nourrir Jupiter enfant ; que n'ayant point de lait, elles lui firent teter une chèvre, nommée Amalthée, qui l'éleva. Cette chèvre était dans l'usage de mettre souvent bas deux petits, et elle en mit bas effectivement deux au moment où on lui donna Jupiter à nourrir. Le Dieu reconnaissant plaça au ciel sa nourrice et les deux petits chevreaux, connus sous le nom de *hædi*, dont l'influence annonce les orages et le bouleversement des flots (c). Cléostrate de Ténédos passe pour avoir été le premier qui ait fait remarquer les chevreaux. Musée raconte que Jupiter, au moment de sa naissance, fut confié par Ops sa mère à deux nymphes, Thémis (d) et Amalthée ; que cette dernière avait une chèvre qu'elle chérissait, et qui nourrit Jupiter. On voit que Jupiter, Dieu-lumière, qui prenait la forme du bélier, comme Christ celle de l'agneau, eut pour nourrice Thémis ou la vierge céleste, comme Christ l'eut pour mère ; c'est-à-dire que le Dieu de l'année et du jour, dont on fêtait la naissance au solstice d'hiver, lorsque le soleil était arrivé au capricorne avec lequel Jupiter fut nourri, commençait à minuit sa carrière, au lever de la vierge Thémis, et que ce signe ascendant donna lieu à la double fiction d'un Dieu à cornes de bé-

---

(a) Hygin, l. 2, c. 14. — (b) Theon., p. 124. — (c) Hygin, l. 2. Apollod., l. 1. — (d) German., c. 12.

lier nourri par la vierge, et d'un Dieu aux formes d'agneau, incarné aux chastes flancs d'une vierge. Amalthée, l'autre nourrice, était placée sur l'agneau du printemps, dont Jupiter et Christ empruntaient la forme au moment de leur triomphe, l'un sur les géans aux pieds de serpent, et l'autre sur le prince des ténèbres aux formes de serpent également. Car c'est la forme qu'il prit lorsqu'il vint introduire dans l'Univers le mal que Christ est censé réparer sous sa forme d'agneau. Dans cette fiction, Christ a tous les caractères du Jupiter Hammon, et du Jupiter grec qui en fut une copie. Cette même chèvre, qui avait nourri Jupiter, l'aida à triompher des géans. En effet, lorsque le soleil atteint le bélier, et qu'il prend les formes du bélier ou de l'agneau, alors il s'unit à la chèvre céleste ; et, repassant dans notre hémisphère, il assure aux jours l'empire sur les nuits. Voici quelles sont les traditions à ce sujet.

On dit que le soleil avait une fille appelée Æga ou la chèvre (a), d'un éclat éblouissant et d'un aspect effrayant. Sa vue jeta l'épouvante parmi les Titans qui prièrent la terre, leur mère, de la cacher à leurs yeux (b). En conséquence, elle la donna à Amalthée qui la cacha dans un antre de Crète, où dans la suite (c) elle nourrit Jupiter. Ce Dieu, devenu grand, entreprit la guerre contre les Titans, et il lui fut répondu que, s'il voulait en triompher, il devait les combattre armé de la tête de Méduse, et couvert de la peau de la chèvre Amalthée, dont il ferait son égide. Il le fit, et il obtint la victoire sur les Titans. Il enferma ensuite les ossemens d'Amalthée dans une peau de chèvre ; il l'anima, et il en plaça

---

(a) Eratosth., c. 13. — (b) Hygin, l. 2, c. 14. — (c) Germanic, c. 13.

l'image aux cieux (a). Il abandonna depuis à Minerve, ou à la Déesse qui a son siége au bélier, les armes dont il s'était servi dans sa victoire sur les Titans. Cette fiction est simple. Les Titans sont les génies des ténèbres, ennemis nés du principe de lumière, Jupiter. Ce Dieu naît au solstice d'hiver et triomphe, comme Christ, au printemps, en passant dans l'empire de la lumière, ou dans l'hémisphère supérieur qui est celui que nous habitons, et dans lequel les nuits cèdent à la durée des jours. Ce passage du soleil ou de Jupiter se fait sous *aries*, sur lequel sont placées Méduse et la chèvre Amalthée. Voilà le sens de la fiction.

On faisait d'Æga une nymphe d'Arcadie, laquelle nourrit Jupiter, et que ce Dieu, quand elle fut morte, plaça aux cieux, après s'être lui-même revêtu de sa peau. Il prit de-là son surnom d'Ægéen et d'Ægiochus (b), et il donna à sa chèvre nourricière le nom d'Amalthée (c). Dans Diodore de Sicile, Amalthée est l'épouse d'Ammon ou de Jupiter à cornes de bélier, comme nous l'avons vu dans notre article Bacchus, et dans l'explication du poëme des Dionysiaques (d). Ovide en fait une naïade qui habitait les sommets de l'Ida en Crète (e), laquelle cacha Jupiter dans les forêts où elle le nourrit par le secours d'une chèvre qu'elle avait, et qui était mère de deux chevreaux. Cette chèvre nourricière se brisa une corne contre un arbre; la nymphe la ramassa et la remplit de toutes sortes de fruits, qu'elle présenta à Jupiter. Ce Dieu, devenu grand, plaça aux cieux sa nourrice et la corne d'abondance qu'elle lui avait présentée.

(a) Eratosth., c. 13. — (b) Lactance., l. 1, c. 21. — (c) Theon, p. 223. — (d) Ci-dess., t. 2, c. 6. — (e) Ovid. Fast., l. 5, v. 115-128.

On dit qu'Hercule ou le Dieu-soleil chérissait singulièrement Amalthée (a), et qu'il porta partout avec lui la corne d'abondance. On sait aussi Amalthée fille d'Hœmon, altération sans doute d'Hammon, et on dit que cette princesse avait une corne de taureau qui avait la vertu de fournir à celui qui la possédait tous les alimens qu'il désirait (b). On conçoit l'origine de cette fiction faite sur la belle étoile du cocher, qui appuie son pied gauche sur la corne gauche du taureau céleste (c) que parcourt le soleil au printemps, lorsque la terre fait éclore de son sein tous les biens en abondance. La tête du cocher, qui porte Amalthée, n'est pas éloignée de l'ourse, Hélice, comme l'observe Germanicus (d). C'est là, sans doute, ce qui a fait réunir ces deux constellations sous le titre de nourrices de Jupiter.

Euhémère, dont le fameux système était de rapporter toute la mythologie à l'histoire, prétend qu'Æga était la femme de Pan; que Jupiter la viola et en eut un fils qui passa pour fils de Pan. C'est cet enfant qu'on appela Ægipan; et Jupiter, de cette aventure, prit le nom d'Ægiochus. Comme il aimait beaucoup son fils, il le plaça aux cieux sous la figure de la chèvre (e). Nous avons vu, à l'article du capricorne, que c'est lui qu'on appela Ægipan. Nonnus fait dire à Jupiter que c'est Pan qui fait paître la chèvre qui l'a nourri (f).

Le même poète (g) fait parler Typhon, et celui-ci, dans son entretien avec Cadmus déguisé sous la forme de Pan, lui promet de placer ses boucs dans la constel-

---

(a) Palephat., c. 46. — (b) Apollod., l. 2. — (c) Hygin., l. 3, c. 12-20. Serv. Comm. ad Æneid., l. 9, v. 668. — (d) Germ., c. 12. — (e) Hyg., l. 2, c. 14. — (f) Nonn. Dionys., l. 26, v. 303. — (g) L. 1, v....

lation du cocher. Ce sont effectivement ces chevreaux et leur mère qui ont fourni à Pan les attributs du bouc, comme nous l'avons vu dans notre chapitre sur Pan (*a*) ou sur le soleil aux formes du bouc, et dans notre explication du déguisement de Cadmus lorsqu'il trompe Typhon (*b*).

On donne à la chèvre l'épithète de chèvre sacrée (*c*) et de chèvre d'*Olenus* ou *olenia* (*d*), d'*Aglaë*, *splendida* (*e*).

On lui donne par excellence le titre de *domina* (*f*), qui semble répondre à celui de *despoina* chez les Arcadiens (*g*).

Son influence pluvieuse lui a mérité l'épithète de *pluvialis* (*h*), de *signum pluviale* (*i*) et de *sidus pluviale* (*j*).

C'est sans doute par une suite de cette opinion que l'on disait que Jupiter excitait les orages toutes les fois qu'il agitait l'égide formée de la peau d'Amalthée (*k*).

Ses chevreaux portèrent le même caractère, et Virgile les appelle pluvieux, *pluvialibus hœdis* (*l*). Servius dit que leur lever et leur coucher provoquent les plus affreuses tempêtes (*m*). Il fixe un de leurs levers sous le scorpion; c'est alors un lever du soir. Hygin fait lever le cocher qui les porte au coucher d'Ophiucus placé sur le scorpion, et il le fait coucher au lever du sagittaire et du capricorne (*n*). Théon en dit autant (*o*). On

___

(*a*) Ci-dess., t. 2, c. 9. — (*b*) Nonn. Dionys. — (*c*) Arat., v. 163. — (*d*) V. 164, v. 679 — (*e*) V. 165. — (*f*) Ovid. Fast., l. 5, v. 128. — (*g*) Pausan. Arcadic. — (*h*) Germ., c. 42. — (*i*) Ovid. Fast., l. 5, v. 113. — (*j*) Metam., l. 3, Fab. 10. — (*k*) Virg. Æneid., l. 8. — (*l*) L. 9, v. 668. — (*m*) Serv. Comm. ibid. — (*n*) Hygin., l. 3, c. 12. — (*o*) Theon, p. 124-173-174. Arat. v. 682.

jour attribue, dit-il, la faculté d'exciter les plus violentes tempêtes. Il les fait coucher le matin, le soleil étant au sagittaire à l'entrée de l'hiver qu'ils annoncent.

Columelle fixe au 3 avant les calendes de mai un lever du matin de la chèvre, accompagné du souffle de l'auster, et quelquefois de pluie (a) : au 8, au 7 et au 6 des calendes de juin un lever du matin de la même chèvre, avec des vents de nord. C'est la veille de ce jour, ou le 9 des calendes que l'on sacrifiait à la fortune publique (b), et on a vu dans notre article sur la bonne Déesse, qui n'est autre chose que cette même chèvre, qu'elle était invoquée pour la prospérité de l'empire ; et que sa corne était mise entre les mains de la fortune chez les Grecs, et dans celles de Sosipolis, génie tutélaire de certaines villes (c).

Le même auteur marque au 7 des ides de septembre (d) la fin du coucher du matin du poisson boréal et le lever du soir de la chèvre, avec indication de tempête.

Il fixe au 5 des calendes d'octobre (e) le lever des chevreaux, accompagné du souffle du favonius et de l'auster, et quelquefois de pluie.

Il place aux nones d'octobre (f) le coucher du matin du cocher, la vierge finissant de se coucher. Il marque pour ce jour-là quelquefois de la tempête. La veille des nones d'octobre est annoncée par le lever du soir des chevreaux.

Il fixe (g) au 10 des calendes de janvier un coucher du matin de la chèvre, avec indication de tempête.

(a) Columell, l. 11, c. 2, p. 125. — (b) Ovid. Fast., l. 5, v. 730. — (c) Pausan, Mesen., p. 140. Achaie. p. 204. — (d) Columell. ibid., p. 439. — (e) P. 430. — (f) P. 431. — (g) P. 35.

C'est au 9 des mêmes calendes qu'il place le solstice d'hiver, suivant le calcul des Chaldéens. La chèvre se couchait le matin lorsque Jupiter ou le Dieu-soleil était peint, comme Christ, sous l'emblème d'un enfant naissant que la chèvre Amalthée était chargée d'allaiter, avec le capricorne ou Ægipan, fils de la chèvre, frère de lait de Jupiter naissant (*a*). Voilà donc encore un fondement à la fiction ainsi qu'aux monumens qui représentent Jupiter naissant monté sur le capricorne de Saturne son père. Car Saturne y a son domicile.

Cette chèvre était censée produire quelquefois la grêle et frapper les vignes de sa funeste influence. Aussi Nonnus lui donne l'épithète de *grandinosa* (*b*). C'est pour détourner ce fléau que les Phliassiens avaient élevé une chèvre de bronze doré dans leur place publique, et qu'ils lui rendaient des hommages (*c*). Près de-là était le lieu où Amphiarüs s'enfermait la nuit, et avait les songes d'après lesquels il rendait ses oracles. Amphiarüs, comme le cocher, montait un char, et il était représenté dans la même attitude que le cocher d'Œnomaüs, etc. (*d*).

Ce sont les mêmes oracles que ceux que Faune, père de la bonne Déesse ou mari de la chèvre, rendait autrefois dans le Latium (*e*).

Cette chèvre se trouve placée sur beaucoup de figures de Vischnou dans l'Inde, et ce Dieu y prend alors le titre de Dieu de la bienfaisance, comme on peut le voir à notre article Pan.

(*a*) Hygin, l. 2, c. 29. — (*b*) Nonn. Dionys., l. 1, v. 178. — (*c*) Pausan. Corinth., p. 56. — (*d*) Paus. Phoc., p. 216. Bœotic., p. 296. — (*e*) Virg. Æneid., l. 7.

Un ancien commentateur de Ptolémée appelle la chèvre *hircus* (a).

Cette chèvre s'appelait chez les Grecs *aix* (b), et ses petits *eriphoi* (c).

Je soupçonne que c'est elle et ses chevreaux qui sont désignés dans Job sous le nom d'*aisch*, et de ses petits; au moins c'est l'opinion de M. Hyde, comme nous le verrons bientôt.

La constellation totale du cocher s'appelait chez les Grecs *héniochos*, le cocher (d); *hippélatès*, *elasippos*, *armélatès*, *diphrélatè* (e).

Les Latins le nomment *auriga*, *aurigator*, *agitator* (f) *currus*, *habenifer*, *custos caprarum*, *habens hircum*, *capellas*, *hædos* (g); *heniochus* (h).

Les Arabes appellent le cocher *memassich al-hanam*, celui qui tient les rênes (i), ou *mumsik al-ainna* (j), ou, comme le nomme Blaeü, *memassich al-haran* (k). C'est, suivant Kirker, le berger qui tient un frein (l), *el-samak*.

Ulugbeigh (m) appelle l'étoile de l'épaule gauche ou la chèvre, *aijuk*; les Arabes l'appellent *alhatod* (n) et *alhaiot*, *haiok* (o) et *al-haiok*, *ophiultus*.

Ulugbeigh (p) nomme celle de l'épaule droite *menkib dil inân*; et celle du talon gauche qui lui est commune

---

(a) Stoffl., v. 14, pag. 122. Alphons., p. 217. — (b) Arat., v. 157-158-679-718. Procl., c. 16. Theon, p. 123. Germ., p. 8. Hipp., l. 1, c. 11, p. 105, c. 12; p. 124. Uran. Petav., t. 3. — (c) Germ., p. 7. Hipp., l. 1, c. 2. Procl., c. 17. — (d) Bay., tab. 12. Ricciol., p. 127. Cæsius, c. 9, p. 125. — (e) Hygin, l. 2, c. 14. — (f) Germ., c. 12. — (g) Cæsius, ibid. Ricciol., ibid. Bay., ibid. — (h) Hyg., l. 3, c. 12. Plin., l. 18, c. 36. — (i) Comm. ad Alfrag., c. 106. — (j) Hyde Comm. Ulugbeigh, p. 20-23. — (k) Cæs., c. 9, p. 126. — (l) Kirk. Œdip., t. 2, part. 2, p. 197. — (m) Ulugbeigh, p. 38. — (n) Ricciol., p. 125. Bay., t. 12. — (o) Alfrag., c. 22. Stoffl., c. 14. — (p) Ulugb., ibid.

avec la corne du taureau *cab dil inan*. Hésychius la nomme *inné*, *aix* ou la chèvre (*a*).

La belle étoile de la chèvre, dit Hyde (*b*), est *al-aiyûk*, et après elle on trouve une petite étoile appelée *almaûz*, le bouc; et plus loin deux petites étoiles nommées *algjedyan*, les chevreaux. *Atád* est un jeune bouc. L'étoile quatorzième est *menkib dil inân*. La onzième, *cab dil inân*; la première, l'épaule; la seconde, le talon du cocher.

Al-aiyûk est une étoile brillante à la droite de la voie lactée, et qui suit les pléïades. Son nom en syriaque est *iyùtho*, et en hébreu, *aisch* ou *asch*. Hyde pense que c'est la constellation désignée sous le nom d'*aisch* dans Job, et je crois qu'il a raison. Les Hébreux sont partagés d'opinions sur cet *aisch* de Job. Les uns, tels qu'Aben-Ezra, prétendent que c'est l'ourse qu'il faut entendre. Les Syriens modernes veulent que ce soit *iyùtho* ou les pléïades qui sont désignées par *aisch*. Isa Bar Haly confond *iyùtho* avec *aiyûk*, et il en fait une étoile du taureau, et même d'Orion, *al-giauza*. La proximité de ces constellations a pu être la source de l'erreur. Bar Bahul tombe dans la même méprise. D'autres confondent *aiyûk* avec la rouge des hyades ou avec *aldebaran*. Hyde prétend avec tous les Orientaux et avec Ulugbeigh, qu'*aiyûk* est la belle étoile de la chèvre. Il cite l'autorité du Talmuld et de Buxtorf.

Les Maures ont appelé le cocher *maforte* (*c*). Les Mahométans y peignent un mulet avec son bât (*d*). Le Tetetrabible le nomme *hora*, nom peut-être corrompu

---

(*a*) Hesych. Ynnê. — (*b*) Hyd. Comm., p. 20-23. — (*c*) Ricciol., p. 127. — (*d*) Cæs., c. 9, p. 126. Scalig., p. 432.

de *roh* ou *rhoa*, à moins que ce ne soit *Horus*. On nomme la chèvre communément *cabrilla*. Les Péruviens l'appelaient *colca*.

On appelait les chevreaux en arabe *sadateni* et *saclateni*. Le mulet qu'y peignaient les Turcs se nommait *alphecca*. Les chevreaux s'appelaient *graüs* (*a*). Le cocher est peint penché sur ses chevreaux qu'il fouette (*b*).

X. BOOTÈS.

L'ANTIQUITÉ a placé dans la constellation du bootès Arcas, qui donna son nom à l'Arcadie. Il était fils de Jupiter et de Callisto, fille de Lycaon, celui-là même dont ce prince féroce servit dans un repas les membres à Jupiter, afin d'éprouver s'il était Dieu, et s'il avait la connaissance que les Dieux doivent avoir de toutes choses (*c*). Il en fut puni ; car Jupiter, du feu de sa foudre, brûla sa maison dans le lieu où fut bâtie Trapezonte (*d*), et le changea lui-même en loup. Le Dieu rassembla ensuite les membres du jeune Arcas, recomposa son corps et le donna à nourrir à un certain chevrier d'Étolie. Le jeune Arcas, devenu grand et chassant dans les forêts, vit sans le savoir sa mère changée en ourse. Comme il se disposait à la percer de ses traits, elle se réfugia dans le temple de Jupiter Lycéen, où il la suivit. Une loi portait peine de mort contre quiconque y serait entré. Pour les soustraire à cette peine (*e*), Jupiter, tou-

---

(*a*) Hesych. — (*b*) Arat. v. 161. — (*c*) Germ., c. 7. Hyg., l. 2, c. 5. Erat., c. 8. — (*d*) Pausan. Arcad., p. 237-238. — (*e*) Theon, p. 117.

ché de leur sort, les plaça tous deux aux cieux où l'on voit encore Arcas s'attachant aux pas de l'ourse. On le nomme *Arctophylax* (a), gardien du pôle de l'ourse ou gardien du chariot qu'il paraît suivre, et des *septentrions* qui l'environnent (b). Lycaon son père était fils de Pélasge, le premier chef des hordes arcadiennes avant leur civilisation, si nous en croyons Pausanias (c).

D'autres traditions, admettant la même fable des amours de Jupiter et de Callisto, fille de Lycaon (d), supposent que Junon, ayant découvert l'infidélité de son époux, changea Callisto en ourse, et que Diane, pour plaire à la Déesse, l'avait percée de ses traits; mais que Jupiter avait envoyé Mercure pour sauver l'enfant qu'elle portait, et qu'il avait placé la mère aux cieux dans la constellation de la grande ourse. Arcas régna sur ce pays après Nyctimus, et il enseigna aux hommes à se nourrir du blé dont Triptolème lui avait communiqué la découverte, à faire le pain et à se couvrir d'habits. On remarquera que bootès accompagne la vierge Cérès qui porte un épi; qu'il préside avec elle aux moissons, et qu'il annonce par son lever total le commencement des froids de l'automne. C'est ce qui l'a fait nommer Philomèle-le-laboureur dans une autre fable que nous rapporterons bientôt.

On lui donna pour femme une nymphe dryade ou naïade, appelée Érato, nymphe interprète des oracles de Pan (e). Érato est aussi le nom d'une nymphe hyade (f).

Arcas avait son tombeau, ses temples et ses sacrifices

(a) Nonn., l. 13, v. 297. Isidor., l. 3, c. 47. — (b) Germ. c. 7. — (c) Pausan., Arcad. p. 236. — (d) P. 238. — (e) P. 268. — (f) Hygin, Fab. 182.

en Arcadie (*a*), ainsi que Callisto sa mère (*b*). Athènes et Delphes retraçaient son image dans des statues et des peintures (*c*).

Ovide a raconté l'aventure de Callisto et d'Arcas son fils dans ses Fastes et dans ses Métamorphoses (*d*). Son récit s'accorde en grande partie avec les traditions que nous venons de rapporter. Il y suppose que c'est Junon irritée qui change Callisto en ourse ; qu'elle erra dans les forêts, et que dans la suite son fils, en chassant, se disposait à la percer, lorsque Jupiter les enleva l'un et l'autre de la terre pour les placer aux cieux l'un à côté de l'autre.

Au lieu d'Arcas, plusieurs ont vu dans cette constellation Icare, cultivateur de l'Attique, qui communiqua aux hommes l'art de faire le vin, qu'il avait appris de Bacchus (*e*). Il avait pour fille Érigone que d'autres nomment *Entoria* (*f*).

Bacchus, voyageant par toute la terre pour y faire connaître la précieuse découverte du vin (*g*), arriva dans l'Attique chez Icare (*h*) et chez Érigone sa fille, qui lui donnèrent l'hospitalité. Ce Dieu leur donna une outre pleine de vin, en leur enjoignant de propager la culture de la vigne par toute la terre, et d'y faire connaître ses présens. Icare charge cette outre et se met à voyager, accompagné d'Érigone sa fille et de son chien Mœra. Il rencontre dans l'Attique des bergers à qui il fait part de

---

(*a*) Pausan., p. 343. — (*b*) P. 238. — (*c*) Pausan. Attic., p. 23. Phocic., p. 324-348. — (*d*) Ovid. Fast., l. 2, v. 155-192. Metam., l. 2, v. 410-530. — (*e*) Hyg., l. 2, c. 5. Nonn. Dionys., l. 47, v. 250. — (*f*) Plut. Parall., t. 2, p. 307. — (*g*) Hyg., Fab. 130. — (*h*) Pausan. Attic., p. 2. Nonn., l. 47.

la nouvelle découverte, et à qui il fait goûter le jus délicieux de Bacchus. Les bergers, en ayant bu outre mesure, s'enivrèrent et tombèrent dans une espèce de délire. S'étant imaginés qu'Icare leur avait donné un breuvage funeste, ils s'armèrent de pierres et de bâtons et le tuèrent. Son chien Mœra, hurlant près du lieu où l'on avait caché son cadavre, le fit découvrir à Érigone sa fille, qui, de désespoir, se pendit près du corps de son père. Jupiter, irrité contre les Athéniens, les en punit en frappant leurs filles d'un délire qui les portait à se pendre. L'oracle d'Apollon consulté répondit qu'ils étaient punis pour n'avoir pas vengé la mort d'Icare et d'Érigone. En conséquence de cette réponse, on punit les bergers, et on établit une fête de balançoire en honneur d'Érigone pour arrêter les ravages de la contagion. Pendant les vendanges, on offrit les prémices des fruits à Icare et à Érigone, qui furent placés ensuite au nombre des astres. Érigone, dit Hygin, devint la figure de la vierge que nous appelons Justice; et Icare devint le bouvier et l'arcture. Leur chien fut placé dans la canicule. On expliquera aisément cette institution des fêtes athéniennes et des offrandes faites à la vierge et au bootés, quand on se rappellera qu'ils sont l'ouverture de l'automne et des vendanges (*a*); que la vierge même a une étoile à qui cette circonstance a fait donner le nom de vendangeuse, et qu'enfin leur lever tempère les ardeurs caniculaires qui produisent les maladies. Le voisinage dans lequel le bootés est de la vierge et de la balance, l'a fait passer pour un homme recommandable par sa justice et par sa piété (*b*), comme l'était le fameux

---

a. Hesiod Op. et Dies. v. 609. — *b*. Hyg., l. 2, c. 5.

Noé des Hébreux, qui le premier planta aussi la vigne. Ce furent ces vertus qui lui méritèrent la faveur que lui accorda Bacchus d'être le premier dépositaire de la vigne, des raisins et du vin, et de l'art de la planter, de la cultiver et de se servir de son fruit. On prétend que lorsqu'il l'eut plantée et cultivée avec soin au point de la faire fleurir, un bouc vint se jeter dessus et en brouter les feuilles les plus tendres ; qu'Icare irrité l'avait tué, et avait fait de sa peau une outre qu'il avait enflée, et sur laquelle il avait engagé ses compagnons à sauter. Hygin raconte ailleurs la même aventure avec plus de détails. Après nous avoir fait la peinture des effets de l'ivresse sur les pâtres à qui Icare donna du vin (a), il nous dit que l'ayant tué, ils jetèrent son corps dans un puits, ou, suivant d'autres, qu'ils l'enterrèrent au pied d'un arbre.

Ceux d'entre eux qui n'avaient point pris part au meurtre d'Icare parce qu'ils s'étaient endormis, venant à se réveiller, songèrent à témoigner leur reconnaissance à leur bienfaiteur. Les autres, pressés par le remords, prirent la fuite et se réfugièrent chez les Étoliens où ils furent reçus et où ils se fixèrent. Érigone, ne voyant pas revenir son père, fut inquiète et se mit à sa recherche. Mœra, chien d'Icare, revint à la maison en hurlant comme s'il eût pleuré la mort de son maître, et par-là il donna à Érigone de violens soupçons sur la mort de son père, dont une absence aussi longue lui avait déjà fait pressentir le triste sort. Le chien, fidèle au souvenir de son maître, prend Érigone par les pans de sa robe, et la conduit au lieu où était le cadavre.

(a) Hygin, l. 2.

Dès qu'elle aperçut son père, dans le désespoir, l'abandon et la misère où elle se trouva après avoir versé des torrens de larmes, elle ne vit d'autre ressource que de se pendre aux branches de l'arbre au pied duquel on avait enterré Icare. D'autres disent qu'elle se jeta dans le puits où il était, puits qu'on nommait *anigrus*, et dont personne ne but plus dans la suite. Jupiter, touché de leur sort, les plaça aux cieux. D'autres disent que ce fut Bacchus. Icare devint le bootès, Érigone la vierge, et leur chien Mœra, la canicule ou procyon qui se lève avant le grand chien. Cependant une foule de filles athéniennes se pendaient tous les jours, parce qu'Érigone en mourant avait demandé aux Dieux qu'elles mourussent de la même mort dont elle était morte elle-même, si l'on ne vengeait sa mort. Ce fut en conséquence de cela que, guidés par l'oracle d'Apollon, ils instituèrent des fêtes où l'on se balançait dans l'air, comme avait fait le corps d'Érigone. Ce sacrifice solennel, adopté par les particuliers et par l'État, se nomma *alétis*, parce qu'Érigone, cherchant dans la solitude avec son chien le père qu'elle avait perdu, ressemblait aux mendians que les Grecs nomment *aletides*. On donna à Érigone les noms d'*Aiora* et d'*Alétis* (a). On la faisait quelquefois fille d'Egisthe et mère de Penthilus (b), et l'on célébrait en son honneur les fêtes *aiora* (c).

On ajoute que la canicule, par son lever, brûlait les campagnes et les fruits de l'Attique, et produisait des maladies contagieuses. Aristée, fils d'Apollon et de Cyrène, placé dans le verseau avec lequel se lève le

---

(a) Eratosth., c. 3. — (b) Pausan. Corinth., p. 60. — (c) Mem. c. Grac Ferid., p. 10.

bootès (*a*) Icare, et qui monte le soir au solstice d'été, au lever du matin de la canicule, consulta les Dieux pour connaître le moyen d'apaiser ces fléaux. Il lui fut répondu qu'il devait chercher à apaiser les mânes d'Icare, du bootès ou de la constellation qui ramène le frais de l'automne, et demander à Jupiter que les vents étésiens soufflassent au lever de la canicule pendant quarante jours. C'est à peu près le temps que les calendriers anciens mettent entre le lever de procyon et celui du bootès (*b*). Aristée obéit à l'oracle et obtint l'effet de sa demande.

Enfin, il est une autre tradition (*c*) qui fait du bootès un fils de Cérès ou de la vierge céleste ; c'est l'inverse de celle qui fait la vierge, sous le nom d'Érigone, fille du bouvier ou d'Icare. Malgré la différence des filiations, le fondement astronomique est le même. On suppose que Cérès coucha avec Jasion, fils d'Électre et de Corythus, qui, à cause de cela, fut frappé de la foudre. Il en naquit deux fils, Philomèle et Plutus. Ce dernier, qui était le plus riche, ne fit point part de ses biens à son père. Philomèle fut obligé de vendre le peu qu'il avait pour acheter deux bœufs, et il fabriqua un chariot auquel il les attela. Ce sont les bœufs d'Icare. Il laboura la terre, et, par la culture qu'il lui donna, il trouva le moyen de subsister. Cérès, pleine d'admiration pour ses talens agricoles, le plaça aux cieux où il a l'air de labourer, et elle lui donna le nom de bouvier. On fait naître de lui *Pareas* qui donna son nom à la ville de Paron.

Pour peu qu'on veuille faire réflexion sur la position

(*a*) Ovid. Fast., l. 2, v. 155. — (*b*) German, c. 42. — (*c*) Hyg., l. 2, 5.

qu'a aux cieux le bootès, et sur les rapports qui le lient aux vendanges et aux moissons, il ne sera pas difficile de reconnaître quel a été le fondement des allégories faites sur cette constellation.

Plutarque (a) raconte l'histoire du bootès sous le nom d'Icare, à quelques circonstances près de différence. C'est Saturne ou le Dieu du temps et de la planète qui a son exaltation à la balance près du bootès, et son domicile au capricorne et au verseau, qu'il fait arriver chez Icare. Celui-ci avait une fille d'une rare beauté, nommée *Entoria*, dont il eut pour fils *Janus*, *Hymnus*, *Faustus* et *Felix*. Le reste de l'histoire d'Icare est à peu près tel que nous l'avons raconté, à l'exception de ce qu'il dit des fils de la fille d'Icare, qui se pendirent aussi. Saturne les plaça tous aux cieux. Les uns devinrent la vendangeuse ou l'étoile de la vierge, connue sous ce nom ; et Janus est une étoile près des pieds de la vierge, qui les précède dans son lever. On a vu dans notre article Janus l'usage que nous faisons de cette dénomination astronomique. Voilà à peu près quelles ont été les différentes fables faites sur le bootès ou sur la constellation placée au nord du signe de la vierge, et qui monte sur l'horizon avec elle et avec le vaisseau appelé l'arche de Noë ; de ce Noë qui avait pour femme *Barthenos* (b), nom fort approchant de *Parthenos*, qui est celui de la vierge.

On distingue principalement dans la constellation du bouvier une étoile rougeâtre de la première grandeur, connue dans tous les calendriers anciens sous le nom d'*arcturus*, étoile aussi observée des laboureurs

---

(a) Plutarch. Parallel., t. 2, p. 307. — (b) Epiph. adv. Hæres., c. 26.

qu'elle l'était des navigateurs (*a*). Cette étoile est placée sur le prolongement de la queue de la grande ourse, à peu près au milieu de l'intervalle qui sépare l'extrémité de l'ourse de l'épi de la vierge. Elle se lève aux approches de l'automne (*b*); elle semble appartenir à la partie inférieure de la ceinture du bouvier (*c*), *arcturi oura*; elle est placée entre ses cuisses (*d*). On a étendu quelquefois cette dénomination d'arcturus (*e*) à toute la constellation. On donna aussi à la belle étoile arcturus le nom d'*eosphoros* ou de *lucifer* (*f*).

On distingue encore les étoiles du sceptre ou de l'aiguillon du bouvier, et on les nomme *collorobos* (*g*), *ropalos*.

Nigidius donnait à la constellation du bouvier le nom d'orus ou de nourricier d'Orus, fils d'Osiris et de la vierge Isis (*h*); Théon celui de *protrygètes* (*i*).

Cette constellation a porté plusieurs noms, dont voici les principaux, tels que les donnent Blaeü, Riccioli, Bayer, Stoffler et Scaliger (*j*):

Bootis, bubulus, bubulcus, tardibubulcus, pastor, custos boum currum trahentium, clamans, clamator, vociferator. Je crois que ces derniers mots sont une mauvaise traduction du mot *bootès*, qui signifie, non pas *clamans* ou *boans*, mais *bouvier*. On le nomme *plaustri custos, ursæ custos erymanthidos, arcturus, arcturus minor, septemtrio,*

(*a*) Virg. Georg., l. 1, v. 204. — (*b*) Isidor. Orig., l. 3, c. 47. — (*c*) Hyg., l. 3, c. 3. Arat., v. 95. — (*d*) German, c. 7. Eratosth., c. 8. Procl., c. 6. Theon, p. 168. Germ., p. 8. — (*e*) Theon, p. 148. — (*f*) Joann. Tzetès. Hyd. Comm., p. 15. — (*g*) Hipp., l. 2, c. 23. Theon, p. 117. — (*h*) Salmas. ann. Clim., p. 594. — (*i*) Theon, p. 148. — (*j*) Cæsius, c. 11, p. 136. Bayer, tab. 5. Ricciol, p. 125-127. Stoffl. c. 14, p. 106. Scalig., p. 429.

Lycaon, Orion, plorans, venator ursæ, insectans ursam, arctophylax, custos arcti et ursarum, hastatus, lanceator, canis, molossus latrans, sidus horridum, sagittifer, cheguius, ceginus, thegius, deferens lanceam (a).

La plus boréale des étoiles de la jambe gauche (b) se nomme muphrid al-râmih; celle d'entre les cuisses, simak al-rami.

Les Arabes, traduisant par clamans le mot bootès, l'ont appelé auwa, vociferator (c). Ils le peignent droit, les mains étendues, et ils placent au-delà une étoile brillante appelée al-simak al-râmih, efferens hastiferum; dans la partie australe est la brillante al-simak, al-azal, efferens inermem.

Simak al-râmih, appelée mal à propos huzmè, est celle qu'on nomme vulgairement arcture.

Dans les tables persiques, on le nomme kontartos, contifer, hastili armatus; d'autres tables le nomment alnekkar, fossor, pastinator (d).

Les Arabes appellent la constellation en général, arramech, alramech, aramech (e); quelquefois aussi c'est le nom d'arcturus, caleb, henobach (f), samech haromach (g), al-hawa.

On donne aussi à l'arcturus les noms de rugio, gladius, d'azimech, d'azimetch; nom qui convient mieux à l'épi de la vierge; d'al-kameluz, de kolanza (h), d'azemer et d'aramer.

L'étoile qui est près de la ceinture se nomme mezer.

(a) Alfrag., c. 22. — (b) Ulugbeigh., p. 22. — (c) Hyd. Comm., p. 15-16. — (d) Ibid. — (e) Alfrag. c. 22. — (f) Kirker, OEdip., t. 2, pars 197. Scalig., p. 429. — (g) Comm. ad Alfrag., p. 101. — (h) Cæs. p. 137. Ricciol., p. 125-127. Stoffl., c. 14. Nabod. Astrol., p. 204. Alphons., p. 208-216.

merer, *mirach*; celle de l'épaule gauche, *ecginus*; à la main droite sont trois étoiles appelées *les trois ânes*, le premier, le second et le troisième; celle de la lance, *calauropon*, *clava*, *hastile cavum*, *venabulum*, *incalurum*, *al-kalaurops*, *colorrobon*.

Celle de la faux, *marra*, *merga*, *falx italica* (*a*).

Le bootès est représenté sur les globes à demi-vêtu (*b*), avec une espèce de ceinture au-dessus des reins. Les planisphères des Turcs y peignent une lance entortillée d'un faisceau d'herbes ou de feuillages; et ils l'appellent *hastile canes* (*c*) *habens*, et *serpentes habens*.

Théon et Hésychius donnent aussi le nom d'*Orion* au bootès ou à l'arcture (*d*).

Nonnus lui donne l'épithète de *grandinosus* (*e*).

Il est classé, comme Orion et comme les chevreaux, parmi les astres appelés *horrida* (*f*). On l'appelle aussi l'astre froid, et *cheimerinos*, le vieux Icare et les étoiles de l'ourse, les bœufs d'Icare, *sidera tarda* (*g*).

Columelle (*h*) marque un lever du matin d'arcturus en février, vers le 6 ou le 5 avant les calendes de mars; et un autre cinquante jours après celui de la canicule (*i*). Il dit que le lever de l'arcturus qui annonce le retour de l'hirondelle, présage une température plus douce.

Le même auteur (*j*) marque au 9 des calendes de mars un lever du soir d'arcturus, avec annonce de froid, du souffle des vents aquilon et corus, et avec pluie. Il

---

(*a*) Bayer, tab. 5. Ricciol. Almag., p. 405. — (*b*) Cæs., c. 11, p. 130.
— (*c*) Alph., p. 215. — (*d*) Theon, p. 117. Hesych. sub Fin. —
e) Nonn. Dionys, l. 13, v. 297. — (*f*) Germ., c. 42. Plin., l. 18,
c. 28. — (*g*) Propert. Theon, p. 117. — (*h*) Columell., l. 2, c. 10. —
(*i*) L. 9, c. 14. — (*j*) Columell., l. 11, c. 2, p. 423.

fixe aux 11 et 10 des calendes de juin le coucher du matin d'arcturus avec annonce de tempête (*a*).

Au 7 des ides de juin il marque le coucher de l'arcture (*b*), accompagné du souffle du favonius et du corus; au 7 des calendes de septembre (*c*), le lever du matin de la vendangeuse et le commencement du coucher d'arcture, accompagné de pluies; aux nones de septembre un lever d'arcturus, accompagné du corus et du favonius; et quelquefois de l'eurus que quelques-uns appellent le vulturne. Il marque (*d*) au 4 des calendes de novembre un coucher du soir d'arcturus, accompagné de vents.

Hésiode lie le lever du matin d'arcturus (*e*) avec le passage au méridien d'Orion et de Sirius, et il en fait l'indication des vendanges.

Ovide, dans son calendrier des Fastes (*f*), fixe le commencement du printemps ou du *primum ver* à la veille du lever du bootès et de la fête de Faune.

Il marque au 4 des nones de mars (*g*) le coucher du bootès le matin, et du *vindemiator*, dans lequel fut placé le jeune La Vigne ou Ampélus, aimé de Bacchus.

Le même Ovide (*h*) annonce un coucher du bouvier pour le 7 des calendes de juin, et un autre au 7 des ides (*i*).

Il était une indication de beaucoup de phénomènes, et un grand signe (*j*).

---

a) Columell., l. 11, c. 2, p. 427. — (*b*) P. 427. — (*c*) P. 429. — *d*) P. 432. — (*e*) Hesiod. Oper. et Dies, v. 608. — (*f*) Fast., l. 2, v. 150. — (*g*) Ovid. Fast., l. 3, v. 405. — (*h*) Fast., l. 5, v. 733. — (*i*) Fast., l. 6, p. 236. — (*j*) Arat., p. 608.

On peut voir dans Germanicus (*a*) plusieurs de ces indications météorologiques.

Il est représenté aux cieux conduisant son chariot (*b*), observant l'ourse qu'il garde. Aussi Aratus lui donne l'épithète de surveillant et de *polysceptos*. La durée de son séjour sur l'horizon et sa marche lente le firent appeler *opsédyon* (*c*), *tardus* et *senior* (*d*).

Il porte sa main gauche sur le cercle arctique, de manière qu'elle ne se lève ni ne se couche (*e*); il appuie son pied droit sur le tropique. Il se couche avec le taureau, les gémeaux, le cancer et le lion; ce qui lui a fait donner, dit Hygin, l'épithète de paresseux à se coucher. Il descend les pieds les premiers. Il se lève avant la balance; son coucher coïncide avec celui de quatre signes, dit Théon (*f*). Au lever du cancer, la plus grande partie du bouvier est couchée. Il commence à descendre sous l'horizon au lever du taureau; il se lève tout entier avec les chèles ou avec la balance (*g*); il commence à se coucher lorsque la queue de la baleine monte. Son coucher d'hiver est fort redouté (*h*).

XI. LA COURONNE BORÉALE.

CETTE couronne qu'on appelle boréale, pour la distinguer de celle qui est au midi près du sagittaire, passe pour avoir appartenu à la fille de Minos, à Ariadne, et

---

a) Germ., c. 42. — (*b*) Theon, p. 117. Arat., v. 91. Hipp., l. 1, c. 2. — (*c*) Musœus in Leandro. Homerus. Hygin, l. 3, c. 3. — (*d*) Martian Capel., l. 2, c. 1. — (*e*) Hygin, l. 3, c. 3. — (*f*) P. 180. — (*g*) Theon, p. 165. — (*h*) P. 168.

avoir été placée aux cieux par Bacchus son amant (*a*). On raconte que cette jeune princesse, s'étant mariée à Bacchus dans l'île Dia, ou au Dieu des vendanges auxquelles cette constellation préside par son lever, elle reçut cette couronne, en présent de noces, de la main de Vénus qui préside à la balance, et de celles des heures. Elle avait été fabriquée par Vulcain (*b*) qui préside aussi, comme un des douze grands Dieux, à la balance avec laquelle la couronne boréale se lève. D'autres disent que Bacchus, étant venu en Crète chez Minos pour jouir des faveurs d'Ariadne, il lui fit présent de cette couronne dont l'éclat la séduisit et la fit consentir à accorder ses faveurs à Bacchus. On dit que Vulcain l'avait composée d'or et de pierres précieuses de l'Inde, dont le brillant servit à éclairer Thésée dans les sentiers obscurs du labyrinthe. On dit aussi que ce sont les cheveux de cette princesse que l'on voit près de la queue du lion (*c*). Elle a neuf étoiles posées circulairement, dont trois sont très-brillantes près de la tête du serpent. Ceux-ci en font une couronne de lierre. Ils disent que c'est celle que portait Bacchus, et qu'il quitta et plaça aux cieux après la mort d'Ariadne, pour être un monument de ce malheur (*d*). Ceux-là en font un monument de son hymen avec Bacchus. Certains auteurs (*e*) la font de laurier, d'autres de myrte, d'autres de lierre avec sa grappe (*f*), ceux-ci radiée, ceux-là de mélilot (*g*) ou de la même plante dont était composée celle qu'Isis trouva sur le bord

---

(*a*) Hygin., l. 2, c. 6. Germ., c. 4. Eratosth., c. 5. Theon, p. 115. Apollonius Argon, l. 3, v. 997. — (*b*) Hygin. ibid. — (*c*) Eratosth., c. 6. Germ., c. 4. — (*d*) Theon, p. 115. — *e*) Bayer, t. 6. — (*f*) Theon, ibid. — (*g*) Photius Cod. 190.

de la mer en cherchant Osiris qu'elle venait de perdre (a). Voilà quelles sont les traditions crétoises. Voici celles d'Argos : On dit que Bacchus, ayant obtenu de son père de ramener des enfers Sémélé sa mère, vint dans l'Argolide, cherchant un lieu par où il pût descendre au séjour de Pluton. Il rencontra un certain Hypolipnus qui lui en marqua la route ; c'est celui que d'autres nomment Prosymnus. Mais son guide exigea de lui une promesse qui ne fait point honneur à ses mœurs, ni à celles du Dieu qui la lui fit. Bacchus, avant de descendre, déposa sa couronne dans la constellation appelée *stephanos*; il ne voulut pas l'emporter avec lui, dans la crainte qu'elle ne fût souillée dans l'empire des morts. Après qu'il eut ramené sa mère il plaça aux cieux sa couronne pour y perpétuer le souvenir de son nom.

Il est à propos de remarquer ici que Bacchus est le soleil, et que sa descente aux enfers est son passage aux signes inférieurs, ce qui arrive lorsqu'il s'unit au serpent d'automne sur lequel est placée la couronne boréale, *schemali* (b), dont peut-être on a fait Sémélé; à moins que Sémélé ne soit, comme nous l'avons pensé, une des hyades, Thyoné, fille de Cadmus comme Sémélé, et une des nymphes hyades. Ces étoiles reparaissent le soir à l'orient, au coucher du soleil en automne, lorsqu'il s'unit à la couronne boréale et qu'elle devance le matin son char.

La couronne boréale précède aux cieux l'Hercule *Ingeniculus*, connu sous le nom de Thésée (c) ; aussi l'ap-

---

(a) Plut. de Iside, p. 356. — (b) Cæs., c. 12, p. 150. — (c) Hygin, l. 2, c. 6-7. Arat., v. 71.

pelle-t-on la couronne de Thésée, et elle est placée à côté de lui. C'est elle qui le tira du labyrinthe et qui le ramena à la lumière, comme la couronne ramène tous les jours Hercule sur l'horizon. On rapporte, dit Hygin, que Thésée étant venu en Crète chez Minos, accompagné de six autres jeunes gens et de sept filles, Minos chercha à faire violence à une d'elles, Péribœa, qui était d'une éclatante beauté. Thésée dit qu'en qualité de fils de Neptune, il croyait devoir s'y opposer, et défendre cette jeune fille contre la brutalité du tyran. Minos lui contesta son titre de fils de Neptune, et pour l'obliger à le prouver il tira de son doigt un anneau d'or qu'il jeta dans la mer, en ordonnant à Thésée d'aller le chercher, s'il voulait qu'on le crût fils de Neptune. Il ajouta que pour lui, il ne lui serait pas difficile de prouver qu'il était fils de Jupiter ; et en effet, à sa prière, ce Dieu fit aussitôt briller des éclairs et gronder son tonnerre pour annoncer qu'il l'avouait pour son fils. Thésée, sans rien répondre, se précipita au fond des flots, où il fut reçu par une foule de dauphins, qui le conduisirent aux grottes humides des Néréides, lesquelles lui remirent l'anneau de Minos, et une couronne de diamans très-brillante, dont Vénus avait fait présent à Thétis, pour ses noces. C'est cette couronne que Thésée donna en présent à Ariadne, dont son courage et ses hauts exploits lui avaient mérité la main. Elle fut dans la suite placée aux cieux par Bacchus, après la mort d'Ariadne.

Le sens de cette fiction n'est pas difficile à saisir quand on sait que la couronne boréale descend au sein des flots avant l'*Ingéniculus*, Thésée ; que celui-ci s'y précipite aussitôt après elle, et qu'il reparaît ensuite à l'Orient précédé de la couronne, qu'il semble rapporter avec lui.

Dans la fable du labyrinthe, c'est elle qui guide et qui conduit Thésée; dans celle-ci, c'est Thésée qui se précipite après elle dans la mer comme pour aller la chercher, et qui la ramène ensuite sur la terre ou sur l'horizon. Quelques auteurs font Ariadne fille de Pasiphaë (*a*) ou de la pléiade placée sur le taureau céleste, laquelle, par son coucher, fait lever le serpent sur lequel est placée la couronne. Cette filiation a lieu aussi dans les amours de Jupiter avec Cérès, dont naît Proserpine, à laquelle son père s'accouple également sous la forme du serpent ; d'où naît ensuite le taureau, fameux dans les amours de Pasiphaë. Bacchus donna à la fille de Pasiphaë, ou à Ariadne, ajoute Hygin (*b*), le nom de *Libera*, qui est le nom de Proserpine. C'est aussi le nom que lui donne Ovide dans ses Fastes, où il raconte l'aventure d'Ariadne et les motifs qui firent consacrer aux cieux sa couronne (*c*). Ariadne, dans le discours où elle se plaint de Bacchus, rappelle les amours de Pasiphaë sa mère pour un taureau, et elle dit qu'à plus juste titre, elle a pu être elle-même éprise de la beauté des cornes qui ornent le front de Bacchus (*d*). C'est alors que Bacchus, qui caché derrière elle l'écoutait, l'embrasse, sèche ses larmes, et l'enlève aux cieux, où il place sa couronne, et où elle prend le nom de *Libera*, comme Bacchus celui de *Liber*. Cette dénomination nous mène naturellement à une dissertation sur Proserpine, *Libera*, épouse de Pluton. Nous en avons déjà fait imprimer quelques essais dans l'Astronomie de Lalande. Nous rappellerons ici ce que nous en avons dit, comme pouvant faire suite à notre article *Pluton* (*e*).

(*a*) Hyg., Fab. 224. Apoll. Arg., l. 3, v. 997.—(*b*) Hyg. ibid.—(*c*) Ovid. Fast., l. 3, v. 459-512. — (*d*) V. 520. — (*e*) Ci-dess., t. 2, c. 14.

PROSERPINE.

Au-dessus du serpent est une belle constellation qui lui sert comme de couronne, et qu'on appelle en astronomie couronne boréale et couronne d'Ariadne. Ce nom est rendu en chaldéen par celui de *phertsephon* prononcé le plus souvent *persephone* par les Grecs, et c'est le nom de Proserpine. Nos livres d'astronomie n'ont conservé que la moitié du nom, c'est-à-dire *pher, corona*. Mais en y ajoutant l'adjectif *tsephon* ou *sephon, borealis*, il en résulte nécessairement *phersephon*, et c'est le nom de Proserpine dans les Argonautiques d'Orphée et dans Denys d'Halicarnasse (a). Le nom *sephon* entre aussi dans la composition du mot *Béel sephon* ou Dieu du nord ; nom de l'astre-génie qui veille sur le nord, et de *sephon*. Elle porte encore chez les Arabes l'épithète de *phecca* et *phetta* (b) que Grotius traduit par *soluta*. Cette épithète jointe au nom *pher*, couronne, nous donne également *pherephatta, corona soluta*, le *flos solutus* de Schikardus, nom de la couronne boréale en astronomie, et autre nom de Proserpine chez les Grecs qui nomment cette Déesse, tantôt *phersephone*, tantôt *pherephatta*.

Ces deux noms que les Grecs donnaient à leur Persephone sont donc encore des noms que la couronne boréale porte dans les livres d'astronomie. Les Latins l'appelaient *libera*, nom qui a beaucoup de rapport avec *alpheta* ou *soluta* et *Proserpina* qui vient, non pas de *proserpere*, comme l'a cru Varron (c), mais de *præ serpens*, c'est-à-dire *antè serpens*, celle qui précède le ser-

---

(a) Dionys. Halic., p. 173. — (b) Ricciol., p. 127. Ulugbeigh, p. 22. Hyd. Comm., p. 16. Tab. Alph, p. 216. — (c) Varro de Ling. Lat., l. 4.

pent, parce qu'effectivement elle précède immédiatement le serpent, sur lequel elle est placée, et qu'elle semble annoncer à son lever. C'est ainsi que le petit chien qui précède le lever du grand s'appelle en grec *Procyon*, et en latin *antè canis* et *præ canis* (a). Les étymologies que nous donnons ici sont toutes littérales, et forment un accord assez parfait entre elles, pour qu'on ne puisse douter que les différentes dénominations de la couronne boréale aient donné lieu aux divers noms de Proserpine chez les Grecs et chez les Latins. Néanmoins ce n'est pas sur ce fondement que nous établissons notre théorie sur Proserpine. Il nous faut montrer, par notre méthode ordinaire, que cette couronne est celle de Proserpine, parce qu'elle explique tout ce qu'ont dit les anciens sur Proserpine, et même les choses les plus disparates.

On sait que Proserpine était fille de Cérès. Dans notre système, les filiations des génies-étoiles sont la plupart fondées sur la succession des levers et des couchers. Cette clef, qui nous a déjà servi si utilement dans tant de fables, nous sert encore à expliquer la filiation de Proserpine. La couronne boréale que j'appelle celle de Proserpine se lève immédiatement à la suite de la vierge et de son épi, et ce signe est censé lui donner la naissance, et la ramener sur l'horizon. Mais la vierge, en astronomie, porte le nom de Cérès et de *spicifera*. Hygin nous dit de cette constellation qu'on la nomma Cérès. Germanicus César l'appelle aussi Cérès. Enfin, dans l'horoscope que le vieux Astreus tire de Cérès et de Proserpine, il dit à Cérès qu'elle est désignée dans les cieux par la

---

(a) Germ., c. 53. Hygin, l. 2, c. 36. Tab. Alphon., p. 209.

vierge et par son épi (a), et que l'ascension de ce signe annonce Cérès qui présidera aux moissons. Il est donc assez vraisemblable que la filiation de Persephone et son union à Cérès sont fondées entièrement sur les aspects et la succession des levers, dont l'un produit toujours celui de l'autre. Elle suit de si près la vierge, que Manilius les unit ensemble dans leur ascension, et fait lever la couronne avec les quinze derniers degrés de la vierge céleste ; ce qui peut avoir lieu vers le quarantième degré de latitude septentrionale (b).

Voilà donc déjà un des traits de Persephone qui convient parfaitement à la couronne boréale.

En Phénicie et en Égypte, elle ne se levait qu'avec les dernières étoiles de la vierge et avec les premiers degrés de la balance, signe sur lequel elle est placée ; et lorsque le soleil parcourait ce signe, elle était alors en conjonction avec cet astre, et se levait cosmiquement (c). C'était précisément dans ce temps que se célébraient les grands mystères de ces Déesses, lorsque la vierge finissait de se lever héliaquement ou sous la balance : « Circà » libræ signum, Cereri ac Proserpinæ augusta illa et arcana mysteria instaurari solent (d).

On a trouvé à Rome une statue sur la ceinture de laquelle est représenté l'enlèvement de Proserpine (e). Cette Déesse et le char qui l'enlève sont placés sur un bas-relief où sont tracés les douze signes du zodiaque ; et la place qu'elle y occupe avec son char répond à la vierge et à la balance, c'est-à-dire qu'elle répond aux mêmes signes auxquels elle répond dans le ciel. On y

---

(a) Nonnus Dionys., l. 6, v. 102. — (b) Manil., l. 5, v. 249. — (c) Theon, p. 169. — (d) Julian. Orat. 5. — (e) Aleand. Jun. et Montfauc., t. 1, pl. 41, fig. 1.

voit aussi, près du char, sur le signe suivant, un Hercule armé de sa massue ; et il est impossible d'y méconnaître l'Hercule céleste placé pareillement dans les cieux à côté de la couronne boréale, à laquelle il est uni sous le nom de Thésée : aussi elle porte le nom de couronne de Thésée qui figure comme un des acteurs de cet enlèvement dans la fable de Thésée et de Pirithoüs (a).

Peu de jours après que le soleil était arrivé à la constellation du scorpion, la couronne boréale, le serpentaire et son serpent se couchaient héliaquement, descendaient au sein des flots de la mer d'Hespérie, et disparaissaient, aux yeux d'un Phénicien, sur la Sicile. C'est précisément où l'on plaçait la scène de son enlèvement. Orphée même suppose que Pluton l'enleva le soir (b), à travers la mer ou à travers l'Océan ; et le même auteur fixe en automne ses noces avec le Dieu des enfers, *automnalis desponsata* (c). Aussi était-ce en octobre qu'on célébrait la fête de l'enlèvement de Proserpine au lever du soir du taureau céleste, auquel ce mariage avec Jupiter-serpent donne naissance. Le taureau se levait en effet au coucher du serpent et de la couronne (d). C'était alors que se couchait la couronne, au lever du soir du taureau dont les pléïades, *vergiliæ*, font partie. C'était au commencement des semailles auxquelles Proserpine présidait au lever du taureau et des pléïades qui, dans le calendrier rural, fixaient cette époque importante (e). Diodore de Sicile (f) nous dit aussi que la recherche de Cérès se célébrait au temps des semailles.

(a) Cedren., p. 81.—(b) Jules Firmic. de Prof. Relig. 17.—(c) Orph., Hym. in Phersoph. Poet. Græc. — (d) Plut. de Isid., p. 378. — (e Theon., p. 135. — (f) Diod. Sic., l. 5.

Théou unit dans leurs aspects la couronne boréale et la queue du taureau ou les pléïades (a), et il fait lever la moitié de la couronne avec la balance.

Peu de jours auparavant, la couronne précédait le char du soleil, et fixait, par son lever héliaque, le passage de cet astre dans les signes inférieurs (b), et le commencement du règne de la nuit et de l'empire de Pluton. Elle était donc alors comme le génie des signes inférieurs auxquels elle présidait conjointement avec le serpent. Voilà pourquoi elle était regardée comme la reine du Tartare ou de l'hémisphère inférieur et de nos antipodes : aussi Macrobe dit-il : « Physici terræ superius hemisphe-
» rium, cujus partem incolimus, Veneris appellatione
» coluerunt : inferius verò hemispherium terræ Proser-
» pinam vocaverunt. Ergò apud Assyrios sive Phœnices,
» lugens inducitur Venus quòd sol, annuo gressu, per
» duodecim signorum ordinem pergens, partem quoque
» hemispherii inferioris ingreditur, quià de duodecim
» signis zodiaci, sex superiora, sex inferiora censentur;
» et cum est in inferioribus, et ideò breviores dies facit,
» lugere creditur Dea, tanquam sole raptu mortis tem-
» poralis à Proserpinà retento (c). Voilà pourquoi Proserpine portait le nom de *Juno infera*. On sait également que l'oracle de Claros donne le titre de *Jupiter inferus* ou d'*adès* au soleil, lorsqu'il parcourt les signes inférieurs. Ainsi, l'union de la couronne avec le soleil lorsqu'il passe dans le règne inférieur, et qu'il va échauffer le côté du pôle qui est sous nos pieds, est aussi naturelle que celle de Proserpine avec le roi du Tartare ;

(a) Theon, p. 169. — (b) Columell., l. 11, c. 2, p. 431. — (c) Macrob. Sat., l. 1, c. 21.

car par Pluton l'on doit entendre le soleil peint avec les formes d'Ophiucus et de son serpent, comme nous l'avons prouvé ci-dessus.

Dans le calendrier rural, cette constellation déterminait le temps des semailles, auxquelles elle présidait, et on l'invoquait comme le génie dépositaire de la force germinatrice qui se développe dans le sein de la terre. Ce rapport à la terre et à la végétation obscure qui s'opère alors dans son sein, lui fit donner l'épithète de *chtonia* ou de terrestre qui lui était commune avec Pluton : « Ge-
» nitabilem et alendo aptum spiritum stoïci de sacris
» disputando Dyonisium nominant.... Cererem verò et
» Proserpinam spiritum per terram et fruges permean-
» tem (*a*). Cicéron, en parlant de ceux qui définissaient leurs Dieux d'une manière incomplète, en ne considérant qu'un attribut particulier et une de leurs fonctions principales, nous dit : « Pluto Proserpinam rapuit, quæ
» *Persephon* græcè nominatur, quam frugum semen esse
» volunt (*b*). » Porphyre nous en donne une idée encore plus juste : « Proserpina omnium ex semente nascen-
» tium præses (*c*). » Augustin, nous développant les idées théologiques des anciens sur Proserpine, nous dit d'après Varron (*d*) : « In Cereris sacris prædicantur illa
» eleusinia quæ apud Athenienses nobilissima fuerunt,
» de quibus Varro nihil interpretatur, nisi quod attinet
» ad frumentum, quod Ceres invenit, et Proserpinam
» quam, rapiente orco, prodidit, et hanc ipsam dicit si-
» gnificare fæcunditatem seminum... Dicit deindè multa
» in ejus mysteriis tradi, quæ nisi ad frumenti inventio-

(*a*) Cic. de Nat. Deor., l. 2, c. 26. — (*b*) Cicer., ibid. — (*c*) Porphyr. de Ant. Nymph. — (*d*) August. de Civ. Dei, l. 7.

» nem non pertineant. » Il dit ailleurs : « Proserpinam
» Deam existimatam frumentis germinantibus ; » et dans
un autre endroit : « Eam esse terræ inferiorem par-
» tem : » deux traditions qui se concilient dans notre
théorie.

Eusèbe donne aussi une explication fort approchante
de la nôtre (a). « Proserpina seminum virtus est : Pluto
» vero sol, qui tempore hyemis remotiorem mundi
» partem perlustrat. Idcirco raptam ab eo Proserpinam
» dicunt, quam Ceres sub terrâ latentem quæritat. »
C'est bien là notre système, qui fait de Pluton le soleil
peint avec les attributs de la constellation dans laquelle
le soleil se trouve en automne, et qui, par son coucher
accompagné de celui de la couronne, fixe l'époque où il
va éclairer l'hémisphère inférieur, les régions australes
et le pôle. « Quem sub pedibus Styx atra videt ma-
» nesque profundi (b). »

Proserpine, qui par son lever héliaque déterminait
le passage du soleil aux régions australes, et à l'hémisphère inférieur, déterminait six mois après, par son lever du soir, le retour de cet astre vers nos régions,
lorsque l'astre du jour ramenait la lumière dans nos
climats. Ovide fixe ce lever (c) au 8 des ides de mars,
quatorze jours ou une demi-lunaison avant l'arrivée du
soleil au bélier. Alors la couronne présidait à l'hémisphère supérieur ou boréal, règne de la lumière, et
fixait les moissons égyptiennes qui se font à cette époque. De là cette fable qui suppose qu'elle était six mois
aux enfers et six mois dans le ciel, avec Cérès sa mère.

(a) Euseb. Præp. Ev., l. 3. — (b) Virg. Georg., l. 2, v. 291. —
(c) Ovid., Fast., l. 3, v. 509.

Il devait donc y avoir deux fêtes de Proserpine, l'une au printemps, l'autre en automne. Aussi l'empereur Julien les distingue bien (a); et il appelle les unes celles du bélier, et les autres celles de la balance. « Sanè mys-
» teria bis in honorem Cereris athenienses celebrant.
» Primum parva illa mysteria cùm sol arietem pervadit;
» majora cùm in Chelis versatur. » Il ajoute que ces dernières étaient des fêtes lugubres, de deuil, d'abstinence. Plutarque en dit autant, et Phornutus opposant entre elles ces fêtes, dit à peu près la même chose :
« Proserpinam omnium abstinentiâ colant. Nam jejuna-
» bant in honorem Cereris… Nam quum aliquando rei
» frumentariæ penuriam immitteret Dea, post sementem
» propriis usibus detraxerunt quiddam, ut seminandi
» tempore festum Deæ celebrarent. At verno tempore
» Deæ virentem herbam cum lusu et gaudio sacrificant,
» videntes illam vigorem immittere segeti et abundan-
» tiæ spem protendere. » Salluste le philosophe oppose aussi les fêtes lugubres d'automne, célébrées en honneur de Cérès, aux fêtes agréables du printemps.

Les habitans de l'île de Naxe avaient également deux fêtes d'Ariadne; l'une en septembre, qui était une fête de deuil, et l'autre gaie, vraisemblablement celle du printemps (b). Or, l'Ariadne des habitans de Naxe est la Proserpine des Grecs, et les fêtes célébrées dans le même temps avaient pour commun fondement la même apparence astronomique.

Un trait de la vie de Proserpine, qui présente en apparence les absurdités les plus étranges, s'explique de la manière la plus simple par l'astronomie. Jupiter

---

(a) Julian. Orat. 9. — (b) Plut. vit. Thesei.

amoureux de Cérès ne trouve d'autre moyen pour obtenir ses faveurs que de se métamorphoser en taureau. Sous cette forme il trompe la Déesse : elle s'irrite de sa témérité. Pour l'apaiser elle lui présente les testicules d'un bélier qu'il a coupés, et lui fait croire qu'il s'est mutilé lui-même. De cette union naît Proserpine. Jupiter en devient amoureux ensuite, et s'unit à elle sous la forme d'un grand serpent. De ce mariage naquit un taureau ; de manière qu'on donnait aux initiés dans les mystères de Cérès, cette énigme mystérieuse : « Le taureau engendre le serpent, et le serpent à son tour engendre le taureau. » Clément d'Alexandrie, Eusèbe, Arnobe (*a*), Athénagore (*b*) et Tatien (*c*), rapportent tous cette doctrine secrète des initiations qu'ils regardent comme l'opinion la plus monstrueuse en fait de religion. C'est en effet l'idée qu'elle présente au premier aspect.

Mais cette théologie monstrueuse reçoit un sens dans notre théorie, et l'explication qui en résulte jette un jour nouveau sur les mystères anciens.

Nous avons dit que la couronne boréale se levait acroniquement ou le soir au printemps, lorsque le soleil approchait de la constellation du bélier. Cette époque importante était fixée le matin par le coucher de la vierge ou de la Cérès céleste, et le soir par celui du taureau qui se couchait au même endroit qu'elle, et qui donnait par là naissance à la couronne et au serpent qui montaient alors sur l'horizon. C'est cette phase astronomique qui, arrivant près du bélier, donna lieu à l'allégorie de l'union de Jupiter taureau fécondant Cérès, et jetant

---

(*a*) Arnob., l. 5. — (*b*) Athenag. Lig., p. 77. — (*c*) Tat. Contr. Gent., p. 143.

dans son sein le symbole actif de la fécondité qu'il emprunte du bélier, d'où naît ensuite *Puella florida*, dont il devient amoureux. En effet, six mois après le soleil arrive vers les dernières étoiles de la balance, et s'unit alors à Persephone qui se lève héliaquement avec le serpent céleste placé au-dessous. Ils montent ensemble et se trouvent ensemble encore le soir à l'horizon occidental, et par leur coucher ils font lever le taureau qui, six mois auparavant, par son coucher les faisait lever. C'est cette apparence astronomique et cette succession alternative des levers et des couchers de ces constellations opposées qui sont exprimées dans ce vers mystérieux :

Taurus draconem genuit, et taurum draco.

C'est ce taureau, fils de Proserpine et de Jupiter serpent, que les anciens honoraient sous le nom de Bacchus *Zagreus*, génie élevé par les hyades ou par les étoiles du taureau céleste qu'on peignait avec des cornes de bœuf, dont on faisait le Dieu du labourage, et en honneur duquel étaient instituées les fêtes *sabazia*. En effet, le plus ancien Bacchus, suivant Cicéron, était fils de Jupiter et de la belle Persephone (*a*) : « Dionysios multos » habemus, primum è Jove et Proserpinâ. » Diodore de Sicile prétend que c'était le second Bacchus : « Suivant les mythologues, dit cet auteur, le second Bacchus naquit de Jupiter et de Proserpine. Ce fut lui qui attela les bœufs à la charrue....; les peintres et les sculpteurs le peignent avec des cornes. » Et dans un autre endroit

---

(*a*) Cicer. de Nat. Deor., l. 3, c. 23.

il dit encore : « Quelques-uns prétendent qu'il y a eu un Bacchus beaucoup plus ancien que celui des Grecs, et qui naquit de Jupiter et de Proserpine. Certains auteurs lui donnent le nom de Sabazius : on ne lui offre des sacrifices que la nuit; ce fut lui qui attela les bœufs à la charrue, et facilita les semailles. » Les Chinois ont aussi leur Chin-noug, prince à tête de bœuf et aux yeux de serpent, qui inventa la charrue : c'est l'Osiris égyptien aux cornes de taureau qui inventa aussi le labourage.

Ce fils du serpent et de Proserpine est le taureau céleste, mais considéré à son lever d'automne, époque du labourage et des semailles qui se faisaient, nous dit Plutarque, au lever des pléiades lorsqu'on pleurait la disparition de Proserpine, ou, suivant nous, au coucher de la couronne et du serpent. Le taureau alors passait dans l'hémisphère obscur, et la pleine lune des semailles arrivait dans ce signe; aussi il portait le nom de *Nyctileus* ou de Bacchus nocturne. On le fêtait la nuit, et un bœuf noir était son symbole. Ses rapports à la terre et aux semailles lui firent aussi donner le nom de *chtonios* ou de terrestre, comme à Proserpine et à Pluton. Cet aspect avec la couronne ou avec Proserpine en automne était marqué par l'immolation d'un bœuf noir. Les habitans de Cyzique, dit Plutarque (a), immolaient un bœuf noir à Proserpine. Les Égyptiens avaient aussi leur Vénus ténébreuse dont une vache noire était le symbole, et ils lui donnaient le nom d'*athor*. On la promenait en Égypte dans le deuil de la mort d'Osiris, et dans le temps où, suivant Plutarque, on pleurait en Béotie la disparition de Proserpine.

(a) Plut. vitâ Luculli.

Nonnus dit précisément que Jupiter s'était métamorphosé en serpent lorsqu'il féconda Proserpine et qu'il la rendit mère de Bacchus *Zagreus* ou de l'ancien Bacchus (*a*), et la position du ciel que le vieux Astrée établit au moment de cette conjonction est celle que nous donne le globe à l'instant du coucher de la couronne, et sur laquelle nous établissons toute notre théorie de l'enlèvement ou de la disparition de Proserpine. Voici quel est l'état de la sphère au coucher héliaque de la constellation de la couronne et du serpent qui l'accompagne. A l'horizon oriental est le taureau céleste, signe consacré à la planète de Vénus; au méridien, le verseau consacré à Saturne; à l'horizon occidental, le scorpion consacré à la planète de Mars; et au méridien inférieur le lion, signe consacré au soleil. Voilà les quatre points cardinaux des déterminations astrologiques, ou ceux que l'on observait en tirant l'horoscope; et ce sont ici les signes des quatre planètes qu'Astrée considère pour fixer le moment où le ravisseur de Proserpine trompera la vigilance de Cérès.

Le poëte suppose d'abord que Jupiter médite de donner naissance à un nouveau Bacchus, qui soit l'image de l'ancien Bacchus tauriforme; du Bacchus *zagreus*, fils de Jupiter serpent et de Proserpine. A cette occasion, il peint la jeune Proserpine sous les traits les plus charmans et inspirant l'amour à tous les Dieux. Jupiter surtout, est épris de ses charmes, et la préfère à toutes les Déesses. Cérès alarmée et craignant pour l'honneur de sa fille, va consulter le devin Astrée, occupé à tracer des figures astrologiques. Le jeune Lucifer

---

(*a*) Nonn. Dionys., l. 6, v. 74.

annonce la Déesse : l'astrologue va au-devant d'elle, et son fils Hespérus les introduit dans un appartement où les vents, fils d'Astrée, lui présentent le nectar qu'elle accepte avec peine. Après le festin Cérès consulte Astrée, qui fait apporter par Astérion son globe céleste. Il le fait mouvoir sur son axe, et porte ses yeux sur le zodiaque pour y considérer les aspects des planètes et des fixes. Si à la place des planètes qu'il désigne, les seules qui entrent dans son horoscope, et dont il était aussi difficile à Nonnus qu'à nous de fixer la position au moment du rapt de Proserpine, on substitue les signes des planètes qui ont une place constante et des rapports connus, et que Nonnus lui-même, quelques vers plus loin, distribue comme nous dans le zodiaque, on a l'état du ciel en automne, au coucher héliaque de la couronne, à la pleine lune du taureau. Le scorpion, signe consacré à Mars, est au couchant en aspect avec le taureau de Vénus, et il a à côté de lui, un peu au-dessus, le serpent céleste dont Jupiter prend la forme pour obtenir les faveurs de la belle Persephone, qui se couche avec lui. Le poëte désigne par *centrum subterraneum* le méridien inférieur, occupé par le signe du lion, qui était consacré au soleil, comme le reconnaît lui-même Nonnus, lorsqu'il nous peint Jupiter rétablissant l'harmonie des cieux après l'incendie et le déluge de l'Univers (a).

Il place Mars au scorpion, en aspect avec le taureau siége de Vénus, et il le met au couchant dans son horoscope, place qu'occupe effectivement alors le scorpion céleste.

Le poëte place Saturne au capricorne; mais on sait

(a) Nonn. Dionys., l. 6, v. 233.

que la série recommence ensuite, et qu'il préside également au verseau ; et l'épithète d'*aquosus* ou d'*imbrifer* qu'il donne dans son horoscope à Saturne, convient bien à ce signe, et désigne la maison de Saturne, par où passe le méridien.

Enfin, la circonstance du serpent céleste qui se trouve au couchant avec Mars ou avec le scorpion, fixe incontestablement la position du ciel, et un coucher ou *concubitus serpentis et persephones*. Aussi dans les monumens anciens qui représentent l'enlèvement de cette Déesse, on voit un serpent sous les pieds des chevaux, symbole visible du serpent céleste (a).

Le poëte continue son récit, et nous dit que Cérès, alarmée de cette réponse, attèle ses dragons à son char ; qu'elle s'en va avec sa fille vers la mer Adriatique et jusqu'en Sicile ; que là elle cache sa fille dans un antre, et qu'elle en confie la garde à ses dragons. Il est aisé de voir, par l'inspection d'un globe, que la Cérès céleste ne se lève jamais sans ses dragons. L'hydre de Lerne, placée à côté d'elle, précède son char et l'accompagne toujours, monte sur l'horizon, et finit de se coucher avec elle. Le serpent d'Ophiucus suit de près son lever et son coucher.

On nous peint ensuite la jeune Persephone, qui file et brode dans sa retraite, lorsque Jupiter, se métamorphosant en serpent, assoupit ses gardiens, et pénétrant dans ce sombre asile, la rend mère de Jupiter *zagreus* aux cornes de taureau.

Ce Dieu ne vécut pas long-temps, et fut mis en pièces par les Titans : mais dans ce court espace de vie, il subit

---

(a) Ant. Expliq., t. 1, part. 1, p. 38.

diverses métamorphoses, tantôt portant l'égide de Jupiter, tantôt prenant la forme de l'enfant, tantôt celle du vieillard, tantôt rugissant sous la figure du lion, tantôt hennissant sous celle du cheval, tantôt sifflant sous la forme tortueuse du serpent, tantôt tigre furieux, souvent taureau indomptable, c'est-à-dire, en un mot, subissant toutes les métamorphoses qu'éprouvait l'ame du monde dans sa circulation périodique à travers les fixes, dont ses statues symboliques empruntaient les formes variées qu'on lui donnait dans les diverses saisons.

Tels étaient les dogmes théologiques qu'on enseignait dans les mystères de Bacchus, de Cérès et de Proserpine, dont toutes les fables sacrées contenaient des allégories relatives à l'action de l'ame du monde et à son influence sur la Nature et la végétation, et aux voyages des ames.

Il en était de même des symboles mystérieux qu'on y employait, tels que le serpent d'or qu'on faisait couler dans le sein des initiés, et qu'on retirait par en bas; cérémonie dont il est aisé actuellement d'apercevoir le but allégorique.

Tel est le nom d'Heva ou d'Evan qu'on répétait dans ces mystères, et qui signifie serpent femelle, comme le remarque très-bien Clément d'Alexandrie (*a*). Clément ajoute que les pommes faisaient partie des attributs symboliques exposés dans les mystères, et il cite pour preuve un vers d'Orphée, qui le prouve en effet. Ce monument que nous venons d'expliquer est dans Montfaucon (*b*).

---

a) Clem. Alex. Protrept., p. 4. — (*b*) Antiq. Expliq., t. 1, pl. 20, fig. 3.

Parmi ces différens emblèmes, il en était un qui désignait assez clairement la belle constellation de Persephone : c'est la couronne que portait en pompe l'hiérophante ou le prêtre stéphanophore. Le nom d'anthesphores était donné à ces fêtes. Cette couronne et ces guirlandes étaient des symboles évidens de la constellation que l'on honorait. On voit dans tous les monumens qui représentent l'enlèvement de Proserpine, la corbeille de fleurs qui est renversée. Dans les poëmes allégoriques sur l'enlèvement de cette Déesse, on faisait également allusion à la nature de l'emblème astronomique, en supposant que Proserpine s'occupait à rassembler des fleurs et à composer des guirlandes lorsque son ravisseur la surprit (a). Ces allusions étaient familières aux prêtres astronomes, et elles n'ont point échappé à Manilius. Le poëte astrologue y tire l'horoscope de ceux qui naissent sous ce signe, et il nous dit qu'ils aimeront les fleurs (b).

On voit que les poëtes ont conservé précieusement cette circonstance des guirlandes et des fleurs, qui était comme le mot de l'énigme, et qui contenait une allusion délicate à la couronne céleste, appelée *sertum* et *corolla*. Claudien suppose même que ce fut un stratagème de Vénus pour faire tomber Persephone dans les filets de Pluton, et il y ajoute la circonstance de la couronne : *Se ignara coronat*. A son exemple les femmes qui célébraient ces fêtes, cueillaient aussi des fleurs et se couronnaient, nous dit Strabon (c).

Enfin Ovide dit en termes formels que la couronne

(a) Ovid. Fast., l. 4, v. 425. Metam., l. 5, Fab. 11. — (b) Manil. l. 5, v. 254. — (c) Strabon, l. 6, p. 256.

boréale, appelée autrement couronne d'Ariadne, est la fameuse Proserpine des anciens, de manière que ce que nous prouvons par notre système, se trouve confirmé par le témoignage de l'antiquité. Voici ce qu'il dit (a) :

> Protinus aspicies venienti nocte coronam
> Gnossida : Theseo crimine facta Dea est.
> Jam benè perjuro mutarat conjuge Bacchum,
> Quæ dedit ingrato fila legenda viro.

Il suppose qu'Ariadne se plaint des infidélités de son amant, et que Bacchus qui l'écoutait l'embrasse pour la consoler, et la place dans les astres sous le nom de *Libera* ou de Proserpine :

> Dixerat : audibat jamdudum verba quærentis
> Liber, ut à tergo forte secutus erat.
> Occupat amplexu, lacrymasque per oscula siccat,
> Et pariter cœli summa petamus ait.
> Tu mihi juncta toro, mihi juncta vocabula sume,
> Jam tibi mutatæ *Libera* nomen erit.
> Sintque tuæ tecum faciam monumenta coronæ,
> Vulcanus Veneri quam dedit, illa tibi.
> Dicta facit, gemmasque novem transformat in ignes;
> Aurea per stellas nunc micat illa novem.

Hygin et Lactance confirment la même tradition sur le nom de *Libera*, donné à Ariadne (b).

Dans le beau monument qui représente le mariage de Bacchus et d'Ariadne, un faune, ou Dieu à cornes de bouc, met la couronne sur la tête d'Ariadne, et Bacchus tient dans sa main un serpent, symbole visible du ser-

---

(a) Ovid. Fast., l. 3, v. 459. — (b) Hygin, Fab. 224. Lact., l. 1, 19.

peut céleste dont l'ame du monde ou Bacchus prenait alors la forme, et auquel il s'unissait dans sa conjonction avec la couronne boréale : il était alors Bacchus Sarap (a). Hygin fait Ariadne ou *Libera* fille de la fameuse Pasiphaé qui aima le taureau des constellations ou de la pléiade placée sur ce taureau. C'est, en d'autres termes, la filiation de Proserpine qui naît des amours de Jupiter métamorphosé en taureau.

Ainsi *Libera* ou Persephone est certainement ou une constellation, ou la lune unie à cette constellation ; et les aventures de cette Déesse ne peuvent être que des apparences astronomiques de la nature de celles qui, suivant Chérémon, avaient pour objet le soleil, la lune, les planètes, le zodiaque et les astres en aspect avec eux ; fondement unique de toutes les fables sacrées. Il n'est donc point étonnant de voir Proserpine avec les douze signes dans le monument qui représente l'enlèvement de cette Déesse, et d'y trouver à ses côtés Hercule ou Thésée, comme il l'est dans la sphère des étoiles. Les planètes durent également lui être unies comme elles le sont aux autres astres génies, soit à Bacchus, soit à Apollon, etc. Aussi les anciens disaient que les planètes formaient son cortége et les appelaient *les chiens de Proserpine* (b). La plupart des auteurs l'ont confondue avec la lune, reine de la nuit et de la végétation, à laquelle elle était intimement unie, comme l'astre qui présidait aux signes inférieurs et à l'empire des ténèbres, et comme l'intelligence motrice de la sphère lunaire.

Il sera donc aisé de la reconnaître encore lorsque,

(a) Ant. Expliq., t. 1, pl. 150. — (b) Porphyr. vit. Pythag.

quittant les habits de la Déesse de la nuit, elle prend la parure de Vénus au printemps. C'est ainsi qu'on pourra concilier tout ce que disaient d'elle les anciens, et expliquer le bel hymne d'Orphée à Proserpine, qui, sans cette clef, renferme des idées presque contradictoires, telles que celles de *Lucifera*, etc.

>Vitæ datrix,
>Quæ tenes inferni portas sub profunditatibus terræ,
>Furiarum genitrix, subterraneorum regina,
>Temporum contextrix, Lucifera.... Fructibus florens,
>Benè lucens, verna, palustribus gaudens auris,
>Sacrum manifestans corpus, germinibus fructiferis
>. . . . . Autumnalis desponsata
>Vita et mors sola, Persephone, quæ fers omnia
>Et omnia occidis.
>Audi, beata Dea, et fructus reduc à terra.

On voit qu'il suffit de la considérer dans la double époque qu'elle fixait par son lever et son coucher, et dans ses unions à la lune pleine ou nouvelle, pour expliquer toutes les dénominations, et concilier deux idées aussi contraires que celles de reine de la vie et de la mort.

Ainsi, sous quelque point de vue qu'on envisage l'histoire de Proserpine, soit qu'on cherche l'étymologie de ses différens noms, soit qu'on explique la théologie monstrueuse de sa naissance et de son hymen, et ses autres aventures, soit qu'on examine l'horoscope de son enlèvement ou de ses amours avec le Dieu-serpent, tout s'accorde à prouver que Proserpine est la constellation de la couronne boréale ou d'Ariadne; ou au moins qu'elle est la lune pleine ou nouvelle dans la balance, en conjonction avec la couronne d'Ariadne; car il a existé pour la lune la même confusion que pour le soleil. On a donné souvent son nom à la constellation qui lui prêtait ses attributs, comme le soleil a donné son nom d'Hercule à la constellation voisine de la couronne.

Nonnus, dans ses Dionysiaques, (*a*), a parlé assez au long des amours d'Ariadne et de Bacchus, et de la consécration que ce Dieu fit aux cieux de la belle couronne d'Ariadne, pour y être un monument éternel de leurs amours. Comme ce morceau a été extrait dans notre chapitre sixième sur les Dionysiaques et sur Bacchus, nous y renvoyons le lecteur (*b*).

On donne à Ariadne les noms d'*aridéla* (*c*), c'est-à-dire de très-claire. Peut-être le nom d'Ariadne, composé d'*ari*, fort, et d'*adné*, lumineuse, signifie-t-il la même chose. Aratus et Théon lui donnent celui d'*agavé*, d'*agauos*, *splendidus* (*d*).

On distingue surtout dans la couronne une belle étoile au milieu du bord circulaire qui la forme, et qui en est comme le nœud. Elle se nomme la perle, *margarita* (*e*), *gemma*, *margarita coronæ*, *lucida coronæ*, *pupilla*. Elle s'appelle aussi chez les Babyloniens *alpheta*, *alphecca*, *elepheta* (*f*), *alphacca*, *alphakaho*.

Chez les Arabes, *munir*, *munir*, *malfelcare* (*g*), *acliuschemali*, *aclileuschemali*, *achliluschemali* (*h*).

Chez les Hébreux, *atarah*, *itter*, *pheer*, *phaar*.

Chez les Grecs, *stephanos* (*i*) *prôtos* et *boreios*, *stephos*, *stemma*.

(*a*) Nonnus, l. 48, v. 971; l. 25, v. 145; l. 47, v. 70. — (*b*) Ci-dess., t. 2, c. 6. — (*c*) Hesych. — (*d*) Arat., v. 71. Théon, p. 15. — (*e*) Cæs., c. 12, p. 140. — (*f*) Leopold. — (*g*) Nabod. Astrol., p. 207. — (*h*) Bay., tab. G. Ricciol., p. 127. Kirk., p. 197. — (*i*) Hipparch., l. 1, c. 7. Arat., v. 71.

Chez les Latins, *corona*, *corolla*, *capitis insigne*, *corona ariadnea*, *gnossia corona* dans Virgile (a); *sertum* (b).

Abulmazar la nomme *cælum* (c); ailleurs elle est appelée *parma*; ici *oculus*. Ces noms viennent de sa rondeur.

Dans U lughbeigh, la luisante de la couronne (d) est *naïr al-phecca*, *phecca*.

La couronne elle-même, dit Hyde (e), se nomme chez les Arabes, *aliclil*, *schemali*, ou simplement *aliclil*.

Le vulgaire nomme ses sept étoiles circulaires, *kàse shekèste*, *scutella fracta*, *kàschi dervishan*, *scutella pauperum*, *kasà-almasakin*, *kasàalsadlik*. Le nom de *naïr* et d'*alphecca* (f), corrompu, a produit *munir*, *malfelcare*, *elpheta*, etc. *Alpheta* g), *alpheva* chez les Syro-Chaldéens, d'*alphelia*, d'*alfalea*, *alfacca*, *alfalta* (h). Deux des étoiles voisines de *phecca* se nomment *almasakàn* et *almasakàn*.

La couronne touche d'un côté l'épaule gauche du bouvier, et de l'autre le talon droit de l'Hercule *ingeniculus*. Elle se couche au lever du cancer et du lion, et se lève avec les chèles et le scorpion (i).

Columelle (j) fixe au 4 des nones de juillet le coucher du matin de la couronne; au 3 des nones d'octobre (k) le commencement de son lever, avec annonce de la tempête; au 8 des ides d'octobre, le lever de la luisante de la couronne; au 3 et à la veille des ides, le lever total du matin de la couronne : alors souffle le vent auster accompagné quelquefois de pluie.

(a) Virg. Georg., l. 1, v. 222. — (b) Martian. Capell., l. 2, c. 1. — c Cæs., p. 1jo. — d Ulughbeigh, p. 22. — e, Hyd. Comm., p. 16-17. — (f) Comm. sur Alfrag., p. 106. — (g) Tabl. Alph., p. 200-216. — h) Scalig. not. in Sphær. Barb., p. 430. — (i) Hyg., l. 3, c. 4. — j Columell., l. 11, c. 2, p. 428. — l P. 721.

Ovide (a) marque au 8 des ides de mars un lever de la couronne. C'est à cette occasion qu'il rapporte ses amours avec Bacchus.

XII. L'HERCULE AGENOUILLÉ.

La figure céleste, appelée *engonasis* chez les Grecs (b), *ingeniculus* chez les Latins, deux mots qui se traduisent par *agenouillé*, à cause de la position qu'elle a dans la sphère, a été regardée, par les anciens, comme celle d'Hercule, dont d'ailleurs elle a tous les attributs, tels que la massue, la peau de lion et la branche de pommes cueillies au jardin des Hespérides (c). Ce héros y paraît combattre et écraser sous son pied le terrible dragon (d) qui gardait l'arbre qui portait ces pommes précieuses (e). Souvent il portait un globe étoilé sur sa tête, comme s'il se fût chargé du fardeau d'Atlas. D'autres fois, c'était un hémisphère concave ou cadran solaire que ses statues portaient (f).

Quelques auteurs ont placé, dans la constellation de l'*Ingéniculus* (g), Ceteus, fils de Lycaon, père de Mégisto, lequel semble pleurer le sort de sa fille changée en ourse. Car il est représenté agenouillé, les mains étendues (h) vers le ciel, et comme suppliant (i) les Dieux de la lui rendre. Cette peinture était plutôt celle de Céphée.

(a) Fast., l. 3, v. 46. — (b) Procl., c. 14. Tatien, p. 149. Eratosth., c. 4. Gemin., p. 7. Hipparch., l. 1, c. 2. Arat., v. 15. Theon, p. 169. — (c) Hyg., l. 2, c. 7. Germinal., c. 3. Eratosth., c. 3. — (d) Germ. ibid. Eratosth., c. 1. — (e) Cedren., t. 1, p. 18. — (f) Bay., tab. 7. — (g) Hyg., l. 2, c. 7. — (h) Germ., c. 3. — (i) Theon, p. 115.

Hegesianax (a) y voyait Thésée à Trézène, soulevant avec effort l'énorme pierre sous laquelle Égée, son père, avait caché l'épée qu'il devait lui apporter à Athènes, pour se faire reconnaître comme son fils par ce trait de force. C'est pour cela que la lyre placée à côté de l'*Ingéniculus*, s'appelle lyre de Thésée, parce que ce héros, instruit dans tous les arts, avait aussi cultivé la musique.

Quelques-uns plaçaient dans cette constellation Thamiris que les Muses avaient frappé d'aveuglement, et qui était à genoux à leurs pieds. D'autres y voyaient Orphée tué par les femmes thraces, pour avoir porté un œil curieux dans les mystères de Bacchus.

Eschyle, dans la Tragédie de Prométhée, prétend que c'est Hercule combattant, non pas le dragon des Hespérides, mais les Liguriens. Il dit qu'après la conquête des bœufs de Géryon, Hercule, revenant en Italie, traversa la Ligurie. Les peuples de ce pays voulurent s'opposer à son passage et lui ravir ses bœufs. Il fut forcé de se mesurer contre eux, et il en perça plusieurs de ses traits; mais ayant épuisé son carquois, il fut assailli par la foule de ces barbares qui le blessèrent. Il se mit à genoux et pria Jupiter de le secourir. Ce Dieu, sensible à son malheur, fit pleuvoir une grêle de pierres, dont se servit Hercule contre ses ennemis qu'il mit en fuite. Jupiter plaça aux cieux l'image de ce héros dans l'attitude où il était en combattant.

Abulmazar, au second décan des gémeaux, place *fistulator*, *ternuelles* et *Hercule* : mais on sait que l'un des gémeaux était Hercule, et qu'on peignait aussi l'autre avec une flûte.

(a) Hygin., p. 115.

On lui donna encore les noms de *oclazón, corunétos, corunéphoros* (a), porte-massue. Nous le trouvons, sous ce nom, dans le premier travail de Thésée. C'est ce mot que les Latins ont rendu par *claviger, clavator*.

On le nomma aussi *charops, torvè intuens* (b), *cernuator* (c).

Les Grecs l'appellent *engonasis, gnux, eripón, oclazon*, agenouillé, couché (d).

Les Latins le nomment *ingeniculus, procidens in genu, genu prolapsus* (e), *incurvatus in genu, genu flexus* (f), *nixus, nisus, nessus*, toutes traductions des noms grecs qui signifient agenouillé ou appuyé sur un genou.

On l'appelle aussi *saltator* (g), *aper, imago laboranti similis* (h), *amphitryoniades, heros tirynthius, oetaeus, canopius, puliceus, callinicus, mellus, melon, melicartus, malica, desanus, desanés, diodas, palaemon, maceris*. Chez les anciens Germains, *almannus*; chez les Romains, *sancus* (i). Il porta aussi les épithètes de *trapezius*, de *cubistés, in caput saltans, polyplanetos, multis laboribus hinc et illinc agitatus*; de *palaeus, epipalaeus*; de *gignon* ou *gigon* (j).

La luisante de la tête se nomme *ras al-gjathi* (k), tête de l'agenouillé: on lit souvent par corruption *rasaben* (l). C'est ainsi que la nomment les nouvelles Tables Alphonsines (m). Les uns en ont fait *rasol gathii* (n). Les autres l'appellent *ras-algethi* (o).

(a) Hyd. ibid. — (b) Riccioli, p. 126. — (c) Caes., p. 154. — (d) Bay., tab. 7. — (e) Ausone. — (f) Tab. Alph., p. 216. — (g) Gosselin, p. 5. — (h) Bay., t. 7. Arat., v. 63-73. Tab. Alph., p. 208. — (i) Caes., c. 15, p. 154-155. — (j) Caes. ibid. — (k) Ulugbeigh, p. 24. — (l) Hyd. Comm., p 17. — (m) Tab. Alph., p. 216. Caes. ibid. Scal., p. 431. — (n) Caes., ibid. — (o) Bay., tab. 7.

L'étoile de l'épaule gauche se nomme *rutilicum* par les Barbares (*a*). Celle qui paraît à la main gauche, d'autres disent au coude droit, s'appelle *marsic* ou *marsic*, *reclinatorium*, et *marsicon agôna* et *cubiton* chez les Grecs (*b*).

Celle du coude droit, *maasym* : celle de l'extrémité inférieure de la massue se nomme *cateia* ou *caia* (*c*).

Les Arabes peignent dans cette constellation un chameau avec son harnois (*d*).

Hercule se couche la tête la première (*e*), ayant l'air d'être suspendu par les pieds au cercle arctique : il se relève les pieds les premiers ; sa jambe reparaît avec la balance, le milieu de son corps avec le scorpion, la main gauche et la tête avec le sagittaire ; de manière à mettre trois signes dans la durée de son développement (*f*). Serait-ce là l'origine de la fiction sur les trois nuits que mit Jupiter à donner naissance à Hercule ?

L'*Ingéniculus* (*g*) est placé entre le cercle arctique et le tropique, et termine le cercle arctique par ses deux pieds et son genou droit. Les premiers doigts du pied droit touchent le cercle polaire, et le pied gauche tout entier s'appuie sur la tête du dragon ; ses épaules soutiennent le tropique d'été, qu'il touche de sa main droite. Sa main gauche se porte vers son genou gauche. Les quatre étoiles de la main gauche forment ce qu'on appelle la peau du lion. A la main droite est une étoile qui est celle de la massue (*h*).

Il est des traditions qui portent (*i*) que c'est Ixion

(*a*) Bay., ibid. Cæs., p. 156. — (*b*) Cæs. ibid. Scalig., p. 430. — (*c*) Ricciol., p. 126. Cæs. ibid. — (*d*) Cæs., p. 156. Scalig., p. 430. — (*e*) Hygin, l. 3, c. 5. — (*f*) Theon, p. 169. — (*g*) Hyg., l. 3. — Germ., c. 3. Eratosth., c. 4. — (*i*) Hygin, ibid.

qui est figuré dans la constellation de l'*Ingéniculus*. Il y est représenté les bras attachés en punition de la violence qu'il voulait faire à Junon. On sait que cette Déesse, pour le tromper, substitua à sa place une nuée (*a*) qu'Ixion prit pour elle. De cette union naquirent les centaures. Le sagittaire effectivement se lève aux cieux à la suite de l'*Ingéniculus* (*b*); et le centaure proprement dit se lève en même temps. La couronne australe, placée au pied du centaure sagittaire, se nomme roue d'Ixion (*c*). Elle est dans la partie du ciel inférieur appelée les enfers. C'est en achevant de se lever qu'Ixion ou l'*Ingéniculus* la ramène sur l'horizon; aussi disait-on d'Ixion qu'il roulait sa roue aux enfers (*d*).

Enfin, il est des auteurs qui ont cru que l'*Ingéniculus* était le fameux Prométhée (*e*) attaché sur le Caucase, à côté de son vautour. Comme Hercule *Ingéniculus* se levait le soir à l'équinoxe de printemps, au moment où le feu *éther* vient embraser la terre, et où le soleil anime la matière fécondée par les pluies du printemps, on dit que Prométhée avait dérobé le feu *éther* qui anime la matière, et qui est principe de vie et de sensations dans les animaux. Les hommes, dit Hygin (*f*), demandaient aux Dieux le feu, et ne savaient point le conserver. Ce fut Prométhée qui l'apporta sur la terre et qui leur apprit à le garder sous la cendre. Pour l'en punir, Mercure, par ordre de Jupiter, l'attacha avec des clous de fer sur le Caucase, et plaça près de lui un aigle qui lui rongeait le foie, de manière que ce qui avait été

(*a*) Fulg. Mythol., l. 2, Fab. 18. Hygin. Fab. 62. — (*b*) Theon, p. 169. — (*c*) P. 145. — (*d*) Hygin, Fab. 62. — (*e*) Hygin, l. 2, c. 7. — (*f*) Hyg. Fab. 144.

dévoré le jour renaissait la nuit pour être rongé encore. Ce qu'on disait de Prométhée ou de la constellation qui le soir, par son lever, annonçait le printemps, on le disait aussi de Persée ou de celle qui le matin, par son lever, annonçait la même époque de la révolution annuelle, et qui précédait le char du soleil, comme Prométhée celui de la nuit. En effet, on prétend que ce fut Persée qui fit descendre le feu céleste dans les pyrées de la Perse, et qui apprit aux mages à le garder (a). C'est à cette même époque du printemps que l'on faisait le feu nouveau sur les autels de Vesta (b).

Les Arabes appellent l'Hercule céleste *algiethi* (c), *alcheti* (d), *elcheti*, *elracha* (e), *hala reckabateh* (f).

Les Arabes, dit Hyde dans son Commentaire sur Ulugbeigh (g), le nomment *gjathi ala rucbatihi*, *incumbens genibus*. On a souvent corrompu ce nom en d'autres, tels qu'*elgiaziale rulxbachei*. Les Perses le nomment *berzanu nisheste*, *genubus insidens*. De-là peut-être les noms de *ternuelles* (h), *sandès* et *zernuelles*, nom qui vient de *zurna* ou *zernai*, une flûte dorée ; et *sandès* viendra de *zurnaizan*, *fistulator*. La position d'Hercule près de la lyre a pu donner naissance à cette dénomination.

(a) Cedren, p. 23. — (b) Macrob. Sat., l. 1, c. 12. — (c) Stoffl., p. 108-109. Bay., tab. 7. — (d) Alfrag., c. 22. Comm., p. 107. — (e) Kirk. Œdip., t. 2, part. 2, p. 197. — (f) Com. Alfrag., p. 106. — (g) Hyd., p. 17. Bay., tab. 7. — (h) Ricciol., p. 128. Bay., tab. 7.

XIII. LE SERPENTAIRE.

La constellation du serpentaire, nommée par les Grecs *ophiuchus*, et par les Latins **anguitenens** (a), est placée sur le scorpion, et représente un homme qui tient de ses deux mains un serpent qui lui enveloppe le milieu du corps.

Les anciens astrologues (b) le nomment Esculape.

On a vu effectivement, dans notre article Sérapis et Esculape, où nous parlons du Dieu-soleil peint avec les formes du serpent, que c'est cette constellation qui nous sert à expliquer le culte d'Esculape et son histoire merveilleuse, ainsi que la fable qui le fait naître des amours d'Apollon avec la pléiade Coronis. C'est cet Esculape, fameux par ses talens en médecine, qui ressuscitait les morts et qui rendit la vie au cocher céleste, lequel se lève à son coucher, et qui est connu dans la fable sous le nom d'Hippolyte, fils de Thésée (c). Jupiter irrité l'avait frappé de sa foudre, lui et sa maison: mais, touché ensuite par les prières d'Apollon, il lui rendit la vie et le plaça aux cieux (d).

D'autres auteurs disent qu'il avait rendu à la vie Glaucus, fils de Minos (e); que Jupiter, pour l'en punir, brûla sa maison des feux de sa foudre; et qu'en considération de ses talens et d'Apollon son père, il le plaça aux cieux, tenant en ses mains un serpent. Voici la raison de cet attribut. On dit qu'étant chargé de ramener

---

(a) Hygin, l. 2, c. 15. — (b) German., c. 5. Eratosth., c. 6. Hyg., c. 15. Serv. Comm. in AEneid., l. 11, v. 259. — (c) Eratosth., c. 6. Hyg., l. 2, c. 15. — (d) German. ibid. Eratosth. ibid. — (e) Hyg., l. 2, c. 15.

à la vie Glaucus, Esculape s'était retiré dans un lieu secret, tenant en sa main une baguette. Tandis qu'il rêvait aux moyens de ressusciter Glaucus, un serpent vint se glisser près de lui et de sa baguette. Esculape troublé le frappa et le tua de plusieurs coups de cette même baguette. Il en vint bientôt un autre, tenant à sa gueule une herbe qu'il lui laissa, et il s'en alla. C'est de cette herbe qu'Esculape fit usage pour ressusciter Glaucus. De-là est venu que le serpent a été mis sous la protection d'Esculape, et placé aux cieux.

D'autres auteurs y ont vu Hercule (*a*) tenant le serpent qu'il avait tué près du fleuve Sangaris, en Lydie. Ce serpent ravageait le pays, désolait les moissons, et avait fait périr beaucoup d'hommes. Omphale, reine de Lydie, récompensa par de riches présens ce service que lui avait rendu Hercule, et Jupiter, par admiration pour le courage de ce héros, le plaça aux cieux avec le serpent qu'il avait tué.

Certaines traditions y placent Triopas, roi de Thessalie, qui, pour couvrir et orner son palais, démolit un ancien temple de Cérès. La Déesse, pour le punir, le condamna à une faim que rien ne pouvait rassasier (*b*). Nous verrons bientôt Théon qui en fait le fameux Tantale dont la soif ne peut être étanchée. Vers la fin de sa vie, Triopas fut exposé à un serpent qui le tourmenta beaucoup, et qui enfin lui donna la mort. Cérès consentit depuis qu'il fût mis aux cieux. D'autres auteurs prétendent que c'est Carnobuta, roi des Gètes, que cette Déesse avait placé dans la constellation du serpentaire (*c*).

(*a*) Hygin, ibid. Theon, p. 116. — (*b*) Hyg. ibid. — (*c*) Hyg. ibid.

On dit que ce prince était monté sur le trône au même temps où Cérès fit la découverte du blé qu'elle communiqua aux mortels. En effet, Cérès, lorsqu'elle fit part aux hommes de ses présens, plaça sur un char attelé de dragons Triptolème qu'elle avait nourri. La Déesse lui avait ordonné de parcourir l'Univers et d'y distribuer les semences des moissons, afin de retirer les hommes de leur vie agreste et sauvage. Triptolème arriva chez Carnobuta, roi des Gètes, qui d'abord le reçut avec amitié; bientôt après, il fut traité, non comme un étranger à qui on donne l'hospitalité, ni comme un bienfaiteur, mais comme un ennemi cruel; et celui qui voulait prolonger par ses bienfaits la vie des autres hommes, courut le danger de perdre la sienne. Carnobuta fit tuer un des dragons qui attelaient son char, afin qu'il ne pût pas fuir lorsqu'il s'apercevrait qu'on en voulait à ses jours. Cérès, qui vit le danger, se transporta en ces lieux et remplaça le premier dragon par un autre, en même temps qu'elle punit ce roi de sa perfidie. Pour perpétuer dans la suite des siècles le souvenir de cet événement, elle plaça aux cieux Carnobuta, tenant en ses mains un serpent qu'il a l'air de vouloir tuer.

Les Rhodiens, adorateurs du soleil, voyaient, dans le serpentaire, *Phorbas*, qui leur avait été autrefois d'un grand secours en tuant les serpens qui infestaient leur île, appelée d'abord Ophiusa ou l'île des serpens. Ces reptiles s'étaient multipliés à l'infini, et avaient fait de grands ravages. On parlait surtout d'un dragon, tel que celui qui est fameux dans l'histoire romanesque des chevaliers de Malte établis à Rhodes, lequel avait fait périr beaucoup de monde, et forcé les Rhodiens à se bannir de leur patrie. Phorbas, fils de Triopas, vint par hasard aborder dans ces lieux. Il délivra l'île de tous les animaux féroces qui l'infestaient, et tua le redoutable dragon. Comme il était chéri d'Apollon ou du soleil, adoré des Rhodiens, ce Dieu le plaça aux cieux, où il est représenté tuant le serpent, et son image y perpétue le souvenir de sa victoire. Ce serpent est le fameux Python dont Apollon lui-même triompha. Toutes les fois que les Rhodiens s'embarquaient et entreprenaient quelque voyage éloigné, ils sacrifiaient à l'heureuse arrivée de Phorbas, et faisaient des vœux pour obtenir des succès aussi glorieux que les siens, lesquels lui avaient mérité une place aux cieux. Diodore de Sicile (a) raconte la même histoire qu'Hygin, avec cette différence que c'est d'après un ordre exprès de l'oracle de Délos, que les Rhodiens avaient été chercher Phorbas, né en Thessalie du sang des Lapithes, et l'avaient invité à s'établir dans leur île et à partager avec eux leur territoire; que Phorbas s'y était rendu; qu'il avait purgé l'île de serpens, et que les bienfaits dont il avait comblé les hommes durant sa vie lui avaient mérité après sa mort les honneurs que l'on décerne aux héros.

Théon (b), outre le nom d'Hercule, donne au serpentaire ceux de Prométhée, de Tantale, de Tybris, de Thésée, d'Ixion. Il y voit Hercule ramassant les pierres que ce héros lance contre les Liguriens. Je crois que c'est une erreur, et qu'il a transporté à l'Hercule *Ophiucus* ce qui appartient à l'Hercule *Ingeniculus*, Prométhée, Thésée, etc.

(a) Diod., l. 5, c. 58. — (b) Théon, p. 116.

C'est par cette constellation que nous avons expliqué la fable de Jason dont elle porta aussi le nom (a), ainsi que celle de Cadmus.

Quant à celle de Tantale, je n'ai qu'une observation à faire ; c'est que toutes les fois que le serpentaire monte à l'orient, le fleuve d'Orion qu'il aperçoit au couchant, se cache, et que, quand il se couche lui-même, le même fleuve reparaît à l'orient, en sorte que ce fleuve et lui semblent éternellement se chercher et se fuir. Voilà je crois, l'origine de la fiction sur le supplice de Tantale. Ce prince régnait en Lydie (b), pays fameux par le culte d'Atys ou de l'Esmun phénicien, dont le culte a été rapporté plus haut à celui du serpentaire (c).

Les Arabes nomment le serpentaire *alhauwa* (d), *al-hâwi*, et par corruption on fit *al-hangue* (e) et *al-hague*, à moins que ce ne soit l'article arabe, *al*, uni au mot *anguis*, en latin, lequel signifie serpent. On en fit aussi *azalange* : les Turcs disent *yilange* (f) et *al-yilange* ; d'autres *al-ange*, ceux-ci *al-haure* (g).

La brillante de la tête du serpentaire s'appelle *al-raï*, le berger, *râs al-hauwa*, la tête du serpentaire ; la précédente de l'épaule droite, *chelb al-raï* (h), le chien du berger. On appelle aussi la brillante de la tête, *râsal-hague* (i), *râsalangue* (j).

La plus boréale de la main se nomme *yed* (k).

Les Grecs appellent le serpentaire en général *Ophiu-*

(a) Cæs. c. 13, p. 146. — (b) Strab., l. 1, c. 58. — (c) Ci-dessus, t. 2. — (d) Hyd. Comm. Ulugbeigh. Comm. Alfrag., p. 106. — (e) Alph. tab. 219. Scalig., p. 333. Ricc., p. 125. — (f) Hyd. ibid. — (g) Stoffl., c. 14. — (h) Omar, l. 3, c. 19. — (i) Ulugbeigh, p. 40. — (j) Ricciol, p. 128. Bay., tab. 13. Scalig., p. 433. — (k) Tab. Alph., p. 219.

chus (a). Ils lui donnent l'épithète d'aigleis (b) et de mogeros (c), aglaopès (d), aiglaer et aiglétos (e).

Les Latins le nomment anguifer, anguitenens, serpentis lator, effœminatus, ophiulchus, ophiultus, serpentis præses, Cæsius, Glaucus. On l'appelle aussi Cadmus, Jason, Æsacus, Laocoon, Aristæus (f).

La sphère des Maures y peint une cigogne ou grue placée sur un serpent (g). Il semble que ce soit l'ibis des Égyptiens combattant ce serpent. La grue est un animal qui fuit les froids d'automne et d'hiver, dit Élien (h): elle retourne en Thrace au printemps.

Columelle marque au 11 des calendes de juillet le coucher du matin d'Ophiucus, avec annonce de tempête (i). Ovide le fixe au même jour, et raconte à cette occasion la résurrection d'Hippolyte par Esculape (j). Le serpentaire appuie son pied droit sur le dos du scorpion, et le gauche sur l'œil de cet animal. Théon prétend qu'il n'en a qu'un visible, et que l'autre est caché (k); ce qui s'accorde avec la fiction sur Jason, laquelle suppose qu'il avait un pied chaussé et l'autre nu.

On trouve dans Théon (l) la description du serpentaire, et sa position relativement aux cercles de la sphère et aux fixes avec lesquelles il se lève ou se couche. Il se couche, dit-il, au lever du cancer, et cela depuis les genoux jusqu'aux épaules, avec son serpent caché jusqu'au cou. Au lever du scorpion se lève sa tête, et ses

---

(a) Ricciol., p. 128. — (b) Arat., v. 76. Hipp., l. 1, c. 2. Théon, p. 116. — c Nonn. l. 1, v. 253. — (d) Arat., v. 577. — (e) Hesych. — f) Cæs., c. 13, p. 146. Bay., t. 13. Ricciol., p. 126. — (g) Cæs., ibid. Bay., ibid. — (h) Ælian. de Animal., l. 1, c. 1; l. 3, c. 13. Oppian., l. 5, v. 530. — (i) Columell., l. 11, c. 2, p. 427. — (j) Ovid. Fast., l. 9, v. 735. — (k) Théon, p. 116. — (l) C. 2.

mains paraissent avec une partie du serpent. Au lever du sagittaire, tout son corps est levé avec les replis de la queue du serpent. Hygin le fait coucher avec le lever des gémeaux, du cancer et du lion ; et lever avec le scorpion et le sagittaire (*a*).

XIV. LE SERPENT.

Le serpent que tient Esculape (*b*) touche presque avec sa tête la couronne, et traverse le corps d'Ophiucus. La partie supérieure de son corps est plus longue que celle qui dépasse le corps du serpentaire. L'extrémité de la queue du serpent joint le cercle équinoxial avec la queue de l'aigle. Théon dit qu'il a sa tête près des chèles ou des serres du scorpion (*c*). C'est le serpent qui fut mis sous la protection d'Esculape et placé aux cieux (*d*).

L'étoile du milieu des trois qui suivent le premier pli de la tête sont *Unuk al-hauja* (*e*). *Al-ahaija* en arabe est le nom du serpent femelle (*f*).

Les Hébreux l'appellent *alchaia, chaia* ; les Arabes, *el-evan* (*g*) ; les Perses, le serpent d'Ève (*h*).

On l'appelle *enchelus, anguilla* (*i*), *coluber, anguis, ophis, serpens Ophiuchi, serpens sangarinus, Esculapii, Laocoontis, Cæsii seu Glauci; lesbius draco, tiberinus* (*j*), *dibar, diban* (*k*).

(*a*) Hygin, l. 3. c. 13. — (*b*) Ibid. — (*c*) Theon, p. 117.—(*d*) Hyg., l. 2, c. 15. — (*e*) Ulugbeigh, p. 46. — (*f*) Hyd. Comm. 24. Comm. Alfrag., p. 106.—(*g*) Kirk. OEdip., t. 2, part. 2, p. 197.—(*h*) Chardin, t. 3. — (*i*) Bay., t. 14. — (*j*) Cæs., c. 14, p. 153. — (*k*) Hesych.

XV. LA LYRE OU LE VAUTOUR.

Cette constellation passe pour être la lyre que Mercure se fit avec une écaille de tortue, et qu'il remit ensuite à Orphée, fils de Calliope et d'OEagrius (a); aussi porte-t-elle les noms de lyre de Mercure et de lyre d'Orphée (b). Elle porte également celui de lyre d'*Ingéniculus* et de Thésée (c), à côté de qui elle est placée.

On raconte (d) que le Nil, après s'être débordé, étant rentré dans son lit, laissa à sec une tortue, laquelle tomba en putréfaction, à l'exception de ses nerfs que toucha Mercure, et qui, sous ses doigts, rendirent des sons. Mercure, à l'imitation de ce qu'il avait fait avec cette écaille, composa un instrument musical de la même forme. Il le donna à Apollon; d'autres disent à Orphée qui était fils de Calliope, une des Muses. Celui-ci établit dessus neuf cordes, nombre égal à celui des Muses. Les sons de cet instrument étaient si harmonieux qu'il attirait à sa suite les arbres, les bêtes, les rochers même sensibles à ses accens (e). Il descendit avec aux enfers pour en tirer Eurydice sa femme. On dit que, comme il honorait singulièrement Apollon, en qui il voyait le plus grand des Dieux, et qu'il ne rendait aucun honneur à Bacchus, à qui il devait une partie de sa gloire, ce Dieu l'en punit. Il était sur le mont Pangée, attendant le lever du soleil pour être le premier à lui rendre hommage (f), lorsque Bacchus détacha contre lui les bacchantes qui le mirent en pièces. Après avoir rassemblé ses membres,

---

(a) Hygin, l. 2, c. 8. — (b) Lucian de Astrol., p. 988. — (c) Hygin, l. 1, c. 7. Arat. 615. Kirk., p. 197. — (d) Germ., c. 23. Isidor. Orig., l. 3, c. 4. — (e) Lucian., ibid. — (f) Eratosth., c. 24.

elles l'ensevelirent sur les monts de Lesbos, et donnèrent sa lyre à Musée. Elles prièrent Jupiter de placer aux cieux cette lyre pour perpétuer le souvenir de son nom et de son goût pour la musique (a). On prétend que ce furent les Muses (b) qui, du consentement de Jupiter et d'Apollon, rassemblèrent les parties de son corps, leur donnèrent la sépulture à Libethris, et placèrent sa lyre aux cieux, ne sachant à qui la donner. On dit que les cordes étaient formées des nerfs des bœufs d'Apollon; que d'abord le nombre des cordes était de sept, égal à celui des pleïades, dont Maïa, mère de Mercure, était une; et qu'Orphée, fils de Calliope, une des Muses, en porta le nombre à neuf, nombre égal à celui des Muses.

Quelques auteurs pensent que le nombre sept des cordes était relatif, non aux pleïades, mais aux planètes (c). Ils ajoutaient qu'Apollon l'ayant donnée à Orphée, elle passa à Musée après la mort de celui-ci ; et que Musée obtint de Jupiter qu'elle fût placée aux cieux. On prétend qu'elle était un ouvrage de Mercure, qui la fabriqua étant encore enfant; car il n'avait encore que trois jours (d). Elle fut placée près de l'*Ingéniculus*, et destinée à l'instruction de Thésée ou de l'*Ingéniculus*, qui porte les noms d'Hercule, de Thésée et d'Ixion.

Certains auteurs prétendent (e) qu'Orphée, étant descendu aux enfers pour chercher son épouse Eurydice, y fit l'éloge des Dieux à l'exception de Bacchus qu'il oublia, comme Œnus avait oublié Diane. On dit qu'Orphée, étant sur le mont Olympe près de la Thrace, d'autres

---

(a) Eratosth., c. 47. — (b) Hygin, l. 2, c. 8. — (c) Theon, p. 135. — (d) P. 167. — (e) Hygin, l. 2, c. 8.

disent sur le Pangée, occupé à jouer de la lyre, fut attaqué par les bacchantes qui le mirent en pièces. Mais, suivant quelques autres, il n'éprouva ce malheur que parce qu'il avait porté un œil curieux dans les mystères de Bacchus ; car ce fut toujours un crime que de chercher à sonder les mystères. Un docteur chrétien dit : Garde-toi de raisonner. Un hiérophante disait : Garde-toi de sonder la profondeur des mystères.

Il est d'autres traditions (a) qui supposent que Mercure forma sa lyre sur le mont Cillène en Arcadie. Elle fut de sept cordes à cause des pléiades, du nombre desquelles était Maïa sa mère. Ensuite, lorsqu'il eut enlevé les bœufs d'Apollon et qu'il eut été surpris dans son larcin par ce Dieu, il en fit présent à Apollon pour se réconcilier avec lui, et il consentit qu'il s'en dît l'inventeur. Apollon, de son côté, lui donna une baguette qu'il porta avec lui en Arcadie. Sur sa route, il rencontra deux serpens qui se battaient et s'entortillaient entre eux. Mercure les força à se séparer en jetant au milieu d'eux sa baguette qu'il regarda dès ce moment comme un instrument de réconciliation et comme un symbole de paix. C'est là l'origine du caducée formé d'une baguette qu'entrelacent deux serpens : c'est aussi à son exemple que les athlètes, dans leurs exercices, se servent de la baguette. Apollon, ayant reçu la lyre, enseigna la musique à Orphée, à qui il remit dans la suite cette lyre. On ajoute que, dans la dispute qui survint entre Vénus et Proserpine pour savoir à qui d'elles deux resterait Adonis, Jupiter avait donné pour juge aux Déesses Calliope, mère d'Orphée, laquelle, pour les accorder, décida que

---

(a) Hygin, l. 2, c. 8.

chacune d'elles le posséderait la moitié de l'année tour à tour. Vénus, indignée de ce jugement, inspira à toutes les femmes de Thrace un si violent amour pour Orphée, qu'en se le disputant elles le mirent en pièces afin d'en avoir chacune un morceau. Sa tête, jetée dans les flots, fut portée par la mer dans l'île de Lesbos où on lui donna la sépulture ; et les Muses, comme nous avons dit, placèrent sa lyre parmi les astres. D'autres enfin disent qu'Orphée, ayant introduit le premier l'amour des jeunes gens, parut par-là faire outrage aux femmes, et qu'elles s'en vengèrent en le mettant en pièces. Le nombre des étoiles de la lyre est de neuf, ou égal à celui des Muses (a).

On distingue dans cette constellation une étoile très-brillante qui porte par excellence le nom de la *lyre* ; et les autres étoiles composent le vautour qui la porte dans ses serres (b). Cette belle étoile est de première grandeur ; elle est connue chez les auteurs arabes sous le nom de *oud* (c), de *vega* (d), *wega*, *brinek*, *brinek* ; chez les Latins, de *pupilla*, *testa*, *fidicula* (e).

Ulugbeigh (f) nomme cette constellation *shelyák* et *al-nesr al-wáki*.

On la nomme aussi chez les Arabes, par corruption du latin, *alhira* et *al-ohore* (g).

Ulugbeigh la désigne encore par *sulhaphát*, *testudo*, animal ou la tortue en latin, comme il l'avait désignée par *shelyak*, mot altéré de *chelys* en grec. Les Persans

---

(a) Eratosth., c. 24. Hygin, l. 3, c. 6. Germ. 23. — (b) Hyd. Comm., p. 18. — (c) Hyd. Vet. Pers., p. 283. — (d) Alph. tab. 217. Bay., tab. 8. Scalig., p. 341. Ricciol, p. 128. Stoffl., c. 14. — (e) Cæs., c. 19, p. 186. — (f) Ulugbeigh, p. 20. — (g) Hyd., p. 18-19. Tab. Alph., p. 217. Kirk., p. 197.

l'ont nommée *ciengh-rûmi*, *cythara* (*a*). Hyde prétend que c'est l'étoile brillante qui se nomme *al-nekr*, *al-wâki* ou *vultur cadens*, *gups cathiëmenos*.

On l'appela aussi *al-wakab*, lyre tombante (*b*).

Du mot persan *ciengh*, les Arabes ont fait par corruption *sengi* et *sangue*, *messangue*, *assangue*, *azzango*, *brinek* (*c*).

Le peuple la nomme *dîk-pâye*, *chytropos*. On l'appela aussi *al-begale*, *schaliaf*, *nablon* (*d*).

Les Grecs lui donnent le nom de *lyra* (*e*), *lyré* et *chelys*, *lyré ermaïd* ou *cyllenié* (*f*).

Les Latins l'appellent *lyra* (*g*), *fides*, *fidicula* (*h*).

On lui donna encore d'autres noms qui se trouvent dans Blaeü (*i*), Bayer, Riccioli, Nabod, Gosselin, Stoffler, etc., tels que ceux-ci : *cythara*, *lyra Amphionis*, *lyra aquilaris*, *decachordon*, *psalterium*, *nablium*, *tympanum*, *canticum*, *testudo*, *chelys marina*, *lutaria*, *lyra catophorès*, dans Aratus ; ou *lyra declivis*, *exilis lyra*, *phormyx* (*j*), *citharis*, *citharion*, *chelyné*, *cheloné*, *mus*, *emus*, *musculus*, *testudo marina*, *nablion* ou *nablon*, *psalterium*, *falco sylvestris*.

Vultur deferens psalterium, *pupillam et testam* ; *fidicen*, *aquila marina*, *bellua aquatica*, *falco*, *basanos* en grec, ou *tortor* en latin ; en arabe *nesrussa-kat*, *nesrus*-

---

(*a*) Hyd. ibid. Alfrag., c. 22.—(*b*) Comm. Alfrag., p. 107.—(*c*) Cæs., c. 19. Scali., p. 431. — (*d*) Bay., tab. 8. Comm. Alfrag., p. 106. — *e* Proclam., c. 14. Hipp., l. 1, c. 7. — (*f*) Arat., v. 765-615-674. — *g* Ovid. Fast., l. 1, v. 316-654; l. 2, v. 76; l. 5, v. 45. Germ., c. 23. Hygin, l. 2, c. 8.; l. 3, c. 6. — (*h*) Varro de re Rustic., l. 2, c. 5. Columell., l. 11, c. 2. Plin., l. 18, c. 26. — (*i*) Cæs., c. 19, p. 185-186. Riccicl., p. 125.-126. Bay., t. 8. Stoffl., c. 14. Nabod., p. 205. Gossel., p. 7. — (*j*) Nonn, v. 256.

sakito, *aquila cadens*, *nesron*, *lyra Arionis*, *Dædalio*.

Les Péruviens l'appellent *urcuchillay* (*a*), et ils y peignent un bélier de diverses couleurs.

La lyre est placée à côté de l'*Ingéniculus* et près du cercle arctique. Elle paraît se coucher au lever de la vierge, et se lever avec les premières étoiles du sagittaire (*b*).

Columelle (*c*) fixe au 11 des calendes de février son coucher du soir accompagné de pluies. Ce coucher est rapporté par Ovide au 9 des mêmes calendes (*d*).

Le même Ovide marque un lever de la même constellation au jour des nones de janvier (*e*), avec annonce de pluies amenées par d'épais nuages. Columelle en parle aussi, et le fixe au même jour; il l'appelle lever du matin, et marque ce jour-là temps variable (*f*). Le même auteur (*g*) place un coucher de la lyre au 3 des calendes de février, et un autre aux calendes même ; il marque pour ce jour-là le souffle de l'eurus, quelquefois de l'auster, accompagné de grêle. Aux nones de février, toute la lyre est couchée avec le milieu du lion. Ce jour-là, soufflent le corus, le vent du nord, et quelquefois le favonius. Ovide rapporte ce coucher total au 4 des nones de février (*h*). Columelle place au 9 des calendes de mai (*i*) le lever de la lyre, à la pointe de la nuit, avec annonce de tempête. Ovide en fixe un au 3 des nones de mai (*j*). Columelle marque pour le 3 des ides de mai un lever du matin de la lyre avec annonce de tem-

---

(*a*) Cæs., ibid. — (*b*) Hygin , l. 3, c. 6. — (*c*) Columell., l. 11, c. 2. p. 420-421. — (*d*) Ovid. Fast., l. 2, v. 654.—(*e*) V. 316.—(*f*) Columell. ibid., p. 435. — (*g*) P. 421-423. — (*h*) Ovid. Fast. l. 2, v. 76. — (*i*) Columell. ibid., p. 425. — (*j*) Ovid. Fast., l. 5, v. 417.

pète (*a*) ; un autre aux ides, accompagné de l'eurus, de l'euro-notus et d'un temps quelquefois humide. Il annonce, pour la veille des ides d'août (*b*), un coucher du matin de la lyre au commencement du premier automne. Il place au 13 des calendes (*c*) du même mois le passage du soleil dans la vierge ; le lendemain tempête, et quelquefois tonnerre. Ce jour-là, il fait coucher la lyre avec la vierge qui sert de domicile à Mercure, à ce Mercure à qui on dit appartenir la lyre, comme étant une de ses découvertes.

Nous nous rappelons ce que nous avons dit quelques lignes plus haut, que la lyre se couche au lever de la vierge. C'est, sans doute, cette liaison de la lyre à la vierge ou au signe dans lequel Mercure a son domicile et son exaltation qui a été le fondement de la fiction sur Mercure et sur cette lyre; elle se lève avec le sagittaire ou au coucher des gémeaux où est Amphion avec sa lyre.

Columelle fait naître (*d*), du coucher de cette constellation, des tempêtes et des pluies au 10 des calendes de septembre. Il marque (*e*) au 3 des nones de novembre un lever du matin de la lyre avec annonce de froid et de pluie ; au 8 des ides un lever total, avec souffle de l'auster, quelquefois du favonius ; souvent il y a du froid. Au 16 des calendes de décembre répond un lever du matin de la lyre ; l'auster, et quelquefois un violent aquilon, soufflent.

(*a*) Columell. ibid, p. 425. — (*b*) P. 428. — (*c*) P. 429. — (*d*) Ibid. — (*e*) P. 433.

XVI. LE CYGNE.

Les Grecs nomment cette constellation *ornis*, l'oiseau en général; mais les plus instruits la désignent par le nom d'un oiseau particulier qui est le cygne (*a*). On rapporte que Jupiter, étant devenu amoureux de Némésis, et ne pouvant rien obtenir d'elle, eut recours à une ruse. Il engagea Vénus à se métamorphoser en aigle, et il prit lui la forme d'un cygne qui semblait fuir devant l'aigle ravisseur, et se soustraire à sa poursuite. C'est sous cette forme que le cygne timide alla chercher un asile sur le sein de Némésis qui l'accueillit, et, le serrant tendrement entre ses bras, elle s'endormit. Jupiter sut profiter de cet officieux sommeil, et, après avoir joui des fruits de son artifice, il s'envola aux cieux où son image est encore avec celle de l'aigle qui paraît le poursuivre. Effectivement, l'aigle céleste se lève immédiatement après le cygne, un peu plus au midi que lui. Némésis devint mère ; et, comme elle avait eu commerce avec un oiseau, elle accoucha d'un œuf dont s'empara Mercure, et qu'il porta à Sparte où il le jeta dans le sein de Léda. Il en naquit une fille d'une éclatante beauté que Léda adopta pour sa fille; c'était Hélène. D'autres auteurs rapportent que c'était avec Léda elle-même qu'avait eu commerce Jupiter métamorphosé en cygne. Cette dernière tradition est celle que nous a conservée Germanicus (*b*) qui donne à la mère d'Hélène le double nom de Némésis et de Léda. Théon les admet toutes les deux, et il en fait naître Hélène et les dios-

---

(*a*) Hygin, l. 2, c. 3. — (*b*) Germ., c. 24.

cures, Castor et Pollux (a). Ératosthène (b) ajoute que le cygne, qu'il appelle le grand oiseau, est la forme sous laquelle Jupiter réussit à plaire à Némésis qui prenait successivement toutes les formes pour se soustraire à ses poursuites, afin de garder sa virginité. Comme elle s'était métamorphosée en cygne, Jupiter prit la forme de cet oiseau et dirigea son vol dans l'Attique, près de Ramnunte, où il obtint les faveurs de Némésis. Cette union produisit l'œuf dont naquit Hélène, suivant le poëte Cratès. De retour dans l'Olympe, Jupiter plaça parmi les astres l'oiseau dont il avait pris la forme, et il lui a conservé les ailes déployées (c), comme il les avait quand il s'envola aux cieux. Théon dit qu'il a les ailes étendues, comme s'il volait en s'abattant sur la terre (d). Il le plaça près la main droite de Céphée. Théon rapporte aussi une autre tradition, laquelle suppose que ce fut en honneur d'Apollon que le cygne fut placé aux cieux à cause de son chant.

Hygin (e) fait Léda fille de Thestius. Jupiter, sous la forme de ce cygne, obtint ses faveurs, selon lui, près des rives de l'Eurotas en Laconie. Elle en eut Pollux et Hélène ; Castor et Clytemnestre étaient de Tyndare.

Une des ailes du cygne s'appuie sur la circonférence du cercle arctique, et touche l'extrémité du pied gauche d'*Ingeniculus*. L'autre aile s'étend vers le tropique, près des pieds du Pégase (f) ; l'extrémité de sa queue s'unit à la tête du Céphée. Il se couche avec la vierge et la balance, la tête la première. Il se lève avec la fin du sagittaire et avec le capricorne ; conséquemment au coucher

---

(a) Théon, p. 136. — (b) Eratosth., c. 25. — (c) Germ. c. 24 — (d) Théon, p. 136. — (e) Hygin, Fab. 77. — (f) Hyg. l. 3, c. 7.

des gémeaux qui renferment les dioscures. Lorsque le soleil est dans les gémeaux, le cygne monte avec la nuit.

Ovide (a) le désigne sous le nom de *milvus* ou du *milan*, et il en fixe le lever au 16 avant les calendes d'avril, cinq jours avant l'entrée du soleil au bélier. Il raconte à ce sujet une histoire sur les motifs qui l'ont fait consacrer aux cieux (b). On suppose que Saturne avait été détrôné par Jupiter, et que, pour s'en venger, il avait appelé à son secours les Titans. La terre avait mis au monde un taureau monstrueux, dont la partie postérieure était un serpent. Styx, par ordre des Parques, l'avait enfermé dans une sombre forêt, et entouré d'un triple mur. Les destins avaient promis la victoire sur les Dieux à celui des géans qui brûlerait sur les autels les entrailles de ce bœuf. Briarée, armé d'une hache du métal le plus dur, l'immole, et déjà il se préparait à brûler les entrailles du bœuf, lorsque Jupiter ordonne aux oiseaux de les enlever. Le milan s'en saisit et les lui apporta. C'est ce service qu'a récompensé Jupiter en le plaçant aux cieux.

Si on se rappelle que l'équinoxe de printemps, époque du triomphe de Jupiter sur les Titans et les géans, répondait au signe du taureau céleste, et celui d'automne au scorpion avec lequel se lève le dragon ou le serpent, on concevra aisément que le taureau et le serpent servirent à composer un emblème astronomique, destiné à exprimer les termes extrêmes de la route du soleil dans les signes supérieurs. Le *milvus*, étant alors supposé se lever, au moins pour les pays qui ont peu de latitude,

---

(a) Ovid. Fast., l. 3, v. 794. — (b) V. 795-808.

annonçait aux mortels la victoire de Jupiter. C'est sur ce même fondement que fut établie la fable de la conquête de la Toison-d'Or gardée par un taureau qui vomissait des flammes et par un dragon. J'ai pris le *milvus* pour le cygne ; mais il pourrait être aussi bien le vautour qui tient la lyre. Germanicus parle du lever du *milvus* en Attique (a), en mars, et il l'unit à un lever d'Orion. Il parle encore du lever du *milvus* au 3 des calendes d'avril, quelques jours après le coucher du matin du Pégase.

La dénomination générique d'oiseau ou de grand oiseau, que les anciens ont donnée à cette constellation, est cause de la différence des oiseaux qu'on y peint, quoique le cygne soit le nom le plus connu. Quelques-uns l'ont appelé le *coq* ou la *poule*. C'est surtout chez les Arabes et les Hébreux qu'il prend ce nom (b).

Ulugbeigh (c) appelle l'étoile du bec, *minkar-al-deggjâdje* ; celle de la poitrine *sadr-al-deggjâdje* ; la luisante de la queue, *al-ridph*, *deneb-al-deggjâdje* ; l'étoile boréale du genou droit, *rucha-al-deggjâdje*. Ce nom *deggjâdje* signifie la poule, *gallina*, dit Hyde (d) ; on l'appelle aussi *altair*, l'oiseau, et par corruption, *hirseym* dans certains globes. Il a la forme de l'oiseau *katha*, dont le cou et les ailes sont allongés. Sur ses ailes on remarque quelques étoiles appelées *alphawren*, les cavaliers. *Katha* est un oiseau aquatique semblable, par sa forme et sa grosseur, à une colombe. On l'appelle en persan *ispherûd*, et en turc *baghirtik*.

(a) Germ., c. 42. — (b) Kirk. OEdip., t. 2, part. 2, p. 197. Ulugbeigh., p. 30-32. Hyd., p. 19. Scalig., p. 432. Comm. d'Alfrag., p. 106-107. Bay., tab. 9. Ricciol., p. 127. — (c) Ulugbeigh, p. 30-32. — (d) Hyd. Comm., p. 19.

On nomme la brillante de la queue *arided* (a), *arioph*; celle du bec *albireo* (b); celle de l'extrémité de la queue *azelfage* et *elhanaf* (c). Le nom de la brillante, *arided*, signifie chez les Arabes *redolens lilium*; ils l'appellent aussi *la rose*. Le peuple nomme le cygne *la croix*, à cause de la position de ses étoiles (d).

Les Latins le nomment *olor*, *cycnus*, *milvus*. Ce mot de *milvus* se rend chez les Grecs par *ictynus* et *dictys* (e). Les Grecs le nomment *ornis* (f). Aratus y ajoute l'épithète de *œolos*, *varius* (g).

Voici ses noms tels qu'ils se trouvent dans Blaeü (h) : *Ales canora*, *Helenæ genitor*, *ales Jovis*, *olor ledæus*, *Ledæ adulter*, *Phœbi assessor*, *volucris phœbeius*, *avis Veneris*, *ciconia*, *milvus*; en grec *cycnos*, *ornis*; en arabe, *altayr*, *hirezim*, *arided*, *adigege*, *digegi*, *adigegi*, *addigagato*, *gallina*, *tharnigoleth* (i), *crux*. Celle de la queue se nomme *arrioph*, *aridef*, *denebedigge*, *denebaldigaga*, *denebadigege*, *dhaubod-digageti*, *cauda gallinæ*.

XVII. L'AIGLE.

Tous les auteurs anciens s'accordent à voir dans cette constellation, l'oiseau de Jupiter (j), l'aigle qui ravit Ganymède fils de Tros, et qui l'emporta aux cieux pour y remplir la fonction d'échanson des Dieux (k). Nous avons déjà parlé de cet enlèvement à l'article du ver-

---

(a) Alphons., p. 217. — (b) Ricciol., p. 125-106. Bay., tab. 9. — (c) Scalig., p. 432. — (d) Bay, tab. 9. — (e) Hesych. — (f) Germ., p. 7. Hipp., l. 1, c. 2; l. 2, c. 24. — (g) Arat., v. 275. — (h) Cire., c. 20, p. 201. — (i) Kirk., t. 2, p. 197. — (j) Ovid. Fast., l. 5, v. 732, l. 6, v. 196. — (k) Hyg., l. 2, c. 17. Germ., c. 29. Erat., c. 30.

seau, Ganymède, que cet aigle précède toujours dans son lever, et qu'il semble enlever aux cieux.

On donne aussi une autre cause de cette consécration de l'aigle parmi les constellations (a). On raconte que, lorsque les Dieux se partagèrent entre eux les différens oiseaux, Jupiter choisit l'aigle. C'est le seul oiseau qui dirige son vol en face du soleil, qui n'en redoute point les rayons et qui exerce sur tous les astres le même empire qu'exerce Jupiter sur les Dieux, et le lion sur les quadrupèdes, lequel est affecté aussi à Jupiter dans la distribution des douze signes entre les douze grands Dieux. Il est peint les ailes étendues comme s'il volait. Aussi l'appelle-t-on *vultur volans*, au lieu que le vautour se nomme *vultur cadens* (b). Il est représenté le bec tourné vers le soleil levant (c) ; son aile gauche s'étend près de la tête d'Ophiucus. Son corps est séparé du bec par le colure des solstices ou par le cercle qui va du cancer au capricorne (d) ; le milieu du corps est coupé par la voie lactée. L'aigle se couche au lever du lion (e) dont il est paranatellon. Ainsi le lion et l'aigle tiennent au domicile du soleil et au signe affecté à Jupiter ; l'aigle se lève avec le capricorne.

Aglaosthène, qui écrivit l'histoire de Naxe, dit que Jupiter, ayant été enlevé de la Crète, fut porté à Naxe où il fut nourri. Arrivé à l'âge viril, il voulut faire la guerre aux Titans ; et avant de les attaquer, ayant fait un sacrifice, un aigle vint lui donner les augures les plus favorables. Ce Dieu, en reconnaissance, plaça cet aigle aux cieux (f). Germanicus ajoute à ce récit quelques cir-

---

(a) Eratosth., ibid. — (b) Cæs., c. 16-19. — (c) Germ., c. 29. — (d) Hyg., l. 3, c. 15. — (e) Theon, p. 167. — (f) Hyg., l. 2, c. 17.

constances qui diffèrent un peu (*a*). Il suppose que Jupiter lui-même s'était métamorphosé en aigle, lorsqu'il passa à Naxe, où il avait été nourri ; et qu'étant sorti de Naxe pour aller combattre les Titans, un aigle lui avait apparu au moment où il faisait un sacrifice, et lui avait apporté ses foudres ; que le Dieu, sensible à cet heureux augure, avait pris cet oiseau sous sa protection. Ératosthène dit (*b*) que l'aigle s'était associé aux combats de Jupiter, et que ce Dieu en avait fait son oiseau sacré qu'il avait figuré aux cieux.

Quelques auteurs (*c*) racontent qu'un certain Mérope régnait sur l'île de Cos, ainsi appelée du nom de sa fille, comme les habitans s'appelaient Méropes, du sien. Il avait pour femme Éthernéa, du sang des nymphes, laquelle ayant négligé de sacrifier à Diane, fut percée des traits de cette Déesse. Proserpine l'entraîna encore vivante dans son empire. Son époux désolé ne cherchait qu'à mourir. Junon, sensible à son malheur, le métamorphosa en aigle et le plaça aux cieux. Elle ne voulut point lui conserver la forme humaine, dans la crainte qu'il ne continuât à s'affliger de la perte de son épouse.

Enfin il est des auteurs (*d*) qui disent que Mercure, suivant d'autres, Anaplas, épris de la beauté de Vénus et désespérant d'obtenir ses faveurs, était tombé dans l'abattement et le désespoir. Jupiter, sensible à sa douleur, envoya son aigle enlever la pantoufle de la Déesse au moment où elle se baignait dans les eaux de l'Acheloüs. L'oiseau exécuta le message, et porta la pantoufle à Mercure en Égypte. La Déesse, qui suivit l'oiseau,

---

(*a*) Germ., c. 29. — (*b*) Eratost., c. 30. — (*c*) Germ., c. 17. — (*d*) Hyg., ibid.

tomba ainsi dans les filets de son amant, qui fut heureux, et qui, par reconnaissance, plaça l'aigle aux cieux. Voilà à peu près les fictions qui ont été faites sur cette constellation.

La brillante de l'aigle s'appelle *al-nesr-al-taïr* dans Ulugbeigh (*a*) : on en a fait *ataïr* et *altaïr*, *alcar*, *alcaïr* (*b*).

Celle de la queue, *danab-al-okâb*.

Le nom de la constellation est *okab*, l'aigle noir, *melainaetos*, *aquila leporaria* et *al-hakkab* (*c*).

Les Perses nomment cet oiseau *aluh*; les Turcs, *thaushaugül* (*d*).

Nesr-al-taïr signifie *vultur volans* (*e*). Le peuple nomme cette constellation *le faucon*, *shâhin tard-zed*; les Perses, *gherghè*; les Turcs, *ak-baba*; les Hébreux, *neschr* (*f*).

Elle porte aussi les noms d'*agor*, d'*aigypton* (*g*).

Aratus l'appelle *aëtos*, qui est le nom de l'aigle chez les Grecs (*h*); et *aétés* (*i*), le grand messager de Jupiter (*j*).

Voici les noms que lui donne Blaeü (*k*) : *Jovis ales, Jovis nutrix, Jovis armiger, satelles et internuncia fulminis, raptrix Ganymedis, fulminis minister, avis romana, aquila Promethei* (*l*), *vultur volans, cnéceios, avium regina, basanos, tormentum, exploratio, cruciatus, instrumentum exploratorium, basanistes, explo-*

(*a*) Ulugbeigh. — (*b*) Bay., tab. 16. Riccioli., p. 126. Scalig., p. 434. — (*c*) Comm. Alfrag., p. 106. — (*d*) Hyd. Comm., p. 24-25. — (*e*) Alph. tab., p. 220. — (*f*) Kirk. Œdip., t. 2, part. 2, p. 197. — (*g*) Hesych. — (*h*) Arat., v. 315. — (*i*) V. 313. — (*j*) V. 523. Theon, p. 158. — (*k*) Cæs., c. 16, p. 174-176. — (*l*) Tatian., p. 149.

rator, tortor Promethei; en arabe, *alcar, alcair, atayr, altayro, alhak-kab.*

On sème, dit Columelle (*a*), depuis les calendes d'octobre jusqu'au lever de l'aigle, qui arrive au 7 des ides de décembre.

Le même auteur (*b*) fixe aux calendes de juin et au 4 des nones un lever de l'aigle, accompagné de tempête, de vent, et quelquefois de pluies. Il marque pour le 6 des calendes d'août (*c*) un coucher de l'aigle, avec indication de tempête. Il fixe au 7 des ides de décembre (*d*) un lever du matin de l'aigle, avec cette annonce : Vent d'Afrique, auster, petite pluie.

Il marque (*e*) au 4 des calendes de janvier un coucher du soir de l'aigle, c'est-à-dire, le surlendemain de notre fête de Saint-Jean d'hiver, qui a l'aigle pour attribut.

Pline regarde le jour du lever de l'aigle comme d'une funeste influence (*f*).

XVIII. LA FLÈCHE.

On dit que la flèche constellation est une des flèches dont se servit Hercule pour tuer le vautour qui dévorait le foie de Prométhée. Hygin (*g*), qui nous a conservé cette tradition, entre à cet égard dans quelques détails. Il nous dit que les anciens étaient dans l'usage de sacrifier aux Dieux avec beaucoup de magnificence et d'appareil, et qu'ils consumaient dans les flammes les chairs

---

(*a*) Columell., l. 2, c. 10, p. 198. — (*b*) L. 11, c. 2, p. 427. — (*c*) P. 428. — (*d*) P. 424. — (*e*) P. 435. — (*f*) Salm. Ann. Clim., p. 6. — (*g*) Hyg., l. 2, c. 16.

de toutes les victimes. Cette manière de sacrifier était dispendieuse, et les pauvres ne pouvaient suffire à d'aussi grandes dépenses. Prométhée, connu par la supériorité de son génie, qui fut telle qu'il vint à bout de former un homme et de l'animer, demanda à Jupiter qu'on eût la liberté de ne brûler qu'une partie des chairs des victimes, et qu'on pût employer le reste à son usage personnel ; ce qui a passé ensuite en usage. Lorsqu'il en eut obtenu la permission, il immola deux taureaux, dont il déposa les entrailles sur un autel ; et, rassemblant le reste des chairs, il les couvrit de la peau des taureaux. Il en fit autant des os qu'il couvrit de l'autre peau ; et alors il proposa à Jupiter de faire choix de l'un ou de l'autre pour être brûlé. Jupiter, qui n'était pas sans doute des plus éclairés sur les desseins des mortels, et dont la suprême prévoyance était souvent en défaut, prit les os et laissa les chairs. Le Dieu, ayant appris dans la suite qu'on l'avait trompé, se fâcha et retira aux hommes le feu afin que Prométhée n'acquît pas parmi les mortels plus de considération que les Dieux, et que la chair des animaux leur devînt inutile dès qu'ils ne pourraient plus la faire cuire. Mais Prométhée, toujours fécond en artifices, s'occupa des moyens de rendre aux mortels le feu que le maître des Dieux venait de leur ôter. En conséquence, il s'approcha du lieu où était en dépôt le feu de Jupiter ; il en saisit quelques parcelles qu'il mit sur la plante appelée *ferula*, et, joyeux de sa conquête, il fuit aussitôt, non pas en courant, mais en volant en même temps qu'il agitait sa plante, afin d'entretenir l'activité de l'air et d'empêcher son feu de s'éteindre. Pour perpétuer le souvenir de cet événement on a établi des courses dans lesquelles on secoue des flambeaux avec une extrême rapidité. Jupiter, de son côté, donna aux mortels une femme nommée Pandore, formée par Vulcain, et que les Dieux avaient ornée de toutes sortes de qualités et comblée de leurs présens. Il attacha ensuite sur les rochers du Caucase, avec des chaînes de fer, Prométhée, qui y resta ainsi enchaîné pendant trente mille ans; et il plaça à ses côtés un vautour qui rongeait son foie, lequel toutes les nuits se reproduisait de ses blessures. Quelques-uns disent que ce vautour ou cet aigle était né de Typhon et d'Échidna; d'autres, de la terre et du Tartare. Le plus grand nombre le fait fabriquer par Vulcain et animer par Jupiter. Voici comment Prométhée en fut délivré.

On rapporte que Jupiter étant devenu amoureux de Thétis sans pouvoir obtenir ses faveurs, et continuant toujours ses poursuites, les parques annoncèrent que l'époux de Thétis aurait un fils qui serait plus puissant et plus célèbre que son père.

Prométhée, que ses douleurs tenaient toujours éveillé, entendit la conversation des parques et en fit part à Jupiter qui craignit, en suivant plus long-temps ses amours pour Thétis, d'en avoir un fils qui fît à son égard ce que lui-même avait fait à Saturne son père, et qui le chassât de son trône. Il crut devoir marquer à Prométhée sa reconnaissance en brisant ses liens; mais en même temps, pour ne pas violer le serment qu'il avait fait que Prométhée serait toujours enchaîné, il voulut qu'il portât à son doigt un anneau de fer et un peu de la pierre à laquelle il avait été attaché. C'est pour perpétuer ce souvenir que dans la suite les autres hommes ont porté de semblables anneaux. Quelques-uns même prétendent qu'il porta aussi une couronne; et que c'est depuis cette époque que les hommes portent des couronnes en signe de joie dans la victoire, et dans les repas et les fêtes. On remarquera que Prométhée, ou l'*Ingéniculus* qui porte ce nom, est placé aux cieux entre la couronne et le vautour. Quant au vautour, on dit qu'Hercule, chargé par Eurysthée d'aller cueillir des pommes au jardin des Hespérides, gardé par le dragon céleste placé près du vautour, se trompa de chemin et arriva au Caucase. Là il trouva Prométhée enchaîné qui lui indiqua sa route. Ce héros, après la conquête des pommes, revint trouver Prométhée et le délivra de ses chaînes en reconnaissance du service qu'il lui avait rendu. L'aigle fut tué, et on mit sur les autels des Dieux, depuis ce temps-là, les entrailles des victimes, où on les brûla, comme pour apaiser les Dieux, en leur donnant les entrailles, puisqu'ils avaient paru avides de celles de Prométhée.

D'autres auteurs, tels qu'Ératosthène (a), prétendent que cette flèche est celle dont fit usage Apollon pour tuer les cyclopes qui avaient forgé la foudre dont s'était servi Jupiter pour tuer Esculape ou le serpentaire, que suit la flèche à son coucher. On ajoute qu'Apollon avait caché cette flèche chez les Hyperboréens, dans son temple formé d'ailes. On dit qu'elle fut d'abord portée à Apollon dans le temps où Jupiter lui pardonna le meurtre de ses cyclopes, et l'affranchit de l'esclavage où il était réduit chez Admète. Il paraît que cette flèche fut aussi portée à travers les airs par le vent avec les présens de Cérès, qui venaient de naître; elle était énormément grande. Apollon la plaça aux cieux pour être un monu-

---

(a) Hygin, ibid. Germ., c. 29. Eratosth., c. 29.

ment de sa victoire sur les cyclopes. L'aigle semble la tenir dans ses serres (*a*). Elle est placée entre le tropique et l'équateur, et partagée par le colure qui va du cancer au capricorne. Elle touche près de l'épaule *Ophiucus* ou le fameux Esculape. Elle se couche au lever de la vierge Cérès, et se lève avec le scorpion, suivant Hygin (*b*) qui lui compte quatre étoiles. Alfragan lui en donne cinq (*c*), et il la nomme *alsohan* (*d*); d'autres *alahanco, Satan, muscator, musator* (*e*), *dæmon, schaam* (*f*), *sahm, alsahm* chez les Arabes; chez les Hébreux *chets* (*g*); chez les Turcs *orfercalem* (*h*), *obelus, jaculum, telum, canna, arundo, calamus, virga, missile, vectis vel fossorium, missore, musator*; chez les Arméniens, *tigris*. D'autres la nomment *temo meridianus, virgula jacens*; les Arabes *alahance, alahanze, alchanzato, alsoham, istusc, feluco* (*i*).

Les Grecs la nomment *oistos* (*j*). Les Latins *telum* (*k*).

Columelle (*l*) fixe au crépuscule du 8 des calendes de mars le commencement du lever de la flèche; il marque temps variable pour ce jour. Là commencent les jours des alcyons, et l'on jouit d'un calme profond dans la Mer-Atlantique.

(*a*) Germ., c. 29. — (*b*) Hyg., l. 3, c. 14. — (*c*) Alfrag., c. 22. — (*d*) Comm., p. 106. — (*e*) Scalig., p. 434 — (*f*) Kirk. OEdip., p. 197. — (*g*) Hyd., p. 24. — (*h*) Ricciol., p. 227. — (*i*) Cœs., c. 18, p. 181. Bay., tab. 15. — (*j*) Hipp., l. 1, c. 27. — (*k*) Auson. — (*l*) Columell., l. 11, c. 2.

XIX. LE DAUPHIN.

On rapporte que Neptune recherchant en mariage Amphitrite, celle-ci, qui voulait conserver sa virginité, se réfugia près d'Atlas où elle se cacha comme les autres néréides. Neptune envoya plusieurs émissaires pour l'y chercher, entre autres un certain dauphin qui, après avoir parcouru plusieurs îles et cherché long-temps à l'entour d'Atlas, découvrit la belle Amphitrite. Il la détermina à épouser Neptune, et arrangea tout ce qui était nécessaire au mariage. En reconnaissance de ce service, son image fut placée aux cieux; il obtint lui-même les plus grands honneurs parmi les habitans des mers (a); et Neptune voulut qu'il lui fût consacré. Aussi ceux qui élèvent des statues à Neptune peignent-ils à ses pieds un dauphin, ou ils le mettent dans sa main pour annoncer combien il est agréable à ce Dieu, et pour être comme un monument de la reconnaissance de Neptune.

D'autres auteurs le placent aux cieux en honneur d'Apollon (b); et ils en font un animal qui aime la musique, sans doute à cause du nombre des étoiles qui le composent et qui sont en nombre égal à celui des Muses (c).

Ceux-ci y voient le dauphin qui sauva des eaux le fameux Arion (d). On raconte que cet Arion, excellent musicien, parcourut les différentes îles pour y exercer son talent, et amasser des richesses. Ceux qui l'accompagnaient sur le vaisseau, les uns disent les matelots, d'autres ses esclaves, avides de ses dépouilles, et vou-

---

(a) Eratosth., c. 31. German., c. 31. Hyg., c. 18. Theon, p. 139. — (b) Ibid. — (c) Eratosth., ibid. German., ibid. — (d) Theon, ibid. Hygin, ibid.

lant se partager entre eux ses trésors, formèrent le projet de le jeter dans la mer. Arion, ayant connu leur dessein, leur demanda, non pas du ton d'un maître qui parle à ses esclaves, mais comme un innocent qui parle à des scélérats, comme un père à ses enfans, qu'il lui fût au moins permis de se revêtir de ses plus riches habits, et de célébrer lui-même d'avance ses funérailles. Ayant obtenu ce qu'il demandait, il se mit à chanter des airs funèbres au sujet de sa mort. Ses sons harmonieux touchèrent les dauphins qui accoururent de toutes parts pour entendre ses chants. Alors Arion, après avoir invoqué le secours des Dieux, se précipita dans les eaux au milieu d'eux. Un de ces dauphins le reçut sur son dos, et le porta ainsi jusqu'au cap Ténare où l'on voit encore la statue d'Arion avec son dauphin dont l'image fut placée aux cieux. Les esclaves qui croyaient s'être affranchis de la servitude par cette perfidie, abordant au cap Ténare, y retrouvèrent leur maître qui les punit du dernier supplice. Germanicus César rapporte cette aventure à l'article d'Orion (a) qu'il prétend être le célèbre Arion, comme nous le verrons bientôt.

Il est encore une tradition sur ce dauphin; c'est celle que nous avons déjà expliquée dans le poëme de Nonnus, où il s'agit de Jupiter enfant enlevé par des pirates toscans (b); elle est aussi rapportée par Hygin, d'après Aglaosthène qui avait écrit l'histoire de Naxe. Cet auteur racontait que des matelots toscans reçurent sur leur bord Bacchus enfant, qu'ils devaient conduire à Naxe avec ses compagnons, et le rendre aux nymphes, ses nourrices. Pendant le trajet, ces matelots, séduits par

---

(a) German., c. 31. — (b) Ci-dess., t. 2.

l'appât du gain, voulurent conduire ailleurs le vaisseau. Bacchus, ayant soupçonné leur dessein, ordonne à ses compagnons de jouer des airs de musique et de chanter. Les Toscans, charmés de ces accords, se mirent à danser, et, dans l'ivresse de leur joie, ils se précipitèrent dans la mer sans le savoir, et ils y furent métamorphosés en dauphins. Bacchus, voulant perpétuer le souvenir de cet événement, a placé aux cieux l'image d'un de ces dauphins. Hygin raconte ailleurs ce fait avec quelques circonstances différentes (a). Il suppose que ces Toscans étaient pirates de profession; qu'ayant reçu sur leur bord Bacchus, jeune enfant, qui les priait de le conduire à Naxe, ils avaient été séduits par ses charmes, et avaient voulu jouir de la fleur de sa jeunesse; que le pilote Acetès, ayant cherché à les en détourner, avait été maltraité par eux; qu'alors Bacchus, voyant qu'ils persistaient dans leur dessein, changea les rames en thyrses entortillés de pampres, les cordages en lierre; que des lions et des panthères s'élancèrent de toutes parts contre eux; et que les pirates effrayés sautèrent dans la mer où ils furent métamorphosés en dauphins. C'est de là qu'ils ont pris le nom de dauphins tyrrhéniens, et la mer de mer tyrrhénienne. Ils étaient douze dont voici les noms : *Ethalion*, *Medon*, *Lycabas*, *Libys*, *Opheltès*, *Melanthus*, *Alcimedon*, *Epopeus*, *Dictys*, *Simon*, *Proteus* et *Acetès*. C'est ce dernier que sauva Bacchus.

Ovide a raconté les mêmes aventures mythologiques dans ses Métamorphoses (b) et dans ses Fastes (c). Dans ses Métamorphoses, il parle de l'outrage fait à Bacchus

---

(a) Hygin, Fab. 134. — (b) Ovid. Metam., l. 5, v. 605-690. — (c) Satur., l. 2, v. 80.

par les pirates toscans; et dans ses Fastes, de l'aventure d'Arion et des noces d'Amphitrite. Hygin rapporte aussi dans ses Fables (a) l'aventure d'Arion avec quelques circonstances différentes, et dont le résultat est toujours qu'Apollon, charmé des talens d'Arion, l'avait placé lui et son dauphin aux cieux. Ces variantes se retrouveront dans l'histoire d'Arion, rapportée à l'article Orion, tiré de Germanicus qui place Orion ou Arion aux cieux avec son dauphin (b). Théon dit aussi que ce dauphin fut mis au nombre des constellations pour avoir porté Arion sur le rivage (c). Il est placé aux cieux près de l'aigle, il touche de l'extrémité de sa queue le cercle équinoxial. Sa tête touche presque le nez du cheval Pégase, fils de Neptune, auquel il est consacré. Il se couche après le lever de la tête de la vierge, et se lève avec les derniers degrés du sagittaire. Il a la forme rhomboïde (d). L'étoile du milieu du rhombe, Lycatès, se lève avec le soleil, la veille des ides de décembre. Columelle marque au 3 des calendes de février le commencement du coucher du dauphin (e). C'est au 3 des nones qu'Ovide fixe son coucher total (f). Columelle marque aux ides de juin (g) un lever du soir du dauphin, accompagné du souffle du favonius et de petite pluie. Ovide fixe un lever achronique du dauphin le 5 des ides de juin, et un autre au 13 des calendes de juillet, à l'entrée du soleil au cancer (h), le lendemain du lever d'Orion. C'est cette circonstance qui a donné lieu à la fable d'Orion ou d'Arion, et de son dauphin.

(a) Hygin, Fab. 194. — (b) Germ., c. 31. — (c) Théon, p. 139. — (d) Hipp., l. 2, c. 2. — (e) Columell., t. 11, c. 2, p. 421 — (f) Ovid. Fast., l. 2, v. 80. — (g) Columell., p. 427. — (h) Ovid. Fast., l. 6, v. 471-720.

Columelle (a) marque aux ides d'août un coucher du dauphin, accompagné de tempête; au dix-neuf des calendes de septembre, un coucher du matin du même dauphin, également avec tempête. Le même auteur fixe (b) au six des calendes de janvier le commencement du lever du dauphin, au matin, avec tempête.

Varron (c) prétend que le meilleur temps de concevoir pour les vaches, est depuis le lever du dauphin.

Les Arabes nomment le dauphin *al-dulphin* ou *al-delphin*. (d). La queue du dauphin s'appelle dans Ulugbeigh *danab al-dulphin* (e). On le nomme *ieros ichtys*, le poisson sacré; l'animal musicien, *Simon* (f), *animal repandi rostri, piscium rex, hormippus, curvus, Triton, Apollo* (g).

En grec, *delphis* (h), le lion marin (i).

XX. LE CHEVAL PÉGASE.

La constellation du cheval céleste porte le nom de Pégase, fils de Neptune (j) et de la gorgone Méduse (k). C'est lui qui, sur le mont Hélicon, fit jaillir la célèbre fontaine appelée fontaine du cheval ou Hippocrène (l), allusion manifeste à la source d'eau du verseau qui se lève toujours avec le pied de Pégase placé au-dessus d'elle.

(a) Columell., ibid., p. 428 —(b) P. 435. — (c) Varro de re Rustic., l. 2, c. 5.— (d) Comm. sur Alfrag. 4, p. 106.—(e) Ulugbeigh et Hyde, p. 25. —(f) Ricciol., p. 128.—(g) Cæs., c. 21, 208. Ricciol., p. 126-129. Bay., t. 17. — (h) Arat., v. 31.— (i) Alfrag., c. 22.—(j) Theon, p. 128. — (k) Hesiod. Theogon., v. 281. — (l) Hyg., l. 2, c. 19. Germ., c. 17. Eratosth, c. 18. Ovid. Fast., l. 3, v. 456.

En effet, suivant Hygin (a), il porte sa tête sur la main droite de l'homme du verseau avec lequel il se lève.

Quelques auteurs en font la monture de Jupiter (b), d'autres celle de Bellérophon, qui monta dessus pour aller combattre la Chimère; et après la chute de ce héros, le cheval s'envola aux cieux où il est placé (c). On raconte que dans le temps où Bellérophon se rendit chez Prœtus, fils d'Abas, roi des Argiens, Antias, épouse de ce prince, devint amoureuse de lui, et lui promit que, s'il voulait répondre à ses désirs, elle le placerait sur le trône de son époux. N'ayant pu le faire consentir à ses vœux, et craignant qu'il ne trahît son secret, elle prit les devants, et l'accusa auprès de son époux d'avoir voulu lui faire violence. Le roi, qui aimait Bellérophon, ne voulut pas le faire périr par lui-même; mais il le chargea d'une mission auprès d'Iobates, père de la reine, que les uns nomment *Antia*, d'autres *Sthenobée*, avec un ordre secret de venger l'honneur de sa fille, et d'exposer Bellérophon à la Chimère qui ravageait alors la Lycie par les feux qu'elle vomissait. On sent que ce monstre, composé des parties du lion, auquel s'unit le soleil au fort des chaleurs de l'été, n'a pas peu contribué à faire dire que la Chimère brûlait tout de ses feux qui s'éteignent à la chute de Bellérophon ou du cocher, à la fin de l'automne, au coucher du soir de Pégase. Bellérophon vainqueur, après avoir trouvé les sources d'une fontaine, s'éleva aux cieux, et lorsqu'il fut à une certaine hauteur il voulut regarder en bas. La crainte le saisit et lui tourna la tête. Il fut précipité des cieux,

---

(a) Hygin, l. 3, c. 17. Theon, p. 175. — (b) Germ. ibid. — (c) Erat. ibid.

comme Phaëton, et il périt. Son cheval s'envola au ciel où il fut placé par Jupiter au nombre des constellations. Il est bon d'observer ici que, lorsque le soleil approche du milieu du bélier, le cocher se couche, et le matin son char est précédé de Pégase et de Persée; et qu'on peut dire alors que Bellérophon ou le cocher et son Pégase sont séparés. Quelques auteurs ajoutent qu'il ne fut pas calomnié par Antia, mais que, fatigué de ses sollicitations, il s'était retiré à Argos.

Euripide (a) place dans cette constellation Ménalippe, fille du centaure Chiron, appelée auparavant Thétis. Il dit qu'étant nourrie sur le mont Pélion, occupée des exercices de la chasse, elle s'était laissé séduire par Éolus, fils d'Hellen, et petit-fils de Jupiter; qu'étant devenue mère et prête d'accoucher, elle s'était sauvée dans une forêt pour échapper à l'œil de son père qui la croyait vierge. Son père l'y ayant poursuivie, elle demanda aux Dieux de ne pas être aperçue de lui au moment où elle accoucherait. Les Dieux l'exaucèrent et la changèrent en jument qu'ils placèrent ensuite au cieux. Quelques auteurs en ont fait une prophétesse qui, dévoilant les secrets des Dieux, fut changée en jument. D'autres prétendent qu'elle fut ainsi métamorphosée par Diane, parce qu'elle avait cessé de chasser avec elle et de lui faire sa cour; on ajoute que c'est parce qu'elle cherchait à se soustraire à son père, le centaure Chiron, qu'ils ne se trouvent point en présence aux cieux; et que, pour cacher son sexe, on n'y a pas figuré la partie postérieure du corps du cheval. Il est certain que toutes les fois que le Pégase ou Ménalippe, cheval céleste, monte sur l'horizon, le centaure Chiron

---

a Hygin, l. 3, c. 19.

achève de se coucher. Il semble même que le centaure ait la moitié du cheval dont le Pégase forme l'autre moitié, et qu'en réunissant les deux parties de ces constellations, on aura un cheval en entier. De-là, sans doute, est née la fiction qui fait le Pégase fils de Chiron, sous le nom de Ménalippe, nom qui lui-même signifie cheval céleste, de l'oriental *mino*, et du grec *hippos*. C'est ainsi que du même mot *mino* ou céleste, on fit *minotaure* ou taureau céleste. On trouve ailleurs, dans Hygin (a), une fable sur Ménalippe avec d'assez longs détails. Neptune, dans cette fable, jouit de ses faveurs, comme il avait joui de celles de Cérès métamorphosée en jument (b); et il en a deux fils, Éolus et Bœotus. Le lecteur peut consulter Hygin en cet endroit. Eratosthène (c) prétend que ce fut Diane qui, sensible à sa piété et à celle de son père, la plaça aux cieux où elle ne put être aperçue de Chiron qui est sur la même route, mais diamétralement opposé à elle, suivant Théon (d). On ajoute que c'est par pudeur que la partie qui pourrait trahir son sexe n'y paraît pas (e).

On donne à ce cheval le nom de *sacer* ou d'*hieros* (f), de *pélor* ou grand (g), de *endios*, d'habitant du palais de Jupiter (h), d'*hemitelès* (i), parce qu'il est à demi figuré. Aussi appelle-t-on la partie qui est tracée aux cieux *hippicé*, *cephalé* (j) ou tête de cheval, *protomé hippou* (k), cheval à demi parfait (l), ou d'*hemiphanès*, *Libys hippos* (m).

(a) Hyg., Fab. 185. — (b) Pausan. Arcad., p. 256. — (c) Eratosth., c. 18. — (d) Theon, p. 175. — (e) Eratosth. ibid. Germ. ibid. — (f) Arat., v. 215. — (g) V. 205. — (h) Theon, p. 129. — (i) P. 128. — (j) Arat., v. 600. — (k) Procl., c. 16. — (l) Theon, p. 129. — (m) Nonnus.

Il prend aussi les noms d'*Ærion* ou *Arion*, de *scythius* et de *scyron* (a). *Scyth*, dans Hésychius, désigne une tête, *cephalé*. *Damnos* est aussi le nom du cheval chez les Toscans (b).

On disait de ce cheval qu'il alimentait la foudre et qu'il portait le tonnerre (c).

On le nomme le cheval ailé (d). Chez les Hébreux c'est le cheval cornu (e).

Les Arabes l'appellent *alpheras* (f) et *alathem*. *Alpheras* ou *alferas* veut dire cheval (g); *alpharaso* (h).

Ulugbeigh le nomme *pharas a'dam*, le grand cheval (i); *alpharas, al-tháni*, le second cheval. La première étoile est *ras almar'a al-mosalsala* ou la tête de la femme enchaînée, *sirra al-pharas*, le nombril du cheval.

C'est celle qui, dans les tables persiques, est appelée *omphalos ippou*, du grec; en latin, *umbilicus equi*. Bouilland veut que ce soit la première de l'aile de Pégase, appelée *markab, vehendi aut equitandi locum*. Celle du dos, dans Ulugbeigh, se nomme *gjenáh al-pháras*. La troisième étoile est *menkib al-pharas*, l'épaule du cheval. La quatrième est *matn al-pharas*, le dos où les reins du cheval. La troisième et la quatrième comprennent la vingt-sixième station de la lune, *alpherg al-mukadden, effusionis locus anterior*. La première et la deuxième comprennent la vingt-septième station, *alpherg-al-muaccher, deplendi locus posterior*. Quelquefois on y interpose le vase ou la coupe du verseau, *al-*

(a) Serv. Comm. ad Georg., l. 1, v. 13. — (b) Theon, p. 228. Hesiod. Theog., v. 286. — (c) Alph., p. 221. — (d) Kirk. Œdip., t. 2, par. 2, p. 198. — (e) Stoff., c. 14. — (f) Comm. Alfrag., p. 106. — (g) Scalig., p. 134. — (h) Cæs., p. 218. — (i) Hyd., p. 26-7.

delw, *situla*. Les étoiles cinq et six s'appellent *alkerb* ou *alkereb*, la corde qui tient au milieu de l'anse du vase; la septième et la huitième, *sad matar*, *fortuna pluviæ*; la dix-neuvième, *sab bais*, *fortuna præcellentis*; la onzième et la douzième, *sad al-homam*, *fortuna herois*; la quinzième, *sad al-baham*, *fortuna bestiarum*; c'est par erreur que l'on lit sur certains globes *sheat* ou *seat*; la dix-septième, *pham al-pheras*, *os equi*, *gjahphela*, *labium*. *Enph* ou *emph*, *eniph al-pharas*, *nasus equi*. C'est celle que Riccioli appelle *muscida* (a), et Hipparque *rynchos* (b).

Les détails dans lesquels entre Ulugbeigh sur les différentes étoiles et les diverses parties d'une constellation, qui chez les Arabes portent chacune un nom particulier, prouvent combien ils apportaient de soin à bien distinguer chaque étoile, et combien, sous ce rapport, leur astronomie avait étendu son vocabulaire beaucoup plus complet que n'est le nôtre. Nous avons abrégé cette nomenclature en désignant chaque étoile d'une constellation par la série des lettres de l'alphabet grec, en appelant *alpha* la plus belle étoile de la constellation, *béta* la seconde, *gamma* la troisième, etc. Ainsi, nous appelons l'étoile *alpha* celle de l'épaule, que les Arabes appellent *yed alpheras* (c), *markabon*, *markab*: *béta*, l'étoile appelée par les Arabes *scat alpheras* et *saidol pharasi*: *epsilon* celle du nez qu'ils nomment *enif*, *enf alpheraz* (d): on l'appelle *grumium* (e), *aniphol pharasi* (f).

(a) Riccicl., p. 127. — (b) Hygin, l. 2, c. 22. — (c) Boy., tab. 19. Ricciol., p. 127. Cæs., p. 209. — (d) Com. Alfrag., p. 107. — (e) Scalig., p. 434. — (f) Cæs., p. 218.

Voici les principaux noms de Pégase, rapportés par Blaeü, Riccioli et Bayer (a) : *Equus gorgoneus, medusæus, equus ales, volans, alatus, pennatus, aereus, dimidiatus, fontis Musarum inventor, sagmarius caballus, epiphiatus,* parce qu'au lieu d'ailes on peignit autrefois *epiphium* ; *equus, equus major, secundus, posterior, alter; Bellerophon, bellerophonteus, Menalippe, Theano.*

Les Grecs le nomment *ippos* (b); les Latins, *equus* (c), *equus dimidius* (d).

Le Pégase, suivant Hygin (e), regarde le cercle arctique, appuie son pied sur le tropique d'été, et touche de l'extrémité de la bouche la tête du dauphin. Il unit son cou à la main droite du verseau, et il est renfermé par les deux poissons : son corps n'est figuré que jusqu'au nombril ou au milieu du ventre. Il se couche avec le premier des deux poissons ou avec celui qui est sous son ventre. Il se lève avec tout *aquarius*, avec le poisson avec lequel il se couche, et avec la main droite du verseau.

Columelle (f) marque un lever du matin de Pégase aux nones de mars. Il est accompagné du souffle du vent aquilon. Le même auteur marque un coucher du matin du même Pégase au 12 des calendes d'avril (g) ; il est accompagné des vents septentrionaux. Ovide parle aussi du lever de Pégase au 3 des nones de mars (h). Il l'appelle *equus gorgoneus*, et lui donne quinze étoiles.

(a) Cæs., c. 23, p. 218-219. Riccicol, p. 127. Bay., tab. 19. — b) Hipp., l. 1, c. 2. Arat., v. 205. — (c) Hyg., l. 2, c. 1. — (d) Germ. Cæs., c. 17. — (e) Hyg., l. 3, c. 17. — (f) Columell., l. 11, c. 2, p. 423. — (g) P. 424. — (h) Ovid. Fast., l. 3, v. 150.

CONSTELLATIONS AUSTRALES.

I. LA BALEINE.

Après avoir fait l'énumération des constellations qui sont au nord de l'équateur, et qu'on appelle constellations boréales, nous allons parler des constellations qui sont au midi du même équateur, et qu'on nomme méridionales ou australes. Toutes ces constellations restent moins de douze heures sur notre horizon, comme les constellations boréales y demeurent plus de douze heures, tellement que celles qui ne sont pas éloignées du pôle de plus de quarante-neuf degrés à Paris, y demeurent toujours en tout temps et à toute heure : il n'y a de changement que dans leurs positions, relativement à l'horizon.

La première constellation australe qui se présente à nous est un énorme monstre marin placé sous les poissons et sous le bélier (a), et qui est connu vulgairement sous le nom de baleine, quoiqu'il soit appelé par les anciens du nom générique *cetos* (b), qui convient à tous les gros poissons et aux monstres marins de quelque espèce qu'ils soient. Aussi ces noms ont-ils varié. Car souvent on l'appelle le dragon de mer, le lion, l'ours marin, etc. Théon l'appelle *therion*, la bête féroce (c).

On dit de ce monstre que c'est celui que Neptune

(a) Germ., c. 35. Theon, p. 143. — (b) Germ., p. 8. Hipp., l. 2, c. 3. Nonn., l. 25, v. 128. Arat., v. 354. Procl., c. 16. — (c) Theon, p. 144.

envoya contre Andromède, et que tua Persée (a). Nous en avons déjà parlé à l'article de ces deux constellations, ainsi que de l'orgueil de Cassiopée, mère d'Andromède, qui avait voulu le disputer de beauté aux néréides : ce qui excita le courroux de Neptune contre Céphée et Cassiopée, père et mère d'Andromède. Le courage que montra Persée dans cette expédition, et l'énorme grosseur du monstre qu'il tua, parurent mériter que leurs images fussent transportées aux cieux (b). Ce monstre paraît encore menacer Andromède (c).

Les Arabes la nomment *elkeit* (d) al ou *elkaitos*, nom dérivé du grec (e), *elketos* (f).

La luisante des narines se nomme *monkar elkaitos* et *menkar* (g) *monkalekaitos, minkaron* (h); celle de la queue *deneb kaitos, dhanbolkitosi*, et celle du ventre, *baten kaitos* ou *batan el kaitos* (i); *batakaitos, batnalkitosi*. Bayer (j) prétend qu'on doit y peindre un dragon marin plutôt qu'une baleine, et il ajoute que c'est ce qu'on y voit dans beaucoup d'anciennes sphères et d'antiques monumens déterrés à Rome. Les Hébreux l'appellent le lion marin (k).

Ulugbeigh appelle la suivante des trois qui sont à l'extrémité de la mâchoire, *caphal gjeemá*; celle de la queue, dans la partie la plus boréale, *danab cetus shemali*, à la partie australe, *danab al-gjenubi, wahwil aldiphda al-thani*.

(a) Hyg., l. 2, c. 32. Eratosth., c. 36. Théon, p. 143. — (b) Hyg. ibid. — (c) Theon, p. 170. — (d) Scalig., p. 437. — (e) Bay., tab. 34. Ricc., p. 127. — (f) Bay., ibid. — (g) Scalig., p. 437. — (h) Alphons., p. 232. Scalig. ibid. — (i) Bay., tab. 34. — (j) Kirk. Œdip., t. 2, part. 2, p. 199. Nabod, p. 207. Stoffl., c. 14. — (k) Ulugbeigh, p. 110-112.

Les constellations australes se nomment *suwer*, *gjenubi* (*a*). La première est le grand poisson, *cetos*. Aux nageoires est l'étoile *al-naaman*; on trouve à la queue vers la bouche du poisson austral *al-diphdaan*, les deux grenouilles. *Naaman* est au duel, et signifie *struthiocamelus*, l'autruche. On trouve dans certaines tables les autruches qui sont quatre étoiles appelées *alnaamath*. L'étoile deuxième est *caph algjedma*. La baleine se nomme *behemoth* (*b*) *kemmor* (*c*). Est-ce la chimère? *cetus*, *pistrix*, *balæna* (*d*), *draco*, *leo*, *ursus marinus*, *canis Tritonis*, *bellua*, *monstrum marinum*, *magnum portentum* (*e*), *pistris*, *pristis* (*f*), *Orphos*, *Orphus*, *Orphas* (*g*).

La baleine touche au fleuve Éridan avec sa poitrine. Elle se couche au lever du cancer et du lion, et se lève avec le centaure et les gémeaux (*h*).

II. L'ÉRIDAN.

La constellation qui suit la baleine s'appelle le fleuve. Le voisinage d'Orion, du pied duquel ce fleuve semble sortir (*i*), l'a fait nommer le fleuve d'Orion (*j*). On l'appelle aussi le Nil, le Gyon, l'Océan, le Pô et l'Éridan (*k*), fleuve fameux par la chute du cocher Phaëton. C'est sous ce dernier nom d'Éridan qu'elle est plus con-

---

(*a*) Hyd. Comm., p. 43. — (*b*) P. 170. — (*c*) Hesych. — (*d*) Alphons. p. 209. — (*e*) Arat., v 629. — (*f*) Auson. — (*g*) Cæs., c. 1, p. 216. Bay., t. 34. — (*h*) Hygin, l. 3, c. 30. — (*i*) Eratosth., c. 27. Hyg., l. 3, c. 31. — (*j*) Procl., c. 16. — (*k*) Eratosth. Uranol., p. 172.

nue. Aratus et Phérécyde (a), qui lui ont donné ce nom, prétendent que c'est parce que, comme le Pô, ce fleuve dirige son cours vers la partie méridionale. Hésiode dit qu'il fut placé aux cieux à cause de Phaëton. Nonnus, dans ses Dionysiaques, admet la même tradition (b), ainsi que Théon (c) qui le nomme l'*Éridan* et le *Bochernos*. On raconte que Phaëton, fils du soleil et de Clymène, voulut monter le char de son père; que s'étant élevé trop haut, la crainte le fit tomber, et il fut précipité dans l'Éridan par un coup de foudre dont le frappa Jupiter (d). L'Univers fut embrasé, et, pour en éteindre l'incendie, tous les fleuves furent lâchés hors de leur lit; ce qui produisit un déluge auquel Deucalion et Pyrrha seuls échappèrent. Les sœurs de Phaëton, pleurant leur frère, furent changées en peupliers, et leurs larmes en ambre. Elles prirent le nom d'héliades. Elles s'appelaient *Mérope, Helie, Ægle, Ægiale, Petré, Phœbé, Chœrie, Diosippé. Mérope* est le nom d'une pléiade. Les autres sont vraisemblablement les autres pléiades placées sous le cocher. Cycnus, roi de Ligurie, parent de Phaëton, le pleura aussi : il fut changé en cygne et il en a conservé les accens lugubres. Quelques-uns nomment ce fleuve *Nil* et *Gyon*, lequel fut placé aux cieux parce qu'il coule du midi. D'autres disent qu'il prit le nom de *Nil* à cause de sa grandeur et de son utilité, et parce qu'il y a vers son extrémité une étoile très-brillante appelée *canopos* (e). Or, *canopos* est baignée par le Nil. L'étoile *canobus*, appelée *ptolemœon*, est une étoile du gouvernail du vaisseau (f); c'est l'étoile

---

(a) Germ., c. 36. — (b. Nonn., l. 38, v. 49. — (c) Theon, p. 115. — (d) Theon, ibid. — (e) Hyg., l. 2, c. 33. — (f) Germ., c. 36.

la plus basse. Aussi prend-elle le nom de *perigeios* ou de terrestre.

Ulugbeigh donne à la luisante de l'extrémité du fleuve le nom d'*aldalim* (*a*). Cette dernière de l'extrémité du fleuve est *acharnar*, *acharnahar*, *acharnarim*, *enar*, *acharnnehar*, *achironari* (*b*).

On donne à celle de la courbure du fleuve, ou l'étoile *tau*, les noms d'*anchetenar*, *argetenar* (*c*).

On en appelle les sept autres de la courbure *béenim*, *theenim* (*d*).

Le fleuve lui-même en général se nomme *potamos* (*e*), *fluvius*.

En arabe *Nahar*, *Alnahar*, *Nar*, *Énar*, *Nahron* (*f*). Chez les Maures, *Guad*. Chez ceux de Féez, *Vardi* (*g*). Chez les Égyptiens, *Nilus* et *Ægyptus* (*h*), *Nachal Mizraïm* (*i*), *Schichor*, *Niger*. Chez les Éthiopiens, *Nuchal*. Chez les Grecs, *Melas*, *Melo*. Chez d'autres, *Mulda*, *Aëtus* ou *Aquila*. Chez les Étrusques, *Botignon*. Chez les Liguriens, *Botigum*, *Bodintum*. Dans Aratus, *fluvius multum defletus*. On l'appelle aussi *fluviorum pater phaëtontius amnis*, *fluvius cælestis* (*j*), *fluvius combustus* (*k*), *Eridani fluenta* (*l*).

Ce fleuve (*m*), sorti du pied gauche d'Orion, s'étend jusqu'à la baleine, et se répand ensuite jusqu'aux pieds du lièvre, et de-là vers le cercle antarctique. Il paraît se

---

(*a*) Ulugbeigh, p. 112. — (*b*) Scalig., p. 438. Bay., tab. 36. Alphons., p. 234. Kirk., p. 193. Hyd. Comm., p. 48-49. — (*c*) Cæs., c. 2, p. 229. Scalig., p. 438. Bay., tab. 36. Alp., p. 234. — (*d*) Ricciol., p. 126-128. — (*e*) Hipp., l. 1, c. 3. Nonn., l. 38, v. 419. — (*f*) Cæs., c. 2, p. 229. — (*g*) Bay., tab. 56. Ricciol., p. 126-128. — (*h*) Hesych. — (*i*) Cæs., c. 2, p. 228-229. — (*j*) Arat., v. 358. — (*k*) Nonn., l. 38, v. 449. — (*l*) Anson. — (*m*) Hyg., l. 3, c. 31.

coucher au lever du scorpion et du sagittaire. C'est là ce qui l'a fait unir au cocher dans la fable de Phaëton. Il se lève avec les gémeaux et le cancer.

Hyde, dans ses Commentaires sur Ulugbeigh (a), nous dit que les Arabes appellent la première, la seconde, la troisième et la trente-sixième des étoiles d'Orion, *cursa al-gjauza al-mutakaddey*, le trône d'Orion; et la trente-unième, la brillante du pied, s'appuie sur le trône; la quatorzième jusqu'à la vingt-deuxième, se nomme *az'ha al-nadm*, le nid de l'autruche sur le sable. Les étoiles voisines s'appellent ses œufs, *albeid* et *alkeid*. La trente-quatrième, à l'extrémité du fleuve, est *al-daltm*. Entre elle et la brillante du poisson austral sont plusieurs étoiles appelées *alzibal*, les petits de l'autruche, placées entre les étoiles brillantes de la troisième grandeur, et l'étoile de la baleine appelée la seconde grenouille. Il y a quatre étoiles appelées *sadr ketus*, *pectus ceti*. On les appelle aussi *ashiyané*, le nid. Le nom d'*al-daltm* est celui de *fossi in terra putei*. Dans d'autres tables on y trouve *aulax*, *sulcus*, *porca*.

III. LE LIÈVRE.

Le lièvre des constellations semble fuir devant le chien d'Orion (b). Il est placé sous Procyon et aux pieds d'Orion (c). Ce dernier ayant été peint sous les traits d'un chasseur, le lièvre dut naturellement être son cortège (d). Quelques-uns ont dit que le lièvre avait été

(a) Hyde, p. 48 et 49. — (b) Hygin, l. 2, c. 34. Theon, p. 131. — (c) Germ., c. 3. Theon, ibid. — (d) Hygin, l. 2, c. 34.

placé aux cieux par Mercure, à cause de sa légèreté à la ourse (*a*). Il en est d'autres qui pensent qu'un chasseur redoutable, tel qu'Orion, ne devait pas s'amuser à chasser simplement un lièvre. Aussi peignent-ils Orion combattant contre le taureau dont il porte les dépouilles. Quant au lièvre, voici ce qu'ils racontent à son sujet. On dit qu'il n'y avait point de lièvres dans l'île de Leros, lorsqu'un jeune homme s'avisa d'y en apporter une femelle prête à mettre bas. Il la soigna elle et ses petits avec beaucoup d'attention. En peu de temps, l'espèce se multiplia prodigieusement. Chacun s'étant empressé d'en élever, la quantité en fut si prodigieuse, qu'il fut impossible de les nourrir, et qu'ils finirent par se jeter avec tant d'avidité sur tous les grains, que la famine se mit dans l'île. Ce ne fut qu'avec bien des peines que les habitans vinrent à bout de s'en débarrasser. On plaça depuis l'image du lièvre aux cieux pour rappeler aux hommes que les choses qu'on a le plus désiré nous causent souvent plus de maux qu'elles ne nous avaient fait de plaisir. D'autres supposent qu'il y fut placé parce qu'il est celui des quadrupèdes qui pullule le plus; que, lorsqu'il met bas ses petits il en a déjà d'autres qui se forment dans le ventre (*b*). Ainsi, ce fut, suivant les uns, sa légèreté, suivant d'autres, sa fécondité qui le fit placer près des limites de l'équinoxe de printemps (*c*).

Le lièvre, peint fuyant devant le pied gauche d'Orion (*d*), court sur le tropique d'hiver. Il se lève avec le lion, et se couche au lever du sagittaire.

Columelle fixe au 10 des calendes de décembre le cou-

(*a*) Eratosth., c. 3j. — (*b*) Germ., c. 33. Erat., c. 3j. — (*c*) Theon. p. 142. — (*d*) Hyg., l. 3, c. 32.

cher du matin du lièvre, accompagné de tempêtes (*a*).

Les Arabes le nomment *clarneb* ; les Hébreux *arneb* (*b*), *clarnebet* (*c*), *alarnebo*.

Ulugbeigh (*d*) l'appelle le trône d'Orion, *arsh al gjauza*. Les Arabes le nomment *arsa al gjauza al muacchera* ou le trône d'Orion.

On l'appelle aussi *al nihâl, pecora sitim explentia*.

Les Turcs l'appellent *thaushkan* et *thaushan* (*e*).

Les Grecs le nomment *lagoos* (*f*). Aratus lui donne les épithètes de *charopos* et de *glaucos* (*g*).

Les Latins l'appellent *dasypus* (*h*), *levipes*, *hirtipes*, *pedibus celer*. Il porte aussi les noms de *derceunès* dans Nicandre; de *tachynès* (*i*).

IV. ORION.

La constellation d'Orion est incontestablement la plus belle de toutes. Elle renferme deux étoiles de la première grandeur et plusieurs de la seconde. Elle occupe un champ très-vaste aux cieux, au midi du taureau et des gémeaux. Elle a trois belles étoiles vers le milieu, qui sont de seconde grandeur, et posées en ligne droite, l'une près de l'autre. Le peuple les appelle les trois rois.

On fait Orion fils de Neptune et d'Euryale, fille de

(*a*) Columell., l. 11, c. 2, p. 434. — (*b*) Kirk. Œdip., t. 2, part. 2, p. 199. Scalig., p. 438. Cæs., p. 247. — (*c*) Comm. Alfrag., p. 108. Hyd. Comm. Ulugbeigh, p. 49. — (*d*) Ulugbeigh. p. 112. — (*e*) Hyd. Comm., p. 225. — (*f*) Nonn., l. 1, p. 238. Arat., v. 338. — (*g*) Arat., v. 369-594. — (*h*) Germ., c. 32. — (*i*) Cæs., c. 4. p. 247. Bay., tab. 37. Ricciol., p. 127.

Minos (a). Son père lui avait accordé la faculté de marcher sur les eaux comme sur la terre; de même qu'il avait été donné à Iphiclus de voler sur la surface d'une moisson sans briser les épis.

Ceux-ci le font naître d'Hyrée, ceux-là de Caubrisa, d'autres de Musée roi des Bistoniens, et racontent ainsi sa naissance (b): On dit que son père, soit Hyrée, soit Caubrisa, reçut chez lui deux Dieux, Jupiter et Mercure; d'autres disent trois, en y ajoutant Neptune. Il n'avait pas d'enfans, et il pria ses hôtes de le rendre père; il venait d'immoler un bœuf qu'il leur avait servi à table. Les Dieux s'en firent apporter la peau, et, ayant uriné dedans, ils lui recommandèrent de l'enfouir en terre. Au bout de quelque temps, il en naquit un enfant mâle qu'Hyrée nomma Urion, dont on fit par la suite Orion. C'est lui qui fut placé aux cieux dans la belle constellation qui se lève à la suite du taureau, et qui se nomme d'abord Urion, dit Germanicus (c), *ab urinâ*, à cause de l'abondance des eaux qu'elle fait naître. Car, par son lever d'hiver, elle bouleverse la terre, la mer et les eaux. On ne doit voir dans tout cela qu'un mauvais conte fait sur une étymologie également mauvaise; le nom d'Orion vient de la même racine que celui d'Orus dont il est l'astre. Sa filiation d'un taureau est simple, puisqu'il se lève toujours à la suite du taureau céleste, sous lequel il est placé. Son influence sur les mers en fit un fils de Neptune; car on appela astres de Neptune, suivant Théon, ceux qui exerçaient leur influence sur les

---

(a) Hyg., l. 2, c. 35. Germ., c. 31. Eratosth., c. 32. Théon, p. 150. — (b) Germ., ibid. Hyg., ibid. et Fab. 195. — (c) Germ., ibid. Isid., l. 3, c. 17.

eaux (*a*). Il était, ajoute Théon, singulièrement observé par les navigateurs à cause de sa position dans l'hémisphère austral d'où partent les tempêtes. Cette influence qu'avait Orion sur les eaux de la mer et sa position sur le fleuve Éridan qui sort de son pied gauche, fit dire que ce fils de Neptune et du taureau marchait sur les eaux. C'est ainsi que nous verrons bientôt que sa position relativement au scorpion auquel il est opposé, et qui le fait tous les jours coucher, fit dire qu'il mourut piqué par le scorpion de nos constellations.

Orion, devenu grand, quitta Thèbes, patrie de Bacchus-taureau, pour se rendre à Chio, chez le buveur de vin ou chez OEnopion dont il voulut, dans un moment d'ivresse, violer la fille appelée Mérope du nom d'une des pleïades placées sur le taureau, et qu'Orion semble toujours poursuivre.

OEnopion, piqué d'un semblable outrage, punit Orion en lui faisant crever les yeux ; et il le chassa de son île. Orion se retira à Lemnos, île consacrée au Dieu du feu ou à Vulcain qui lui donna un certain Cédalion pour le conduire. Orion le mit sur ses épaules, comme pour lui servir d'yeux et le guider. Il marcha ainsi vers l'Orient, et vint s'unir au soleil qui lui rendit la vue (*b*), et bientôt il retourna à Lemnos pour se venger.

On aperçoit aisément l'origine de cette fiction. Orion, se couchant avec les pleïades, et conséquemment avec Mérope, aux approches du printemps, disparait à notre vue par son coucher héliaque. Mais au bout de quelques mois, lorsque le soleil approche du solstice, Orion se lève héliaquement, et reparait le matin au bord orien-

---

(*a*) Theon, p. 182. — (*b*) Eratosth., c. 32.

tal. Aussi, le calendrier des pontifes fixe au 15 des calendes de juillet l'entrée du soleil au signe du cancer, et le lendemain le lever héliaque d'Orion (a). Il marque huit jours après (b) le lever héliaque des étoiles de la ceinture du même Orion, et il annonce pour ce jour-là le solstice d'été. Le même Ovide avait marqué le coucher d'Orion deux mois et demi auparavant, au 8 des ides d'avril (c), onze jours avant l'entrée du soleil au taureau, et quatre jours après, un lever des pléiades, au nombre desquelles il met Mérope (d). Alors se couchait la balance, signe consacré à Vulcain, qui donne un guide à Orion. Il marque un autre coucher au 7 des nones de mai (e), cinq jours avant le lever des pléiades. C'est à cette occasion qu'il rapporte la naissance d'Orion, fils du bœuf et des deux Dieux, Jupiter et Mercure, et sa mort par la piqûre du scorpion.

Lorsqu'Orion retourna à Chio, OEnopion s'était caché sous la terre pour échapper à sa vengeance. Peut-être que cet OEnopion est le bootès, Icare, le fameux inventeur du vin, qui est alors effectivement couché. Théon nous apprend qu'OEnopion était fils de Bacchus et de la couronne d'Ariadne, qui suit le bootès, et qui se lève au moment des vendanges (f); il régnait sur l'île de Chio, fameuse par ses bons vins. Cette île était infestée de serpens, d'où elle prit le nom d'Ophiusa; c'était pour la purger de ces reptiles qu'Orion était venu d'abord de Béotie, à la sollicitation d'OEnopion. Dans ce second voyage, Orion venait pour se venger; mais,

---

(a) Ovid. Fast., l. 6, c. 719. — (b) V. 788. — (c) Ovid. Fast., l. 4, v. 389. — (d) V. 175. — (e) Ovid. Fast., l. 5, v. 495-545-600. — (f) Théon, p. 170-171.

désespérant de trouver son ennemi, il passa en Crète. Là il se mit à chasser avec Diane sur le mont Chélippion (a), et il lui promit de détruire tous les animaux et de n'en laisser aucun sur la terre. D'autres, au contraire, prétendent qu'il voulut faire violence à la chaste Diane (b); que cette Déesse le perça de ses traits, et qu'elle le plaça dans la suite aux cieux à cause de la ressemblance des goûts. Certains auteurs disent qu'il était chéri de Diane qui pensa l'épouser; ce qui fâcha Apollon. Un jour qu'Orion nageait, Apollon aperçut sa tête s'élever au-dessus des flots, et le reconnut. Il proposa à Diane un défi; c'était de prouver son adresse à tirer de l'arc en décochant un trait sur un corps noir qui surnageait; c'était la tête d'Orion; les flots portèrent son corps au rivage. Diane le reconnut: désolée de son erreur, elle répandit beaucoup de larmes sur son cadavre, et elle plaça son image aux cieux. Cette fable s'explique aisément, quand on sait qu'Orion, comme le dit Hygin (c), se couche au lever des derniers degrés du scorpion et des premiers du sagittaire. Ce dernier signe est affecté à Diane dans la distribution des douze grands Dieux entre les signes. Le premier renferme ce redoutable scorpion que la terre suscita contre Orion, et dont la morsure le fait périr. Jupiter, à la sollicitation de Diane et de Latone, compagnes de chasse d'Orion en Crète, plaça aux cieux Orion et le scorpion qui l'avait piqué, et les disposa de telle manière, que, lorsque le scorpion se lève, Orion se couche (d). Ces deux constellations opposées occupent un vaste champ dans le ciel (e).

(a) Germ., c. 31. — (b) Hyg. ibid. Horace, l. 3; Ode 4, v. 71. — (c) Hyg., l. 3, c. 32. — (d) l. 2, c. 27, p. 33. Theon, p. 170. — (e) Germ., c. 31.

On dit que ce scorpion fut envoyé par Diane qui préside au sagittaire que le scorpion précède immédiatement dans son lever.

On explique aisément les amours d'Orion pour Diane, quand on sait que Diane est la lune qui a son exaltation au taureau, sous lequel est Orion, et avec lequel il se couche; et son domicile au cancer, avec lequel Orion se lève (*a*). Il aima la lune qui a son exaltation au taureau, comme il aima les pléïades qui sont placées sur ce même taureau.

Enfin, il est des traditions (*b*) qui font d'Orion le fameux musicien de Lesbos, Arion, que sauva le dauphin, et dont nous avons déjà parlé à l'occasion de cette constellation. Arion avait été aimé de Périandre, roi de Corinthe, qui, charmé de son talent, l'avait comblé de richesses. Lorsqu'il s'embarqua pour retourner dans sa patrie, ses esclaves, de concert avec les nautonniers, voulurent le faire périr. Arion obtint d'eux, pour dernière grâce avant de mourir, de jouer de sa lyre. Les sons harmonieux qu'il tira de cet instrument attroupèrent autour de lui une foule de dauphins; il se jeta sur un d'eux, qui le reçut sur son dos, et le porta à Corinthe, chez Périandre. Le dauphin officieux, après avoir déposé son fardeau, expira sur le rivage. Jupiter le plaça aux cieux avec Arion. Je crois que cet Arion est plutôt le Pégase Arion qui se lève à la suite du dauphin. Quoi qu'il en soit, on ajoute qu'Arion, arrivé à Corinthe, raconta à Périandre son aventure, et que ce prince fit enterrer le dauphin, auquel même il éleva un tombeau. Quelque temps après, le vaisseau qui devait porter Arion dans sa

---

(*a*) Hyg., l. 3, c. 33. Theon, p. 167-182. — (*b*) German., c. 31.

patrie, revint à Corinthe. Le roi fit venir les matelots, et
leur demanda des nouvelles d'Arion. Ils lui dirent qu'il
était mort. Eh bien! leur dit le roi, demain vous viendrez affirmer ce que vous m'annoncez sur le tombeau du
dauphin. En même temps, il donna des ordres pour qu'on
s'assurât de leurs personnes, et il commanda à Arion de
s'habiller tel qu'il était lorsqu'il se précipita dans les
eaux, et de se tenir caché dans le tombeau du dauphin.
Les matelots vinrent jurer dessus avec serment qu'Arion était mort : aussitôt celui-ci se montra, et confondit par sa présence leur imposture ; le roi les fit aussitôt pendre.

Théon ajoute aux récits différens sur Orion quelques
circonstances particulières (a). Il dit qu'Orion, chassant
dans l'île de Chio, aperçut Diane et toucha son voile, et
que cette Déesse irritée fit naître le scorpion qui tua
Orion. De-là vient, dit-il, qu'encore aujourd'hui Orion
a l'air de craindre le scorpion, puisqu'il se cache à son
lever ; car le scorpion, en montant sur l'horizon, effraie
Orion, et le force à se coucher. Le scorpion réciproquement se couche au lever d'Orion, comme celui-ci au lever du scorpion : car ils sont, en effet, diamétralement
opposés, remarque Théon. Aratus peint Orion effrayé
de la vue du scorpion, et se sauvant à l'extrémité de la
terre. Toutes ces réflexions sont de Théon qui ajoute
que le même Orion semble poursuivre et chasser devant
lui les astres qui se couchent avant lui (b). Ce sont ces
réflexions qui doivent frapper le lecteur le moins clairvoyant, qui m'ont donné la clef de la mythologie ancienne ; car il ne me fut pas difficile de reconnaître que

---

(a) Theon, p. 170-171. — (b) P. 206.

l'histoire merveilleuse d'Orion n'était qu'un roman astronomique qui avait pour base les positions respectives d'Orion à l'égard des pléiades qu'il poursuit ; et du scorpion céleste qui se lève à son coucher, et qui paraît le tuer.

Après avoir expliqué cette fiction comme je fais ici, et cela il y a plus de seize ans, je dis, comme Énée dans Virgile : *Et crimine ab uno disce omnes.* En voilà une ; mais est-elle la seule ? Je crus qu'ayant pris sur ce fait le génie des mystagogues et des prêtres allégoristes, je ne devais pas en rester là. J'essayai cette méthode nouvelle sur le cocher céleste, Phaëton, qui périt de la morsure du même scorpion, et j'obtins des résultats simples et satisfaisans. Dès-lors je conclus que j'avais découvert une mine nouvelle, et je ne m'occupai plus que des moyens de l'exploiter. Trois mois environ après ce premier essai, je rencontrai sur ma route le fameux passage de Chérémon, qui fait la base de tout mon travail. Je ne doutai plus dès-lors que je n'eusse la clef de l'ancienne mythologie ; et, quoiqu'elle me parût bien rouillée, je me déterminai à consacrer tous mes travaux et mes veilles au développement d'une idée aussi ancienne et aussi neuve. Je ne tracerai pas ici le cercle des erreurs et des fausses conjectures que j'ai parcouru pendant les premières années. Il me suffit de dire que rien ne m'a rebuté ; que j'ai fait tous les sacrifices de mes premières idées au besoin de connaître la vérité, et que j'ai abandonné des explications ingénieuses quand je me suis aperçu qu'elles n'étaient qu'ingénieuses, et qu'elles ne se liaient point, par l'ensemble des explications, au système universel. Le résultat de mes efforts est l'ouvrage que je présente aujourd'hui, lequel, tout imparfait qu'il est, me paraît meilleur que tout ce qui a été fait jusqu'ici, parce qu'il offre beaucoup de vérités, et qu'il ouvre la route à de nouvelles découvertes. Mais en voilà assez sur moi; revenons à Orion.

Sa proximité des pléïades placées sur le bœuf céleste, ou des filles de Pléïone et d'Atlas, a fait dire (a) qu'ayant voyagé avec elles en Béotie, il avait voulu leur faire violence et qu'elles avaient pris la fuite; qu'Orion les avait poursuivies pendant douze ans sans pouvoir les joindre; que Jupiter, touché de leur sort, les avait placées aux cieux où elles forment ce qu'on appelle la queue du taureau. C'est pour cela, ajoute Hygin, qu'Orion semble encore les poursuivre vers le couchant.

Les Assyriens (b) voyaient, dans le chasseur Orion, le fameux Nembrod qui fut, dit-on, un grand chasseur devant le Seigneur. Ils lui associaient la constellation du grand chien, cortége naturel du chasseur. Ils lui donnaient aussi le nom de Saturne, que porte une des sept planètes. De la race de Cham, disaient-ils, naquit Chus l'Éthiopien, qui fut père de Nembrod, fondateur de Babylone, lequel prit aussi les noms d'Orion et de Saturne. Ce dernier nom est emprunté d'une des sept planètes.

La Chronique d'Alexandrie en parle à peu près dans les mêmes termes. Du sang de Cham, dit l'auteur de cette Chronique, naquit Chus, qui engendra le géant Nembrod, qui fonda Babylone. Je remarque ici qu'on appelait aussi Orion le géant, à cause de son immense étendue.

Les Perses disent qu'il fut placé au nombre des Dieux et parmi les constellations, sous le nom d'Orion.

(a) Hygin, l. 2, c. 27. — (b) Cedren., p. 14 et 15.

C'est ce Nembrod, continue la Chronique, qui le premier enseigna aux mortels l'art de la chasse, et à se nourrir de la chair des animaux féroces. C'est lui qui régna le premier sur les Perses. C'est lui dont il est parlé dans l'Écriture sous (a) le nom de géant et de chasseur, lequel, après le déluge, régna sur les Babyloniens; qui passa d'Égypte en Assyrie, et habita Ninive bâtie par Assur. Les Assyriens donnèrent le nom de *Ninus* à Nembrod, qui le premier leur apprit à rendre un culte au feu. Persée, qui se lève héliaquement à l'époque du coucher héliaque d'Orion, à l'équinoxe de printemps, passait pour en avoir fait autant en Perse. La Chronique ajoute ailleurs (b), que du sang de Ninus naquit Zoroastre, fameux chez les Perses par ses connaissances astronomiques, lequel en mourant pria les Dieux de le frapper de leur foudre. Il dit aux Perses avant de mourir : Quand j'aurai été brûlé par le feu céleste, ramassez mes os et conservez mes cendres. Tant que vous serez fidèles à garder ce dépôt, l'empire ne sortira pas de vos mains. Ayant ensuite invoqué Orion, il fut frappé de la foudre ; et les Perses recueillirent ses cendres qu'ils gardent avec soin.

On lit dans Eusèbe que ce fameux Saturne (c) des Phéniciens est aussi appelé *Israël*; et qu'après sa mort il passa dans la planète de Saturne, celle qui donne ici son nom à Orion, où sont les trois rois que le peuple appelle encore *le bâton de Jacob*. C'est cet Israël qui, dans un temps de calamité, immola son fils unique qu'il avait eu d'une nymphe du pays, appelée *Anobret*.

(a) Cedren., p. 65. — (b) P. 89. — (c) Euseb., Præp. Ev., l. 4, c. 16. p. 156.

Cet Israël Saturne est-il Orion? Est-il le fameux serpentaire, le *chrone* d'Athénagore dont nous avons souvent parlé?

Le Syncelle donne à Nembrod le surnom d'*Eutychius* (a) ou d'*Euéchius*; d'autres, suivant Hyde, en font le fameux Ninus (b).

Les Égyptiens l'appelaient *Orus* ou l'astre d'Orus (c).

Les Latins le nommaient *jugula*. C'était particulièrement le nom de celle du milieu des deux étoiles qui sont aux deux épaules (d); d'autres disent qu'il prend ce nom de ce qu'il paraît armé d'une épée redoutable (e).

Ils l'appelaient aussi *incola* (f), *nux juglans* (g).

Le vulgaire le nommait *aletropodion* (h).

On lui donna (i) les épithètes de *nimbosus*, de *thrasus* ou d'*audax* (j), de *sublimatus*, *gigas*, *fortissimus*, *furiosus*, *bellator fortissimus*, *heros*, *venator* (k).

Les Arabes l'appellent *algibbar* (l), *elgebar*, *algebar*, *algebra*, *algebaro* (m), *sugia*, *assugia*, *asschagio*; les Hébreux, *chesil-el-kebar*, *canis fortis*, et *bellator fortis* (n), *almaharrah* (o); les Juifs, *gibbor*, le géant (p); les Arabes, *algjauza* et *gjebbar*; les Syrien, *gavoro*; les Chaldéens, *niphla*, tous noms, dit Hyde (q), qui désignent un géant et un brave. Le vul-

---

(a) Syncell., p. 37. — (b) Hyd. de vet. Pers. Relig., p. 37. — (c) Plut. de Isid., p. 357. — (d) Varro de Ling. Lat., l. 6, p. 81. — (e) Isidor. Orig., l. 3, c. 47. — (f) German., c. 31. — (g) Stofl., c. 14. — (h) Scalig. Not. ad Manil. Eratosth., c. 2. Uranol. Petav., p. 143. — (i) Virgil. AEneid., l. 1. — (j) Musaios in Leandr., v. 214. Poet. Græc., p. 501. — (k) Cæs., c. 3, p. 242. Bay., tab. 35. Ricciol., p. 126. Stofl., c. 14. Scalig., p. 438. — (l) Alfrag., c. 22. — (m) Cæs., p. 240 — (n) Kirk. OEdip., t. 2, pars. 2, p. 199. — (o) Ricciol. Almag., p 428 — (p) Hyde Comm., p. 44-48. — (q) Hyd. ibid.

gaire l'appelle *bahadûr*, le courageux; les astronomes, *gjebbar*.

La brillante de la main droite se nomme *jed al-gjauza al-jumna*; les trois de la tête s'appellent *rás al-gjebbar*, tête du géant; et *hek'a*, qui est une des stations de la lune.

L'étoile luisante (*a*) et rouge de l'épaule droite se nomme *menkib al-gjauza, jad-al-gjauja aljumna*; celle de l'épaule gauche, *almirzan-al-gjauza*; celle de la poignée de l'épée, *saiph-al-gjebbar*. La luisante du pied gauche se nomme *rigil-al-gjauza al-jusra*; celle qui est sous le genou droit, *al-rigil-al-jumna*.

L'étoile *hek'a-al-gjauza* se nomme aussi (*b*) *al-tehat*, *al-teh'yat*, *al-teh'ya*, *al-athâphi*, et forme la cinquième station de la lune. L'étoile *jed al-gjauza* se nomme, par altération, *beit-algeuse*; le bras se nomme *dirà al-gjauza*.

La troisième étoile est *almirzam al-nâgjid*, et *al-rezûm*. *Mirzam* signifie lion; *rezum*, rugissant. Les étoiles du baudrier s'appellent, par les Anglais, *the golden ward*.

La dix-septième et la vingt-cinquième se nomment *al tâgi* et *al-dawtb*. *Tagi* est le nom de la tiare et d'une espèce de voile chez les Perses. Les étoiles vingt-six, vingt-sept, vingt-huit du baudrier, se nomment *mintaka-al-gjauza, alnidan* ou *alnedin, series, ordo*, etc.

Phekar-al-gjauza sont les vertèbres du dos d'Orion. Les étoiles vingt-neuf, trente, trente-une, trente-deux, se nomment *saiph-al-gjebbar*, l'épée du géant. On les appelle aussi *allakat, spicilegium*. La trente-

---

(*a*) Ulugbeigh, p. 112-118. — (*b*) Hyd. Comm. ibid.

cinquième est *rigil al-gjauza al-jusra*, le pied d'Orion. On le nomme encore *rái al-gjauzá, pastor Orionis; al-nágjid*. La trente-huitième est *rigil al-jumma*, le pied droit. *Rasalgeuze* est aussi le nom de la tête d'Orion et de la cinquième station de la lune (a).

Le peuple donne le nom de *bâton de Jacob* aux trois rois (b). L'épée d'Orion se nomme le *râteau*. On donne aux trois Rois Mages les noms de *Magalat, Galgalat, Saraim*; d'autres les nomment *Athos, Satos, Paratoras*; les Catholiques les appellent *Gaspard, Melchior* et *Baltazar*.

L'étoile rouge et brillante de l'épaule droite se nomme *bellatrix*, l'étoile guerrière; elle est de la couleur de mars (c). *Betelgeuze* ou *betdelgeuze* est celle de l'épaule droite (d).

On distingue aussi les étoiles de la massue, *collorobon* (e), et celles de la peau d'un bœuf, *dorá* (f).

Orion a l'air de combattre le taureau, dit Hygin (g). Il est placé sur l'équateur; il tient de la main droite une massue, il est ceint d'une épée. Il n'est pas droit, mais incliné comme le chasseur, dit Théon (h); il tient en main *ropalon*, une massue. Il sert aux matelots à observer les heures de la nuit (i) et à calculer la route qu'ils ont faite. Le lever de son baudrier annonce le commencement de l'année; le lever de ses pieds et de son chien, la fin (j).

(a) Alfrag., p. 109. — (b) Bay, tab. 35. — (c) Ricciol., p. 126. — (d) Alphons., tab. p. 238. — (e) Hipp., l. 1, c. 18. — (f) Bay., t. 35. Stoff., c. 14. — (g) Hyg., l. 3, c. 33. — (h) Theon, p. 141. — (i) P. 197. — (j) P. 182.

V. LE PETIT CHIEN OU PROCYON.

Le petit chien porte le nom de *Procyon* en grec, d'*ante-canis* en latin, parce qu'il précède dans son lever le grand chien *Sirius*. On l'appelle aussi le chien d'Orion (*a*), et il partage les mêmes aventures qu'on attribue au grand chien (*b*). Germanicus-César (*c*) dit qu'il est connu chez les Latins sous le nom de *canicula* ou de petit chien, et qu'il influe surtout sur les brûlantes ardeurs de l'été. Effectivement, Horace en parle dans ce sens lorsqu'il dit : Déjà nous éprouvons les fureurs de *Procyon* (*d*); et ailleurs il le nomme *atrox canicula*. Hygin en fait le chien d'Érigone et d'Icare, dont nous avons déjà parlé à l'article de la vierge et du bootés (*e*).

Les Arabes le nomment *aschere, ashere, algomeysa, aschemia, kelbelazguar* (*f*), *assemalia* (*g*), *aschaere, keleb al-asgar*.

L'étoile du cou (*h*) se nomme *almirzam*. Celle de l'extrémité de la figure, *al-shirà al-sâmija*. Le chien lui-même est appelé *kelbasgher*, le petit chien (*i*). Les Arabes le nomment *shamensis*, parce qu'il se couche en Syrie, *alshâm*. Il passe chez eux pour être la sœur de Canopus; ils font sur ces deux étoiles et sur Sirius une fable que nous avons rapportée plus haut (*j*). Deux de ces étoiles se nomment *dirâ al-asad al-mekubda, brachium leonis contractum*. Les deux *Sirius* sont appelés

---

(*a*) Theon, p. 151. Eratosth., c. 42. — (*b*) Hygin., l. 2, c. 37. Eratosth., c. 42. — (*c*) Germ., c. 42. — (*d*) Horac., l. 3, Od. 23, v. 18. — (*e*) Hyg., l. 2, c. 5. — (*f*) Bay., tab. 39. Stofl., p. 14. Alph., p. 235. — (*g*) Alfrag., p. 98. Scalig., p. 338. — (*h*) Ulugbeigh, p. 56. — (*i*) Hyd. Comm., p. 54. — (*j*) Ci-dess., t. 1, l. 1, c. 3.

par les Arabes, *Alshirayân* et *Uchta Soheil*, sœurs de
Canopus. Celui-ci se nomme *Shami*, le Syriaque, et
Siaèr Siamẽ. On trouve un *Siemé* au troisième décan
du scorpion (a). On nomme *Procyon alghomûs, fluxu
oculi laborans*. Cette dénomination est fondée sur le conte
arabe fait sur les astres qui sont réputés ses sœurs, *al-
shira* et *abûr*, qui passèrent la voie lactée afin de poursuivre Canopus. Celle-ci, restée dans la partie boréale,
pleure encore Canopus, et ses yeux en sont fatigués.
Quelques auteurs lisent à tort *algomeisa, sycaminus* ou
sycamorus; l'étoile de l'épaule *almirzan* s'appelle aussi
aldire al-mebsuta.

Il porte dans Blaeü, dans Riccioli et dans Bayer (b),
le nom de *canis parvus, minusculus, catellus, antece-
dens, antecursor, septentrionalis, sinister, canis ica-
rius, Mœra, cynarion, cynidion, scylax, scylacion,
antecanis, fovea*; chez les Hébreux, *keleb, algomyso*;
chez les Arabes, *alchamyso, tostus, assatus, alcheleb
alasagar, kelbelazguar*, etc.

Les Grecs appellent *Procyon* (c) *Mœra, Mansour,
Jacar* (d). Nonnus lui donne l'épithète d'*hermageneia* (e).

Pline le nomme *canicula* (f); c'est le chien d'Érigone
dans Tatien (g); et *antecanis* dans Germanicus César (h).

Procyon, placé sur la voie lactée, touche des pieds
le cercle équinoxial (i); il regarde le couchant, et il est
placé entre les gémeaux et le cancer. Il se couche au
lever du capricorne, et se lève avec le lion.

(a) Salmas., ann. Clim., p. 610. — (b) Cæs., c. 5, p 250. Bay.,
tab. 39. Ricciol., p. 127. Stofll., c. 1 ʃ. —(c) Procl., c. 16. Theon.
p. 142. — (d) Hesych. — (e) Nonn., l. 43, v. 188. — (f) Pline, l. 18,
c. 28 et 29. — (g) Tatian. p. 149. — (h) Germ., c. 1. — (i) Hyg., l. 3,
c. 35. Theon, p. 151.

Columelle le fait lever le matin aux ides de juillet (a), avec indication de tempête. Ovide fixe un lever du chien d'Érigone au 14 des calendes de juin, le lendemain de l'entrée du soleil aux gémeaux (b).

VI. LE GRAND CHIEN.

Le grand chien placé à côté du taureau qui enleva Europe, et se couchant héliaquement lorsque le soleil arrive dans ce signe, comme l'annonce ce vers de Virgile : *Candidus auratis* (c), prit à ce titre le nom de chien gardien d'Europe. C'est par la même raison qu'on le nomme chien d'Orion, parce qu'il se couche à la suite de cette constellation derrière laquelle il est placé (d). Lui et le dragon, qui gardaient Europe, se réfugièrent près de Minos (e) qui fit présent de ce chien à Procris parce qu'elle l'avait guéri (f). Cette femme aimait beaucoup la chasse, et le chien dont Minos lui faisait présent avait le nez si fin qu'aucun animal ne pouvait échapper à ses recherches (g). Après la mort de Procris, il passa à Céphale son époux, qui le conduisit à Thèbes pour attaquer le fameux renard qui, dit-on, échappait à tous les chiens. Jupiter changea le renard en pierre, et plaça le chien aux cieux (h).

Amphianus, poëte tragique, a écrit que, comme les étoiles cédaient leur place aux hommes, un chien fut député vers Dolora, dont il devint amoureux aussitôt

---

(a) Columell., l. 11, c. 2, p. 428. — (b) Ovid. Fast., l. 5, v. 723. — (c) Virg. Georg., l. 1. — (d) Hyg., l. 2, c. 36. — (e) German., c. 32. — (f) Eratosth., c. 33. — (g) Hyg., ibid. — (h) Eratosth., ibid.

qu'il l'eut vue; ne pouvant en jouir, le feu de la passion s'allumait de plus en plus dans ses veines. Dans son malheur, il invoqua les Dieux, et Borée lui envoya ses deux fils, Zethus et Calaïs, placés dans les gémeaux, pour tempérer ses ardeurs par le souffle des vents étésiens. Il ne lui resta que le souvenir de ses amours (*a*).

D'autres racontent l'aventure d'Icare et d'Érigone, dont nous avons parlé aux articles de la vierge et du bootès, et que nous ne répéterons pas ici. Ils disent que le grand chien est Moera, chien d'Icare, qui conduisit à son tombeau Érigone sa fille, laquelle se pendit de désespoir sur le mont Hymette. Le chien fut placé aux cieux dans la constellation appelée *astrocyon* ou l'astre chien (*b*), lequel, par son lever, amène les maladies pestilentielles.

On distingue dans cette constellation plusieurs belles étoiles, et une entre autres de la première grandeur, la plus grosse et la plus brillante de tout le ciel. C'est le fameux Sirius dont la lumière est nuancée de mille couleurs comme celles du diamant. On l'appelle l'astre par excellence (*c*); c'est l'astre, suivant la théologie des mages, qu'Ormusd a mis à la tête de toutes les étoiles du ciel pour les surveiller (*d*). On lui donne vulgairement le nom de canicule (*e*), quoique ce nom convienne mieux au petit chien. C'est cette canicule qui, se trouvant en conjonction avec le soleil, est censée doubler l'activité de ses feux et des ardeurs solsticiales. Elle prend en particulier le nom de chien (*f*), qui appartient à la totalité de la constellation (*g*). Son éclat brillant, sa

---

(*a*) German. ibid. — (*b*) Ibid. — (*c*) Achill. Tat., c. 14, p. 79. — (*d*) Plut. de Isid. — (*e*) Isid., l. 3, c. 47. — (*f*) Procl., c. 16. — (*g*) Germ., p. 8. Theon, p. 141.

grosseur, la masse de lumière qu'elle lance (*a*), lui font partager la dénomination de *seirios* que les astronomes donnent à tous les astres étincelans, et la constituent, suivant Horus-Apollon (*b*), comme la reine du ciel. Les Égyptiens la nomment *sothis*, l'astre d'Isis, et les Grecs, l'astre chien, continue le même auteur (*c*).

On donne le nom d'Isis spécialement à l'étoile brillante de la tête, au lieu que Sirius est l'étoile grosse et brillante de la mâchoire ou de la langue du grand chien (*d*). Cependant quelques auteurs donnent la même qualification d'astre d'Isis au grand chien en général, et en particulier même à Sirius (*e*).

Vettius Valens nomme cette constellation *Sirius* et *seth*, le violent (*f*).

Les Grecs lui donnent l'épithète d'*olios* ou de pernicieux et de maligne influence (*g*); Columelle celle de *sitiens* (*h*); les Égyptiens celle d'*hydragogos* ou d'astre qui fait épancher le Nil (*i*).

Pline l'appelle *sidus uvis decretorium* (*j*). Nonnus lui donne l'épithète de *viteus*, et il parle aussi de Moera (*k*).

Au reste, si son influence était brûlante en été, elle était froide en hiver (*l*) à son coucher, suivant Sophocle. En été, son lever ramenait les chaleurs qui épuisent le corps, et qui le jettent dans une espèce de langueur (*m*).

(*a*) Eratosth., c. 33. — (*b*). Hor.-Apoll., l. 1, c. 3. — (*c*) Damas. Phot., Cod. 242.—(*d*) Germ., c. 32. Eratosth., c. 33. Hyg., l. 2, c. 36; l. 3, c. 34.—(*e*) Plut. de Isid., p. 359-365-376. Chalcid. in Tim., c. 124. Theon, p. 123. — (*f*) Salm. Ann. Clim., p. 113-144. — (*g*) Hesych. — (*h*) Columell., l. 10, v. 41. — (*i*) Plut. de Isid. — (*j*) Salm. Ann. Clim., p. 6. — (*k*) Nonn., l. 43, v. 168-170. — (*l*) Achill. Tat., p 73. Uranol. Petaw. — (*m*) Germ., c. 32; c. 42 Hesiod. Op. et Dies. v. 385.

Les Arabes nomment le grand chien *kelb acbar* (a), *elkabar* (b), *elhabor* (c), *alchabor*, *alachbaro*, *chelub* ou *kelbon*, *keleph*, chien; ce nom vient des Hébreux qui le nomment *caleb*; d'autres l'appellent *al-cheleb al-cabir*, *aliemenië*, *cheleb*, *alechber*, *cabbir*, *ecber*, *habor* (d), *aliemini*, *aliaminio*, ou chien de droite. *Elscheere*, *elsere*, *elseiri*, *eschere*, *sceara*, *schearee-liemini*, *scera*, *elhabor* (e), *elchabar*, *escher* (f), chez les Chaldéens.

Dans les Tables persiques, il est désigné sous les noms de *siaer*, *jamané* (g).

Ulugbeigh (h) donne à la belle étoile du grand chien le nom de *shira abur*, et de *al-shira aljemanija*; et à celle de l'extrémité du pied antérieur le nom d'*al mirzam*. Les noms de *shiri* et de *sirha* dérivent du grec, et les Arabes les en ont tirés (i).

On appelle aussi Sirius le chien du géant, *kelb al-gjebbar*. L'étoile neuvième est *mirzam al-shira*; on l'appelle aussi *al-kelb*. Les étoiles douze, quatorze, quinze, dix-huit de la queue sont *al-dara* et *uetra al-gjauza*. Il y en a quatre de placées hors la figure, lesquelles, avec quelques autres *alphurâd*, se nomment *al-agh'riba*, les corbeaux. Les deux luisantes *al-hadar* et *al-wezen* s'appellent *al muliphéim*.

La canicule se nomme chez les Siriens *kelbo gavoro*, le chien du géant. *Abu-Cabsha*, aïeul de la mère du prophète, adorait Sirius qui était la divinité tutélaire de la tribu Kaïs chez les Arabes.

(a) Hyd. Comm., p. 49-54. — (b) Ricciol., p. 408. — (c) Kirk., p. 199. — (d) Alfrag., c. 22. Comm. Alfrag., p. 108. — (e) Cæs., c. 6, p. 259-260. Scalig., p. 408. Ricciol., p. 127. Bay. t. 38. Stoffl., c. 14. — (f) Alphons., p. 209. — (g) Ricciol. Almag., p. 408 — (h) Ulugb., p. 122-126. — (i) Hyd Comm., p. 49-54.

Les principaux noms du chien, tels que les rapportent Blaeü, Bayer, Riccioli, etc., sont (a) : *canis magnus, alter, secundus, sequens, australior, dexter, œstifer, acer autumni canis, sidus fervidum, invidum agricolis, harpalagus; lœlaps, Isis, Isidis sidus, Sothis, Sothonis, Seth, Sirius, Osiridis sidus, Anubis, canis sidereus, Solechim, astrum Mœræ, Mœra, aster oporinos* ou *astrum autumnale*, spaco chez les Mèdes. Le grand chien a l'air de poursuivre le lièvre; il touche presque de sa tête le pied droit d'Orion (b), et il regarde le couchant. Il se couche au lever du sagittaire et se lève avec le cancer, environ au solstice, vers le mois *apiphi* (c) qui répond à juillet, et il porte la fièvre avec lui. Son lever et son coucher se font sentir par leurs influences. On dit même que son lever donne la rage aux chiens. Son lever du matin ramène les vents étésiens qui soufflent durant soixante jours. Les flots et les vents sont impétueux alors, et les grands vaisseaux sont utiles (d). On immole la caille ou la chèvre à son lever (e).

Columelle (f) marque un lever du soir du grand chien, la veille des calendes de mai. Le lendemain, c'est le lever de la chèvre. Aussi, dans Ovide, la fable sacrée qui y répond parle de la chèvre et du chien (g). Ce coucher annonce la tempête.

Le même Columelle fixe au 7 des calendes d'août l'apparition de la canicule, avec brouillard et chaleur (h). Il fixe au 7 des calendes de décembre (i) un

---

(a) Cæs., c. 6, p. 258-259. Bay., tab. 38. Ricciol., p. 127. — (b) Hyg., l. 3. c. 34. — (c) Theon, p. 142. — (d) P. 110. — (e) P. 123. — (f) Columell., l. c. 2, p. 425. — (g) Ovid. Fast., l. 5, v. 121-147. — (h) Columell., l. 11, c. 2, p. 428. — (i) P. 434.

coucher du matin de la canicule, accompagné de tempête (a). Palladius (b) fixe le lever de la canicule au mois de juillet, au 14 des calendes d'août.

VII. L'HYDRE.

L'HYDRE est une constellation fort étendue qui en porte sur elle deux autres qui semblent en faire partie : savoir, le corbeau et la coupe. Elle occupe la longueur de trois signes du zodiaque, le cancer, le lion et la vierge. Sa tête se porte sur le cancer et sur Procyon, et sa queue touche presque le centaure placé sous la balance (c).

On prétend que c'est l'hydre fameuse dont triompha Hercule (d); et nous avons effectivement fait voir dans notre explication des travaux d'Hercule que c'est par elle que s'explique le second combat de ce héros. D'autres y voient une image du Nil, et l'appellent le Nil; et la raison qu'ils en apportent, c'est que la tête de l'hydre se lève avec le milieu du cancer, aux environs du mois *epiphi*, époque du débordement de ce fleuve, et que sa queue s'étend jusqu'à la fin de la vierge, et à la tête du centaure, époque qui répond au mois *thot* ou à septembre, et à laquelle le Nil se retire. Car c'est en octobre, au mois *paophi*, qu'il est rentré dans son lit. L'hydre devint donc comme une mesure ostensible de la durée du débordement. Théon est celui qui nous a donné plus de détails sur cette constellation. Les autres auteurs se sont plus occupés du corbeau et de la coupe, qui sont placés

---

(a) Columell., p. 435.—(b) Pallad., l. 7, c. 9.—(c) Hyg., l. 3, c. 39. Théon, p. 150. — (d) Théon, ibid.

sur l'hydre. Ainsi, nous renvoyons à l'article de ces deux constellations, et surtout du corbeau, ce que nous aurions encore à dire de l'hydre.

Les Arabes appellent cette hydre *alshugia*, serpent effilé et mâle (*a*), *alsighah, alsugah, alsuia, haia, aschaffo* (*b*), *alhanie, idra* et *idrus*.

Ulugbeigh (*c*) appelle l'étoile de la tête *minkir alshugja*. La partie antérieure *min al-azal*. La luisante du cœur de l'hydre est *pherd* ou *alphard* (*d*) ou *alpharad*; *calbel alphard*, et *unuk alshugja*, le cou de l'hydre, *pherd alshugia*, le solitaire de l'hydre, ou simplement *pherd*, le solitaire ou *alpherd*. D'autres la nomment la vertèbre de l'hydre, *phékar-al-shugja*.

Entre *alpherd* et *alchiba* se trouvent quelques étoiles étendues en long, qu'on appelle *alshardshiph*, les côtes (*e*). *Alchiba* sont des étoiles du corbeau. Entre *alshardshiph* et *alchiba* sont quelques étoiles placées circulairement, et qu'on nomme *al-ma'laph, præsepe*. On trouve aussi là *arsh al-simak, solium efferentis* ou *algimal, cameli*, qui sont les étoiles même du corbeau. *Almul'aph* sont les étoiles de la coupe; car les Arabes appellent la constellation de la coupe *almàlaph*, et celle du corbeau, *arsh al-simak*. *Agiaz al asad* est la partie postérieure du lion. *Algimal*, les chameaux, *alchiba*, la tente; d'autres lisent *alhamal*, les béliers. On trouve aussi dans certains calendriers une petite constellation appelée *alcheil al-marà*, le cheval broutant dont le lever héliaque

---

(*a*) Hyd. Comm., p. 62-65. — (*b*) Cæs., c. 7, p. 272. Ricciol., p. 126. Bay., tab. 44. Alfrag., c. 22. Comm. Alfrag., p. 128. Scaiig. not. in Manil., p. 439. Kirk., p. 197. Alpons., p. 209-117. — (*c*) Ulugbeigh, p. 134. — (*d*) Bay., tab. 44. Ricciol., p. 127. Cæs., p. 272. — (*e*) Hyd. Comm., p. 62-65.

est marqué au 16 févierr. Alors ce doit être une étoile voisine du capricorne, qui ne peut être *alcheil*; car *alcheil* est entre les étoiles de l'hydre et celles du lion. Là est aussi *phelé al cheil*, *pullus equi*.

Aratus donne à l'hydre l'épithète de brûlante (a), de sacrée, d'*aithopos*.

On l'appelle (b) *hydrus, serpens aquaticus, asina, coluber, anguis, sublimatus, furiosus, magnanimus, fortis, echidnà, lernæum monstrum*.

Elle se couche au lever d'*aquarius* et des poissons, et se lève avec le cancer, le lion et la vierge (c).

VIII. LA COUPE.

La coupe, placée sur le milieu du corps de l'hydre, s'appelle coupe de Mastusius (d), coupe d'Icare et de Bacchus, tonneau d'*OEtus* et d'*Ephialtès*.

Dans la Chersonèse voisine de Troie, où était le tombeau de Protésilas, était la ville de Phaguse où régnait un certain Démiphon. Un fléau désastreux ravagea subitement les campagnes, et enleva beaucoup d'hommes. Démiphon envoya consulter l'oracle d'Apollon pour savoir quel remède il pourrait obtenir à ses maux. Il lui fut répondu que tous les ans il immolât une jeune fille noble aux Dieux pénates. Il tirait au sort la victime sur toutes les familles nobles. Ses filles seules étaient exceptées, jusqu'à ce qu'un noble déclara qu'il ne souffrirait plus que ses filles encourussent les dangers du sort, si

---

(a) Arat., v. 519-693-697. — (b) Cæs., c. 7, p. 272. Bay., tab. 44. — (c) Hyg., l. 3, c. 39. — (d) L. 2, c. 41.

celles du roi ne les partageaient. Le roi, irrité de sa résistance, fit périr sa fille sans même attendre la décision du sort. Le malheureux père de cette fille, appelé Mastusius, dissimula ces outrages, d'autant plus que sa fille mourait pour la patrie, et que d'ailleurs le sort aurait pu la condamner à cette mort. Il cacha tellement son ressentiment qu'il affecta depuis d'être un vif ami du roi. Au bout de quelque temps, lorsque tout paraissait oublié, il annonça le projet d'un grand sacrifice auquel il invita le roi et sa famille. Le roi envoya devant ses filles, parce qu'il était lui-même occupé de quelques affaires d'administration. Mastusius, profitant de l'absence du roi, égorgea les princesses, et après avoir mêlé leur sang avec du vin dans une coupe, il le donna à boire au père. Celui-ci ayant demandé ses filles, et ayant appris ce qui leur était arrivé, fit jeter dans la mer Mastusius avec sa coupe. La mer où il fut précipité en prit le nom de Mastusius; le port celui de Coupe; et la coupe fut ensuite placée aux cieux par les anciens astrologues, pour être un monument qui apprît aux hommes que les grands outrages ne s'oublient jamais, et que tôt ou tard le ressentiment éclate par quelque grand acte de vengeance.

D'autres en font la coupe d'Icare ou du bootès qui se lève avec elle, et qui passe pour avoir reçu le premier de Bacchus le vin, et avoir enseigné aux autres à cultiver la vigne (a).

Ceux-ci y voient la coupe de Bacchus lui-même ou du Dieu qui préside aux vendanges que le lever héliaque de la coupe précède de peu de jours, et ils lient ce sym-

---

(a) Hygin, l. 2, c. 41.

bole aux fictions religieuses des mystères (*a*) et à la théorie secrète sur les voyages des âmes à travers les sphères et les signes.

Ceux-là veulent que ce soit le tonneau dans lequel Mars fut jeté par OEtus et Éphialtès (*b*).

D'autres enfin lient cette fable à celle du corbeau dont nous allons parler (*c*).

Théon y voit un symbole relatif à la terre d'Égypte inondée par le Nil (*d*).

Les Arabes l'appellent *alkes*, *alches*, *elkis*, *alhas*, *alhes*, *alkaso*, *alchas*, la coupe ou le vase (*e*), *eluatad* (*f*), *asour* (*g*), *albatina*, de *parina*, coupe (*h*); *batiya* et *badiya* en persan (*i*); en hébreu, *kus*, *cos* (*j*); en arabe, *elphium*, *pharmaz* (*k*), *crater*. Les étoiles de la coupe se nomment aussi *al-màlaph*, *præsepe*.

On la nomme en grec *calpé* (*l*), *crater*, *scyphos*, *hydria*, *aggeion*; en latin, *cratera*, *scyphus*, *urna*, *patera*, *calix*, *poculum*, *poculum Apollinis*, *Bacchi*, *Herculis*, *Demophontis*; *poculum herculi sacrum*. La coupe est posée sous le lion et la vierge, sur le premier repli de l'hydre (*m*), penchant un peu vers la vierge.

Columelle (*n*) marque un lever du soir de l'hydre au 7 des calendes de mars, avec changement de vent. C'est au 16 de ces mêmes calendes qu'Ovide place ce lever

---

(*a*) Macrob. Som. Scip., l. 1, c. 12.—(*b*) Hyg., l. 2, c. 41.—(*c*) Hyg. ibid. Germ., c. 4. Eratosth., c. 41. — (*d*) Theon, p. 150. — (*e*) Cæs., c. 8, p. 274. Bay., tab. 42. — (*f*) Ricciol., p. 126. — (*g*) Hesych. — (*h*) Comm. Alfrag., p. 108. — (*i*) Hyd. Comm., p. 65. — (*j*) Kirk. OEdip., t. 2, p. 199. — (*k*) Ricciol., p. 127. — (*l*) Cæs., p. 274. — (*m*) Hyg., l. 3, c. 39. Germ., c. 40. — (*n*) Columell., l. 11, c. 2, p. 423.

de l'hydre, du corbeau et de la coupe (*a*). C'est à cette occasion qu'il raconte la fable dont nous allons parler à l'article du corbeau.

Columelle (*b*) fixe au 13 des calendes d'octobre le passage du soleil dans la balance au lever héliaque de la coupe, symbole des vendanges qui se font à cette époque, et qui se lie aux mystères qui se célébraient à la même époque.

IX. LE CORBEAU.

Le corbeau est aussi placé sur l'hydre à la suite de la coupe. Voici ce que l'on débite à ce sujet (*c*). On dit qu'Apollon, sous la tutelle de qui il était, le chargea d'un message, et que, voulant faire un sacrifice, il l'envoya chercher de l'eau pure à une fontaine. Le corbeau, dans son message, rencontra plusieurs figuiers dont les fruits n'étaient point mûrs. Le corbeau resta perché sur un des figuiers en attendant la maturité des figues. Au bout de quelques jours, elles mûrirent, et il en mangea; après quoi il retourna vers Apollon avec une coupe pleine. Ce Dieu, piqué de ce qu'il l'avait fait si long-temps attendre, et qu'il l'avait obligé de se servir d'autre eau, lui infligea pour punition de ne pouvoir boire d'eau durant tout le temps que les figuiers mûriraient; et, pour perpétuer le souvenir de ce châtiment, Apollon figura aux cieux le corbeau et la coupe sur une hydre qui lui empêche de boire. Le corbeau semble lui becqueter

---

(*a*) Ovid. Fast. l. 3, v. 243-264. — (*b*) P. 430. — (*c*) Hygin., l. 2, c. 41.

l'extrémité de la queue, comme pour se venger de la résistance qu'il lui oppose. Germanicus ajoute quelques circonstances (a) qui diffèrent un peu. Il prétend que le corbeau qui avait manqué l'heure du sacrifice, avait retourné à la fontaine chercher de l'eau, et qu'il y avait trouvé une hydre dont la vue l'avait effrayé de manière qu'il était revenu avec son vase vide, et qu'il avait menti à Apollon en lui disant que toute l'eau s'était échappée du vase. Apollon, qui n'ignorait pas de quelle faute il s'était rendu coupable, l'avait empêché de boire durant le temps où les figues mûrissent, et l'avait ensuite placé aux cieux où une hydre, dont il becquète la queue, l'empêche de boire. Ératosthène (b) prétend qu'il avait enlevé de la fontaine, dans ses serres, l'hydre et la coupe, en disant que c'était ce reptile qui buvait journellement l'eau de la fontaine. Théon adopte à peu près cette dernière tradition (c), excepté qu'il en fait un esclave d'Apollon, qui, ayant ainsi menti à son maître, fut changé en corbeau et placé aux cieux. Il ajoute que c'est pour cela que cet oiseau est altéré au commencement de l'automne. Élien (d), au lieu de figues, met des épis de blé dont cet esclave d'Apollon attendit la maturité, et qu'il mangea. De-là vient qu'il est très-altéré dans le temps de la moisson. Ceci contient une allusion à la vierge et à son épi qui sont placés sur le corbeau.

Enfin, il est des traditions qui portent que Coronis la pléiade, fille du brûlant Phlegyas, eut d'Apollon Esculape ou le serpentaire ; que dans la suite Ischys le fort, fils d'Élatus, coucha avec elle (e). Le corbeau l'ayant

---

(a) Germ., c. 40. — (b) Erastoth., c. 41. — (c) Theon, p. 151. — (d) Ælian de Anim., l. 1, c. 47. — (e) Paus. Corinth., p. 68.

aperçu en instruisit Apollon qui, mécontente de la nouvelle et de celui qui la lui apportait, changea le corbeau en noir de blanc qu'il était, et perça Ischys de ses flèches. Peut-être cet Ischys le fort est-il Orion. Élatus était fils d'Arcas ou du bootès.

On ajoute (a) qu'Apollon avait donné Coronis son amante en garde au corbeau; que Jupiter, mécontent d'un gardien aussi négligent, foudroya Ischys. Apollon tua Coronis, retira de son sein Esculape, et changea en noir le corbeau qui jusque-là était blanc.

Les Arabes nomment le corbeau *algorab* (b), *algorabo*, *agjaz*, *al-azad*, *clunes leonis*, *arsh al-simak*, *solium efferentis inermem*, *alchiba*, *tentorium* (c). Les Hébreux l'appellent *corab* (d), *orev*.

La première étoile, celle du bec, est *minkar al-gorab*. Celle de l'aile, *gjenah al-gorab al-atman*. Le corbeau, par sa couleur noire, dit Théon, indique le Nil qui se retire (e). On l'a mis sous la tutelle d'Apollon, dit Fulgence (f), parce que seul, contre la nature il fait éclore ses petits au milieu des ardeurs brûlantes de l'été; d'autres disent parce que son cri sert d'augure pour la divination.

X. LE VAISSEAU.

LE vaisseau des constellations porte le nom de navire Argo. C'est celui qui est si fameux dans l'expédition my-

---

(a) Hygin, Fab. 202. — (b) Alph., p. 238. Hyd. Comm. Ulugb., p. 65. Bay., tab. 43. Alfrag., c. 22. Cæs., c. 9, p. 177. — (c) Hyd., p. 65. — (d) Kirk., p. 199. Hyd. ibid. — (e) Theon, p. 150. — (f) Fulg., c. 13.

thologique de Jason et des autres Argonautes. Il vient à la suite d'Orion et du grand chien (*a*). Il est placé au midi de l'hydre. Les uns font venir son nom d'Argus prompt et léger, nom que lui fit donner sa célérité. D'autres le tirent d'Argus, qu'on dit en avoir été l'inventeur. On prétend aussi que ce fut Minerve qui en dessina le plan, et même qui le fabriqua, pour rendre la mer praticable aux mortels pour qui, jusqu'alors, elle avait été fermée. Ce fut elle aussi qui le plaça aux cieux, où il n'est visible et apparent que depuis le gouvernail jusqu'au mât (*b*). Son but fut d'inspirer de la confiance aux matelots lorsqu'ils l'apercevraient, et en même temps d'éterniser la gloire qu'il s'était acquise. Il passe pour le premier vaisseau qui ait été construit et mis en mer. La matière dont il fut construit rendait des sons articulés (*c*). Placé aux cieux, il devint un modèle de construction pour la postérité (*d*). Pindare prétend qu'il fut construit près de Magnésie, dans un lieu appelé depuis Démétriade. Callimaque dit que ce fut près du temple d'Apollon Actien, qu'avaient bâti les Argonautes à leur départ, à Pagase, lieu ainsi nommé à cause de la construction du vaisseau. Homère place Pagase en Thessalie. Hygin ajoute que, s'il n'est figuré que jusqu'au mât, c'est afin que les navigateurs ne perdent pas courage en voyant leurs vaisseaux pareillement mutilés (*e*).

Germanicus ajoute à ces traditions une nouvelle fiction (*f*). Il dit que Danaüs, fils de Bélus ou du soleil, avait eu cinquante filles de plusieurs femmes, et Égyptus

---

(*a*) Arat., v. 342. Theon, p. 143. — (*b*) Germ., c. 34. Hygin., l. 2, c. 38. Eratosth., c. 35. — (*c*) Hyg., ibid. Philostr. in AEsculap. Sign. — (*d*) Eratosth. ibid. — (*e*) Hyg. ibid. — (*f*) Germ., c. 34.

son frère, autant de fils; que celui-ci avait voulu tuer Danaüs et ses filles, afin de rester seul possesseur du trône de son père. En conséquence il demanda ces cinquante filles pour épouses à ses cinquante fils. Danaüs, qui pénétra son dessein, invoqua le secours de Minerve qui lui construisit un vaisseau, appelé Argo, avec lequel Danaüs partit d'Afrique pour se rendre à Argos (a). Égyptus envoya ses fils à la poursuite de son frère. Arrivés à Argos, ils attaquèrent leur oncle. Danaüs, se voyant hors d'état de leur résister, consentit à leur donner pour épouses ses filles, lesquelles égorgèrent leurs époux. Hypermnestre seule épargna le sien; c'était Linus qui échappa au massacre de ses frères. On éleva en conséquence à Hypermnestre un temple, tandis que ses sœurs furent condamnées à verser de l'eau aux enfers dans un tonneau percé, qu'elles tâchent sans cesse de remplir. Ici, c'est Minerve qui inventa le premier vaisseau. Ailleurs, c'est Isis, dont le nom fut donné à la vierge placée sur le vaisseau, qui inventa les premières voiles. Aussi ce vaisseau fut le vaisseau d'Isis; et les Germains honoraient cette Déesse sous l'emblème du vaisseau (b). C'est aussi le vaisseau de Janus, et de l'étoile placée près des pieds de la vierge, et qui présidait à minuit au solstice d'hiver, à l'ouverture de l'année. D'autres en font le vaisseau d'Osiris ou du soleil (c). L'étoile du gouvernail était Canopus, pilote du vaisseau d'Osiris, suivant d'autres, de Ménélas. C'est une étoile de première grandeur et très-brillante, qui ne s'aperçoit pas dans nos climats, et qui monte à une très-petite hauteur

---

(a) Hygin. Fab. 277. — (b) Tacit. de Morib. Germ., c. 9. — (c) Plut. de Isid., p. 357.

en Égypte. Aussi lui donne-t-on l'épithète de terrestre et de pesante (*a*), parce qu'elle rase la terre (*b*). Germanicus l'appelle *ptolemaion*, et il l'attache au gouvernail (*c*). C'est-là, sans doute, ce qui l'a fait appeler allégoriquement le pilote de ce vaisseau. On donne divers noms à ce pilote, tels que ceux de *Tiphys*, de *Cinadus* (*d*), d'*Azorus* (*e*).

Cette étoile brillante s'apercevait à peine à Rhodes (*f*), et elle était invisible en Grèce ; mais elle s'élevait d'un quart de signe à Alexandrie.

Elle était très-visible dans la Haute-Égypte. Elle servait comme d'étoile polaire aux Arabes qui dirigeaient dessus leurs courses vers le midi (*g*). Ils la nommaient le cheval, *hippos* (*h*) ; ils l'appellent aussi *sohil* ou *sohel*, *suhel*, *subhel*, *sihel* (*i*), *suhil*, *sahil*, *suhilon*, suivant d'autres, *rubayl* (*j*) *samplos*.

C'est cette étoile qui était honorée par la tribu Tai, chez les Arabes qui en avaient fait le génie tutélaire de leur horde (*k*).

On donnait au vaisseau en général les noms de *markab*, *markeb*, de *sephina* (*l*), et d'*alsephina*, de *sephinaton*.

L'étoile canopus est spécialement vue dans la partie méridionale de l'Arabie appelée *Yémen*; ce qui l'a fait appeler dans les Tables persiques *soail iamené* (*m*). On attribuait à cette étoile les influences les plus heureuses

---

(*a*) Bay., tab. 40. — (*b*) Germ., c. 36. — (*c*) Hipp., l. 3, c. 7. — (*d*) Pausan. Lacon., p. 105. — (*e*) Hesych. — (*f*) German., p. 8. Procl. c. 16. — (*g*) Stoffl., p. 22. — (*h*) Ptolom. Geogr., c. 7. — (*i*) Alfrag., p. 97-104. Comm. Alfrag., p. 101. Bay., tab. 40. Ricciol., p. 148. Hyd., p. 55. — (*j*) Cæs., c. 19, p. 525. — (*k*) Stoffl., c. 14. — (*l*) Albufarag. Dynast., p. 101. — (*m*) Hyd., p. 55. Alfrag., c. 21. Scalig., p. 439. Cæs., c. 19. Kirk., p. 199.

pour la végétation. Hyde nous donne avec les plus grands détails ses propriétés variées (*a*).

Quelques rabbins y ont vu le *chesil* des livres de Job. Hyde pense que les noms de *chesil* et de *sohil* ont pu être donnés à plusieurs grandes étoiles. Ainsi on appelle la rouge du cœur de l'hydre *sohil al-pherd*, le canope solitaire. On donna aussi le nom de *soheil* à plusieurs autres étoiles du vaisseau, 17, 31, 35. Telles sont *soheil*, *hadár*, *soheil rekás*, *soheil al-wezen*, et *soheil al-muliph*. D'autres disent qu'*hadár* et *alwezen* se lèvent avec Canopus, et sont deux étoiles brillantes au nombre de onze, qui sont hors de la figure du chien. On place aussi au-dessous de Canopus, une lumière blanchâtre appelée *al-bakar*, le bœuf.

Le vaisseau prit le nom de *Jésonis* (*b*) ou *jasonia*; l'épithète d'*hemitomos* ou demi-coupé (*c*), d'arche de Noë (*d*). Effectivement, c'est par lui et par le corbeau placé au-dessus, que nous expliquons la fiction de l'arche et du corbeau de Noë, dans notre dissertation sur les cycles et les déluges. On a vu dans la fable du corbeau, qui ne revient point aux ordres de celui qui l'a chargé d'un message, quelque chose d'approchant de la fable du corbeau de Noë. Quant à l'arche ou au vaisseau, cette constellation accompagne toujours le bootès qui, comme Noë, planta le premier la vigne. Voici encore d'autres noms du vaisseau (*e*). On l'appelle *navis velox*, *fatidica*, *Argus*, *carina argoa*, *pagasea*, *equus neptunius*, *currus volitans*, *vehiculum lunœ*, *currus maris*, *prima navis*.

(*a*) Hyd. ibid. — (*b*) Arat., v. 348. Theon, p. 143. — (*c*) Theon, p. 168. Tat., p. 149. — (*d*) Bay., tab. 40. Ricciol., p. 126. Cæs., p. 324. Jean Gosselin, p. 20. — (*e*) Cæs., ibid. Bay., tab. 40.

Il monte tout entier après le lever total de la vierge. La première partie monte avec le lion. Il est tout entier monté avec la balance (*a*). C'est alors que tout le bootès, Icare, inventeur du vin, achève de monter. Il se couche avec le sagittaire et le capricorne, suivant Hygin (*b*).

Columelle (*c*) marque à la veille des ides de mars le lever du vaisseau. Le favonius et quelquefois l'auster soufflent. C'est ce jour-là qu'on faisait des courses de chevaux sur le bord du Tibre (*d*).

Le même Columelle (*e*) fixe au 10 des calendes d'octobre le coucher du vaisseau avec indication de tempête et quelquefois de pluie.

XI. LE CENTAURE.

Le centaure ou la constellation composée de la tête et de la partie supérieure de l'homme, unie au corps du cheval, est placé au midi de la balance près du scorpion (*f*). On l'appelle Chiron, fils de Saturne, dont la planète a son exaltation à la balance, et de la nymphe Phillyra (*g*). On raconte que Saturne, cherchant Jupiter en Thrace (*h*), se changea en cheval, et coucha avec Phillyra, fille de l'Océan, dont il eut le centaure Chiron, inventeur de la médecine. Phillyra, sa mère, fut changée en tilleul. Chiron habita le mont Pélion. Il fut le plus juste des hommes. Sa position sous la balance,

---

(*a*) Theon, p. 168. — (*b*) Hyg., l. 3, c. 36. — (*c*) Columell., l. 12, c. 2, p. 423.—(*d*) Ovid. Fast., l. 3, v. 520. — (*e*) P. 430.—(*f*) Theon, p. 150. Arat., v. 437. — (*g*) Hyg., l. 2, c. 89. — (*h*) Germ., c. 39.

symbole de la justice, lui a fait donner ce caractère (a) de sagesse et de justice. Il apprit la médecine à Esculape placé dans le serpentaire, et l'astronomie à Hercule placé au-dessus du même serpentaire. Ces deux constellations accompagnent ou suivent en partie dans leur lever le centaure. Il apprit aussi à Achille (b) à jouer de la harpe ou de l'instrument qui suit le lever du centaure, la lyre céleste. Hercule alla loger chez ce centaure. Une de ces flèches, trempée dans le sang de l'hydre, dont la queue touche la tête du centaure, étant tombée du carquois du héros, blessa au pied le centaure. Il mourut de cette blessure, et Jupiter le plaça aux cieux. Il est en face de l'autel, *sacrarium*, sur lequel il paraît sacrifier. Quelques-uns pensent qu'il tient dans la main gauche sa javeline et un lièvre, et de la droite une bête appelée *thérion*, et *byrsa* une outre pleine de vin, près l'autel où il sacrifie. Sa piété et sa justice le firent mettre au rang des Dieux. Certaines traditions ajoutent que le centaure Chiron, examinant les flèches dont s'était servi Hercule pour tuer les centaures, étonné de leur petitesse, avait essayé de tendre l'arc ; et que la flèche, étant échappée de sa main, était tombée sur son pied et l'avait blessé mortellement. Jupiter, touché de ses malheurs, le plaça aux cieux avec l'animal qu'il paraît sacrifier sur un autel. Cette histoire est aussi rapportée par Ovide qui nous raconte l'arrivée d'Hercule chez le centaure qui examine ses flèches teintes du sang de l'hydre, dont une lui perça le pied (c). Ératosthène ajoute à ces circonstances qu'Hercule, ayant été loger

---

(a) Theon, p. 150. — (b) Ibid. Orig., l. 3, c. 4. — c) Ovid. Fast., l. 3, v. 329-44.

chez le centaure, par un mouvement d'amour, et qu'uni à lui dans son antre, il avait honoré Pan ; qu'il avait pour lui une considération distinguée ; que non-seulement il n'avait pas cherché à le tuer avec les autres centaures, mais qu'il l'avait écouté avec beaucoup d'attention, et que ce n'était que par hasard qu'une flèche, échappée du carquois d'Hercule, lui avait percé le pied (a) et fait la blessure dont il était mort. Sa piété lui mérita d'être placé aux cieux près de l'autel où il sacrifie, et qui est encore un monument de sa piété. Au lieu d'une victime qu'il immole, d'autres mettent en sa main une outre de vin qui lui sert à faire des libations aux Dieux ; il la tient de la main droite, et il tient de la gauche un thyrse. Il n'est personne qui, se rappelant que Chiron ou le centaure correspond à l'automne et aux vendanges, ne saisisse le but des deux attributs qui lui ont été donnés, l'outre et le thyrse. Nous en avons déjà parlé à l'occasion du troisième travail d'Hercule ou de sa victoire sur les centaures.

Quelques auteurs (b) prétendent que ce centaure n'est pas Chiron, mais Pholus savant dans l'art des augures, et qui vient sacrifier une victime sur l'autel. On prétend que l'animal qu'il immole est un symbole de la chasse (c); et l'autel un monument des noces de Pélée dont il éleva le fils Achille, auquel il apprit la médecine ainsi qu'à Jason.

Ulugbeigh (d) distingue deux étoiles sur la branche de vigne du centaure ou *kadib kern* : à l'extrémité du pied du cheval est *rigil kentaurus*.

(a) Eratosth., c. 40. — (b) Hyg., l. 2, c. 39. — (c) Theon, p. 150. — (d) Ulugbeigh., p. 141.

Les Arabes lui ont conservé le nom grec *kentaurus* (*a*). Ils lui mettent à la main droite *flagellum* ou un bouclier (*b*). L'étoile brillante du ventre se nomme *beln*; celle du pied *hadar*; celle de la main gauche *wezen*. On les nomme toutes deux *muhtalphein*, *juratas*. Toutes les étoiles du centaure et de la bête qu'il tient sont désignées sous le nom de *al-shamarich*, *spadices*.

On nomme aussi le centaure *albezze* et *albize* (*c*), *asmeat* (*d*) en arabe.

Ses autres noms sont (*e*) : *semivir*, *acris venator*, *Pelenor*, *Chiron*, *Phillyrides*, *Pelethronius*, *Pholos*, *Minotaurus*, *ursus equo commissus*; car souvent on le peignit ainsi (*f*); *portans leonem*, *medius homo et medius equus* (*g*), *thyrsilochus* (*h*), *phér*, *semifer* (*i*), *bellua*, *hippotès* (*j*), *homo tenens pateram seu craterem* (*k*).

Hipparque lui donne aussi un thyrse (*l*). Bayer le représente avec le thyrse et une bouteille de vin en main (*m*); c'est sans doute d'après la peinture qu'en fait Germanicus César (*n*).

Le centaure semble appuyer ses pieds sur le cercle antarctique (*o*), et son épaule sur le tropique d'hiver. Sa tête touche la queue de l'hydre. Il tient de la main droite un animal renversé. Ses jambes sont séparées du reste du corps par la voie lactée. Il regarde le levant. Il se couche entièrement quand le verseau et les poissons sont levés. Il se lève héliaquement avec le scorpion et le sagittaire.

(*a*) Hyd., p. 66-67. — (*b*) Alfrag., 22. Stoffl., p. 323. — (*c*) Ricciol., p. 125. Kir., p. 199. — (*d*) Ricciol., p. 126. Bay., tab. 41. — (*e*) Cæs., c. 10, p. 283. — (*f*) Scalig., p. 440. — (*g*) Kirk., p. 197. — (*h*) Procl., c. 16. — (*i*) Bay., t. 41. — (*j*) Arat., v. 663. — (*k*) Alph., p. 207. — (*l*) Hipp., l. 2, c. 20. — (*m*) Bay., tab. 41. — (*n*) Germ., c. 39. — (*o*) Hyg., l. 3, c. 37.

Columelle (a) fixe l'apparition totale du centaure au 5 des nones de mai avec annonce de tempête. Ovide le met au 5. Au 3 des nones, la même constellation amène la pluie : au 9 des calendes d'octobre (b), le lever du matin du centaure indique la tempête ; et quelquefois la pluie ; au 8 des calendes d'octobre, au 7 et au 6, il fixe l'équinoxe d'automne avec annonce de pluie ; enfin, au 8 des calendes de novembre (c), le centaure achève de se lever totalement le matin, avec annonce de tempête.

Quelques auteurs, appuyés de je ne sais quelles autorités, l'appellent Typhon au lieu de Chiron (d). Ceci ne s'accorde pas avec sa réputation de justice.

XII. LE LOUP.

LE loup est l'animal constellation que perce le centaure et que l'on nomme plus généralement la bête féroce ; la bête du centaure, *thérion* (e), *hostia et bestia centauri* (f), *fera* (g). On a beaucoup varié sur l'animal qu'on y a peint, quoique le plus souvent ce soit un loup. Martianus Capella le nomme la panthère (h).

D'autres l'appellent *leo marinus*, *leopardus*, *leæna*, *bestia*, *bestiola*, *fera*, *quadrupes*, *lupa*, *lycisca*, *hostiola*, *victima centauri*, *canis ululans*, *deferens leonem*, *equus masculus*, *cnecias* (i).

Les Arabes l'appellent *alsabah* et *alsubah* (j), *asida*,

(a) Columell., l. 11, c. 2, p. 425. — (b) Gosselin, p. 30.—(c) P. 420. (d) P. 432. — (e) Germ., c. 39. Arat., v. 442. Procl., c. 15.— (f) C. 1. Hyg., l. 2, c. 39. Theon, p. 150. — (g) Procl., c. 14. — (h) Mart. Capell., l. 8.—(i) Cæs., c. 11, p. 286. Bay., tab. 45. Ricciol., p. 108. Kirk., p. 197.—(j) Alfrag., c. 22. Comment. Alfrag., p. 403.

leæna (a), *esseda nemer (b)*, *sebá* et *phéd*, *thos*, *bridemif*. Ce dernier nom regarde surtout le centaure (c); il vient de *birdûn*, *equus*. Les Turcs le nomment *párs*, *thoë*, *yuz*, *tigris* et *kaplan* (d).

XIII. L'AUTEL.

C'est sur cet autel que les Dieux sacrifièrent et firent leurs sermens pour cimenter leur union contre les Titans qu'ils allaient combattre (e); d'autres disent contre Saturne qui attaquait Jupiter (f). Après la victoire, ils placèrent aux cieux l'autel pour perpétuer le souvenir de cet événement. Les mortels font usage de l'autel dans leurs festins, y sacrifient lorsqu'ils veulent cimenter une alliance par des sermens, et portent dessus la main, en signe de fraternité. Les devins en font autant, lorsqu'ils veulent prédire l'avenir; ils prennent le feu pour témoin de leurs bonnes intentions (g). On dit que cet autel est l'ouvrage des cyclopes, et qu'il fut placé aux cieux par la nuit pour annoncer aux navigateurs les dangers qu'ils pouvaient avoir à redouter, et les tempêtes qui se préparaient (h), lorsque le soleil approchait du capricorne, époque à laquelle le vent notus amène les orages sur mer (i). Aussi l'appelle-t-on le *phare* qui avertit les matelots des contrariétés qu'ils doivent éprouver (j). D'autres y voient un monument des noces de

---

(a) Scalig., p. 439.—(b) Kirk., p. 199.— (c) Hyd., p. 67.— (d) Idem de Relig. Pers., p. 226.— (e) Hyg., l. 2, c. 40. Theon, p. 147.— (f) Germ., c. 38. Eratosth., c. 39.— (g) Theon, p. 147.— (h) Arat., v. 408 Comm. Smyrn., l. 13, v. 520.—(i) Theon, p. 148.—(j) Germ. ibid.

Pélée (a). A l'exemple des Dieux qui jurèrent sur cet autel, avant d'entreprendre la guerre contre les Titans, les mortels sont dans l'usage de ne rien entreprendre d'important sans faire auparavant de semblables sacrifices (b).

L'autel monte à la suite de la queue du scorpion (c), et il est le plus austral des signes célestes. Placé entre l'extrémité du scorpion et la tête du loup, il se couche au lever du bélier (d) et se lève avec le capricorne, domicile de Saturne, qui attaquait Jupiter dans cette guerre où les Dieux s'armèrent pour ce dernier. On sait que c'est au passage au bélier que le Dieu-lumière reprend son empire ; alors l'autel est au couchant.

L'autel porte les noms de *sacrarius, pharum* (e), *thuterium, libanotès* (f), *thumiaterion* (g), *thuribulum, thymele, Vesta, estia, prunæ, templum, puteus, focus, lar, acerra, batyllus, ignitabulum, ara thumiamatis, ara centauri, Chironis, thuscé, thuyscé, escara, pyreion, ara, altare* (h), *pyramné*.

Les Arabes l'appellent *almugarma* (i), *almegrameth* (j).

On distingue dans cette constellation une partie, celle du feu, qu'on appelle *prunæ* (k). On y compte deux étoiles ; les deux autres forment le vase qui contient le feu.

(a) Theon, p. 150. — (b) Hyg., ibid. — (c) Germanic. ibid. Theon. p. 167. — (d) Arat., v. 1709. — (e) Germ., c. 38. — (f) Theon, p. 147. — (g) Hipparch., l. 1, c. 18. Proclus, c. 16. — (h) Cæs., c. 12, p. 296. Bay., tab. 46. Alphons., p. 209-239. — (i) Comm. Alfrag., p. 108. — j) Ricciol., p. 125. — (k) Germ. c. 38.

XIV. LA COURONNE AUSTRALE.

La couronne appelée australe pour la distinguer de celle qui est placée au nord du serpent d'Ophiucus, et qu'on nomme boréale, est jetée près des pieds de devant du cheval du sagittaire. C'est un petit cercle d'étoiles (*a*) qui ressemble assez à une couronne qu'on dit être celle du sagittaire, qui, en jouant, l'a jetée à ses pieds (*b*). On la nomme aussi la couronne du centaure (*c*), parce que le sagittaire est lui-même un centaure ; on la compose de sept étoiles. D'autres l'appellent le petit ciel, *cœlulum* (*d*), *ouraniscos*, et le caducée, *céruceion* (*e*), *notios stephanos* ou *corona australis*. Théon lui donne le nom de Prométhée et de roue d'Ixion (*f*), autrement dit de l'*Ingeniculus* ; car il porte les noms de Prométhée et d'Ixion (*g*). Peut-être alors cette dénomination de couronne d'Ixion conviendrait-elle mieux à la couronne boréale ? Quoi qu'il en soit, elle a au moins l'avantage de la position qui la place dans l'hémisphère austral où l'on supposait qu'étaient les enfers.

Les Arabes la nomment *alaclil al-genubi* (*h*).

Les Hébreux, *athora* (*i*).

Quelques Arabes la nomment *al-kubba* (*j*), *testudo* ou *tabernaculum*, à cause de sa forme circulaire. D'autres placent derrière, dans la vingt-sixième et la vingt-septième du sagittaire, *al-saradéin*, que quelques-uns

---

(*a*) Arat., v. 400. — (*b*) Hygin., l. 2, c. 28. — (*c*) L. 3, c. 26. — (*d*) Mart. Capell, l. 2. — (*e*) Procl., c. 16. — (*f*) Théon, p. 147. — (*g*) Hyg., l. 2, c. 7. — (*h*) Alfrag., c. 22. Comm. Alfrag., p. 103. — (*i*) Caes., c. 13, p. 299. — (*j*) Hyd., p. 68.

nomment *az'ha-al-naám*, le nid de l'autruche, parce que ces étoiles sont au midi des deux autruches, de celle qui va à l'eau et de celle qui en revient. C'est dans l'intervalle qui les sépare que l'on met les étoiles appelées *al-saradein* ou *al-sadadein*. De ces autruches l'une se nomme *al-naám-al-sadir*, et l'autre *al-naám-al-warid*. Ulugheigh les nomme *al-naaim*, *pecora*, parce que, dans certaines tables, on leur donne un berger ; car on y lit : Le berger et la tortue sur laquelle repose le berger.

Voici les principaux noms qu'on lui donne d'après Riccioli, Blaeü et Bayer : *Corona meridionalis, austrina, notia, sertum australe, spira australis, corona sagittarii, orbiculus capitis, corona altera, secunda, capitis gestamen, merces praeconii, seu praedicationis nomine data.*

XV. LE POISSON AUSTRAL.

Nous avons déjà eu occasion de parler du poisson austral appelé par excellence le grand poisson (a), lorsque nous avons parlé des deux poissons du zodiaque, qu'on dit être ses enfans. Comme la fiction sacrée est commune aux uns et aux autres, et que d'ailleurs nous avons donné quelque étendue à l'explication de cette fiction dans notre article de la Déesse de Syrie et de Dagon (b), nous aurons peu de chose ici à dire.

Ce Poisson, qui est à l'extrémité du verseau dont il semble boire l'eau, passe pour avoir autrefois sauvé la vie à Isis, et c'est en reconnaissance de ce service qu'il

---

(a) Eratosth. c. 38. Germ., c. 37. — (b) Ci-dessus, t. 2.

fut placé, lui et ses petits, au nombre des constellations. C'est aussi par une suite de cette consécration que plusieurs Syriens ne mangent point de poisson, et honorent, comme Dieux pénates, des images dorées de poissons (a).

On dit qu'il fut aperçu pour la première fois dans un lac près de Bambyce, et qu'il sauva la vie à Derceto qui était tombée dans la mer pendant la nuit ; cette Derceto passe pour Déesse chez les Syriens. Les deux autres poissons sont les enfans de celui-ci ; ils ont été placés aux cieux avec lui, et les uns et les autres sont révérés par les Syriens. Tel est le récit d'Ératosthène à l'article de ce poisson (b). Théon l'appelle le poisson du capricorne et le grand poisson qui reçoit dans sa bouche l'eau qui coule de l'urne du verseau (c). Effectivement, il se replie sous le capricorne, et c'est peut-être même cela qui a fait représenter le capricorne avec une queue de poisson, en unissant les deux symboles. Dans le planisphère indien des Transactions philosophiques, le capricorne n'a pas de queue de poisson ; mais en récompense il y a avec lui, dans la même case, un poisson à nez effilé, c'est l'Oxyrinque.

Germanicus César (d) suppose que Phacetis, fille de Vénus, étant tombée dans un étang, y fut métamorphosée en poisson, et devint, sous cette forme, la Déesse de Syrie. D'autres disent, ajoute-t-il, que ce poisson avait sauvé la fille de Vénus tombée dans les eaux ; et que c'est de-là que vient le respect des Syriens pour les poissons dont ils ont consacré les images en argent dans

---

(a) Hyg., l. 2, c. 42. — (b) Eratosth., c. 38. — (c) Theon, p. 146. — (d) Germ., c. 37.

leurs temples. Il est placé dans la partie la plus australe, recevant dans sa bouche l'eau du verseau, et se levant en partie avec les poissons (a). Il est situé entre le cercle antarctique et le tropique d'hiver, entre le capricorne (b) et le verseau. Il regarde l'orient et la queue de la baleine qui le suit; il se couche au lever du cancer. C'est alors qu'il donne à la lune, qui a son domicile au cancer, la forme de poisson, qu'elle prend sous le nom de Diane Eurynome (c). Une partie de ce poisson achève de se lever avec le bélier, suivant Théon (d).

Les Arabes l'appellent *haut* ou *al-hût al-gjenubi* (e), le poisson austral. Ils nomment la brillante de la bouche *al-diphda-al-auwal*, la première grenouille, et *al-dalim*, agger. On l'appelle aussi *pham* ou *phom al-hût*, la bouche du poisson; nom qu'on a travesti en *phomaant*, *fomahaut*, *fumahant*, *fumahaut*, *fumalhaut*, *fontahant*, *phomolcuti* (f). On le nomme aussi *alhaut*, *alhaut-genubi* (g), *monazon* ou *solitarius*, *unicus* (h), *ichtys notios* (i), *austrinus* (j).

Les Hébreux le nomment *dag* (k).

Suivant Columelle (l), le poisson austral achève de se coucher le 4 des nones de septembre; il y a chaleur.

Nous terminons ici l'énumération des constellations connues des anciens, et dont l'origine se perd dans la nuit des temps. Elles se réduisent à quarante-huit, dont douze dans le zodiaque et trente-six hors du zodiaque (m).

(a) German. ibid. Theon, p. 176. Hyg., l. 3, c. 40. — (b) Arat., v. 389. — (c) Pausan. Arcad., p 271. — (d) Theon, p. 270. — (e) Com. sur Alfrag., p. 116. Hyd. Comm. ad Ulugbeig, p. 69 — (f) Cæs., c. 16, p. 308. Ricciol., p. 126-127. Scalig., p. 439. Bay., tab. 48. — Alfrag., c. 22. — (g) Cæs. ibid. — (h) Stoffl., c. 14. — (i) Germ., p. 8. — (j) C. 1. — (k) Kirk., p. 197. — (l) Columell., l. 11, c. 2, p. 429. — (m) Alfragan.

Car les pléiades, quoique nous les ayons comprises sous le signe du taureau, doivent compter pour une constellation à part et extrazodiacale. Aussi Ératosthène et Germanicus en ont-ils fait un chapitre séparé qu'ils ont placé parmi ceux où ils traitent des constellations extrazodiacales (*a*). De ces trente-six constellations extrazodiacales, vingt-une sont au nord, et les quinze autres au midi.

Nous n'avons point parlé de la chevelure de Bérénice, parce qu'elle ne remonte pas au-delà du siècle des Ptolémées (*b*), ni de l'Antinoüs qui ne remonte pas au-dessus de celui d'Adrien, ni même du petit cheval. A plus forte raison n'avons-nous pas parlé d'autres constellations encore plus modernes que Blaeü a comprises dans son catalogue, et qui ne datent pas de plus de deux siècles. Telles sont les quatorze constellations suivantes: *l'Indien* (c), *la grue* (d), *le phénix* (e), *la colombe* (f), *la croix* (g), *la mouche* (h), *le triangle austral* (i), *l'oiseau de paradis* (j), *le paon* (k), *le toucan* (l), *l'hydre mâle* (m), *la dorade* (n), *le poisson volant* (o), *le caméléon* (p).

Les voyages de la Caille et son séjour au cap de Bonne-Espérance en ont fait encore imaginer d'autres dans la partie australe ou vers le pôle antarctique. On en a aussi placé de nouvelles dans la partie septentrionale du ciel, telles que *la fleur de lis*, *la mouche*, *le cœur*

(*a*) Erastoth., c. 23. Germ., c. 22. — (*b*) Procl., c. 16. Theon, p. 122. Hyg, l. 2, c. 25. Eratosth., c. 12. — (*c*) Cæs., c. 14, p. 324. — (*d*) C. 15, p. 305. — (*e*) C. 17, p. 311. — (*f*) C. 18, p. 313. — (*g*) C. 20, p. 344. — (*h*) C. 21, p. 349. — (*i*) C. 22, p. 353 — (*j*) C. 23, p. 354. (*k*) C. 24, p. 356. — (*l*) C. 25, p. 366. — (*m*) C. 26, p. 373. — (*n*) C. 27, p. 376. — (*o*) C. 28, p. 377. — *p* C. 29, p. 378.

de Charles, *la girafe*, *les léopards*, *les lévriers*, etc. Toutes ces constellations de nouvelle date ne peuvent entrer pour rien dans notre travail, puisqu'elles n'appartiennent point aux siècles où furent faites les fables. Elles ont d'ailleurs un caractère bien différent des anciennes, en ce qu'elles sont absolument des signes arbitraires ; au lieu que les quarante-huit constellations anciennes, appartenant aux signes hiéroglyphiques, avaient toutes un sens énigmatique, et formaient autant de caractères de l'écriture sacrée, qui ont été les élémens des fables et de la composition des monumens religieux. C'est une observation importante à faire. Employer d'autres constellations que les quarante-huit anciennes pour décomposer les monumens de l'antiquité, c'est faire entrer dans leur composition ce qui n'existait pas encore quand on les créa. Cette remarque suffit pour éviter une aussi grossière méprise. Aussi, sur le globe que nous avons fait faire pour servir à la lecture de notre ouvrage et à de nouvelles recherches, nous avons eu l'attention de n'y faire représenter que les quarante-huit constellations connues des anciens, avec les noms différens qu'elles ont portés ; ce qui rendra ce travail infiniment facile à ceux qui voudront étudier l'antiquité et décomposer les monumens religieux des anciens peuples. Ce globe se meut sur un pôle mobile qui représente la position du ciel pendant la grande révolution des fixes, qui est de vingt-cinq mille ans. Il est indispensable à ceux qui veulent vérifier nos solutions et en obtenir de nouvelles. On ne le trouvera qu'à Paris, chez L'OISEL, géographe, rue du Plâtre Saint-Jacques, n° 99. On y trouvera aussi en grand les planisphères qui sont gravés dans notre ouvrage, et qui sont nécessaires à son intelligence.

DE LA VOIE LACTÉE.

Nous croyons devoir dire ici deux mots de la voie Lactée, qui est formée de l'amas informe d'une multitude de petites étoiles, dont aucune, à la vue simple, ne paraît, mais qui, mêlant toutes ensemble leur lumière, forment une vaste bande lumineuse et blanchâtre qui coupe, sous un grand angle, l'équateur et le zodiaque, et passe à travers un grand nombre de constellations et près des pôles. Les anciens en avaient fait un grand cercle de la sphère (*a*), mais improprement ; et ils le nommaient *circulus lacteus*. On racontait, pour expliquer sa formation (*b*), que Junon, sans le savoir, avait donné à téter à Mercure enfant, et qu'ayant su que c'était l'enfant que Jupiter, son époux infidèle, avait eu de *Maïa*, elle l'avait aussitôt repoussé de son sein, de manière qu'il était tombé sur le ciel quelques gouttes de son lait, qui avaient formé la voie Lactée. D'autres disent que cette aventure lui était arrivée à l'occasion d'Hercule (*c*) que Mercure avait approché du sein de Junon, tandis qu'elle dormait, et qu'elle repoussa brusquement à son réveil. Quelques-uns prétendent qu'Hercule, saisissant le sein de la Déesse avec trop d'avidité, en avait fait sortir une si grande quantité de lait que sa bouche n'avait pu le contenir, et qu'il en

---

(*a*) Germ., c. 42. — (*b*) Hyg., l. 2, c. 44. Achill. Tatius, c. 24, p. 85. Uranol. Petav. 43. — Manil., l. 1, v. 683-760.

était tombé sur le ciel assez pour former la voie de lait. Il en est d'autres qui racontent que, dans le temps où Ops donna à Saturne une pierre à dévorer au lieu de son fils, Saturne lui ordonna de l'allaiter, et que la Déesse ayant pressé son sein, le lait s'était répandu sur le ciel et avait formé la voie Lactée.

Il y en a qui pensent qu'elle est formée par la jointure des deux hémisphères entre eux ; et que c'est la ligne de suture (*a*). Telle était l'opinion d'OEnopide de Chio, qui n'était pas grand physicien, à ce qu'il paraît. D'autres prétendent que c'est la route qu'avait autrefois prise le soleil, lorsque la vue de l'affreux repas de Thyeste l'obligea à changer de chemin et à reculer d'horreur. Manilius a rassemblé la plupart des traditions sur la voie Lactée dont il donne la description (*b*). On pensait que son influence sur la terre était de faire naître les sucs laiteux des plantes lorsque la végétation se forme (*c*). On la fait passer par le sagittaire et les gémeaux, par l'aigle, par la canicule, par l'aile gauche du cygne, par la main droite de Persée, par l'épaule gauche du cocher, par l'extrémité du mât du vaisseau Argo, par les genoux du centaure, par la queue du scorpion et par le milieu de l'arc du sagittaire (*d*).

Les Chinois l'appellent *le fleuve céleste* (*e*), d'autres *le grand chemin*, *le chemin de Saint-Jacques*, *la route des ames*, *l'échelle de Jacob*, *galaxia*, *vestigium solis*, *fascia*, *zona*, *via perusta* (*f*).

Les Arabes la nomment (*g*) *tarik al-lubbâna*, *mag-*

(*a*) Achill. Tat. ibid. — (*b*) Manil., l. 1, v. 683-760. — (*c*) Germ., c. 42. — (*d*) Hyg., l. 1, c. 8. — (*e*) Souciet, t. 3, p. 32. — (*f*) Gæs., p. 17-16. — (*g*) Hyd. Comm., p. 23.

jèrra, tractrix, um-al-sdma, mater cœli, tarik-al-tibn, via straminis. Les Syriens l'appellent *s'hevíl jéuno*; les Perses, *rảh kahkesnan* ou *kahkesnan, paleam trahens*; les Turcs, *ugh'risi, paleam rapiens*; et *hâdg-jiler yůli, via festum agentium et peregrinantium ad prophetæ tumulum*. On l'appelle aussi *masarati* (a).

(a) Stoffl., p. 69.

FIN DU SIXIÈME VOLUME.

TABLE
DU SIXIÈME VOLUME.

Pages.

SUITE
DE L'EXAMEN DE L'APOCALYPSE.

Chapitres XV à XXII.   1 à 104

Mémoire sur l'origine des constellations.   121

TABLEAU

Historique, explicatif et nominatif des signes du zodiaque et des autres constellations, précédé d'un traité abrégé de la sphère et des divisions du zodiaque.

De la sphère et de ses parties.	215
Première section.	Ibid.
Deuxième section. — Du zodiaque.	241
Des signes du zodiaque.	266
Constellations boréales.	349
Constellations australes.	484
De la voie lactée.	636

FIN DE LA TABLE DU SIXIÈME VOLUME.

NOTES

DU SIXIÈME VOLUME.

[1] Les pléiades, dit Théon dans son Commentaire sur Aratus, p. 121, se lèvent avec le bélier, lorsque le soleil est dans le bélier. Hipparque les place près des pieds de Persée (ibid. Théon, p. 133). Elles marquent les saisons (ibid. 134). Elles ont par cette raison été beaucoup célébrées, ajoute Théon, et elles forment une des constellations les plus fameuses. Érathostène, c. 23, en dit à peu près autant.

[2] M. de Sacy, dans sa traduction, remarque avec raison que cette mer, sur laquelle saint Jean place les saints, est le globe céleste et le firmament, suivant l'explication de quelques interprètes. C'est effectivement le ciel empyrée et le ciel du Dieu de la lumière, qui y règne avec ses saints.

[3] Une marche aussi correspondante et aussi bien suivie prouve complètement que cet ouvrage n'est pas l'assemblage d'idées bizarres, sans plan ni dessein, ni l'effet du délire. Et conséquemment on doit croire qu'il peut être analysé suivant certaines règles et certains principes.

[4] Les noms d'Euphrate et de Babylone prouvent bien ce que nous avons dit, que cet ouvrage fait dans l'Asie-Mineure, comme il paraît par les premiers chapitres, a été copié sur des livres orientaux.

[5] Peut-être que ces génies impurs, désignés par les grenouilles, sont plusieurs petites étoiles de la constellation de la baleine ou du monstre marin qui les vomit. M. Hyde, Comment. ad Ulugbeigh, p. 43, nous dit que « Cetus est animal marinum, et in caudâ ejus est » stella, et in ore piscis australis alia; hæ vocantur duæ ranæ. » Ce poisson austral est peut-être celui qui est désigné dans les sphères anciennes sous le nom de *Crocodilus*, et qui joint immédiatement la baleine.

[6] On se rappelle que c'est à cette époque équinoxiale que les anciens Égyptiens fixaient l'embrasement de l'Univers sous le signe d'*aries*. Epiph. cont. Hæres. c. 18.

[7] On trouvera une correspondance si marquée entre la théologie des livres zends et celle de l'Apocalypse, qu'il ne sera pas permis de

voir dans ce dernier ouvrage autre chose qu'une cosmogonie dans laquelle le choc des principes est peint allégoriquement sous l'image d'événemens à venir, mais qui ne tiennent pas plus à l'histoire prédite que le Boundesh ou la cosmogonie des Perses n'y appartient. Ceux donc qui y ont cherché des faits historiques, déjà vérifiés par l'événement, ou qui doivent un jour s'accomplir, se sont aussi grossièrement trompés que s'ils eussent pris la cosmogonie des Perses, ou les fables d'Ormusd et d'Ahrimane, pour de l'histoire et pour la prédiction d'une suite d'événemens réels qui devaient arriver dans la suite des siècles. Ces deux ouvrages ont parfaitement le même caractère, et sont le fruit du même génie.

[8] Ceci arrivait, suivant Plutarque, ibid. p. 370, au moment où le Dieu Ormusd sortait d'une espèce de sommeil, ou du repos durant lequel il s'était renfermé quelque temps. Il est à remarquer que les Phrygiens, chez qui l'ouvrage de l'Apocalypse fut écrit, avaient la même idée que les mages sur le repos de Dieu dont ils fixaient le réveil au retour du soleil à l'hémisphère supérieur (ibid. de Isid. p. 378), et ils célébraient ce réveil dans leurs orgies et leurs initiations. Plutarque s'appuie du témoignage de Théopompe qui lui fournit la tradition des mages sur le réveil d'Ormusd et sur les combats des deux principes. Les Phrygiens supposent, dit-il, que Dieu dort l'hiver et qu'il veille l'été. Ils célèbrent dans leurs orgies cet assoupissement de l'hiver, et son réveil dans la belle saison. L'auteur avait sans doute en vue les fêtes d'Atys dont parle Julien (Oratio 5, p. 315), et qui étaient liées aux équinoxes d'*aries* et de *libra*. Ces cérémonies étaient relatives à l'ame et à son retour vers le principe-lumière, lorsque le roi-soleil, monté sur le bélier (ibid. p. 323), attirait à lui par une force occulte les ames qui s'affranchissaient de la corruption du monde sublunaire, pour s'associer à la lumière dont la nature a tant d'affinité avec la leur. C'est ce qui était le grand secret des mystères du Dieu aux sept rayons, sur lesquels il ne parle que d'une manière énigmatique, et qui n'étaient entendus que des théurgistes.

[9] On remarque une parfaite correspondance entre ce qui arrive ici et ce qui a été prédit plus haut, c. 11, lorsque le septième ange a sonné de la trompette.

On entendit, après la septième trompette (Ap. c. 11, v. 15), de grandes voix dans le ciel, qui disaient : « Le règne de ce monde a passé à notre Seigneur et à son Christ, et il règnera dans les siècles des siècles, *Amen*. » En même temps les vingt-quatre vieillards, qui sont assis sur leur trône devant Dieu, tombèrent sur leurs visages devant Dieu en disant : « Nous vous rendons grâces, Seigneur Dieu Tout-

Puissant, qui êtes, qui étiez, et qui devez venir, de ce que vous êtes entré en possession de votre grande puissance et de votre règne. Le temps de votre colère est arrivé, le temps de juger les morts et de donner la récompenses aux prophètes vos serviteurs, et aux saints, à ceux qui craignent votre nom, aux petits et aux grands, et d'exterminer ceux qui ont corrompu la terre (a). »

Ici la chose s'exécute, c. 19, v. 1. On entend la voix d'une troupe nombreuse qui était dans le ciel (b). Elle loue la justice du jugement qui condamne la grande prostituée qui a corrompu la terre; elle invite aussi à louer Dieu ceux qui sont ses serviteurs, qui le craignent, petits et grands (c). Et alors les vingt-quatre vieillards pareillement (v. 4) se prosternent et adorent Dieu qui est assis sur le trône, en disant *amen*, comme ci-dessus. Et ils le louent de ce que lui, leur Seigneur tout-puissant, est entré dans son règne. Ce règne est celui du *Logos*, de l'enfant de la vierge du chap. 12, qui devait gouverner toutes les nations, c'est-à-dire d'Horus, fils d'Isis, qui, à l'équinoxe, entre dans l'exercice des droits de son empire lumineux sur notre hémisphère; événement célébré chez tous les peuples septentrionaux principalement.

[10] Nous faisons voir ailleurs tous les rapports qu'il y a entre la lumière première en général, et en particulier entre le soleil et le Verbe des Chrétiens. Comme nous entrons, à cet égard, dans les plus grands détails, nous y renvoyons le lecteur. Nous remarquerons seulement ici que ce nom *Verbe* ou parole est celui qu'Ormusd ou le Dieu-lumière prend aussi chez les Perses. Zoroastre lui demande son nom : « Mon nom, lui dit-il, est la Parole (d) (*Verbum*), principe de tout; mon nom est celui qui détruit les maux du monde. C'est aussi celui de l'agneau qui, chez les Chrétiens, détruit les péchés du monde. Mon nom est le pur, l'éclat, le roi de l'abondance, le roi qui produit tout. Mon nom est le principe, le centre de tout ce qui existe. » C'est ici l'*alpha* et l'*oméga*, le commencement et la fin. Dans le Zend-Avesta, t. 1, part. 2, p. 174, on invoque Ormusd, et on lui dit : Par Ormusd, que Bahaman (chef des troupeaux) veille sur moi; que la parole lumineuse, pure, excellente, me défende de l'oppression du ciel, etc. Cette parole demiourgique, qui a précédé tous les êtres, et par laquelle ils ont tous été créés, est un des premiers principes de la théologie des Perses (e). Chez nous pareillement le Verbe est la lumière qui était au commencement avant toutes choses, et sans laquelle rien de ce qui est fait n'a été fait. C'est l'intelligence lumineuse demiourgique, le Dieu créateur

---

(a) V. 15, 16, 17 — (b) V. 2 — (c) V. 5. — d Zend. Avest., t. 2, p. 147 — (e. T. 2, p. 592.

qui, suivant Porphyre, était placé près de l'équinoxe sous le nom de Mithra, auteur de toute génération. Suivant Jamblique, c'était Ammon qui faisait cette fonction chez les Égyptiens (Jamblic. de Mysteriis scol. 8, c. 3). C'était Νοῦς δημιουργικος, l'intelligence demiourgique appelant à la lumière et à la génération les raisons séminales des choses.

[11] L'auteur dit, v. 12, qu'il portait un nom que nul que lui ne connaît, peut-être le nom même d'*Ammon* ou du Dieu-bélier, dont *aries* était le siège, et qui était celui des douze génies qui présidaient aux signes, comme nous le verrons ci-après, chap. 21.

Ce nom désigne *caché* et *inconnu*, κεκρυμμενον, suivant l'Égyptien Manéthon (Plut. de Isid. p. 354). C'était le nom qu'ils donnaient au premier Dieu, caché et inconnu, qu'ils invoquaient; c'est-à-dire à celui dont le soleil était la force sublime, *ignoti vis celsa patris*, comme l'appelle Martianus Capella; à ce Dieu, dit Plutarque (a), dont ils provoquaient la théophanie en invoquant Ammon, et qui leur apparaît ici sous l'emblème, soit de l'agneau, fils de Théophane, soit d'un cavalier monté sur un cheval blanc qui paraît au moment où s'ouvrent les portes du ciel.

Nous avons une prière de l'évêque Synésius, dans laquelle il demande à Dieu que son ame suppliante, marquée du sceau du père, épouvante les démons ennemis qui, sortant de leurs caves souterraines, s'emparent des régions élevées, et font des efforts impies pour empêcher les ames de parvenir au ciel : il le prie de faire signe à ses serviteurs, aux habitans du monde brillant, qui tiennent les clefs du chemin éthéré, de lui ouvrir les portes de la lumière (Synes. hymn. 3, v. 618, etc.). Cette idée théologique, que les démons, sortant de l'abîme, vont livrer des combats aux ames près d'entrer dans la lumière, explique le dernier combat qu'engage ici le démon sorti de l'abîme (de Rep. l. 10, p. 621).

[12] Platon, après avoir donné le récit du Pamphylien, conclut qu'on doit s'attacher à la vertu et à la justice qui procurent à l'homme le bonheur ici-bas, et ensuite pendant les mille ans qui s'écoulent, jusqu'à ce que les ames soient arrivées dans la prairie où siége le grand juge.

[13] Remarquez que l'auteur de l'Apocalypse dit expressément : *Les ames de ceux qui ont été tués pour la foi*. Car ce sont effectivement alors les ames, puisque la partie appelée *ame* n'est anéantie qu'après la séparation du Νοῦς, ou par la seconde mort. Pendant ce temps-là,

---

(a) Plut., p. 354.

les âmes moins vertueuses étaient non-seulement retardées dans leur marche vers le ciel, mais souvent repoussées vers la terre, et liées à la matière par une nouvelle organisation, et cette palingénésie était une punition. Les initiés aux mystères de Bacchus et de Proserpine, suivant Proclus, Comment. in Tim. p. 330, ne demandaient rien aux Dieux avec plus d'instance que d'abréger pour eux le cercle de ces renaissances qui les ramenaient à la matière génératrice, et prolongeaient l'exil de l'ame errante. Ils les priaient de les affranchir de l'empire du mal, et de les rendre enfin à la vie bienheureuse. C'était là leur grand vœu. C'était aussi le prix que l'on se proposait d'obtenir par l'initiation. J'ai fui le mal et trouvé le mieux, disait l'initié (Démosth. pro Corona). On peut consulter en cet endroit Proclus qui parle de la période de trois mille et de mille ans.

Il en est de même du mauvais principe. Il est enchaîné d'abord pendant mille ans; et ensuite, vaincu de nouveau, il est précipité dans l'étang de feu et de soufre, pour y être tourmenté dans les siècles des siècles (a).

[14] On voit dans l'Apocalypse, c. 6, v. 9, à l'ouverture du cinquième sceau placé sous l'autel, les ames de ceux qui étaient morts pour la parole, et qui criaient en demandant justice. J'ignore si l'autel désigne ici la lune que, dans les mystères d'Éleusis, le porte-autel représentait. Ce qu'il y a de certain, c'est que, dans ces mystères, on faisait entendre différentes voix qui frappaient l'oreille des récipiendaires (Dion. Chrysost. Orat. 12; Meursius Eleusin. c. 11).

[15] Cassien dit que, si Jérusalem, dans le sens historique, désigne le nom d'une ville, dans le sens anagogique on peut la prendre pour la *cité céleste*; et, selon la tropologie, pour l'ame de l'homme.

[16] « Ipsius civitatis nomen mysticum, id est Jerusalem, visio pacis interpretatur. » (August. de Civ. Dei, l. 19, c. 11.)

Le *voyant* s'appelait un *Israélite* dans le style des francs-maçons. Nos francs-maçons travaillent encore à rétablir par la vertu la céleste Jérusalem dont ils sont les architectes.

[17] Les Ases passent pour des êtres venus d'Asie, et avoir passé dans le Nord quelque temps avant l'ère chrétienne, soixante-dix ans, dit-on, avant J.-C. Il n'est pas étonnant qu'ils aient porté avec eux la théologie du pays qui leur servit de berceau, et que leurs prophètes aient parlé le langage des prophètes de l'Orient.

[18] Voyez Plutarque de Isid., p. 382. Les ames, tant qu'elles sont

---

(a) C. 20, v. 3, v. 9 et 10.

détenues dans la prison du corps ici-bas, n'ont aucune communication avec Dieu, qu'autant que la philosophie le leur fait entrevoir à travers un voile et comme en songe; mais à la mort, elles se rendent dans un lieu pur, inaccessible à la douleur et aux passions. Dieu leur sert de guide et de roi, et là elles jouissent sans satiété de la vue des beautés indicibles.

[19] L'auteur anonyme d'un Commentaire sur Denis le voyageur (a) compte douze pierres appelées par excellence précieuses, et il les nomme sardoine, topaze, émeraude, anthrax ou escarboucle, saphir, jaspe, ligyrion, agathe, améthiste, chrysolithe, béryle, onyx.

[20] Aussi Tertullien (l. 3 contre Marcion), parlant de la sainte Jérusalem descendue du ciel, dit-il qu'Ézéchiel la connaissait; que Jean l'avait vue, et que les nouvelles prophéties en avaient représenté le plan avant qu'elle fût construite.

En effet, les Perses, dans le Boundesh ou dans leur ancienne cosmogonie, disent que le Dieu-lumière Ormusd, par l'amour qu'il a pour les hommes, fait couler des eaux auprès de son trône (Boundesh. p. 361).

[21] Plutarque (b) dit que, durant tout le temps que les ames sont ici enchaînées à la matière du corps, elles ne peuvent avoir de commerce avec Dieu que par la philosophie; mais qu'à la mort elles sont transportées dans un lieu pur où Dieu devient leur conducteur et leur roi, où elles jouissent de sa vue sans se rassasier, et où elles sont tenues par le désir d'une beauté ineffable. Ici-bas, dit Plutarque, on ne peut le voir qu'à travers un voile. Ainsi parlait saint Paul. Telle était la philosophie de ces siècles-là.

[22] Il est question dans Job (c) de plusieurs constellations, telles que aisch, chima, kesil, theman et des mazzaroth. Les interprètes sont partagés sur celles de nos constellations auxquelles ces noms conviennent, mais ils s'accordent tous à les regarder comme différentes étoiles qui présidaient aux saisons. Voyez la dissertation de M. Goguet (t. 1, p. 392, Origine des lois). Plusieurs entendent par aisch les étoiles de l'ourse; d'autres *arcturus*. Pour moi, je pense avec M. Hyde (Commentaire d'Ulugbeigh, p. 20, etc.) que cet aisch est l'aisk ou Αξ des Grecs, la chèvre et ses chevreaux, une des constellations septentrionales, qui, par son lever du matin, annonçait le printemps. « Una vocatur Αξ, quæ mater est; duæ vero nimis lucidæ, hæduli (Theon, p. 123).

Homère (d) nomme l'ourse ou le chariot le bootés, et Orion et Sirius.

(a) V. 781—(b) Plut. de Isid., p. 382.—(c) Job., c. 38. v. 31 et 32.—(d) Odyss., l. 1.

Plusieurs savans, tels que Cratès, pensent qu'Homère était astronome (a).

Les pléiades, Orion, l'arcture, Sirius sont nommés par Hésiode dans son poëme sur les travaux et les jours.

Toutes les traditions des plus anciens peuples s'accordent à attribuer l'invention de l'astronomie aux premiers fondateurs de leurs empires; les Atlantes à Uranus, les Chinois à Fohi, les Babyloniens à Bélus, les Juifs à Seth, les Grecs à Hercule et à Atlas. Ce qui prouve que son origine remontait au-delà des temps connus et aux siècles mythologiques.

Le Gentil (b) prétend que l'astronomie des Indiens offre des preuves d'une antiquité très-reculée, et que les Brames d'aujourd'hui ne possèdent que les débris d'une science cultivée avec succès bien des siècles avant notre ère.

[23] Théon assure que les Grecs reçurent leur astronomie des Égyptiens et des Chaldéens (c). Ce fut, dit-on, Thalès qui apporta d'Égypte en Grèce les premiers élémens de la géométrie et de l'astronomie, qui y fit connaître la division de la sphère, qui marqua les points des tropiques et des équinoxes, qui expliqua les éclipses; les prédit et les calcula (d). Strabon prétend (e) que ce furent les Phéniciens qui firent connaître aux Grecs la petite ourse. Le même Strabon ajoute (f) qu'avant les voyages de Platon et d'Eudoxe en Égypte, les Grecs ignoraient la véritable durée de l'année, ainsi que beaucoup d'autres choses. Je crois que ces témoignages ont besoin d'une explication. Les Grecs, sans doute, voisins des siècles de Platon, pouvaient être fort ignorans dans cette partie, et c'est pour cela qu'ils n'entendirent point les anciens poëmes que leur avaient laissés leurs pères, et que nous avons expliqués. Mais les Grecs de la haute antiquité connaissaient l'astronomie, puisqu'ils faisaient des poëmes astronomiques.

L'astrologie est de la plus grande antiquité, surtout dans l'Orient. C'est un fait qu'on ne peut révoquer en doute; or, l'astrologie n'est qu'une astronomie dégradée, et que l'abus d'une science plus ancienne. La meilleure preuve qu'elle est bien postérieure à l'invention des caractères ou figures astronomiques, et des emblèmes d'animaux tracés dans les cieux, c'est qu'elle-même tire tous ses pronostics de la nature des animaux symboliques figurés sur les constellations; et que les influences célestes portent toujours sur la terre les caractères des animaux

---

(a) Achill. Tat. Uranol. Patav., 74.—(b) Voy. aux Ind., t. 1, p. 311.—(c) Theon ad Arat. Phen., p. 181. — (d) Herod., l. 1. Diog. Laert. vit. Thal. — (e) Strab., l. 1, p. 3.—(f) Id. l. 17, p. 806.

ascendans au ciel. Si un homme naît juste, c'est qu'il vient au monde sous l'aspect des étoiles de la balance :

« Mensuræ tribuet vires et pondera rerum,
« Et licitum sciat, et vetitum quo pœna sequatur.
« Perpetuus populi privato in limine prætor. »

dit Manilius.

Pour qu'on pût tirer ce pronostic, il fallait déjà que la figure d'une balance eût désigné ce groupe d'étoiles, et que la main de l'astronome eût tracé dans les sphères ce symbole allégorique. Car certainement la Nature ne l'avait pas fait, et les étoiles, figurées par les animaux célestes, ne forment nullement entre elles les différentes configurations qui circonscrivent les constellations. Il en était de même du lion sous l'aspect duquel naissaient les hommes braves et courageux. La vierge donnait les mœurs chastes et un caractère modeste, etc., ainsi des autres constellations qui fournissaient à l'homme qui naissait sous leur aspect des inclinations et un caractère analogues à la nature des emblèmes qu'on y avait tracés ; à moins qu'on ne supposât que les observations faites sur le caractère et les goûts de ceux qui naissaient sous certains astres, avaient constaté qu'ils étaient toujours analogues à la nature de certains animaux, et que c'est pour cela que les figures d'animaux, qui exprimaient la douceur, comme l'agneau ; le courage, comme le lion ; la cruauté, comme le loup, avaient été tracées dans les cieux. Cette opinion est amplement réfutée par Saumaise (Ann. clim. p. 5), et est beaucoup plus invraisemblable que l'autre, d'autant plus que l'observation n'a jamais pu conduire l'homme à ce résultat, au lieu que l'inspection des figures symboliques a bien pu faire créer ces rapports chimériques, chez des hommes persuadés que le ciel aimait toujours à reproduire en bas les formes supérieures et engendrer des êtres analogues à la nature de ses différentes parties. D'ailleurs, si on eût cherché à peindre ainsi les caractères de l'homme par ceux des animaux, on n'y verrait que des animaux qui existent réellement dans la Nature, et qui ont un caractère connu, et non pas des monstres qui n'ont nulle part de type, tels que les centaures, etc. (Salmas, p. 11).

[21] Avant de donner des noms aux divisions du zodiaque et aux autres parties du ciel, on y traça des figures symboliques dont ces divisions prirent ensuite leurs dénominations (a). Ainsi on appela signes du bélier, du taureau, etc., les divisions dont les étoiles étaient groupées sous les images de ces animaux symboliques.

(a) Gemin., p. 7.

[25] **Sextus Empiricus** (a) observe avec raison que ce n'est pas sur un fond de ressemblance qu'ont été inventés les symboles astronomiques; mais qu'ils sont comme des caractères emblématiques de la science; comme des signes d'instruction.

[26]
« Oceani sitiens cùm jam canis hauserit undam,
« Et paribus Titan orbem libraverit horis, etc. »
(Columelle, l. 10, v. 41.)

[27] Le système zodiacal présentait le tableau de l'année entière, considérée dans ses rapports avec l'état de la lumière et de la végétation, et avec les travaux du cultivateur. Les noms des mois, dont les signes célestes furent originairement l'expression hiéroglyphique, furent, chez les Islandais, imaginés d'après leur comparaison avec l'état de la Nature dans chacun des mois. Nous en sommes revenus là nous-mêmes dans notre nouveau calendrier républicain. Les Allemands appellent juin le mois des foins, juillet celui des moissons, septembre le mois du vent, octobre le mois du vin, etc. Les peuples du Curdistan ont leur mois des roses ou gulan, qui répond à mai; leurs mois debâe et eilân, dont les noms désignent la chaleur et la sécheresse (b). Tels sont aussi les mois du calendrier royal d'Yezdegherd chez les Perses et ceux du Catay (c). Ces calendriers sont presque tous météorologiques.

[28] « Non dubium quin cæteras pecudes hos honore superare debeat, quòd ille Athenis Cereris et Triptolemi fertur minister; quòd inter fulgentissima sidera particeps cœli; quòd deindè laboriosissimus adhuc homini socius in agriculturâ, cujus tanta fuit apud antiquos veneratio, ut tam capitale esset necare bovem quam civem. » (Colum., l. 6, ex Præm.; Varro de Re rusticâ, l. 2, c. 5).

[29] Je crois devoir répondre à ceux qui prétendent que les sphères grecque, chaldaïque et égyptienne ne se ressemblent point, et qu'ainsi on ne peut tirer une induction générale d'après notre sphère et d'après les animaux qui y sont tracés. Voici ce que dit Saumaise (Ann. Clim. Præf. p. 20) : « Easdem figurationes, ut res est, videntur habuisse Chaldæi, Ægyptiique cum Græcis, sed alias historias causasque eorum inter astra relationis commenti sunt; atque indè extitit differentia græcanicæ sphæræ et barbaricæ, sicut à Nigidio diversis voluminibus pertractatæ fuere. In græcanicâ Μυθολογίαν poeticæ Græcorum astronomiæ persecutus fuerat, in barbaricâ ægyptiacæ. Fluvium cœlestem

---

(a) Sex. Emp. adv. Metth. l. 5, p. 125. — (b) Hyd. de vet. Pers. Relig.; p. 183. p. 197-224.

Græci Eridanum esse asserebant, AEgyptii Nilum (*a*). Capricorni alia est historia Græcis, alia AEgyptiis. Quædam videntur Græci et à Syris accepisse, sive à Chaldæis, ut piscium figurationem cum suâ causâ et historiæ rationem, etc. » On voit sur des fragmens d'obélisques égyptiens le sagittaire et les poissons tels qu'ils sont dans notre zodiaque (*b*).

[30] Origène, dans ses Commentaires sur saint Jean, fixe à la fin du mois nisan la récolte chez les Juifs. Plusieurs peuples moissonnent, dit Varron (*c*), durant le temps qui s'écoule depuis le printemps jusqu'au solstice d'été.

[31] L'empereur Julien, dans son hymne au soleil, p. 290, parlant de ceux qui commencent leur année au solstice d'été, donne pour raison qu'alors les récoltes sont faites et serrées, et les fruits prêts à cueillir. Hipparque cite les vers d'Aratus sur le passage du soleil au lion (*d*), où il est dit qu'alors les campagnes sont vides d'épis. Théon, p. 123, fait la même observation.

[32] Strabon (*e*) parle d'un puits qui était à Syène, lequel servait à observer le solstice d'été. Le soleil, ce jour-là, se trouvait à midi perpendiculairement placé au-dessus; et son image se peignait au fond des eaux. C'était une espèce de gnomon. « Umbras nusquam flectente Syene, » dit Lucain.

[33] Comme le zodiaque a pu être aussi inventé dans l'Éthiopie, si on admet la seconde hypothèse qui suppose que l'on employa peut-être les levers du soir, alors ces trois signes pourraient à toute rigueur désigner aussi les pluies, puisqu'il pleut en Éthiopie sous les trois signes, cancer, lion et vierge, auxquels ceux-ci sont opposés (*f*).

[34] Élien (de Animal. l. 10, c. 43) place sous ce mois les grandes pêches de l'Égypte, les poissons couvrant la plaine au moment de la retraite des eaux. Peut-être est-ce là ce qu'on a voulu peindre? Une ancienne épigramme grecque dit aussi qu'au mois de septembre la pêche était des plus abondantes (*g*).

[35] Je crois devoir ici répondre à ceux qui prétendent qu'on ne labourait pas en Égypte, et conséquemment que le taureau et la vache n'ont pas pu y être pris pour symboles de l'agriculture.

Outre les témoignages de Pline et de Diodore, que nous apportons ici pour prouver qu'on labourait en Égypte, et que le bœuf fut regardé comme l'animal agricole, même dans ces climats, nous avons la réponse des Égyptiens eux-mêmes. Lorsqu'on demandait aux Égyptiens pour-

---

(*a*) Hyd., p. 21. — (*b*) Pook descript., t. 2, part. 2, p. 207. — (*c*) De Re rustic., l. 1, c. 32. — (*d*) Hipp., l. 2, c. 3, p. 119. — (*e*) Strab., l. 17, p. 817. — (*f*) Nonnus apud Phot. Codex 3. — (*g*) Adrian. Jun., t. 8. Ant. Græc., collect. 31.

quoi ils honoraient d'un culte religieux la vache, c'est, disaient-ils, parce que cet animal contribue à donner un labour léger aux terres (Diod. Sic. l. 1, c. 87, p. 97). « Tertia ab ipsis causa affertur, utilitas animalium, quâ vitam hanc communem et societatem hominum adjuvant. Nam vacca, inquiunt, et boves, qui terram opere exerceant, parit, et ipsa leviùs solum vomere proscindit την μεν γαρ θηλειαν βουν εργατας τικτειν και την ελαφραν της γης αροῦν.

Remarquez que Diodore avait dit ailleurs qu'après la retraite du Nil, on donnait un labour léger aux terres, κουφοις αροτροις. Il dit dans le chapitre suivant, c. 88, p. 98, que les bœufs Apis et Mnevis étaient consacrés, δια την της χρειαν γεωργιας.

Résumons. Les Égyptiens adoraient une foule d'animaux, et le culte même des animaux semblait être un caractère distinctif de leur religion. Ils donnent pour raison du culte de ces animaux les services qu'ils en tiraient, et en particulier ils disent du bœuf et de la vache qu'ils les avaient consacrés à cause du service dont ces animaux sont dans la culture des terres. Donc ils s'en servaient pour le labourage; donc ils étaient animaux agricoles, même en Égypte. Car certainement la raison d'utilité, qui les fit consacrer chez eux, était celle qui leur était relative, et non pas l'utilité dont ils étaient à tout autre qu'à eux.

Ajoutons à cela que Lucien nous dit que ce culte d'Apis, auquel les besoins du labourage avaient donné lieu en Égypte, se rapportait au taureau céleste. Donc le taureau céleste ne fut honoré dans Apis que comme animal agricole, destiné au labourage dont il était le symbole dans les peintures allégoriques, comme il en était l'instrument dans la réalité.

[36] Quoique nous soyons persuadés qu'originairement on commença la division du zodiaque par le solstice d'été, nous ne pensons pas pour cela qu'on n'ait jamais varié. Il est même certain que, dans les derniers temps, c'était de l'équinoxe de printemps que l'on commençait à compter, et c'est encore la méthode aujourd'hui. Il paraît que la manière de commencer à compter étant arbitraire, on a même pris le solstice d'hiver pour point de départ des signes, comme le prouve le planisphère de Kirker, OEdip. l. 2, part. 2, p. 208. Le plus généralement on a pris pour point de départ l'équinoxe, même en Égypte, suivant le témoignage de Théon. Ce commentateur observe qu'Aratus commence son zodiaque par le solstice d'été, quoique les Égyptiens le fissent commencer à l'équinoxe. « Ægyptii meritò ab ariete sumunt initium, omnia animalia sumentes secundùm analogiam cum membris corporis. Arietem caput esse ferunt, etc. » Nous observons également que le taureau, gravé sur tous les obélisques avec la lettre A ou avec le caractère numérique de

l'unité, annonce que, dès ce temps-là, on comptait de l'équinoxe. Cette méthode était aussi celle des Perses qui appellent A le taureau, B les gémeaux, etc. Mais cela n'empêche pas qu'originairement on ait pu compter du solstice d'été. D'ailleurs les Égyptiens avaient plusieurs années, plusieurs périodes qui pouvaient avoir plusieurs points de départ différens. Le zodiaque qui servait à l'astrologie, était aussi employé dans la religion, et fixait la marche du temps dans l'année civile et dans l'année rurale ; et conséquemment il put être différemment envisagé. Dans les travaux d'Hercule, nous avons une année qui commence au solstice d'été ; dans les voyages de Bacchus, elle commence à l'équinoxe de printemps. Peut-être l'une était-elle année solaire et l'autre lunaire.

[37] Dans la Haute-Égypte, les lions paraissent en grand nombre au solstice d'été. Ils en sont chassés par les moucherons (a). Ceci pourrait devenir une source d'explication dans la seconde hypothèse que nous proposons.

[38] Hyde (b) observe que c'est parce qu'anciennement ce signe répondait aux moissons, qu'on y peignit une jeune glaneuse, ou même simplement un épi. Voilà pourquoi les Perses appellent ce signe épi, nom que l'on donne encore à la belle étoile de ce signe. Théon lui-même (c) reconnaît que la vierge en particulier est un emblème relatif à l'agriculture, et que toute cette figure est symbolique. « Spicam fert virgo, quia agricultura veneratione digna. Quicumque de eâ locuti sunt, absurda dixere. Hoc enim totum factum est ποιητικῇ καὶ Ἀινιγματώδει ἐξουσιᾳ. » Il en dit autant de l'hydre, du corbeau et de la coupe qu'il regarde comme autant de symboles, comme on peut le voir ci-après. Donc nous sommes fondés à regarder les figures tracées dans nos constellations, comme des emblèmes relatifs à la végétation, aux phénomènes annuels et aux opérations agricoles.

Le nom de vendangeuse, donné à une des étoiles de la vierge, prouve encore cette vérité : « In dexterâ alâ virginis stella splendida quæ vocatur Προτρυγητηρ ; nam paucis diebus vindemiæ tempus præcedit. » (Théon, p. 121.) La figure de l'hirondelle, donnée au poisson céleste, est encore une confirmation, comme nous le faisons voir dans ce Mémoire et dans nos notes.

A l'article du loup qui répond en automne au mois des chasses, Théon dit que cet animal est συμβολον θηρας. (Théon, p. 150). Il en fut vraisemblablement de même du grand chasseur Orion qui se lève

---

(a) Strab., l. 17, p. 171. Diod. Sic., l. 3, c. 23, p. 191. — (b) Hyd. de vet. Pers. Pers. Relig., p. 391. — (c) Theon ad Arat. Phænic., p. 118.

dans cette saison, et qui reste toute la nuit sur l'horizon. Le centaure placé sur la balance, et à l'époque du vin nouveau, tenait une outre pleine de vin : « Arbitrantur cum tenerein dextrâ Βυρσαν, id est utrem vini plenum (Germ. c. 38). Pars autem ejus equina juxtà Chelas (la balance, signe d'automne) apposita est, » dit Théon, p. 50. On voit qu'il y a du dessein de la part des inventeurs des signes, d'avoir mis une coupe pleine de vin dans la main du centaure qui répondait au temps où, la vendange étant faite, on goûtait déjà le vin nouveau.

[39] Il y a des chasses en Éthiopie dans les grandes chaleurs. Le besoin de se désaltérer conduit les animaux féroces aux fontaines; et l'Éthiopien, caché dans les arbres, surprend l'animal et le perce de flèches (a).

[40] La période caniculaire, suivant Fréret (b), avait eu un renouvellement sept cent quatre-vingt-deux ans avant l'ère chrétienne; ce qui ne permet pas de placer l'invention de l'astronomie plus bas que l'époque à laquelle le taureau était à l'équinoxe de printemps.

[41] La grue, dont le retour annonce l'automne suivant Oppien (c), était placée dans la sphère maure sur le serpentaire (d) qui est sur l'équinoxe d'automne, et qui donne ses formes au soleil de cette saison.

[42] Lucien (p. 984 de Astrologiâ) se plaint du discrédit dans lequel est tombée cette science qui cependant, dit-il, est de la plus haute antiquité, et l'ouvrage d'anciens rois les plus religieux. Il en donne les raisons tirées du caractère de ces peuples naturellement spirituels, et de la température de leur climat toujours pur et serein. Ils observèrent, dit-il, le mouvement de la lune, et reconnurent qu'elle empruntait sa lumière du soleil. Ils découvrirent le mouvement propre des planètes; leur nature, leurs influences. Ils donnèrent des noms à ces astres. Les Égyptiens, ajoute Lucien, perfectionnèrent cette science, déterminèrent le mouvement de chaque astre, la durée de l'année, des mois et des saisons. Ils allèrent plus loin, ils classèrent les fixes, inventèrent la division en douze signes, et y peignirent des animaux, etc. Cet auteur reconnaît donc que les Égyptiens sont les inventeurs du zodiaque et des constellations désignées par des symboles d'animaux. Ce qui est conforme en tout à nos idées (e).

Diodore de Sicile (l. 3, c. 2, p. 174) dit que les Éthiopiens prétendent être les plus anciens peuples du monde, et qu'ils appuient sur des preuves leur prétention; qu'il paraît constant dans l'opinion universelle qu'ils sont Autochtones et nés dans le pays, et nullement venus des

---

(a) Diod. Sic., l. 3, c. 25, p. 192. — (b) Freret Def. Chronol., p. 242-243. — (c) Oppian., v. 630. — (d) Cæs., p. 146. Riccol., p. 126, Bay., tab. 18. — (e) P. 986.

NOTES.

contrées étrangères; qu'il est assez vraisemblable à tout le monde que ceux qui habitent les régions méridionales du monde ont été les premiers que la terre ait enfantés de son sein; qu'il est naturel de penser que la chaleur du soleil venant à dessécher le limon encore humide, et à y verser les premiers principes de vie, le lieu le plus voisin du soleil produirait les premiers êtres animés; que c'est chez eux les premiers que s'est établi le culte des Dieux, qu'ont été imaginés les cérémonies, les sacrifices, les assemblées religieuses et tous les autres établissemens que les hommes ont faits pour honorer la divinité; que c'est là ce qui a rendu leur piété si fameuse chez tous les peuples du monde, et donné lieu à cette opinion, que les sacrifices des Éthiopiens sont les plus agréables aux Dieux. Ils citent pour exemple Homère (a) qui, dans l'Iliade, suppose que Jupiter et les autres Dieux étaient partis en Éthiopie pour assister à une fête et aux repas anniversaires que leur donnaient les Éthiopiens.

Ils se vantent d'avoir conservé leur liberté (b) contre les efforts des plus fameux conquérans, tels que Cambyse, Sémiramis, etc. Ils disent que Bacchus ni Hercule n'avaient osé les attaquer, et avaient respecté leur religion.

Ils ajoutent que l'Égypte est une colonie éthiopienne conduite par Osiris; que l'Égypte elle-même n'était pas autrefois continent, mais qu'elle était cachée sous les eaux de la mer; que son terrain s'était formé par le limon que le Nil charrie des plaines d'Éthiopie, et qui s'accumule à son embouchure; que la plupart des lois de l'Égypte ont été empruntées de l'Éthiopie, ainsi que celles que les colonies éthiopiennes y ont portées, et qui y ont été conservées par leurs descendans; que l'art de figurer les statues, les caractères alphabétiques, a eu en vue les formes éthiopiennes; que les Égyptiens ont deux sortes d'écriture, l'une l'écriture vulgaire que tout le monde sait (c), et l'autre l'écriture sacrée, laquelle chez les Égyptiens n'est connue que des prêtres qui la transmettent dans les familles sacerdotales, comme une langue cachée et mystérieuse; au lieu qu'en Éthiopie elle est d'un usage universel pour tout le monde; qu'en Éthiopie et en Égypte l'ordre hiérarchique est absolument le même; que les ministres du culte, chez ces deux peuples, sont pareillement rasés et vêtus de la robe longue; que le sceptre y a la même forme, qui est celle de la charrue ou de l'instrument du labourage, etc. Ils débitent encore beaucoup d'autres choses sur leur antiquité et sur l'établissement des colonies éthiopiennes en

---

(a) Bayer, p. 175. — (b. C. 3. — (c) P. 176.

Égypte. On y a, comme en Égypte, un respect profond pour les rois, lequel approche d'un culte religieux; mais les prêtres y disposent du sceptre et de la vie des rois.

Strabon (a) parle d'une rivière d'Eubée, qu'il nomme Nilus, dont les eaux avaient la vertu de rendre noires les brebis qui en buvaient. Virgile, parlant du Nil, dit : « Nigrâ fœcundat arenâ (b). »

On appela aussi ce fleuve *Astapus* en éthiopien, nom qui signifie *ténèbres*, ou celui qui sort des ténèbres (c).

[43] Dans la seconde époque, il peut y avoir une raison à ce symbole. Le coucher de l'aigle, oiseau solaire, se faisait au lever du lion, animal solaire dont il est paranatellon (d).

[44] Diodore de Sicile (l. 1, c. 28, p. 32) nous dit que les Égyptiens envoyèrent plusieurs colonies dans les différentes parties de l'Univers; que Bélus, fils de Neptune et de Lybie, conduisit une colonie à Babylone sur les bords de l'Euphrate, et y établit des prêtres à l'instar de ceux d'Égypte. Exempts de toutes impositions et de toutes charges publiques, ces prêtres sont connus sous le nom de *Chaldéens*.

C'est à l'école des Égyptiens que s'étaient formés les savans de la Grèce. « Pythagore, nous dit Diodore de Sicile (l. 1, c. 98), apprit d'eux la langue sacrée, la géométrie et le calcul. Démocrite y resta cinq ans, et y acquit une science profonde de l'astronomie. OEnopide vécut dans un commerce familier avec les prêtres et les astrologues, et apprit d'eux à connaître la marche du soleil dans le cercle oblique de l'écliptique, dans un sens contraire à celui du premier mobile ou des fixes; qu'Eudoxe, après avoir étudié chez eux l'astronomie, revint en Grèce où il se fit un grand nom par ses ouvrages astronomiques.

(a) Strab., l. 10, p. 449. — (b) Georg. l. 4, v. 291. — (c) Diod. Sic., l. 1, c. 36. — (d) Theon, p. 167. Hyg., l. 3, c. 15.

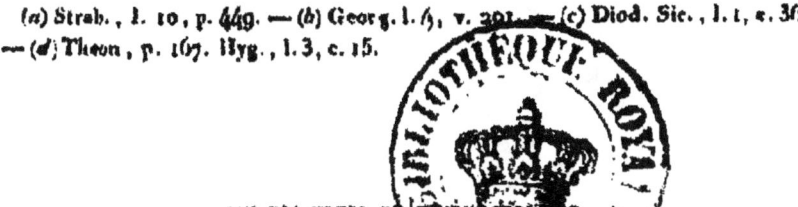

FIN DES NOTES DU SIXIÈME VOLUME.

www.ingramcontent.com/pod-product-compliance
Lightning Source LLC
Chambersburg PA
CBHW070828230426
43667CB00011B/1721